한국생산성본부 시행

최신 출제기준 + 출제경향 반영

SMAT (서비스경영자격)
한권으로 끝내기

· 비전공자도 독학으로 합격이 가능한 필수 교재
· 최신 출제 기준 및 출제 경향 반영
· 합격에 필요한 핵심 이론 완벽 정리
· 실전 모의고사 수록

학점은행
1급 10학점
2급 6학점
인정

Module A 비즈니스 커뮤니케이션
Module B 서비스 마케팅 · 세일즈
Module C 서비스 운영전략

이아영 편저

동영상 강의 mainedu.co.kr

MAINEDU

 고객만족경영은 단순히 비즈니스 전략의 하나의 전략에 불과한 것이 아니라, 기업의 경영 철학의 근간에 깔린 중요한 원칙입니다. 기업이 성장하고 발전하기 위해서는 고객과의 관계를 최우선으로 두어야 한다는 신념 아래, 수년 동안 고객들과의 상호 작용을 통해 깊은 이해와 긴밀한 협력관계를 중요시 해 왔습니다.

 기업은 오랜 시간 동안 고객의 다양한 요구와 기대에 귀를 기울이고, 이를 충족시키기 위해 끊임없이 노력해 왔습니다. 이러한 노력은 기업을 지속적인 성장으로 이끄는 원동력이 되었으며, 고객들과의 강력한 신뢰와 협력 관계를 형성할 수 있게 되었습니다.

 이러한 기업환경의 변화에 발맞춰 도입된 SMAT(서비스경영자격) 자격시험은 급증하는 인력 수요를 보이는 서비스 산업의 핵심 성공요인을 선별하여, 서비스 직무의 현업 역량을 평가하는 실무형 국가공인 자격입니다

 SMAT 자격시험은 실무 경력과 역량에 고려하여 Module A는 비즈니스 커뮤니케이션, Module B는 서비스 마케팅·세일즈, Module C는 서비스 운영전략으로 구분하여 시험을 실시하고 있습니다.

 본 교재는 SMAT의 자격 종목별로 수험생분들의 이해도 높일 수 있도록 시험과 관련된 중요한 내용으로 요약 정리하였습니다. 각 챕터는 핵심 개념을 명확히 설명하고, 이와 함께 모의고사도 첨부하여 수험생분들의 실력을 객관적으로 평가하여 합격하실 수 있도록 구성하였습니다.

 이 교재를 통해 SMAT 자격시험을 준비하시는 분들에게 자격 시험에 합격을 기원하며 수험생 분들의 고객만족경영의 전문성을 향상시키는데 도움이 되시길 바라겠습니다. 마지막으로 교재 출판을 위하여 많은 도움을 주신 메인에듀에 진심으로 감사드립니다.

저자 이아영 드림

SMAT 시험 안내

1) 시험 개요

※ SMAT(서비스경영자격) 시험은 급증하는 인력 수요를 보이는 서비스 산업의 핵심 성공요인을 선별하여, 서비스 직무의 현업 역량을 평가/인증하는 실무형 국가공인 민간자격입니다

※ 시행기관 : 한국생산성본부 (https://license.kpc.or.kr/)

※ 응시자격 : 자격 제한 없음

※ 시험일정 : 매년 한국생산성본부(https://license.kpc.or.kr/) 홈페이지 참조.

2) 자격 취득기준

등급	자격 취득 기준
1급 컨설턴트	Module A + Module B + Module C 3개 Module 모두 취득
2급 관리자	Module A + Module B 또는 Module A + Module C 2개 Module 모두 취득
3급 실무자	Module A 1개 Module 취득

※ SMAT(서비스경영자격) 시험은 개별 모듈(Module)별로 응시할 수 있음

※ 합격한 모듈(Module)에 따라 자격등급 부여

※ A(기본) 모듈(Module)의 우선 취득 권장

※ B모듈(Module) 또는 C 모듈(Module) 을 먼저 취득 시, A 모듈(Module)을 취득해야 SMAT 자격이 등급별로 부여됨

3) 출제 범위/빈도 및 형식/합격기준

모듈(Module)	출제범위/빈도	형식/합격기준
Module A 비즈니스 커뮤니케이션	비즈니스 매너/에티켓★ 이미지 메이킹★ 고객심리의 이해 고객 커뮤니케이션 회의기획/의전실무	• 70분간 총 50문항 • 5개유형으로 복합출제 (일반형, O/X형, 연결형, 사례형, 통합형) • 100점 만점 총 70점 이상 합격
Module B 서비스 마케팅/세일즈	서비스 세일즈 및 고객상담★ 고객관계관리(CRM) VOC 분석/관리 및 컴플레인 처리★ 서비스 유통관리 코칭/교육훈련 및 멘토링/동기부여	• 70분간 총 50문항 • 5개유형으로 복합출제 (일반형, O/X형, 연결형, 사례형, 통합형) • 100점 만점 총 70점 이상 합격
Module C 서비스 운영전략	서비스 산업 개론 서비스 프로세스 설계 및 품질관리 서비스 공급 및 수요관리 서비스 인적자원관리(HRM) 고객만족경영(CSM) 전략★	• 70분간 총 50문항 • 5개유형으로 복합출제 (일반형, O/X형, 연결형, 사례형, 통합형) • 100점 만점 총 70점 이상 합격

※ ★ 각 모듈별 출제빈도가 높은 과목

※ 과목별로 10% 이내에서 출제됨(변동 가능함)

Contents

SMAT Module A 비즈니스 커뮤니케이션 _ 7

　Ⅰ. 비즈니스 매너 및 에티켓 ··· 9
　Ⅱ. 이미지 메이킹 ··· 36
　Ⅲ. 고객 심리에 대한 이해 ·· 53
　Ⅳ. 고객 커뮤니케이션에 대한 이해 ····································· 77
　Ⅴ. 회의 기획 및 의전 실무 ·· 97
　SMAT 모듈 A 실전 모의고사 ·· 118

SMAT Module B 서비스 마케팅 · 세일즈 _ 139

　Ⅰ. 서비스 세일즈와 고객 상담 ·· 141
　Ⅱ. 고객 관계 관리(CRM) ·· 158
　Ⅲ. VOC 및 컴플레인 관리 ·· 180
　Ⅳ. 서비스 유통관리 ··· 207
　Ⅴ. 코칭/교육훈련 및 멘토링/동기부여 ······························· 228
　SMAT 모듈 B 실전 모의고사 ·· 252

SMAT Module C 서비스 운영전략 _ 273

　Ⅰ. 서비스 산업 개론 ··· 275
　Ⅱ. 서비스 프로세스 설계 및 품질관리 ································ 292
　Ⅲ. 서비스 수요 및 공급 관리 ··· 318
　Ⅳ. 서비스 인적자원 관리 ·· 348
　Ⅴ. 고객 만족 경영(CSM) 전략 ·· 369
　SMAT 모듈 C 실전 모의고사 ·· 388

SMAT Module A
비즈니스 커뮤니케이션

Ⅰ. 비즈니스 매너 및 에티켓

1. 비즈니스 매너 및 에티켓의 이해

1) 매너의 이해

(1) 매너의 정의

- 상대방에게 배려하는 마음으로 행동하는 구체적인 행동 방식(WAY)이다.
- 매너는 에티켓을 외적으로 하는 행동이다.

(2) 매너의 구성요소

- 상식 : 일반적으로 사람들이 통용할 수 있는 범위이다.
- 친절 : 상대방을 존중하는 마음을 외적으로 표현하는 태도이다.

2) 에티켓의 이해

(1) 에티켓의 정의

- 사회생활을 원활하기 위하여 상황과 장소에 따라 취해야 할 바람직한 행동 양식이다.
- 타인에 대한 존중하는 마음을 기본으로 함께 바람직한 문화를 형성 유지하기 위한 사회적인 약속이다.
- 법적 구속력을 갖고 있지 않지만, 사회생활을 원활하게 긍정적으로 하기 위하여 지켜야 할 규범적 성격을 가진다.

3) 예의 범절의 이해

(1) 예의 범절의 정의

- 동양적 개념으로 개인이 집안에서 지켜야 할 기본적인 규범에서 유래되었으며, 상대방에 대할 때의 마음가짐이나 태도, 타인에 대한 배려를 표현하는 것을 발전하였다.
- 사전적 의미로 일상생활에서 갖추어야 할 모든 예의와 절차를 의미한다.
- 예의범절은 유고 도덕 사상의 기본인 삼강오륜(三綱五倫)에 근간을 두고 발전하였다.

4) 매너, 에티켓, 예의 범절의 차이점*

	매너	에티켓	예의 범절
어원	• 'Manuarius'라는 라틴어에서 유래되었음. • 'hand(사람의 행동이나 습관)' 의미인 Manus'와 'More at manual, More by manual(행동을 취하는 방식'인 영어로 해석할 수 있는 'Arius'의 복합어임.	• '공공을 위한 안내판, 입간판'을 의미함. • 고대 프랑스어의 동사 'estiquar'(붙이다)의 어원으로 '궁중 화단에 꽃을 해치치 말라'라는 의미의 입간판에 유래되었음.	• 유교 도덕 사상의 기본인 삼강오륜에 근간 • 예의(禮儀)는 사람과 사람 사이 존중하는 마음 과 범절(凡節)상황에 적합한 행동을 뜻함.
정의	• 상대방을 존중하는 마음을 행동 방식을 형식화 하는 것 • 상대방이 불편함이 없도록 배려하여 타인을 편안하게 하는 행동 방식	• 사회생활과 장소에 따라 원활한 인간관계를 위해서 취해야 할 바람직한 행동 양식 • 법적 구속력은 없지만, 원만한 사회생활을 위한 규범적 성격을 가짐	• 에티켓과 매너가 함해진 동양적인 개념으로 개인과 집 안·밖에서 지켜야 할 기본적인 규범 • 타인을 배려하기 위해 일상생활에서 갖추어야 할 모든 예의와 절차.
개념	• 서양적 개념	• 서양적 개념	• 동양적 개념
	• 매너는 '좋다' '나쁘다; 표현	• 에테켓은 '있다' '없다' 표현	

5) 서비스 매너의 이해

(1) 서비스 매너의 정의

- 서비스인으로 고객을 존중하고 배려하는 마음으로, 서비스 산업에서 경쟁력의 원천이 된다.
- 고객 접점별 고객에 대한 이해와 요구를 빠르게 파악하여 응대하는 기본능력을 의미한다.

(2) 서비스 매너의 구성요소

① 고객에게 호감을 주는 표정
② 고객에게 신뢰감을 주는 자세와 동작
③ 고객을 존중하는 단정한 용모와 복장
④ 고객에게 편안함을 주는 의사소통 능력
⑤ 고객의 입장에서 이해하는 역지사지(易地思之)의 자세
⑥ 고객을 이해하는 공감능력

6) 네티켓의 이해

(1) 네티켓의 정의

- 네트워크(network)와 에티켓(Etiqutte)의 합성어로 온라인상에서 긍정적인 문화 조성을 위해 지켜야 할 예의범절을 의미한다.

(2) 네티켓의 기본 매너

- 인권, 타인의 사생활, 개인정보, 지적재산권을 존중해야 한다.
- 온라인 상 모든 사용자는 평등하며, 열린 공간이다.
- 상대방에게 불쾌감을 주는 언어나 해가 되는 일은 하지 않는다.
- 건전한 정보만을 공유하며, 바이러스 유포, 해킹, 음란물 공유 등의 불법 행동을 하지 않는다.
- 타인의 이름이나 ID를 사용하지 않는다.

(3) 유형별 네티켓

이메일 네티켓	• 제목은 함축하는 내용으로 작성한다. • 수신자의 이메일 주소가 확인하고 전송한다. • TO(수신) 과 CC (참조), BCC(숨은 참조)를 구분하여 전송한다. • 수신한 메일은 가능한 24시간 이내에 답변한다. • 정보·홍보성 메일의 경우는 상대방의 의사를 물어보고 발송한다.
자료실 및 게시판 네티켓	• 바이러스 검사 후 파일을 다운 받는다. • 자료 공유자에게 감사를 표현한다. • 게시판에 자료를 업로드 할 경우 정확한 파일명으로 압축해서 올린다. • 불법 소프트웨어는 공유하지 않으며, 자료 출처는 정확히 밝힌다.
채팅 및 SNS에서의 네티켓	• 채팅 시 서로의 호칭은 " ~ 님"으로 하고, 시작과 종료시 인사를 한다. • 출처가 부정확한 정보나 부정적인 글은 공유하는 것을 자제한다. • 정치, 종교 등과 같은 예민한 주제는 삼가해야 한다.

7) 직장 매너의 이해

(1) 출근 시 매너

- 출근 시간은 정확히 준수하여야 한다.
- 피치못할 사정으로 지각 혹은 결근 시 직접 상사에 연락하여 사유를 보고한다.
- 바르고 단정한 복장을 갖춘다.
- 밝은 표정과 목소리를 상사와 동료에게 먼저 아침 인사를 한다.

(2) 근무 매너

- 조직이 규정을 준수하며, 주어진 업무를 성실히 수행한다.
- 근무 중 사적인 일이나 잡담은 삼가고 점심 시간은 정해진 시간을 준수한다.
- 동료에게 피해주지 않도록 공동물품은 사용 후 제자리에 놓고, 상대방이 불쾌감을 주는 행동은 삼간다.

(3) 외출 및 조퇴 매너

- 외출이나 조퇴시 반드시 상사의 허가에 따라 행동한다.
- 외근 시에는 상사에게 행선지, 업무내용, 복귀시간을 보고한다.
- 외출지에서 퇴근 시간을 넘길 경우, 상사에게 보고하고 행동한다.
- 사무실에 복귀하면 부재 중 발생한 업무를 확인하고 처리한다.

4) 퇴근 매너

- 근무 시간이 끝나기 전에 미리 퇴근 준비를 하지 않는다.
- 개인 전자제품 전원을 확인하고 책상 및 주변을 깨끗이 정리한다.
- 당일 해야 할 업무는 가급적으로 근무 시간 내 마무리하고, 마무리 못할 경우 사전에 상사에게 보고하여 지시받는다.
- 사무실에서 남아있는 상사와 동료에게 "먼저 퇴근하겠습니다"라는 말과 함께 예의바르게 인사하고 퇴근한다.
- 먼저 퇴근하는 동료에게 "수고하셨습니다." "안녕히 가십시오" 등으로 인사를 건넨다. 다만 상사에게 "수고하셨습니다."라는 인사를 하는 것은 실례이다.

2. 기본 비즈니스 매너

1) 인사 매너

(1) 인사의 정의*

- 인사는 사람인 (人)과 일 사(事)로 이루어진 것으로 사람이 만나고 헤어질 때 예를 표하는 말이나 행동을 의미한다.
- 인간관계에서 가장 기본이 되는 예의이다.
- 비즈니스 상에서 서로의 마음을 열계하는 가장 좋은 방법이다.
- 상대방을 존중하고 배려하는 긍정적인 마음을 표현하는 것이다.

(2) 인사의 방법*

- T.P.O : Time(시간), Place(장소), Occasion(상황)을 고려한다.
- 내가 먼저 밝은 표정으로 한다.
- 상대방과 시선을 맞추며 밝은 목소리로 인사한다.

(3) 인사 기본 자세

표정	• 미소와 함께 밝은 표정을 짓는다.
시선	• 상체를 숙이기 전에 상대와 시선을 맞춘다.
손	• 남성 : 주먹을 가볍게 쥐고 바지 재봉선에 붙인다. • 여성 : 공수 자세를 취한다.
상체	• 허리 곧게 펴서 일직선이 되도록 한다. 어깨는 힘을 빼고 자연스럽게 내린다.
하체	• 무릎은 곧게 펴고 발뒤꿈치는 붙이고 앞쪽 발뒤꿈치는 남성은 30도, 여성을 15도 정도 살짝 벌린다.

(4) 인사 순서

- 1단계 : 상대의 시선을 맞추고 밝은 미소을 지으면 인사말을 한다.
- 2단계 : 등과 목을 일직선을 하고 허리부터 상체를 숙인다.
- 3단계 : 시선은 상대방의 발 끝에 두거나 자신의 발끝에서 일정 거리를 둔다.
  (약례: 2.5m 정도, 보통례: 2.0m 정도, 정중례: 1.5m 정도)
- 4단계 : 숙인 상태에서 2~3초간 멈춘다.
- 5단계 : 굽힐 때 보다 천천히 상체를 올린다.
- 6단계 : 바른 자세로 서서 상대를 바라보면 미소를 짓는다.

(5) 인사의 시기

- 인사는 상대방이 못 보거나 받지 않더라고 내가 먼저 하는 것이 좋다.
- 방향이 다른 상대와 마주칠 경우 일반적으로 30보 이내에 한다.
- 인사할 때 가장 적절한 시기는 상대와 6~8보 이내 있을 때이다.
- 갑자기 마주쳐도 즉시 인사 해야 한다.
- 이동 중에 인사를 할 경우 빠르게 상대 앞으로 가서 인사를 한다.
- 상사가 계단 아래에 있는 경우 상사와 같은 위치로 이동하여 인사를 한다.

잘못된 인사
- 고객만 끄덕이는 인사
- 동작 없이 말로만 하는 인사
- 상대방을 쳐다보지 않고 하는 인사
- 형식적인 인사
- 계단 위에서 윗사람에게 하는 인사
- 뛰어가며 하는 인사
- 무표정한 인사
- 인사말이 분명치 않고 어물어물하며 하는 인사
- 아무말도 하지 않는 인사

(6) 인사의 종류

종류	목례	약례	보통례	정중례
방법	• 허리를 숙이지 않고 가볍게 머리만 숙여 눈으로 예의를 표하는 인사	• 허리를 15도로 정도로 숙이는 인사	• 허리를 30도 정도 숙여서 인사말과 함께 하는 인사	• 허리를 45도 정도 숙여서 하는 인사
상황	• 실내나 복도에서 자주 마주치는 경우 • 양손에 무거운 짐을 들고 있는 경우 • 모르는 사람과 마주칠 경우 • 통화 중일 경우	• 실내나 통로, 엘리베이터 안, 화장실 등과 같이 협소한 공간에서 만나는 경우 • 상사나 고객을 여러 차례 만나는 경우 • 손아랫사람, 동료, 친한사람과 만나는 경우 • 회의, 면담, 대화의 시작과 끝 경우	• 일반적으로 처음 만나 인사하는 경우 • 고객이나 상사를 만나거나 헤어지는 경우 • 상사에게 보고하거나 지시를 받을 경우	• 감사의 뜻을 전할 경우 • 사과하는 경우 • 면접이나 공식 석상인 경우 • VIP 고객이나 직장의 CEO를 맞이할 경우

2) 공수(供水)*

(1) 공수 정의

- 공식적인 행사나 웃어른 앞에서 두 손을 앞으로 맞잡는 것을 의미한다.
- 성별과 공식적인 행사의 성격에 따라 공수의 자세가 달라지므로 적절한 방법에 맞게 해야 한다.

(2) 공수 자세

- 두 손의 손가락을 가지런히 붙여서 편 다음 엄지손가락을 엇갈려 깍지를 끼고 네 손가락은 포갠다.
- 평상시 남자는 왼손, 여자는 오른손이 위로 가도록 한다.
- 단 흉사시에는 남녀 모두 반대로 한다. 제사는 흉사가 아니기 때문에 평상시와 동일한 공수자세를 한다.
- 손은 배꼽에 닿도록 하고, 소매가 긴 예복을 입었을 때에는 팔뚝이 수평이 되도록 한다.

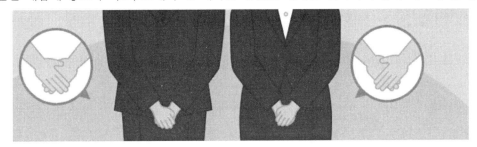

〈그림〉 평상시 남성 · 여성 공수자세

3) 소개 매너

(1) 소개의 순서

먼저	다음
손아랫사람을	손윗사람에게
연소자를	연장자에게
지위가 낮은 사람를	높은 사람에게
남성을	여성에게
미혼인 사람을	기혼인 사람에게
집안사람을	손님에게
같은 직장 사람을	외부 직장 사람에게
한 사람을	여러 사람에게

(2) 소개 방법

- 원칙적으로 소개되는 사람은 모두 일어나는 것이 기본이다.(단 환자, 노약자은 예외이다.)
- 성직자, 연장자를 소개받을 시 남녀 관계없이 일어서는 것이 원칙이다.
- 소개자는 소속, 직책, 성명 등을 간단하게 설명한다.
- 소개 받은 후 간단한 목례나 악수를 한다. 단 악수의 순서를 지켜야 한다.
- 소개의 순서를 정하기 복잡할 경우, 각자 소개하는 것이 효율적이다.

4) 악수 매너

(1) 악수의 정의

- 손에 무기를 쥐고 있지 않음을 보이기 위해 시작한 제스처이다.
- 고대부터 내려오는 것으로 손은 마주 잡고 반가움과 감사함을 표현하는 오래된 인사법이다.

(2) 악수를 청하는 순서★

먼저	다음
윗사람이	아랫사람에게
여성이	남성에게
기혼자가	미혼자에게

> **Plus tip**
>
> 예외의 경우 : 국가원수, 왕족, 성직자 등은 소개와 함께 머리를 숙여 인사를 하고, 악수를 청할 때는 허리를 숙여 악수한다.

(3) 악수 방법

- 밝은 미소와 함께 상대의 눈을 보며 오른손을 서로 잡는다.
- 허리는 곧게 펴고 악수를 한다. 단 국가원수, 왕족, 성직자는 예외이다.
- 손은 적당한 힘으로 잡고, 상하로 2~3번 정도 가볍게 흔들어 준다.
- 손이 더럽거나 땀이 많이 났을 경우 양해를 구한 후, 인사로 대신한다.
- 악수할 때 기본적으로 장갑을 벗는 것이 원칙이다. 단 여성의 드레스와 함께 연출한 장갑은 예외이다.

5) 명함 매너

(1) 명함 유래

- 루이 14때 시작으로 루이 15세 때 지금 형태의 명함을 사교상의 목적으로 사용했다고 한다.
- 고대 중국에서 지인의 집을 방문때 지인이 부재시 자신의 이름 써 놓고 오는 관습에서 유래되었다고 한다.

(2) 명함의 종류

종류	사교용 명함	업무용 명함
목적	• 사교	• 고객을 사업상 만났을 경우
명함 내용	• 성명과 주소	• 성명과 회사 주소, 직위 등

(3) 명함 교환 순서

- 아랫사람이 윗사람에게 먼저 건넨다.
- 소개받은 사람부터 명함을 먼저 건넨다
- 방문자가 상대방에게 먼저 준다.

(4) 명함 수수 매너

명함을 건낼 때	명함을 받을 때
• 일어서서 왼손으로 받쳐서 오른손으로 준다. • 상반신을 약간 기울이며 정중한 인사와 함께 소속과 이름을 정확히 말하며 준다. • 명함의 방향을 상대방이 자신의 이름을 바르게 볼 수 있도록 준다. • 명함은 여유있게 준비하고 명함집에 잘 보관해야 한다. • 한 손으로 명함을 주면서 다른 손으로 명함을 받는 동시 교환은 부득이한 경우가 아니면 실례이다.	• 일어서서 두 손으로 받는다. • 명함을 받을 경우 자신의 명함도 준다. • 명함이 없을경우 정중하게 사과하고 양해를 구한다. 상대가 원할경우 종이에 적어준다. • 명함을 받자마자 넣는 것은 예의에 어긋난다. • 상대방의 명함을 확인하고, 한자나, 읽기 어려운 글자의 경우 그 자리에서 물어본다. • 미팅 진행시 받은 명함을 테이블 위에 올려 놓고 직위와 이름을 기억하며 대화를 한다.

6) 호칭과 경어 매너

(1) 계층별 호칭 매너

상급자	• 윗사람의 경우 성과 직위 다음에 '님'의 존칭을 붙여 호칭한다. 예 이 과장님 • 성명을 모를 경우 직위에만 '님'을 붙인다. 예 부장님 • 윗사람에게 본인을 칭할때는 겸양어인 '저'라고 한다.
동급자	• 성과 직위 또는 직명으로 호칭한다. • 동급자의 경우 성명 뒤에 " 씨"를 붙여 호칭하며, 초면일 경우 " 님"을 붙인다.
하급자	• 직위가 있는 경우는 직명으로 호칭한다. • 초면이거나 직위가 없을 경우 성명 뒤에 "씨" 붙인다. • 하급자에게 본인을 칭할때는 '나'라고 지칭한다. • 하급자여도 연장자일 경우는 적절한 예우로 호칭한다.

(2) 주의해야 할 호칭 매너

- 문서에는 상급자의 존칭을 생략한다.(예 부장님 지시(X) → 부장 지시(○)
- 상급자에 대한 존칭은 호칭에만 사용한다.(예 국장님실(X) → 국장실(○)
- 상급자의 지시를 전달할 때는 '님'을 붙인다.(예 부장님 지시 사항을 전달하겠습니다.)
- 압존법* : 높여야 할 대상이지만, 듣는 이가 더 윗 사람일 경우 그 공대를 줄이는 어법이다. 현재는 가정과 사제간에만 사용하고 기타 관계에서는 사용하지 않는다. (예 할머니, 어머니가 아직 안 왔습니다.)

(3) 경어의 종류

겸양어	• 자신을 낮추어는 말로, 상대방을 높여 주는 의미를 가진다. • 말하는 주체가 본인일 경우 겸양어를 사용한다.
존칭어	• 상대방을 존경하는 의미로 상대를 높이는 말이다. • 상대방이 자신보다 윗사람일 경우 사용한다.
정중어	• 상대방에게 정중한 표현하는 말로, 상대방에게 직접 경의를 표하는 것이다.

(4) 서양의 호칭과 경칭

- 대등한 관계일 경우 : 상대의 이름을 호칭
- Mr.(Mister) : 남성에게 붙이는 경칭
- Mrs.(Missus, Mistress) : 결혼한 여성의 이름 앞에 붙이는 경칭
- Miss : 미혼 여성의 이름 앞에 붙이는 경칭
- Ms(Miz) : 결혼상태를 모르는 경우 이름 앞에 붙이는 경칭

- Sir : 본인보다 윗사람에게 경의를 나타내는 남성의 경칭
- Ma'am : 본인보다 윗사람에게 경의를 나타내는 여성의 경칭
- Majesty : 왕족(Royal Family)에게 붙이는 경칭
- The Honorable : 귀족(nobleman)이나 주요 공직자에게 붙이는 경칭
- Dr.(Doctor) : 전문 직업인이나 인문학과 분야에서 박사학위를 취득한 사람에게 붙이는 경칭
- Esquire(ESQ) : 편지의 수취인(영국에서 사용)에게 사용하는 경칭
- Excellency : 외교관(대사)에 대한 경칭

3. 상황별 비즈니스 매너

1) 안내 매너

(1) 복도에서 안내할 때

- 고객보다 2~3보 가량 비스듬히 앞서서 안내한다.
- 몸을 조금 비켜선 자세로 사선으로 걸으며 고객과 거리가 벌어지지 않도록 주의한다.
- 손가락을 가지런히 붙여서 피고 45도 각도로 하늘을 향하게 하고 방향을 안내한다.
- 방향을 안내할 때는 시선은 얼굴과 함께 움직인다.
- 안내 중간에 손님과의 거리를 확인하면서 걷고, 모퉁이를 돌 거나 방향을 바꿀때는 구두로 안내 후 손으로 방향을 안내한다.

(2) 계단에서 안내할 때

- 계단을 오를 때는 고객(상급자)보다 한두 계단 뒤에서 안내하며 올라간다.
- 계단을 내려올 때는 고객(상급자)보다 한두 계단 앞서 안내하며 내려온다.
- 남녀가 계단을 올라갈 때는 남자가 먼저 올라가고, 내려올 때는 여자가 앞서 내려간다.

(3) 엘리베이터에서 안내 할 때

- 엘리베이터를 탈 때에는 미리 행선 층을 알려주는 것이 매너이다.
- 상석은 들어가 좌측, 고객이 중앙에 선 경우 그 주위에 선다.
- 승무원이 있을 때는 고객보다 나중에 타고, 내릴 때는 고객보다 먼저 내립니다.
- 승무원이 없을 때는 고객보다 먼저 타고, 내릴 때는 고객보다 나중에 내린다.
- 목적지를 잘 알고 있는 고객이나 여성과 동행 시에는 고객 또는 여성이 먼저 타고 내린다.

(4) 문에서 안내할 때

- 당겨서 여는 문일 경우에는 문을 먼저 당겨 열고, 서서 고객이 먼저 통과하도록 안내한다.
- 반대로 밀고 들어가는 문일 경우에는 안내자가 먼저 통과한 후, 문을 잡고 고객을 통과시키도록 한다.

2) 상황별 비즈니스 매너

(1) 보행시 매너

- 우측 보행을 기본으로 한다.
- 보행시 상급자, 여성, 연장자는 길 안쪽으로, 안내자는 바깥쪽으로 걸어가며 안내한다.
- 보행시 아랫사람은 윗 사람 왼쪽에서 걷고, 3명 이상일 경우 윗사람은 가운데에서 걷는다.

(2) 자동차 탑승 매너*

- 양쪽으로 문을 열 수 있을 경우, 윗사람과 여성이 먼저 탑승하고, 내릴때에는 아랫사람이 먼저 내려 윗사람과 여성의 하차를 도와준다.
- 한쪽으로만 문을 열 수 있을 경우, 아랫사람이 먼저 탑승하고, 윗사람이 운전기사의 대각선 자리로 탑승한다.

(3) 상석 기준

① 의미
- 사전적 의미로는 윗자리, 첫 번째 자리라는 뜻으로 편안함과 안전이 우선되어야 한다.

② 상석의 기준
- 출입구에서 먼 곳
- 경치가 좋은 곳이나 그림이 보이는 곳
- 소음이 적고 비좁지 않고 넉넉한 곳으로 심리적 안정을 줄 수 있는 곳
- 동서남북 기준으로 북쪽이 상석
- 의전을 기준으로 오른쪽이 상석
- 레스토랑에서 웨이터가 먼저 의자를 빼주는 자리
- 자동차에서 경우, 운전사가 따로 있을 경우 운전사의 대각선 뒷좌석이 상석
- 운전사가 따로 없을 경우, 운전사 옆자리에 앉는 것이 매너

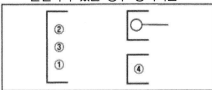

운전사가 있는 경우 상석기준

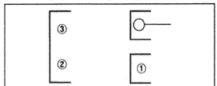

자가운전일 경우 상석기준

〈그림〉 자동차 상석 기준

• 기차에서의 상석

열차의 진행방향으로 창가－맞은편 창가－진행방향으로 통로좌석－맞은편 통로좌석 순이다.

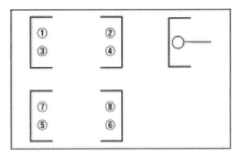

〈그림〉 기차에서 상석기준

3) 조문 매너

(1) 조문 순서

- 장례식장에 도착하면 외투나 모자는 미리 벗어둔다
- 상주와 가볍게 목례를 하고, 영정 앞에 무릎을 꿇고 앉는다.
- 일행이 여럿일 경우는 대표자 한 사람이 헌화, 분향한다.
- 향에 불을 붙이고, 왼손으로 가볍게 흔들어 끈다.
- 향을 끌 때 입으로 불어서 끄지 않는다.
- 두 손으로 향로에 향을 꽂는다.
- 영정 앞에 일어서서 잠깐 묵념 후 두 번 절한다.
- 영정에서 물러나 상주에게 절을 한 번 하고, 무릎을 굽혀 앉은 다음 위로의 말을 건넨다.
- 헌화를 할 경우, 꽃을 가슴 앞쪽에 들고 영정 앞으로 가서 앉은 천천히 놓은 후 묵념 또는 기도를 한다. 상주 앞으로 와서 인사를 한 다음 위로의 말을 건넨다.

(2) 조문 복장

남성	• 검정 양복을 기본으로, 감색이나 회색양복도 무난하다. • 셔츠는 반드시 흰색으로 입고, 넥타이 구두는 검정으로 한다. • 요즘에는 복장이 단정하면 격식에 구애받지 않는다.
여성	• 검정 상의와 하의를 입는다. • 검정 스타킹과 구두를 신고, 가방도 검정으로 통일한다. • 지나친 색조화장과 향수를 피한다.

(3) 절하는 방법

① 남성
- 자세를 바로 한다. 공수한 손은 허리선 부분에 두고 오른손을 위로 한다.
- 손은 눈높이로 올린다. 손바닥은 바닥을 향하도록 하고 눈은 발등을 향한다.
- 왼발을 조금 뒤로 빼면서 공수한 손으로 바닥을 짚고 무릎을 꿇는다. 이때 왼쪽 무릎을 먼저 꿇고 오른쪽 무릎을 꿇는다.
- 몸을 앞으로 깊이 숙여 절한다.

② 여성
- 자세를 바로 한다. 공수한 손은 허리선 부분에 두고 왼손을 위로 한다.
- 공수한 손을 눈높이로 올리고 손바닥은 바닥을 시선은 발등을 향한다.
- 공수한 손을 눈높이에 둔 채 무릎을 꿇고 앉은 후 몸을 앞으로 깊이 숙여 절한다.

4. 전화응대 매너

1) 전화 응대의 중요성

- 전화는 고객과 첫 접점으로 고객과 기업을 연결하는 기업의 창구로 기업 이미지 형성에 중요한 역할을 한다.
- 전화응대는 보이지 않지만 음성으로만 응대하는 곳으로 상황에 따른 적절한 매너를 갖추어야 한다.

2) 전화 응대의 구성 요소

- 음성 : 목소리, 톤, 속도, 발음.
- 경청 : 경청하기, 적극적 응대.
- 언어 : 일방적인 오해가 발생할 수 있으므로 알아듣기 쉽고 이해하기 쉽게 전달.

3) 전화 응대의 특성

구분	유의사항
보이지 않는 커뮤니케이션	• 음색과 음성의 크기, 톤, 속도, 말투, 억양 등의 청각적인 요인을 잘 활용해야 한다. • 상대방이 앞에 있는 것처럼 표정이나 자세, 태도에도 신경을 써야 한다.
기업의 첫 이미지	• 전화응대 한통에 사명감을 가지고 밝고 친절한 목소리로 인사한다.
예고 없이 찾아오는 고객	• 고객의 특성을 제대로 파악하고 적절한 응대를 한다.
비용 발생	• 통화는 간결하게 하고, 길어질 경우 전화를 끊고 상담원이 다시 걸도록 한다.
일방적인 오해 발생	• 용건을 확인하고 복창을 반드시 한다.

4) 전화응대의 기본 원칙

(1) 신속하게 (Speed)

- 벨이 울리면 3번 울리기 전에 신속하게 전화를 받는다.
- 통화는 간단하고 명료하게 한다.
- 기다리지 않게 한다.

(2) 정확하게(Correct)

- 내용을 천천히 정확하게 전달한다.
- 정확한 어조와 음성, 발음한다.
- 중요한 부분은 반복해서 확인하고 강조한다.
- 필요한 내용은 메모하면서 정확히 이해한다.
- 고객이 되묻지 않도록 한다.

(3) 친절하게(Kindness)

- 고객의 기분을 배려하고 적극적으로 경청하는 모습을 음성으로 표현한다.
- 예의 바른 첫인사와 끝인사를 한다.
- 신원에 상관없이 정중하게 전화를 받는다.
- 잘못 걸려 온 전화라도 잠재 고객이 될 수 있으므로 항상 정중한 어조와 음성으로 응대한다

5) 전화응대 매너

(1) 전화걸기 전 매너

- 시간(Time), 장소(Place), 상황(Occasion) 고려해서 전화를 걸어도 되는 상황인지를 먼저 생각해본다.
- 상대방의 전화번호, 소속, 직급, 이름 등을 미리 확인한다.
- 전달할 내용을 육하원칙에 의거하여 일목요연하게 정리한다.

(2) 전화 걸 때 매너

- 정확하게 전화번호를 누른다.
- 상대방이 전화를 받으면 자신의 소속사 이름을 밝힌다.
- 수신자를 확인하고 용건을 알린다.
- 찾는 사람이 아니면 정중하게 연결을 부탁한다.
- 상대방과 간단히 인사말을 한 후 용건에 대해 간단히 전달한다.
- 용건이 끝나면 내용이 잘 전달되었는지 확인하고 정리한다.
- 마무리 인사를 한 후 상대방이 먼저 끊은 것을 확인한 후 수화기를 내려놓는다.
- 통화 상대와 연결이 안 되었을 경우 후속 조치를 취한다.

(3) 전화를 받을 때 매너

- 전화벨이 3번 울리기 전에 수화기를 신속하게 든다.
- 부득이하게 늦게 받았을 때에는 정중하게 사과의 말을 전한다.
- 간단한 인사와 소속 및 이름을 밝힌다.
- 상대방을 확인한 후 인사한다.
- 용건을 들으며 요점을 메모한다.
- 상대방이 용건을 다 말하면 통화 내용을 요약, 복창한다.
- 용무와 어울리는 마지막 인사를 한다.
- 상대방이 전화를 끊은 후 조용히 수화기를 내려놓는다.
- 담당자가 아니거나 교환이 필요한 경우 용건을 확인한 후 다음 담당자에게 정확히 인계한다.
- 전달해 줄 내용은 메모한 후 즉시 전달하여 누락되거나 실수하는 일이 없도록 한다.

6) 상황별 전화응대 매너

(1) 전화 연결을 할 경우

- 지명인을 확인하고 연결한다.
- 연결할 때에는 연결음이 상대방에게 들리지 않도록 홀드 버튼을 누르거나 송화구를 손으로 막은 다음 연결한다.
- 연결 중 끊어질 경우를 대비해서 상대방에게 지명인의 직통 번호를 알려준다. 이때 지명인의 개인번호를 알려줘서는 안 된다.
- 연결이 되면 기다려달라는 양해의 말을 전달하고, 감사 표시 후 조용히 수화기를 내려놓는다.

(2) 지명인과 연결해 줄 수 없는 경우

- 지명인이 통화 중이거나 회의 중일 경우, 바로 전화를 받을 수 없는 상황을 상대방에게 알려준다.
- 잠시 기다릴 것인지에 대한 여부를 확인한다.
- 지명인의 업무가 길어질 예정이라면 상대방에게 상황에 대해 양해를 구하고, 다시 전화하거나 이쪽에서 전화를 할 건지에 대해 물어본다.
- 전화를 걸어야 하는 상황이라면 메모를 정확히 해서 지명인에게 바로 전달해야 한다.

(3) 지명인이 부재중이라 연결해 줄 수 없는 경우

- 부재중인 사유와 언제 돌아올 예정인지에 대해 알려준다.
- 전화한 용건에 대해 묻고 메모를 남겨놓을 건지에 대한 여부를 묻는다.
- 메모를 남겨놓기를 원하면 정확히 메모하여 지명인에게 가능한 빨리 전달한다.
- 추후 다시 연락을 할 것인지, 이쪽에서 해야 할지에 의향을 물어본다.

(4) 전화를 걸었을 때 찾는 사람이 부재중일 경우

- 지명인이 언제 돌아올 예정인지를 확인한다.
- 다시 전화할 것인지, 지명인이 전화해줄 것인지를 정한다.
- 메모를 정확히 남기고, 전화받은 사람의 이름을 확인한다.

(5) 전화가 잘 들리지 않는 경우

- 전화 상태가 좋지 않음을 알리고, 다시 통화할 수 있도록 한다.
- 전화를 먼저 건 쪽에서 다시 하는 것이 맞으나, 상대방이 상사이거나 고객이면서 연락처를 알고 있다면 내가 다시 거는 것이 바람직하다.
- "뭐라고요?", "잘 안 들리는데요."와 같은 표현은 쓰지 않도록 하고, "좀 멀게 들립니다."와 같은 완곡한 표현을 사용한다.

(6) 전화 응대 중에 전화가 걸려 온 경우

- 먼저 응대 중인 고객에게 양해 말씀을 드리고, 전화를 받는다.
- 긴급한 용건이 아닌 경우, 양해를 구한 후 먼저 응대 중인 전화를 끊은 후 연락을 한다.

(7) 회사의 위치를 묻는 경우

- 상대방이 현재 있는 위치를 묻는다.
- 회사까지 어떤 교통편을 이용할 것인지를 묻는다.

- 전화 건 사람의 위치에서 좌우전후로 방향을 정확히 안내한다.
- 되도록 간단히, 중심이 되는 길이나 지하철 출구, 건물을 이용하여 알려준다.
- 상황에 따라 약도를 핸드폰이나 팩스, 이메일로 전송하도록 한다.

(8) 전언 메모의 방법

- 전언 메모의 내용
  - 전화를 받은 날짜와 시간
  - 전달받을 사람의 부서와 이름
  - 전화 건 사람의 회사와 부서 및 직급과 이름
  - 전달할 내용 : When/Where/Who/What/Why/How를 정확히 메모
  - 차후 연락할 방법 : 상대방이 다시 걸 예정인지, 담당자가 걸어 주어야 할 것인지의 여부
  - 상대방의 연락처
  - 전화를 받은 사람의 소속과 이름
  - 메모를 한 후 바로 담당자의 책상 위에 올려놓고, 담당자를 만나면 전언이 있었음을 알린다.

5. 글로벌 매너

1) 글로번 매너의 중요성

- 국제화 및 개방화에 따른 국가 간의 교류 증대로 타 문화를 이해와 존중이 필요하다.
- 글로벌 매너의 원칙
  - 상호 존중의 원칙 : 상대방의 문화와 매너를 존중한다.
  - 종교적 신념의 원칙 : 상호 합의로 종교적 신념을 지켜준다
  - 지역 규칙의 원칙 : 방문한 지역의 매너를 따른다.

2) 국가별 매너의 이해

(1) 일본

① 일본의 비즈니스 매너
- 상대방에 대한 배려를 많이 하는 국가이다. 인내, 예절, 겸손을 커다란 미덕으로 여기며 대단히 중요하게 생각한다.

- 시간을 잘 지키는 것을 최대의 미덕으로 여겨 약속 시각을 엄수한다
- 누구에게나 경어를 사용하는 것이 일반화되어 있다.
- 일본에서는 명함을 매우 소중하게 여기고 명함을 주고받는 일이 흔하므로 명함을 넉넉하게 준비하도록 한다.
- 인사는 우리나라보다 더 많이 굽히고, 허리를 굽힐 때 상대방의 얼굴을 보아서는 안 된다. 허리를 숙이는 정도는 상대방과 비슷하게 하되 상대방보다 먼저 허리를 펴서는 안 된다.
- 일본인이 집으로 초대하는 경우는 상당한 호의의 표현이므로 선물을 준비하는 것은 기본이다. 짝을 이루는 것이 행운을 가져온다고 생각하므로 선물은 짝으로 준비하는 것이 좋다.
- 계단이나 에스컬레이터, 복도 등에서는 왼쪽으로 서거나 걷는다.
- 방석에 앉을 때는 무릎을 꿇는 게 맞지만, 주인이 "편히 앉으세요."라고 하면 남자는 책상다리로, 여자는 다리를 옆으로 내밀고 앉으면 된다.

② 일본의 식사 매너
- 식당이나 공공장소에서 조용하고 얌전하게 행동한다.
- 대개 일본 사람들은 식당이나 술집 등에서 비용을 각자 낸다.
- 젓가락만 사용해서 식사한다.
- 밥그릇은 왼손으로 들고 먹는다.
- 각자 개인용 그릇인 '고자라'에 덜어서 먹는다.
- 음식을 먹을 만큼 덜어서 먹고 남기지 않는다.
- 밥상 앞에서는 언제나 똑바른 자세로 먹는다.
- 좌석의 상석은 문의 반대쪽 안쪽이다. 주빈을 중심으로 윗사람이 좌우에 앉으며, 주인은 주빈의 반대쪽, 문쪽에 앉는다.
- 먹는 소리나 그릇 소리가 나지 않게 먹는 것이 예의이지만 메밀국수를 먹을 때는 괜찮다
- 밥을 더 먹고 싶을 때는 한술 정도의 밥을 남기고 청하는 것이 예의이다.
- 술을 따르거나 받을 때 한국과는 다르게 한 손으로 받거나 따라도 된다.
- 술이 조금 남아있을 때 첨잔하는 것을 미덕으로 여긴다.

(2) 중국

① 중국의 비즈니스 매너
- 중국인들은 상담시 히든 카드를 잘 내놓지 않는다. 이들과의 협상 시에는 시간적인 여유를 갖고 인내하여 이들의 거래 습관에 적응해야 한다.

- 협정은 상호 이해와 기초해야 하며 서면에 의한 표현은 그렇게 중요한 것이 아니므로 융통성이 있어야 한다고 생각한다.
- 개인적인 우정과 신뢰를 매우 중요시한다.
- 선물은 빨간색이 좋고, 선뜻 받지 않으므로 여러번 권해야 한다.

② 중국의 식사 매너
- 음식이 남아야 충분히 준비한 것으로 간주되므로 음식을 약간 남기는 것이 예의이다.
- 음식을 맛있게 먹어 주고 음식에 대한 칭찬을 많이 해야 한다.
- 준비한 음식에 적어도 한번 씩 손을 대는 것이 예의이다.
- 많이 먹는 것은 아직 양이 차지 않았다는 뜻이 된다.
- 호스트가 건배를 청하기 전에 먼저 건배 제의를 하는 것을 삼간다.
- 공용 스푼이나 젓가락을 이용하여 개인 접시에 덜어 먹는다.
- 손님이 있는 경우에는 미리 음식, 좌석을 예약하는 것이 좋으며 주문 시 생선을 반드시 포함시키도록 한다.
- 차 문화가 발달한 나라로 상대방의 잔이 빌 경우 계속 따라 주는 것이 예의이다.
- 계산을 테이블에서 직접하고 팁은 없다.
- 음주와 흡연을 사교의 한 수단으로 여기는 경향이 있으므로 담배를 피우지 않더라고 일단 받아 주는 것을 상대에 대한 호의로 받아 들인다.

(3) 영국
- 영국은 신사의 나라라고 불릴 정도로 전통과 질서, 복장 등이 까다롭다.
- 영국인들은 대체로 온화하고 언쟁을 싫어하며 질서를 잘 지키는 느긋함을 가지고 있다.
- 복장 매너를 중시하므로 공연에는 정장을 착용하고, 다양한 모임에서도 격식에 맞는 옷차림을 한다.
- 여성을 존중하는 문화로 엘리베이터를 타거나 대중교통 이용 시 여성이 먼저 타도록 배려한다.
- 공신 만찬에서 여왕을 위한 건배를 하는데, 그 전에 담배를 피워서는 안된다.

(4) 프랑스

① 프랑스의 비즈니스 매너
- 프랑스인들은 보통 악수를 하는데, 손을 잡고 약간 흔드는 정도로 하며 너무 심하게 잡거나 흔드는 것은 예의에 어긋난다.
- 친한 사이에는 뺨에 가볍게 키스를 하기도 한다.
- 프랑스인들은 외국인이 영어보다 프랑스어를 사용하는 것을 좋아한다.

- 약속을 하지 않고 갑자기 방문하는 것을 대단한 결례로 생각하므로 주의한다.
- 프랑스에서는 남의 물건에 허락 없이 만지는 것은 실례가 된다. 상품을 고를 때에도 직원에게 허락을 받고 만져보거나 입어봐야 한다. 식료품을 살 때에도 직원의 허락을 받고 손을 대야 한다.

② 프랑스의 식사매너

- 세계 최고 수준의 음식과 와인을 먹는 나라라는 자부심이 강하므로 테이블 매너를 잘 지켜야 한다.
- 프랑스인들은 식사 시간에 즐거운 대화를 나누는 것을 중요하게 생각한다.
- 식사는 3~5시간 정도 지속되는 경우가 많으므로, 프랑스 요리와 와인에 대한 상식을 가지고 있는 것이 좋다.
- 프라이버시를 대단히 중시하므로 사적인 질문이나 종교, 정치와 같은 무거운 주제는 피한다.
- 프랑스인들은 특별한 경우를 제외하고 저녁 이후까지 비즈니스 관련 상대를 붙잡아 두는 것을 매우 싫어하며, 'OK' 사인이 '가치 없다.'라는 뜻으로 통용되므로 삼가해야 한다.

(5) 이탈리아

- 지역적 특색이 강하기 때문에 고향과 가족 간의 결속이 강하다.
- 이탈리아 사람들은 외면을 중시하는 경향이 상당히 강하여 옷차림을 매우 중요하게 생각한다.
- 처음 만났을 때는 악수를 하고, 조금 더 알게 되면 악수 대신에 포옹과 함께 뺨에 키스를 하며 인사한다.
- 이탈리아인들의 몸동작은 지나칠 정도로 크고 다양하다. 따라서 차분한 몸동작보다는 그들과 함께 화려한 제스처를 쓰며 대화하는 것이 상대방을 편하게 하는 방법이다.
- 이탈리아인들은 직함을 자주 사용하고 이름 없이 직함만 사용하기도 하므로 호칭을 적당히 잘 쓰는 것이 예의이다. 사업적인 만남에서는 우선 직함을 성과 함께 사용하는 것이 관습으로 되어 있다.
- 이탈리아인들은 낮잠을 자는 습관이 있으므로 4시 이후의 방문을 삼간다.
- 프랑스와 관련된 화제는 좋아하지 않으므로 유의한다.

(6) 미국

- 실용주의, 평등의식이 강하고, 약속과 프라이버시를 중요시하는 나라이다.
- 식사 시 개인접시를 사용하고 먹을 만큼 공용 스푼으로 덜어서 먹는다.

- 식사할 때 소리를 내면서 먹는 것은 큰 실례이다.
- 대화할 때 상대방과의 eye-contact을 중요하게 여긴다.
- 남성은 실내에서 모자를 쓰지 않는다.
- 미국에서는 총기 소지가 자유롭기 때문에 위험한 경우가 생길 수 있다. 만약 경찰에게 적발되는 경우 손을 주머니에 넣거나 움직이면 총기 사용으로 오해를 받을 수 있으므로 손은 가만히 놔두고 있어야 한다.
- 팁 문화가 발달한 나라이므로 잊지 않고 상황에 맞게 지불한다.
- 식사 도중 코를 푸는 것은 실례가 아니지만, 기침이나 재채기는 실례이므로 입을 가리고 반드시 'excuse me'라고 한다.

3) 나라마다 쓰임이 다른 제스처(Body Language)

제스처	의미	제스처	의미
손가락으로 링 모양 만드는 것	• 한국 일본 : 돈 • 프랑스 남부 : 무가치함 • 미국, 서유럽 : OK • 브라질, 남미 : 음란하고 외설적인 의미	손바닥을 펴서 흔드는 행위	• 한국, 유럽 : 안녕 • 그리스 : 당신의 일이 잘 되지 않기를 바람
손바닥을 아래로 하여 손짓하는 행위	• 중동, 극동지역 : '오라'는 의미 • 서구 지역 : '가라'는 의미	주먹을 쥐고 엄지손가락을 위로 올림	• 대부분 국가 : '최고'라는 의미 • 미국 : 매우 좋음 • 호주 : 무례한 행위, 거절 • 태국 : 심한 욕 • 러시아 : '동성애자'라는 의미 • 독일 : '숫자 1' 의미 • 일본 : '숫자 5' 의미
손등을 바깥으로 한 V자	• 영국, 프랑스 : '꺼져버려'라는 의미 • 그리스 : 승리	합장	• 태국, 불교 국가 : 인사 • 핀란드 : 거만함의 표시
손바닥을 바깥으로 한 V자	• 유럽 : 승리 • 그리스 : 욕설의 한 종류	머리를 끄덕이는 행위	• 대부분의 국가 : 긍정의 뜻 'yes' • 불라리가, 그리스 :'NO' 부정의 뜻

4) 레스토랑 이용 매너

(1) 예약 매너

- 레스토랑 이용 시에는 모임에 맞는 자리를 확보하고 즐거운 식사를 하기 위해서 반드시 사전에 예약을 해 두는 것이 좋다.
- 특히 정식 풀 코스 디너를 하고자 할 때는 충분한 시간적 여유를 갖고 예약을 하며, 충분히 협의를 해야 한다.
- 예약 시 이름, 연락처, 일시, 인원, 식사의 목적(생일, 환갑 등)을 미리 알려준다.
- 고급 레스토랑인 경우 정장이 필수인 곳도 있으므로 확인한다.
- 예약한 시간은 반드시 지키고, 늦어질 경우에는 미리 연락한다.
- 예약을 못지킬 경우에는 반드시 연락을 해야 한다.

(2) 도착과 착석 매너

- 도착하면 입구에서 예약자명을 확인하고 자리를 안내받도록 한다.
- 예약을 했다고 해서 맘대로 들어가서 아무 자리에 앉는 것은 예의에 어긋난다.
- 안내받은 자리가 마음에 들지 않을 경우에는 정중하게 다른 자리를 부탁한다.
- 매니저나 직원이 안내 후 처음 빼주는 자리가 상석이므로 그날의 주빈이 그 자리에 앉도록 한다.
- 여성이 앉는 좌석을 빼주는 것은 훌륭한 매너가 된다.
- 착석하고 나서 화장실을 가는 것은 실례이므로 입장하기 전에 갔다 오도록 한다.
- 여성의 핸드백은 자신의 등과 의자 등받이 사이에 놓고 앉는다.

(3) 주문 매너

- 식사 시에 모든 행동은 손님을 초대한 사람을 중심으로 이루어진다.
- 초대한 사람은 손님들이 편안한 분위기에서 식사를 할 수 있도록 배려한다.
- 주문은 여성과 초대 손님이 먼저 하고, 남성을 동반한 여성은 남성에게 주문한 요리를 알려주고 남성이 직원에게 주문하는 것이 매너이다.
- 초대를 받은 경우에는 지나치게 비싸거나 싼 음식을 주문하는 것은 피한다. 중간이나 중상 정도 가격의 음식을 주문하는 것이 무난하다.
- 음식의 종류를 모른다거나 특별히 먹고 싶은 것이 없다면 직원에게 물어보고 주문하는 것도 좋은 방법이다.

(4) 식사 매너의 기본

- 팔꿈치를 올리거나 다리를 꼬는 것은 금물이다.
- 식사 중에 트림이나 씹는 소리와 같은 불쾌한 소리를 내지 않는다.
- 입안에 음식이 있는 채로 말하지 않는다.
- 여유를 가지고 대화를 하며, 어렵거나 민감한 주제는 가급적 피하는 것이 좋다.
- 주위 사람들과 먹는 속도를 맞춘다.
- 테이블 위에 가능한 아무것도 놓지 않는다.
- 식사 중에 화장실을 가는 것은 실례이다.
- 직원을 부를 때는 오른손을 가볍게 든다.
- 나이프나 포크로 무언가를 가리키지 않는다.
- 식사 중에 너무 큰소리를 내거나 웃는 것은 삼가도록 한다.
- 여성의 경우 립스틱 자국이 물잔이나 와인잔에 남지 않도록 한다.
- 여성은 테이블에서 화장을 고치는 것은 매너에 어긋나므로 화장실을 이용한다.
- 식사 중에 흡연은 삼가는 것이 좋다. 코스 중간의 흡연은 음식의 맛을 즐기는 데 방해 요인이 된다.

(5) 기물 사용법

① 냅킨
- 주빈이 먼저 펴면 함께 편다.
- 식사 중 자리를 뜰 때는 냅킨을 의자 위에 올려 놓고 간다.
- 식사를 마친 후에는 적절히 접어 테이블 위에 올려 놓고 간다.
- 두 겹으로 접어 무릎 위에 놓는다.
- 중앙 부분을 사용하지 않고 가장자리를 사용한다.
- 음식을 먹다가 입을 닦거나 핑거볼 사용 후 손의 물기를 닦을 때 사용한다.

② 나이프와 포크
- 바깥쪽부터 안쪽으로 차례대로 사용한다.
- 나이프와 포크는 대개 각각 3개 이하로 세팅되어 있다.
- 나이프는 오른손으로, 포크는 왼손으로 사용한다.
- 음식을 자른 뒤 나이프는 접시에 걸쳐두고, 포크를 오른손에 바꿔 들고 먹어도 괜찮다.
- 테두리에 '八' 자형으로 놓고, 식사가 끝나면 오른쪽에 비스듬히 나란히 놓는다.
- 나이프 날은 자기 쪽으로 하고, 포크는 등이 위쪽으로 향하게 한다.

4) 테이블 매너

(1) 정찬 메뉴 의 순서

- 전채 요리(Appetizer ; Hors doeuvre) → 수프(Soup ; Potage) → 생선(Fish, Poisson) → 고기(Meat, Entree) → 샐러드(Salad ; Salade) → 디저트(SWeet, Entrements) → 음료
- 영미인들은 샐러드를 고기 요리 와 같이 먹거나 그 전에 먹는 반면 , 프랑스 사람들 은 고기 요리 가 끝난 다음에 먹는다.

(2) 정찬 메뉴 코스에 따른 매너

전채 요리 (Appetizer : Hors d' oeuvre)	• 식사 순서에서 제일 먼저 제공되는 요리로서 영어로는 ' Appetizer' 불어로는 'Hors d' oeuvre'라고 한다. • 전채 요리는 식욕을 촉진시키기 위해 식사 전에 가볍게 먹는 요리이다. • 전채 요리는 모양이 좋고, 맛이 있어야 하며, 특히 자극적인 짠맛이나 신맛이 있어 위액의 분비를 왕성하게 하고, 분량이 적어야 한다. • 전채 요리는 너무 많이 먹지 않는다.
수프 (Soup : Potage)	• 수프(Soup)는 메인 요리를 먹기 위한 코스로 양의 부담을 주지 않는 소량으로 입안을 따뜻하게 적셔주고 영양가가 많아 건강에 좋은 요리가 되어야 한다. • 수프의 종류는 맑은 국물 상태의 맑은 수프(Clear Soup ; Potage Claire)와 걸쭉한 상태의 진한 스프(Thick Soup ; Potage Lie)로 나뉜다.
빵	• 자신의 왼쪽에 있는 빵 접시를 사용한다. • 빵은 수프를 먹고 나서 먹기 시작한다. • 빵은 입이나 나이프가 아닌 손으로 잘라 먹는다. • 버터나 잼이 발라져 있는 빵은 나이프를 사용하여 자른다. • 토스트나 크루아상, 브리오슈 등은 조식용 빵이므로 만찬회 석상에서 요구하는 것이 아니다. • 만찬용 빵은 롤(Roll), 하드롤(Hardroll), 라이브레드(Rye Bread) 등이고, 버터만 발라 먹는다.
생선 요리 (Fish ; Poisson)	• 격식 있는 정식(Full Course)이 아닌 경우 생선 코스가 생략되는 경우가 많거나 주요리 (Main Dish)로 제공되기도 한다. • 생선과 함께 제공되는 레몬은 생선 위에 놓고 포크로 짓이겨 즙을 낸다. • 에스카르고(식용달팽이)도 생선 요리이다.
고기 (Meat, Entree)	• '주요리'라고도 하고, 쇠고기, 돼지고기, 양고기, 송아지 고기, 가금류 등이 있다. • 고기 요리는 잘라가며 먹는 것이 음식의 맛을 제대로 즐길 수 있다.
샐러드 (Salad ; Salade)	• 샐러드에 사용되는 소스를 특별히 드레싱(Dressing)이라 부른다. • 드레싱은 주로 야채샐러드에 혼합하거나 곁들여서 제공하는데 맛과 풍미를 더하여 음식 의 가치를 돋보이게 하며, 소화를 돕는 역할을 한다.

디저트	• 디저트(Dessert)는 식사를 마무리하는 단계에서 입안을 개운하게 해주려는 목적으로 쿠키(Cookie)나 케이크(Cake)류, 과일류(Fruits) 등이 나온다.
음료	• 모든 식사가 끝나면 마지막 코스에 원하는 음료(Beverage)를 주문하게 되는데 커피 또 는 차를 주문할 수 있다.

II. 이미지 메이킹

1. 이미지에 대한 이해

1) 이미지의 개념

- 라틴어 'imago'에서 유래되었으며 '모방하다'라는 뜻을 지닌 라틴어의 'imitari'와 연관이 있다.
- 마음속에 그려지는 상(象), 심상(心象)등을 뜻한다.
- 이미지는 어떤 대상에 대한 경험을 바탕으로 상상되는 것으로 개인의 지각을 통해 의미화된다.
- 일반적으로 이미지는 개인에 대한 고유하고, 독특한 느낌이다.

2) 이미지의 속성*

- 개인의 지각적 요소와 감정적인 요소가 결합되어 나타나는 이미지는 객관적인 것이라기보다는 주관적인 것이라고 할 수 있을 것이다.
- 무형적인 것을 기대했던 것을 현실적으로 경험할 때 또는 일련의 자극 내용을 차별적으로 인식함으로써 형성되는 것으로 직접적인 경험 없이도 형성된다.
- 개인이나 조직의 행동, 언어, 사고방식, 태도 등 시각적인 요소 이외의 수많은 감각에 의한 이미지도 포함된다.
- 비록 비과학적인 개념 규정이라는 한계성이 있으나, 우리 인식 체계와 행동 동기 유인 측면에 있어 매우 중요한 역할을 한다.
- 본질적으로 인간의 커뮤니케이션 행위에 의해 형성, 수정 변화되어 간다.
- 최근 인터넷 기반 기업이 증가하면서 기존의 기업 이미지, 제품 이미지 등의 중요성이 증가하고 있다.

3) 이미지의 분류

외적 이미지	• 표정, 체형, 옷차림 등 외적으로 들어나는 이미지이다.
내적 이미지	• 개인의 내면에 형성되어 있는 생각, 습관, 감정, 지식 등의 결합되어 형성된 이미지이다.
사회적 이미지	• 대인 관계 및 상호관계에서 형성되는 관계적인 이미지이다. 개인이 속한 환경과 문화가 포함되며 에티켓 및 매너등이 사회적 이미지에 해당한다.

4) 이미지의 형성 요소

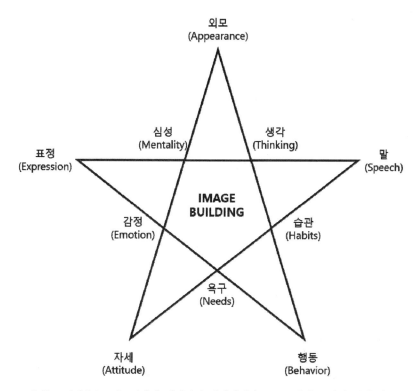

출처 : 김경호(2004), 이미지 메이킹의 개념정립과 프로그램의 효과성 분석 연구

I	Intelligence	지적 이미지
M	Mask	표정 이미지
A	Attitude	태도 이미지
G	Grooming	복장 이미지
E	Emotion	감성 이미지
V	Voice	음성 이미지

5) 이미지 형성과정

지각과정	• 직 · 간접적인 경험을 바탕으로 같은 대상이라고 의식의 수준차이에 따라 다르게 각인된다. • 지각은 타인의 성격, 욕구, 감정, 의지, 사고 등의 인지를 말한다.
사고과정	• 지각하는 대상에 대한 의미부여, 평가, 추론, 등 지각 대상에 대한 모든 정보를 획득하고 해석하는 과정이다. • 과거와 관련된 기억과 현재의 지각이라는 투입 요소가 흡합되어 개인의 이미지를 형성한다.
감정과정	• 지각과 사고 이전의 감정에 의해 반응하는 과정이다. • 감정적 반응은 이미지 형성의 확장 효과를 가져온다.

Plus tip

지각
- 사회적으로 자신과 타인을 바라보는 인식을 의미한다.
- 지각의 특성

주관성	개인의 사적인 경험의 차이로 인하여 같은 상품에 대해 다르게 지각하게 되는 것
선택성	사람은 한번에 모든 자극을 받아들일 수 없으므로 관심 있는 자극만을 지각하게 되는 것
일시성	자극의 대부분은 오래 기억 속에 남아 있지 않는 것
총합성	감각 기관으로 들어오는 자극을 총합하여 지각하는 것

6) 이미지 관리의 프로세스

2. 이미지 메이킹에 대한 이해

1) 이미지 메이킹 정의

- 개인이 추구하는 목표를 이루기 위해 자기 이미지를 통합적으로 관리하고, 자기 향상을 위한 개인의 노력을 의미한다.
- 자신이 속한 사회적 지위에 맞게 내적 이미지와 외적 이미지를 긍정적인 모습으로 만들어 가는 것을 의미한다.
- 외적 이미지를 강화하고 내면의 자신감을 이끌어내 시너지 효과를 일으킨다.

2) 이미지 메이킹의 의의

- 참자아(각자의 개성과 특성)을 발견하여 스스로의 정체성을 확립힌다.
- 주관적 자아와 객관적 자아의 인식 차이를 제거 또는 축소하는 하여 객관적 자아상의 확보할 수 있다.
- 실적 자아를 이상적 자아 상태로 끌어 올려 최상의 브랜딩을 가능하게 한다.

3) 이미지 메이킹의 효과

- 자아존중감이 향상된다.
- 열등감 극복으로 자신감이 제고된다.
- 부정적인 이미지를 긍정적으로 변화시켜 대인관계 능력을 향상시킨다.

4) 이미지 메이킹의 방법

- 자신의 있는 그대로의 모습을 대면하고, 꾸밈없는 진실된 내면을 상대방에게 어필한다.
- 자신과 유사한 인물을 모델링하여 상대방에게 긍정적인 이미지를 전달한다. 모방전략에서 한발 더 나아가 자신의 개성을 더하여 새로운 이미지를 구축한다.

5) 이미지 메이킹 5단계

1단계 자신을 알라 (Know yourself)	• 자신의 장단점을 정확히 알고 장점을 살리고 단점은 보완해 나가야한다.
2단계 롤 모델을 선정하라 (Model yourself)	• 자신의 모델을 선정하는 것은 자신의 목표를 수립하는 것이다. • 자신이 선택한 모델을 모방하는 과정을 통해 자신의 개성이 드러날 수 있도록 노력한다.

3단계 스스로를 개발하라 (Develop yourself)	• 자신의 장점을 살리고 단점을 보완하면 이미지 메이킹의 기본이 된 것 이다. • 자신의 개성이나 장점을 더욱 가치 있게 만들어 상대방에게 긍정적인 관심을 갖도록 해야한다.
4단계 스스로를 포장해라 (Package yourself)	• 자신만의 특색 있는 개성을 개발하였다면 그것이 돋보이도록 포장하여 야한다. • 옷차림 화장 등의 외형적인 것에서 내면에서 나타나는 교양이나 언어 구사력에 의해서도 포장되어 질 수 있다.
5단계 자신을 잘 팔아라 (Market yourself)	• 첫 만남에서 자신의 가치를 긍정적으로 인식시키기 위하여 이미지 형성 요소를 종합적으로 적절히 활용 해야한다.
6단계 스스로에게 진실해라 (BE yourself)	• 지속적인 좋은 관계를 위해 자신 혹은 상대에게 진실하게 되해야 한다.

6) 이미지 형성 심리 이론*

(1) 초두효과

• 먼저 제시된 정보가 나중에 제시된 정보보다 상대방의 이미지 형성에 훨씬 더 큰 영향을 주는 현상을 의미한다.
• 첫인상이 전반적인 이미지 형성에 영향을 많이 주기 때문에 중요하다.
• 나쁜 첫인상을 좋은 이미지로 바꾸기 위해서 많은 노력과 시간이 따르고 어렵다.

(2) 최근 효과

• 초두효과와 반대의 의미로 가장 마지막에 제시된 정보, 즉 최근에 받은 이미지가 인상 판단에 중요한 역할을 한다는 것이다.
• 첫인상이 중요한 만큼 마지막 인상도 중요함을 알 수 있다.

(3) 맥락효과

• 처음에 인지된 이미지가 이후 형성되는 이미지의 판단 기준이 되고, 전반적인 맥락을 제공하여 이미지 형성에 영향을 주게 된다.

(4) 후광 효과

• 어떤 대상이 가지고 있는 장점들 때문에 관찰되지 않은 다른 특징들도 좋게 평가되는 현상이다.
• 다른 말로는 광배 효과(光背效果)라고도 한다.

- 매력적인 사람이 못생긴 사람에 비해 거의 대인관계, 자신감, 적극성, 지적능력, 성실성에서 유리한 평가를 받는다.

(5) 악마효과

- 후광 효과와 반대의 의미로, 외모로 모든 것을 평가하여 다른 모습을 보기도 전에 부정적으로 판단해 버리는 현상을 말한다.

(6) 부정성 효과

- 부정적인 특징이 긍정적인 특징보다 이미지 형성에 더 강력하게 작용하는 것을 말한다.
- 긍정적 정보와 부정적 정보를 동시에 접하게 되었을 때 부정적인 정보에 더 큰 비중을 두고 평가한다.

(7) 호감 득실 효과

- 상대방이 자신을 싫어하다가 좋아하게 되면 자신이 이득을 얻은 것 같아 더 좋아지고, 좋아하다가 싫어하게 되면 많은 것을 잃은 것 같아 더 싫어지는 것이다.
- 자신을 처음부터 계속 좋아해 주던 사람보다 자신을 싫어하다가 좋아하는 사람을 더 좋아하게 되고, 반대로 자신을 처음부터 계속 싫어하던 사람보다 자신을 좋아하다가 싫어하는 사람을 더 싫어하게 된다는 이론이다.

(8) 빈발효과

- 첫인상이 좋지 않게 형성되었다고 할지라도, 반복해서 제시되는 행동이나 태도가 첫인상과는 달리 진지하고 솔직하다면 점차 좋은 인상으로 바뀌는 현상을 말한다.
- 첫인상이 부정적이었더라고 시간을 가지고 지속적으로 긍정적인 모습을 보여 자신의 이미지를 변화시킬 수 있다.

(9) 현저성 효과

- 한가지 두드러진 특징이 인상 형성에 큰 몫을 차지하는 심리 현상으로, 현저성 또는 독특성 효과라고 한다.
- 일반적으로 사물 또는 사람을 볼 때 전체의 모습을 보지 않고 눈길을 끄는 것을 먼저 본 다음 그때 받은 인상만으로 전체적인 사물 또는 사람의 속내까지 판단하게 되는 현상이다.

3. 첫인상 관리

1) 첫인상

(1) 첫인상의 정의

- 처음 만나는 사람에게서 순간적으로 느껴지는 인상을 의미한다.
- 첫인상은 처음 만난 지 1~10초 내에 결정된다.
- 첫인상은 개인에 대한 주관적인 정보이자 인간관계의 출발점이다.

(2) 첫인상의 주요 특징*

일회성	• 처음 만났을 때 딱 한 번의 기회를 가지고 있다. • 첫 만남에 각인된 첫인상과 관련된 정보는 가장 깊게 보존되어진다.
신속성	• 첫인상이 결정되어 지는 시간은 1~10초 내외로 빠르게 각인된다.
일방성	• 상대방이 가지고 있는 객관적인 정보와는 별개로 보는 사람의 기준에 따라 일방적으로 결정된다
연관성	• 개인의 상상과 연상을 통해 주관적으로 기억된다. 닮은 사람을 떠올려 동일시 하거나 이미 익숙한 기억들을 연상하여 첫 인상으로 입력시킨다.

(3) 첫인상 결정 요인*

- 캘리포니아대학교 로스앤젤레스캠퍼스(UCLA) 심리학과 명예교수인 알버트 멜라비언에 따르면 상대방을 인식하는데 대한 지각은 시각적 정보와 청각적 정보, 그리고 대화 내용에 따라 결정된다고 한다. 이미지는 외모, 제스처 등의 시각적 요소 55%, 음성 어투 등의 청각적 요소 38%, 말의 내용 겨우 7% 밖에 적용되지 않는다.

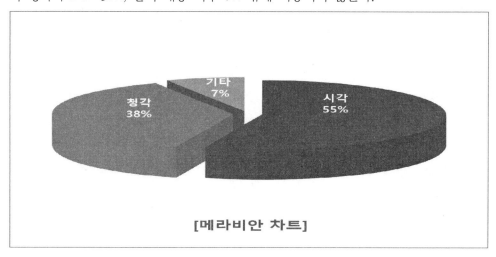

[메라비안 차트]

- 첫인상은 많은 부분이 시각적 요소에 의해 결정되므로 긍정적인 첫인상을 만들기 위한 표정이나 자세가 중요하다.
- 항상 미소 띤 얼굴은 상대방을 편하게 하여 인간관계를 증진시키며, 다른 사람들에게 호감가는 인상을 줄 수 있다.

2) 표정 연출

(1) 표정의 정의*

- 표정은 내면의 어떠한 의미가 얼굴로 표출되는 것으로 우리의 감정이 가장 극명하게 반영되는 부분이다.
- 표정은 마음의 징표이며, 정신의 표현이다.
- 표정은 나의 마음과 심리 상태를 표출하는 것으로 상대에게 심리적 영향을 미친다.
- 의사소통에 있어서 언어를 사용하여 의사표현을 하지만 표정으로도 자신의 마음을 표현할 수 있고 말하는 사람의 마음을 읽을 수도 있다.
- 많은 학자들은 얼굴의 표정이 바뀌면 그 사람의 감정도 실제로 바뀐다고 한다. 의도적으로 밝고 건강한 표정을 하고 있으면 실제로 감정도 밝고 건강하게 된다는 것이다. 또한 상대방에도 좋은 영향을 주게 된다.

(2) 좋은 표정의 필요성

- 좋은 표정은 타인의 경계심을 낮추고 친근함을 주어 상대방의 신뢰를 얻을 수 있다.
- 개인의 인망을 높여 준다.
- 좋은 표정은 자신감 있는 사람으로 보이게 한다.
- 상대방의 부정적인 감정을 긍정적으로 바꿀 수 있다.

(3) 밝은 표정의 효과*

- 건강 증진 효과 : 웃는 근육을 많이 사용하게 되면 과학적으로 건강에 유익한 영향을 준다.
- 마인드 컨트롤 : 즐거운 표정을 지으면 실제로 기분이 좋아지게 된다.
- 실적 향상 효과 : 기분 좋게 웃는 모습으로 생활을 즐겁게 일을 하다 보면 업무가 효율적으로 진행되어 능률이 오르게 된다.
- 호감 형성 효과 : 좋은 표정은 상대가 보고 느끼며 판단하는 것으로 웃는 표정은 나에 대한 좋은 이미지를 형성하게 한다.

(4) 표정에 대한 상대방의 해석

나의 표정	상대방의 해석
환하게 미소 짓는다	반가움, 호감 등의 긍정
곁눈질로 본다	불만, 의심, 두려운 마음 상태
미소를 갑작스럽게 멈춘다	말 또는 행동에 대한 불쾌함
특별한 반응 없이 무표정을 유지한다	거부, 귀찮음
눈을 마주치지 않는다	거부, 부담감, 숨기는 느낌, 집중하지 않은 상태
눈을 크게 뜨고 계속 바라본다	흥미, 관심
위아래로 훑어본다	불신, 경멸
잠깐 미소 짓다가 다시 무표정을 유지한다.	자기에게 유리한 무언가를 계산하고 있음
눈살을 찌푸린다	거절, 반대
눈을 치켜뜨고본다	거부, 항의
눈을 내리뜨고 본다	거만한 자세, 상대를 무시하는 표현

Plus tip

피해야 할 시선처리	• 두리번거리거나 침착하지 못한 시선 • 눈을 너무 자주 깜빡이는 것 • 상대상을 아래위로 훑어보는 시선 • 눈을 곁눈질 하는 시선 • 상대방을 뚫어지게 응시하는 시선 • 위로 치켜뜨너라 아래로 뜨는 시선

4. 바른 자세 이미지 메이킹

1) 자세

(1) 바른 자세의 중요성

- 상대방에게 신뢰감을 주어 자신에 대한 긍정적인 이미지를 형성하는데 중요한 역할을 한다.
- 자신감 있고 당당한 인상과 함께 기품있고 안정된 분위기를 연출한다.

(2) 유형별 바른 자세

① 서있는 자세
- 등과 가슴을 곧게 펴고, 허리와 가슴을 일직선이 되도록 한다,
- 아랫배에 힘을 주어 단전을 단단하게 한다.
- 표정은 밝게 한다.
- 시선은 상대방의 얼굴을 바라보고, 턱은 살짝 당겨준다.
- 여성은 오른손이 위로, 남성은 왼손이 위로 가게 한다.
- 발꿈치는 붙이고 발의 앞은 살짝 벌려 V자형으로 한다.
- 몸이 한쪽으로 기울어지지 않도록 몸의 균형을 유지한다.

② 앉은 자세
- 등과 가슴을 곧게 펴고, 허리와 가슴을 일직선이 되도록 한다,
- 아랫배에 힘을 주어 단전을 단단하게 한다.
- 표정은 밝게 한다.
- 시선은 상대방의 얼굴을 바라보고, 턱은 살짝 당겨준다.
- 여성은 오른손이 위로, 남성은 왼손이 위로 가게 한다.
- 발꿈치는 붙이고 발의 앞은 살짝 벌려 V자형으로 한다.
- 몸이 한쪽으로 기울어지지 않도록 몸의 균형을 유지한다.

③ 걷는 자세*
- 등을 곧게 세운다.
- 가슴을 쫙 펴고, 어깨의 힘을 뺀다.
- 시선을 정면을 향하도록 하고, 턱은 가볍게 당긴다.
- 무릎은 곧게 펴고 배와 힘을 주어 당기며 몸의 중심을 허리에 둔다.
- 손은 가볍게 주먹을 쥐고 양팔은 자연스럽게 흔들어 준다.
- 무릎 부분이 스치는 느낌이 들고 벌어지지 않도록 걷는다.

- 일직선으로 걷는다.
- 발뒤꿈치 → 발바닥 → 발끝의 순서로 지면에 닿게 걷는다.
- 손에 물건을 들고 걸을 때에는 몸의 균형을 유지하고 걷는다.

2) 상황별 바른 자세

(1) 방향안내시 바른 자세*

- 밝은 표정과 상냥한 음성으로 대화한다.
- 시선은 상대방의 눈을 먼저 보고 가리키는 방향을 손과 함께 본 후 다시 상대방의 눈을 본다. (삼점법 : 상대의 눈 → 지시방향 → 상대의 눈)
- 손가락을 모으고 손목이 꺾이지 않도록 가리키는 방향을 유지한다.
- 손바닥이나 손등이 정면으로 보이지 않도록 45도 각도로 눕혀서 가르킨다.
- 오른쪽을 가리킬 때에는 오른손을, 왼쪽으로 가리킬 때는 왼손을 사용한다.
- 상대방의 입장에서 구체적으로 정확하게 위치를 안내한다.
- 한 손가락이나 고갯짓으로 지시하거나 상대방이 보지 않고 안내하는 무례한 행동은 피한다.

(2) 물건을 주고 받을 때 바른 자세

- 물건을 건넬 때에는 가슴과 허리 사이의 위치에서 주고 받도록 한다.
- 반드시 양손으로 건내고 받는다.
- 작은 물건을 주고 받을 때에는 한 손을 다른 한 손으로 받쳐서 공손히 건네도록 한다.
- 받는 사람의 입장을 고려하여 전달한다.(글자의 방향이 상대방을 향하도록 하고, 펜 등은 다로 사용하기 편하도록 건넨다.)

5. 시각적 이미지 메이킹의 이해

1) 용모 · 복장

(1) 용모 복장의 중요성

- 용모 복장을 관리하는 것은 나의 내면을 겉으로 표현하는 것으로, 자신에 대한 존경뿐만 아니라 상대에 대한 존경까지도 나타낸다.
- 용모와 복장은 상대가 자신을 평가할 수 있는 첫인상에 영향을 미칠 수 있으며, 그에 따라 타인과의 신뢰 형성과 업무 성과도 좌우된다.

(2) 용모 복장의 기본 요소

- **청결** : 머리부터 발끝까지 깨끗이 하고, 복장은 깨끗하고 구김이 없도록 하여 착용
- **품격** : 이미지 형성에 중요한 역할을 하므로 자신의 마음가짐이나 태도를 품위있게 표현해야 함
- **조화** : 용모·복장은 시간과 장소, 상황에 맞게 갖추어야 한다.

2) 서비스 전문가의 용모 복장

(1) 남성의 경우

① 남성 복장의 기본
- 남성 복장은 정장이 기본이다.
- 자신의 체형에 딱 맞는 사이즈를 선택한다.
- 남성 정장의 컬러는 감색, 회색(짙은 회색), 검정이 무난하다.
- 정장의 단추는 투 버튼 자켓은 채운다.
- 드레스 셔츠의 기본은 흰색이며 반팔은 피한다.
- 드레스 셔츠 안에는 속옷을 입지 않는다(감이 얇은 여름용 셔츠는 예외).
- 드레스 셔츠의 깃과 소매는 슈트보다 1~1.5cm 정도 보이도록 입는다.
- 남성은 넥타이로 자신의 개성을 표현한다.
- 넥타이의 색은 슈트와 같은 계열이 무난하고 성실해 보인다.
- 넥타이는 모임의 성격이나 역할에 따라 변화 있게 연출할 수 있다.
- 넥타이의 길이는 끝이 벨트 버클에 오도록 한다.
- 바지 길이는 구두 등을 살짝 덮어 주름이 1~2번 정도 생기고, 양말이 보이지 않는 정도가 적당하다.
- 양말은 정장 바지의 색보다 짙은 색으로 착용한다.
- 화려한 액세서리(안경, 시계 등)는 피한다.

② 남성의 용모
- 청결함이 기본이다.
- 머리와 수염은 깔끔하게 정리한다.
- 머리는 이마와 귀를 보이도록 한다.
- 뒷머리가 셔츠 깃을 덮지 않도록 한다.
- 남성은 체향을 잘 관리해야 한다(입 냄새, 땀 냄새 등).

- 체향 관리를 위해 자신에게 어울리는 향수를 뿌린다.
- 화려한 색과 염색은 피하도록 한다.
- 헤어 손질 용품(헤어왁스, 젤 등)으로 단정하게 마무리한다.

(2) 여성의 경우

① 여성 복장의 기본
- 여성의 복장은 일하기 편하고, 세련미를 나타낼 수 있는 것이 핵심이다.
- 체형에 맞는 스타일을 선택하여 개성을 살린다.
- 여성 정장의 색은 검은색, 회색, 베이지색, 감색, 파스텔 톤 등이 적당하다.
- 체형을 지나치게 드러나는 타이트한 옷이나 노출이 심한 옷은 삼간다.
- 정장에 어울리는 단정한 구두를 착용한다.
- 스타킹은 살색이 기본이지만, 옷과 어울리게 하기 위해 회색이나 검은색의 착용은 괜찮다.
- 스타킹은 파손에 대비해 예비용을 준비하는 것이 좋다.

② 여성의 액세서리
- 지나치게 크고 화려한 액세서리는 삼간다.
- 작은 보석이 박히거나 심플한 디자인의 반지나 귀걸이 등을 착용한다.
- 향수는 은은한 향을 소량 뿌린다.
- 핸드백은 정장과 구두의 색과 어울리는 스타일을 선택한다.
- 핸드백 속의 소지품은 잘 정리해서 가지고 다닌다.

③ 여성의 헤어
- 헤어는 청결함과 단정함이 기본이다.
- 머리는 깔끔한 인상을 줄 수 있도록 이마와 귀를 덮지 않도록 한다.
- 긴 머리는 업무에 지장을 줄 수 있으므로 단정하게 묶는다.
- 화려한 색의 염색은 피하도록 한다.

④ 여성의 메이크업
- 정장차림의 노 메이크업(no makeup)은 실례이다.
- 밝고 건강하게 보이도록 자연스러운 메이크업을 하고, 너무 진한 메이크업은 피한다.
- 립스틱이나 매니큐어의 색은 빨간색이나 어두운색은 피한다.
- 메이크업을 고칠 때는 공공장소를 피해 화장실이나 개인 공간을 이용한다.

3) 퍼스널 컬러

(1) 퍼스널 컬러의 개념

- 개인의 신체 고유색(피부 색, 모발 색, 눈동자 색)으로 각자가 타고난 그대로의 색을 말한다.
- 퍼스널컬러는 신체 색과 조화를 이룰 때 얼굴에 생기가 돌아 활기차 보이지만, 맞지 않는 경우에는 피부의 투명감이 사라져 어두워 보이며 피부의 거친 결점만이 드러나게 된다.
- 컬러진단(color creation)은 퍼스널 컬러에서 개인의 피부, 머리카락, 눈동자 등의 색과 이미지에 따라 어울리는 색체 계열을 찾아 의상이나 헤어 컬러링, 메이크업을 하는데 응용할 수 있다.
- 색은 먼저 색상에서 따뜻함과 차가움으로 분류하고, 두 번째로 톤에서 소프트와 하드로 분류한다. 따뜻한 톤은 봄과 가을의 색이고 차가운 톤은 여름 겨울의 색. 소프트는 봄과 여름의 유형이고 하드는 가을과 겨울의 유형으로 분류할 수 있다.

(2) 퍼스널 컬러 분류

색상	warm	봄과 가을
	cool	여름과 겨울
톤	soft	봄과 여름
	hard	가을과 겨울

① cool & warm color

cool color	• 여름과 겨울이 이에 속한다. • 차가운 색은 모든 계열의 색에 푸른색, 흰색, 검은색을 기본 바탕으로 하는 색이다. • 흰빛을 가진 부드러운 톤과 짙은 선명한 톤이 주로 이루어 정적이면서도 모던한 이미지와 깨끗하고 부드러운 이미지를 준다. • 대표색상 : 블루, 바이올렛, 마젠다. 핑크, 와인, 네이비블루, 아쿠아 블루 그레이 등
warm color	• 봄과 가을이 이에 속한다. • 따뜻한 색은 노란색과 황색을 기본 바탕으로 한다. • 비교적 선명한 톤과 짙은 톤이 주로 이루어 풍요롭고 생동감을 주는 이미지를 전달한다. • 대표색상 : 레드, 오렌지 엘로우 그린 올리브그린, 카키, 피치, 브라운 등

② 사계절 분류

봄	• 온화하고 부드러운 것이 특징이고 따뜻한 톤을 지니고 있다. • 피부색은 맑은 노란빛의 매끄러운 크림색의 투명한 피부를 가지고 있다. • 머리색은 황갈색, 담황색, 옐로우브론디, 허니, 골드브라운 등이고, 눈동자 색은 옅은 색, 파스텔색, 골든 빛을 지니고 있다. • 이미지는 젊고 발랄하며 따뜻하고 투명한 이미지를 가지고 있다.
여름	• 희고 푸른빛을 지닌 차갑고 부드러운 파스텔 톤으로 푸른 빛이 돌며 얇은 피부를 가지고 있어 쉽게 붉은색으로 된다. • 머리색은 갈색과 점정이 주로 이루지만, 짙은 색보다는 밝은 회갈색이고, 눈동자 색은 비교적 밝고, 회갈색이거나 붉은빛이 도는 로즈브라운을 지니고 있다. • 부드러운 파스텔 톤이 잘어울리며, 청아하고 신선한 차가운 이미지와 귀족적인 우아한 이미지를 가지고 있다.
가을	• 피부색은 따뜻한 황색 톤을 지니고 봄색보다는 짙은 색을 띄고 있으며, 피부가 햇볕에 잘 타서 기미나 잡티가 잘생기고 윤기가 없다. • 깊고 풍부한 색으로 옐로우 베이지를 기본으로 차분한 중간 톤과 어두운 톤이 주로 이러고 있다. • 머리색은 어둡고 짙은 적갈색, 검정 등이고, 눈동자색은 어두운 붉은색을 지닌 브라운, 올리브그린 빛을 띤다. • 전체적으로 따뜻하고, 부드러우며 자연스러운 이미지를 가지고 있어서 친근감을 가질 수 있다.
겨울	• 피부색은 붉은 기운이 도는 투명한 피부이거나 차가운 색으로 푸르스름한 톤을 지니고 있다. 다른 계절에 비해 유난히 희고 푸른 빛의 창백한 피부를 지니고 있다. • 선명하고 강한 색으로 블루 베이스의 차가운 톤이며 피부색, 머리색, 눈동자 색의 차이가 밝고 강하다. • 머리색은 블루 블랙, 어두운 검정이고, 눈동자 색은 검정색, 여름 타입에 비해 더욱 강하고 선명하다. • 이미지는 강하고 맑으며, 차가운 느낌의 도시적인 이미지가 있다.

6. 음성 이미지 메이킹

1) 음성의 중요성

• 음성은 외모와 함께 사람의 인상에 영향을 주는 주요 변수일 뿐만 아니라 사람의 마음을 움직여 여러 인간관계를 보다 깊게 연결시켜 주기도 한다.
• 사람의 타고난 음성의 질은 바꿀 수 없지만 음성의 분위기는 훈련을 통해 바꿀 수 있다.

2) 좋은 목소리*

- 선천적으로 타고난 목소리가 제일 좋은 목소리이다.
- 건강한 목소리
- 톤(음조)이 낮으면서 떨림이 없는 소리
- 자신 있고 당당하며 씩씩하게 내는 소리
- 다양한 감정을 표현할 수 있는 음색을 갖춘 소리

3) 음성 이미지의 구성요소

음질	• 목소리가 맑고 깨끗한지, 답답하고 탁한지에 대한 정도로, 음질이 탁하면 듣는 이에게 불쾌감을 줄 수도 있고, 스피치에 흥미를 주지 못하게 된다.
음량	• 음량이 목소리의 크고 작음을 말하는 것으로, 풍부한 음량은 스피치에 있어서 매우 중요한 부분이다.
음폭	• 소리의 높낮이를 말하는 것으로 사용할 수 있는 음역의 정도를 의미한다. • 음폭이 넓으면 말고 선명하고 힘이 있는 소리가 나온다.
음색	• 음질의 색으로 듣기 좋고 나쁨을 구별하는 것이다.

4) 좋은 목소리를 위한 복식 호흡

(1) 복식호흡

- 숨을 깊게 충분히 들이쉬고 내쉬는 호흡법이다.
- 복식호흡으로 숨을 천천히 내쉴 때는 횡격막이 최대한 폐 쪽으로 올라가 이산화탄소를 충분히 방출시키게 된다.

(2) 복식호흡 방법

- 한 손은 배 위에, 다른 손은 가슴 위에 올려놓고 호흡을 확인한다.
- 깊게 숨을 들이마시면서 아랫배를 최대한 내민다.
- 숨을 최대한 들이마신 상태에서 1초정 도 숨을 멈춘다.
- 입을 약간 벌려 '후−' 하고 소리를 내듯 숨을 내쉬면서 배를 완전히 수축시킨다.
- 다시 눈을 감고 천천히 호흡한다. 들숨은 코로 짧게, 날숨은 입으로 길게내쉬며 가슴, 어깨, 목,얼굴 근육의 긴장을 푼다.
- 규칙적으로 들숨 3초, 날숨 6초씩 매일 복식호흡한다.
- 하루에 3번 한 번에 3분씩 4주 이상 연습하면 호흡이 안정되고 목소리가 차분해진다.

- 이후 차츰 횟수를 늘려간다. 처음엔 1분에 10회정도, 익숙해지면 1분에 6~8회 정도 호흡한다.

5) 긍정적 음성 이미지 연출법

- 자세를 바로 한다.
- 밝은 목소리로 생동감 있게 말한다.
- 발음을 정확하게 한다.
- 음성을 관리한다.
- 제스처를 적절히 활용한다.
- 목소리 결점을 극복한다.

6) 음성 결점 극복법

작은 목소리	원인	• 성대가 진동을 하지 않기 때문이므로 호흡이 성대를 진동시키지 못하고 그대로 빠져나가기 때문이다.
	극복방법	• 입을 반쯤 벌린 상태에서 손으로 입을 막고 소리를 내어본다. 이때 입과 코로 호흡이 새 나가지 않도록 주의한다. • 짧은 발음으로 호흡을 조절한다. • 손가락 끝으로 턱을 누르고 턱 아래 근육을 손가락 위쪽으로 되민다.
콧소리가 나는 목소리	원인	• 목 안쪽의 공간이 좁아 호흡이 입 밖으로 빠져나가지 않고 코로 빠져나간다. • 호흡이 원활하게 빠져나가지 않고 코에 걸리면 콧소리가 나게 된다.
	극복방법	• 목에 힘을 뺀다. • 탁구공을 입에 물고 탁구공이 진동할 때까지 먼저 힘을 빼고 입술 주변을 진동시킨다는 생각으로 호흡을 자연스럽게 내쉰다.
딱딱한 목소리	원인	• 턱을 빠르게 움직이는 경향이 있다. • 한 발음씩 정확히 발음하는 것도 좋지만, 너무 정확하게 끊어 말하면 더 딱딱해 보이므로 주의한다.
	극복방법	• 턱을 움직이지 않고 발음하도록 한다. • 젓가락을 양 입의 옆쪽으로 몰아 넣고 발음한다. • 턱은 움직이지 않고 입술과 혀만 움직여서 발음하도록 연습한다.

III. 고객 심리에 대한 이해

1. 고객의 이해

1) 고객의 정의

- 고객은 顧(돌아볼 고), 客(손객)의 한자로 쓰여지며, 기업의 입장에서 다시 방문해 줬으면 하는 사람을 일컫는다.
- 일반적인 고객의 정의는 상품과 서비스를 제공받는 사람들로, 기업의 상품을 습관적으로 구매하는 소비자 및 기업과 직·간접적으로 거래하고 관계를 맺는 모든 사람들을 말한다.

2) 고객의 기본 심리*

환영 기대 심리	• 고객은 언제나 환영받기를 원하므로 항상 밝은 미소로 맞이해야 한다. • 고객은 자신을 왕으로 대접해주기를 바라는 것이 아니라 환영해주고 반가워해 주었으면 하는 바람을 가지고 있다.
독점 심리	• 고객은 모든 서비스에 대하여 독점하고 싶은 심리가 있다. • 고객의 독점 심리를 만족시키다 보면 다른 고객의 불만을 야기할 수 있으므로 모든 고객에게 공정하게 서비스해야 한다.
우월 심리	• 고객은 서비스 직원보다 우월하다는 심리를 갖고 있다. • 서비스 직원은 직업의식을 가지고 고객의 욕구를 인정하고 자신을 낮추는 겸손한 자세가 필요하다.
모방 심리	• 고객은 자신보다 우월하다고 생각하는 고객을 닮고 싶은 심리를 갖고 있다.
보상 심리	• 고객은 비용을 들인 만큼 서비스를 기대한다. • 고객은 다른 고객과 비교해 '손해를 보고 싶지 않다'는 심리를 갖고 있다.
자기 본위적 심리	• 고객은 개개인별 자신만의 가치 기준을 가지고, 항상 자기 위주로 모든 상황을 판단하는 심리를 가지고 있다.
존중 기대 심리	• 고객은 스스로가 중요한 사람으로 인식되어, 상대방이 기억해 주기를 바란다.

3) 고객 요구의 변화*

의식의 고급화	• 삶의 질의 향상으로 고객들은 점점 인적 서비스의 질을 중요하게 생각하고, 자신의 가치에 합당한 서비스를 요구하고 있다.
의식의 복잡화	• 고객의 유형이 복잡해지고, 요구도 많아지게 됨으로써 과거에 비해 서비스의 수준은 높아지고 있지만, 그에 반해 불만 발생도 많아지고 불만 형태도 다양해지고 있다.
의식의 존중화	• 고객들은 존중과 인정에 대한 욕구가 많아지면서 누구나 자신을 최고로 우대해 주기를 원한다.
의식의 대등화	• 경제 성장 및 물자의 풍족으로 서로에 대한 존경, 신뢰가 떨어지게 되어 서로 대등한 관계를 형성하려는 상황에서 많은 갈등이 발생하고 있다.
의식의 개인화	• 다른 고객들과 비교하여 본인이 특별한 고객으로 인정받고 대우받으며, 자신만이 특별한 고객이라고 생각하는 경향이 높아졌다.

Plus tip

고객 요구, 고객욕구, 고객수요 이해

고객 요구 (needs)	• 고객이 '현재 상태와 이상적인 상태 간의 차이'를 채우고자 하는 부족의 상태를 의미한다. • 다이어트 하고싶다. → 추상적인 욕구 상태로, 욕구분석의 단계
고객 욕구 (Wants)	• 고객 요구가 발생했을 때 부족한 상태를 해결할 수 있는 대상을 발견하는 상태를 의미한다. • 헬스장을 다녀야겠다. → 구체적인 욕구 상태로, 필요 분석의 단계
고객 수요 (Demands)	• 고객이 자신의 욕구 충족을 위하여 자신의 상황을 고려하여 특정 상품이나 서비스를 구매하는 과정이다. • A헬스장을 선택하고 결정한다 → 고객 욕구와 구매력 분석의 단계

2. 고객 분류

1) 고객의 분류

(1) 관계 진화 관점에 따른 고객 분류*

잠재 고객	• 기업의 제품을 구매하지 않은 사람 중에서 향후 고객이 될 수 있는 잠재력을 가진 집단이나 아직 기업에 관심이 없는 고객
가망 고객	• 기업에 관심을 보이는 신규 고객이 될 가능성이 있는 고객
신규 고객	• 처음 거래를 시작한 고객
기존 고객	• 2회 이상 반복 구매를 한 고객으로 안정화 단계에 들어간 고객
충성 고객	• 제품이나 서비스를 반복적으로 구매하고 기업과 강한 유대 관계를 형성하는 고객

(2) 참여 관점에 따른 고객 분류*

직접 고객	• 제품이나 서비스를 구입하는 사람
간접 고객	• 최종 소비자 또는 2차 소비자
내부 고객	• 회사 내부의 직원 및 주주
의사결정 고객	• 의사결정 고객 직접 고객의 선택에 커다란 영향을 미치는 개인 또는 집단
의견 선도 고객	• 고객 제품의 평판, 심사, 모니터링 등에 참여하여 의사결정에 영향을 미치는 사람
경쟁자	• 전략이나 고객 관리 등에 중요한 인식을 심어 주는 고객
단골 고객	• 기업의 제품이나 서비스는 반복적, 지속적으로 애용하는 고객이지만, 추천할 정도의 충성도가 있지는 않은 고객
옹호 고객	• 고객 단골 고객이면서 고객을 추천할 정도의 충성도가 있는 고객
한계 고객	• 기업의 이익 실현에 방해가 되는 고객으로 고객 명단에서 제외하거나 해약 유도를 통해 고객의 활동이나 가치를 중지시킨다.
체리 피커	• 신포도 대신 체리만 골라 먹는다고 해서 붙여진 명칭으로, 기업의 상품이나 서비스를 구매하지 않으면서 자신의 실속 차리기에만 관심을 두고 있는 고객 • 기업의 서비스나 유통 체계의 약점을 이용해, 잠시동안 사용하기 위해 상품이나 서비스를 주문했다가 반품하는 등의 행동을 하는 고객

(3) 현대 마케팅에 따른 고객 분류*

소비자	• 물건, 서비스를 최종적으로 사용하는 사람
구매자	• 물건을 사는 사람
구매 승인자	• 구매를 허락하고 승인하는 사람
구매 영향자	• 구매 의사결정에 직간접으로 영향을 미치는 사람

(4) 유통 프로세스에 따른 고객 분류

외부 고객	• 최종 제품의 구매자, 소비자
중간 고객	• 도매상, 소매상
내부 고객	• 동료, 상사 등 기업 내 직원

(5) 우호도에 따른 고객 분류

우호형	• 이미 오래 전부터 사용했던 경험의 결과로 협력적이고 우호적인 고객
반대형	• 기업에 대하여 비판적이고. 무관심하거나 부정적인 고객
중립형	• 특별한 의견을 갖고 있지 않고, 상황이나 필요에 따라서 의견을 달리하는 고객

(6) 그레고리 스톤(Gregory Stone, 1945)에 따른 고객 분류

경제적 고객 (절약형 고객)	• 자신이 투자한 시간, 돈, 노력에 대해 최대의 효용을 얻으려는 고객 • 기업으로부터 자신이 얻을 수 있는 효용을 면밀히 조사하고 계산한다. • 경쟁 기업 간 정보를 비교하며 때로는 변덕스러운 모습을 보인다. • 경제적 고객의 상실은 서비스 품질에 대한 경고 신호를 의미한다.
윤리적 고객	• 구매 의사결정에 있어 기업의 윤리성이 큰 비중을 차지하는 고객 • 윤리적인 기업의 고객이 되는 것을 책무라고 생각한다. • 기업에게 깨끗하고 윤리적인 사회적 이미지를 요구한다. • 사회적 기부 또는 환경을 위해 노력하는 이미지를 강조하는 마케팅이 필요하다.
개인적 고객 (개별 추구 고객)	• 개인 대 개인 간의 교류를 선호하는 고객 • 일괄된 서비스보다 자기를 인정해 주는 맞춤형 서비스를 원한다. • 고객 관계 관리(CRM) 등을 통한 고객 정보 활용이 선행되어야 한다.
편의적 고객	• 서비스를 받는 데 있어서 편의성을 중시하는 고객 • 편의를 위해서라면 추가 비용을 지불할 의사가 있다.

2) 고객 특성

(1) 성별에 따른 특성

구분	여성	남성
이미지	• 정서적, 민감성, 감정이입적, 의존적, 동정적, 협동적, 정적	• 공격적, 독립적, 주도적, 객관적, 지배적, 경쟁적, 분석적, 동적
관점	• 관계 중시	• 조직 중시
사고	• 종합적이고 수평적인 사고	• 분석적이고 수직적인 사고
구매 행동	• 남성보다는 타인을 의식하여 구매	• 자신이 목표하는 바에 따라 구매
가치	• 아름다운 것 우선	• 상품 구매 시 합리적인 가치 우선
흥미	• 감성적, 일상생활과 관련된 내용에 흥미	• 이론적, 업무와 관련된 내용에 흥미
정보 원천	• 직원을 통한 정보 이용	• 일반적인 정보를 직접 수집

(2) 연령에 따른 특성

청소년층	• 외모와 새로운 것에 관심. 독립심, 인정받고 싶은 욕구
청년층	• 생활을 즐김. 감성적, 봉사 정신, 탐구심, 모험심
중년층	• 생활에 많은 부담, 현실적
노년층	• 과거 지향적, 인생 경험이 풍부 하고 삶의 가치를 중시, 보수적

(3) 직업에 따른 특성

봉급 생활자	• 생활과 밀접한 정보에 민감하다. • 친화적인 특성이 있다.
전문직	• 개성이 강한 고객이 많다. • 자신에 대한 프라이드가 강하다.
개인 사업자	• 자금 운용과 근검에 우선 가치이다. • 사업 자금, 재테크, 자녀 교육에 관심있다.

3) 사회 계층에 따른 고객분류

(1) 사회 계층 분류 기준

- 소득과 소유물
- 직업
- 사교 활동
- 개인적 성취 정도

- 가치관과 교양
- 교육 수준
- 사회적 활동 및 타인에 대한 영향력
- 생활 양식과 소비 패턴

(2) 사회 계층 구조의 유형

① 이동 가능성에 따른 계층 구조

유형	내용
폐쇄적 계층 구조	• 다른 계층간 이동이나 기회가 제한되어 있는 구조를 말한다 예 고대의 노예제나 봉건 사회, 카스트제
개방형 계층 구조	• 개인의 능력이나 노력에 따라서 다른 계층으로 이동의 기회가 열려 있는 구조를 말한다.

② 계층 구성원의 비율에 따른 계층 구조

유형	내용
피라미드형 계층 구조	• 상층에서 하층으로 갈수록 그 비율이 높아지는 구조이다. • 과거 전근대적인 봉건 사회가 피라미드형 계층 구조를 띠었다.
다이아몬드형 계층 구조	• 상층과 하층에 비해 중간층의 양적 비율이 높은 구조이다. • 현대 복지 국가의 계층 구조이다.
타원형 계층 구조	• 정보가 모든 계층에서 활용되어, 상층과 하층의 소득 격차가 줄어들며 중층이 증가하는 계층 구조이다.

3. 고객의 성격 유형에 대한 이해

1) MBTI

(1) MBTI의 개념

- MBTI(Myers-Briggs Type Indicator)는 칼 융(Carl Jung)의 성격 유형인 심리유형론 (Psychology Type Theory)을 실용적으로 적용한 것이다.
- 융의 심리 유형론은 인간 행동이 그 다양성으로 인해 종잡을 수 없는 것 같이 보여도, 사실은 아주 질서정연하고 일관된 경향이 있다는 데서 출발하였다.
- 인간 행동의 다양성은 개인이 인식(Perception)하고 판단(Judgement)하는 특징이 다르기 때문이라고 보았다.

(2) MBTI적 접근의 목적

- 고객의 성격 유형이 소비 행동에 직접적인 영향을 미칠 것으로 보고 성격 유형별 구매 행동의 특성을 밝히는 것이다.
- 인식과 판단 과정에서 나타나는 사람들의 근본적인 선호성을 바탕으로 고객 각자의 성격을 예측하고 이해하여 서비스 경영에 도움을 얻고자 한다.
- 고객의 다양한 성향에 따른 적절한 응대로 서비스의 질적 향상을 꾀하고자 한다.
- 고객뿐 아니라 서비스 종사자로서의 자신의 성격을 이해하여 고객과의 갈등 요소를 좀 더 잘 이해하고 해결할 수 있도록 한다.

(3) MBTI의 4가지 선호 경향

E	외향(Extraversion) 외부 세계의 사람이나 사물에 대하여 에너지를 사용	에너지 방향 Energy	I	내향(Introversion) 내부 세계의 개념이나 아이디어에 에너지를 사용
S	감각(Sensing) 오감을 통한 사실이나 사건을 더 잘 인식	인식 기능 Information	N	직관(Intitution) 사실, 사건 이면의 의미나 관계, 가능성을 더 잘 인식
T	사고(Thinking) 사고를 통한 논리적 근거를 바탕으로 판단	판단 기능 Decision Making	F	감정 (Feeling) 개인적, 사회적 가치를 바탕으로 한 감정을 근거로 판단

J	판단(Judging) 외부 세계에 대하여 빨리 판단 내리고 결정하려 함	생활 양식 Life Style	P	인식(Perception) 정보 자체에 관심이 많고 새로운 변화에 적용적임.

① 외향성과 내향성

선호 지표	외향형 (Extraversion)	내향형 (Introversion)
설명	폭넓은 대인 관계를 유지하며 정열적이고 활동적이다.	깊이 있는 대인관계를 유지하며 조용하고 신중하며 이해한 다음에 경험한다.
대표적 표현	• 자기 외부에 주의 집중 • 외부 활동과 적극성 • 정열적, 활동적 • 말로 표현 • 경험한 다음에 경험 • 쉽게 알려짐.	• 자기 내부에 주의 집중 • 내부 활동과 집중력 • 조용하고 신중 • 글로 표현 • 이해한 다음에 경험 • 서서히 알려짐.

② 감각형과 직관형

선호 지표	감각형 (Sensing)	직관형 (Intuition)
설명	오감에 의존하여 실제의 경험을 중시하며 지금, 현재에 초점을 맞추고 정확, 철저히 일 처리한다.	육감 내지 영감에 의존하며 미래 지향적이고 가능성과 의미를 추구하며 신속, 비약적으로 일 처리한다.
대표적 표현	• 지금, 현재에 초점 • 실제의 경험 • 정확, 철저한 일 처리 • 사실적 사건 묘사 • 나무를 보려는 경향 • 가꾸고 추수함	• 미래 가능성에 초점 • 아이디어 • 신속, 비약적인 일 처리 • 비유적, 암시적 묘사 • 숲을 보려는 경향 • 씨 뿌림

③ 사고형과 감정형

선호 지표	사고형(Thinking)	감정형 (Feeling)
설명	진실과 사실에 주 관심을 갖고 논리적이고 분석적이며 객관적으로 판단한다.	사람과 관계에 주 관심을 갖고 상황적이며 정상을 참작한 설명을 한다.
대표적 표현	• 진실, 사실에 주 관심 • 원리와 원칙 • 논거, 분석적	• 사람, 관계에 주 관심 • 의미와 영향 • 상황적, 포괄적

	• 맞다, 틀리다.	• 좋다, 나쁘다.
	• 규범, 기준 중시	• 나에게 주는 의미 중시
	• 지적 논평	• 우호적 협조

④ 판단형과 인식형

선호 지표	판단형 (Judging)	인식형 (Perceiving)
설명	분명한 목적과 방향이 있으며 기한을 엄수하고 철저히 사전 계획하고 체계적이다.	목적과 방향은 변화 가능하고 상황에 따라 일정이 달라지며 자율적이고 융통성이 있다.
대표적 표현	• 정리 정돈과 계획 • 의지적 추진 • 신속한 결론 • 통제와 조정 • 분명한 목적 의식과 방향 감각 • 뚜렷한 기준과 자기 의사	• 상황에 맞추는 개방성 • 이해로 수용 • 유유자적한 과정 • 융통과 적응 • 목적과 방향은 변화할 수 있다는 개방성 • 재량에 따라 처리될 수 있는 포용성

(4) 16가지 조합 유형

구분		감각형(S)		직관형(N)	
		사고형(T)	감정형(F)	감정형(F)	사고형(T)
내향형(I)	판단형(J)	ISTJ	ISFJ	INDJ	INTJ
	인식형(P)	ISTP	ISFP	INFP	INTP
외향형(E)	인식형(P)	ESTP	ESFP	ENFP	ENTP
	판단형(J)	ESTJ	ESFJ	ENFJ	ENTJ

(5) 유형별 특징

MBTI 16가지 성격 유형

ISTJ 세상의 소금형	ISFJ 임금 뒤편의 권력형	INFJ 예언자형	INTJ 과학자형
ISTP 백과사전형	ISFP 성인군자형	INFP 잔다르크형	INTP 아이디어 뱅크형
ESTP 수완 좋은 활동가형	ESFP 사교적인 유형	ENFP 스파크형	ENTP 발명가형
ESTJ 사업가형	ESFJ 친선 도모형	ENFJ 언변 능숙형	ENTJ 지도자형

2) DISC

(1) DISC의 개념

- 1928년 미국 콜롬비아 대학 심리학 교수인 Willam Moulton Marston 박사에 의해 개발된 행동 유형 모델이다.
- DISC는 인간의 행동 유형(성격)을 구성하는 핵심 4개 요소인 주도형(Dominance), 사교형 (Influence), 안정형(Steadiness), 신중형(Conscientiousness)의 약자이다.
- 인간은 환경을 어떻게 인식하고 또한 그 환경 속에서 자기 개인의 힘을 어떻게 인식하느냐에 따라 4가지 형태로 구분한다.
- 자기주장의 표현 정도인 사고 개방도(Assertiveness)와 감정의 표현 정도인 감정 개방도 (Responsiveness)에 따라 각각 주도형, 사교형, 안정형, 신중형으로 구분하였다.

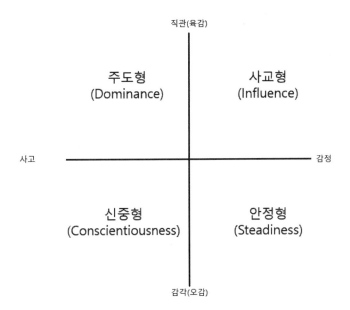

(2) DISC 유형별 특징과 대응 전략

① 유형별 특징

주도형 (Dominance)	사교형 (Inliuence)
• 빠른 결과를 얻기 원한다. • 행동을 개시한다. • 도전을 받아들인다. • 결정을 빠르게 내린다. • 현 상태에 대해 의문을 제기한다. • 권위를 휘두른다. • 곤란한 일들을 처리한다. • 문제를 해결한다.	• 사람들과 접촉한다. • 좋은 인상을 준다. • 의견을 뚜렷하게 개진한다. • 동기 부여하는 환경을 만든다. • 열정을 일으킨다. • 사람들을 즐겁게 만든다. • 다른 사람들을 돕고자 한다. • 그룹에 참여한다.
신중형 (Conscientiousness)	**안정형 (Steadiness)**
• 핵심 지시와 기준에 주의를 기울인다. • 핵심 세부 사항에 중점을 둔다. • 익숙한 상황에서 일한다. • 예의 바르고 격식을 차린다. • 정확성을 추구한다. • 비판적 사고를 한다. • 업무 수행 평가에 치밀하다. • 권위에 순응한다.	• 널리 인정된 방식으로 업무를 수행한다. • 한자리에 오래 머문다, • 끈기를 보인다, • 전문적인 기술을 발전시켜 나간다. • 업무 수행에 집중한다. • 충성심을 보인다. • 다른 사람의 말을 잘 듣는다.

② 유형별 강점

주도형	신중형
• 효율적이도 업무에 집중하며 결과 지향적이다. • 주위 사람과 교류할 때, 직접적이고 핵심을 간파한다. • 행동이 민첩하다. • 새롭고 어려운 일에 대한 도전을 좋아한다. • 주위 사람에게 업무를 위임하고 이를 관리하는 것을 선호한다. • 결과에 대한 책임은 자신이 진다. • 생산성을 우선시하며. 맡겨진 업무는 끝까지 완수한다.	• 신속히 대응하고, 친해지기 쉬운 특성이 주위 사람의 사기를 높이고 동기를 부여한다. • 자연스럽고 편안한 분위기를 만드는 능력이 있고, 함께 있으면 즐겁다. • 일에 열중하고, 자신의 생각이나 포부를 자발적으로 공유한다. • 적극적이고, 원대한 꿈을 갖고 있으며, 결과를 중시한다.
신중형	**안정형**
• 문제에 대해 사실과 이론에 근거한 말(approach)을 한다.	• 주위 사람에 대해 조언이나 상담 등을 적극적으로 하고, 이를 통해 그들이 성공적으로 업무 및 목표를 달성할 수 있도록 지원한다.

- 현실적인 이익을 충분히 검토한 후, 새로운 사고(견해)를 받아들인다.
- 다른 것으로 바꾸기 전에 현재의 사고(생각)나 방법 등을 충분히 활용하고자 한다.
- 주도면밀하고 보수적이며, 가장 현실성 있는 결단을 내리고자 한다.
- 경계심이 강하며, 자신이 안심할 수 있을 때야 비로소 자신을 드러내며, 이때부터 강한 유대 관계를 형성한다.
- 문제 해결이나, 깔끔한 업무 처리에 탁월한 능력을 지니고 있다,

- 회사 내 그룹이나 동료에 대해 강한 신의를 나타내며, 공헌하고자 한다.
- 주위 사람들에 대해 깊은 신뢰와 자신감을 부여한다.

③ 유형별 대응 전략

㉠ 유형별 동기 부여 전략

주도형 (Dominance)	사교형 (influence)
• 독립적으로 일할 수 있는 기회 제공 • 다른 사람을 감독하는 것 허용 • 목적 달성에 대한 의견 제시 • 도전하고 성공할 수 있는 기회 제공	• 긍정적이고 열정적인 상호 접촉 기회 제공 • 자율적인 토론 기회 제공 • 세세한 일에 대한 후속 조치 • 가시화하고 인정받을 수 있는 기회 제공
신중형 (Conscientiousness)	안정형 (Steadiness)
• 전문성을 살릴 수 있는 기회 • 질 높은 결과에 대한 후원 • 논리적, 체계적 노력 제공	• 상호 협조적인 관계 설명 • 지속적이고 예측 가능한 업무 수행을 인정해 줌 • 결과에 대한 협조

㉡ 의사소통 전략

주도형 (Dominance)	사교형 (influence)
• 명료하며, 구체적이고, 간략히 핵심만 제시 • 시간의 효율적 사용 • 일에 관해 이야기, 필요조건, 목표, 보조 자료 등을 준비 • 빠른 의사결정을 위한 핵심적인 대인과 선택안을 제공 • 목표와 결과를 언급함으로써 설득	• 감정, 직관, 기대 등을 나누기 • 친근감과 관계 형성의 시간 확보 • 흥미를 돋우는 의견을 나누기 • 지나치게 세부 사항을 이야기하지 않기 • 사람들에 관한 의견과 아이디어 질문 • 그들이 중요하고, 유명한 사람이라고 느끼게 계속적으로 관계유지
신중형 (Conscientiousness)	안정형 (Steadiness)
• 미리 잘 준비하고 시간을 정확히 지키기 • 직접적이고 직선적으로 접근. 일에 집중 • 논리적이고 체계적인 접근을 지지	• 사적인 이야기 간단히 언급. 서로에게 관심을 가질 수 있는 시간을 갖기 • 인간적으로 진정한 관심을 보이기

• 당신이 한 어떤 제안의 장단점을 제시 • 구체적인 것들을 제시하고, 할 수 있다고 말한 것에 대해 반드시 하기 • 일관된 모습 • 체계적으로 실행 계획 제시 • '왜'에 관해 질문 • 예측할 수 있는 구체적이고 확실한 증거	• 진솔하고 개방적으로 공통점을 찾기 • 참을성 있게 개인적인 목표 수립과 목표 성취 • 부드럽고 비위협적으로 이야기하기 • 감정이나 개인적인 상처를 살피기 • 위험을 최소화하고 더 나은 이익에 대한 확신 • 명확하고 구체적인 해결안을 제시

3) 교류 분석(TA : Transactional Analysis, 교류 분석)

(1) 교류 분석(TA) 개념

- TA(Transactional Analysis, 교류 분석) 는 1957년 미국의 정신과 의사인 에릭 번(Eric
- Berne)에 의해 창안된 인간의 교류나 행동에 관한 이론 체계이자 동시에 효율적인 인간 변화를 추구하는 치료 방법이다.
- 인간 자신 또는 타인 그리고 관계의 교류를 분석하는 심리학으로서 개인의 성장과 변화를 위한 체계적인 심리 치료법이다.
- 인본주의적 가치 체계 위에서 행동주의 심리학의 명료성과 정신분석학적 통찰의 깊이를 더한 개인의 정신 내적 및 대인 관계 심리학인 동시에 심리 치료 이론이다.
- 성격 기능의 강화를 통한 성격 변화에 초점을 맞춘 치료 방법으로 인간의 긍정성 을 확인하고, 자신이 책임을 질 수 있도록 하며, 사고, 감정, 행동을 조화롭게 통합할 수 있도록 하고 있어서 자기 분석을 해 나갈 수 있는 효과적인 심리 치료이다.

(2) 교류 분석(TA)의 목적

- 자신에 대한 지각을 깊게 함으로써 심신의 자기 통제를 가능하게 하는 것이다.
- 자율성을 높임으로써 자신의 사고방식, 느낌 방식 및 행동에 대한 책임을 갖는 것까지 성장하는 것이다.
- 왜곡된 인간관계에 빠지지 않고 서로 친밀한 마음의 접촉을 경험할 수 있도록 하는 것이다.
- TA는 '지금 여기'에서 무엇을 어떻게 생각하고 행동하여 인간관계를 바꿀 것인가를 생각하는 것이다. 이를 위해 자아 상태와 대화(교류) 분석을 한다.
- TA는 커뮤니케이션 능력을 향상시키는 도구로 활용되어 원활한 인간관계를 만들 수 있는 하는 커뮤니케이션 기법이다.

3) 교류 분석의 철학

- 사람은 누구나 둘도 없는 소중한 존재다.
- 사람은 누구나 생각하는 능력을 갖는다.

4) TA의 기본적인 4가지 태도

• I'm OK, You're OK. (자타 긍정)	• I'm not OK, You're OK. (자기 부정, 타인 긍정)
• 자신도 주위 사람도 모두 좋다고 하는 태도 • 지나친 낙관주의 경계 필요하다	• 주위의 사람에 비해 나는 형편없다고 생각하는 태도
• I'm OK, You're not OK. (자기 긍정, 타인 부정)	• I'm not OK, You're not OK. (자타 부정)
• 자신은 항상 옳고, 자기의 실수와 잘못을 타인 (사회)에게 돌리는 태도	• 자신도 형편없고 세상 사람들도 틀렸다고 생각하는 태도

5) 성격의 구조 분석과 자아 상태

(1) 자아 상태와 세 개의 마음 구조

- TA의 기본이 되는 것은 인간 자신의 내부에 세 개의 자신을 갖고 있으며, 그것들을 자아 상태(Ego state)라고 부른다.
- 에릭 번은 부모 자아, 성인 자아, 어린이 자아 크게 분류하였다.

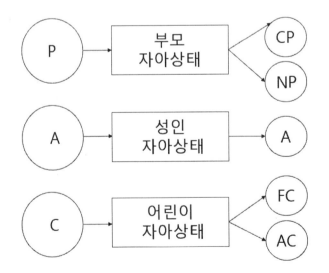

(2) 자아 상태의 특성

① 부모 자아 (Parent)

비판적 부모자아(Critical Parent; CP)	양육적 부모자아(Nurturing Parent; NP)
• 자신의 가치관이나 사고방식을 옳은 것으로 치고, 양보하지 않으려 하는 부분이다. • CP가 지나치게 강하면 지배적인 태도, 명령적인 말투, 칭찬하기보다는 나무라는 경향 등이 특징이다.	• 친절, 동정, 관용적인 태도를 나타내는 부분이다. • 벌하기보다는 용서하며, 칭찬하며 지도한다. 다른 사람의 괴로움을 자기의 일처럼 느끼는 양호적이고 상냥한 면을 지니고 있다. • NP가 지나치게 강하면 상대의 독립심이다 자립을 억제할 가능성이 있다.

② 성인 자아 (Adult; A)

- 사실에 기초해서 사물을 판단하려고 하는 부분이다.
- A는 지성, 이성과 깊이 관련되어 있고, 합리성, 생산성, 적응성을 가지며, 냉정한 계산에 입각해서 그 기능을 발휘한다.
- 무슨 일이나 명확히 결론을 내리는 합리주의자는 경향이 있다.

③ 어린이 자아 (Child)

자유로운 어린이 자아(Free Child; FC)	순응하는 어린이 자아(Adapted Child, AC)
• 인격 중에서 가장 선천적인 부분이다. • 어떤 것에도 구속되지 않는 자발적인 부분이며, 창조성의 원천이라고 할 수 있다. • 일반적으로 밝고, 유머가 풍부하다. • FC가 지나치게 강하면 자기중심적으로 주위와 협조성이 부족하여 문제를 일으킬 수 있다.	• AC가 높으면 주체성 결여되어 자발성이 결여되고, 타인에게 의존하기 쉬운 모습을 갖는다. • AC가 지나치게 낮을 경우 매우 공격적이고 반항적이며 독단적인 행동을 보일 수 있다.

4. 고객의 의사결정 과정

1) 고객 욕구에 대한 이해

(1) 매슬로우의 욕구 5단계 이론(Maslow's theory)★

- ① 매슬로우의 욕구 5단계의 개념
  - 인간의 동기가 작용하는 양상을 설명하기 위해 동기를 5단계(생리적 욕구, 안전 욕구, 사회적 욕구, 존경의 욕구, 자아 실현의 욕구)로 구분했다.

- 각 욕구는 우성 계층(hierarchy of prepoiency)의 순으로 배열되어 있으며 하위 욕구가 충족되어야만 상위 계층의 욕구가 나타난다.

욕구 5단계	의미	서비스 욕구의 예시
1단계 : 생리적 욕구	• 개인적/재정적 안정, 건강과 안녕	• 가격이 적당한가
2단계 : 안전의 욕구	• 위험, 고통, 불확실로부터의 회피	• 교환 및 환불이 가능한가
3단계 : 사회적 욕구	• 애정, 인정, 친화, 소속감	• 직원이 친절하게 대해 주는가
4단계 : 존경의 욕구	• 존경, 지위, 성공, 명예	• 직원이 나를 존중해 주는가
5단계 : 자아실현의 욕구	• 능력 발휘, 자아 성취, 자기완성, 삶의 보람	• 직원이 나를 알아봐 주는가

② 한계점
  - 다양의 상황에서 개인의 욕구가 상호작용 하거나 두 개 이상의 욕구가 동시에 나타나기도 하는데, 매슬로우의 이론은 각 욕구 간의 상호 연관성을 설명하지 못한다는 점에서 한계가 있다.

(2) Alderfer 의 ERG 이론★

① ERG 이론의 개념
  - 인간 행동의 동기가 되는 욕구를 존재(Existence), 관계(Relatedness), 성장(Growth)으로 구분한다.

존재 욕구	• 인간의 생명과 존재를 보장하는 데 필요한 기본적 욕구 • 생리적 욕구와 안정 욕구 그리고 돈과 물질에 대한 소유욕
관계 욕구	• 주변 사람들과 의미 있는 인간관계를 형성하고 감정을 공유하고자 하는 욕구 • 소속감과 애정, 존경 등 대인 관계를 통하여 충족될 수 있는 영역
성장 욕구	• 개인이 자신의 능력을 개발하여 자율과 성공을 이루려는 욕구 • 개인의 자아 개념과 존재의 의미를 찾으려는 욕구도 포함.

② ERG 이론과 욕구 단계 이론과의 차이점

욕구 단계 이론	ERG 이론
• 특정 시점에 한 가지의 욕구가 지배 • 욕구 단계들 간의 위계가 있어 욕구의 진행이 욕구 충족과 함께 한 단계씩 상향으로 이동	• 다양한 욕구를 동시에 경험 • 상하 쌍방식으로 이행

(3) Herzberg의 2요인 이론 (Two-Factor Theory)

① Herzberg의 2요인 이론의 개념

- 인간의 동기를 자극하는 요인에는 만족도를 증대시켜 성과와 연결시키는 요인과 불만족을 감소시키는데 주로 관여하는 요인이 있다는 주장이다.

동기 요인 (motivators)	• 만족도에 관여하는 요인으로 충분한 경우 만족도를 향상시키는 역할 • 부족하다고 불만족을 초래하지는 않음. • 성취감과 도전성, 인정과 칭찬, 성장과 발전 • 직무 만족과 직무 동기 그리고 직무 태도에 영향
위생 요인 (hygiene factors)	• 만족에 주로 관여하는 요인으로 부족한 경우 불만족을 심화 • 충분히 주어졌다고 만족도를 향상시키는 역할을 하지는 못함. • 작업 조건이나 회사의 정책과 방침 • 불만족스러울 때는 직무 만족도와 직무 동기를 저하 • 만족스럽다고 직무 동기를 유발시키지는 않음,

2) 고객의 기대 영향 요인

(1) 고객 기대의 중요성

- 고객의 서비스에 대한 욕구와 기대는 날로 증가하고 있고, 경쟁에서 살아남으려면 고객의 기대를 파악하고 고객만족을 이루어야 한다.
- 서비스 만족을 이루기 위한 고객의 기대에는 많은 요인들이 영향을 미친다.

(2) 고객 기대의 영향 요인

구분	내용
고객의 내적 요인	• 개인적 욕구 • 관여도 • 과거의 서비스 경험
고객의 외적 요인	• 고객이 이용할 수 있는 경쟁적 대안들 • 타인과의 상호관계로 인한 사회적 상황 • 구전 커뮤니케이션
고객의 상황적 요인	• 고객의 정서적 상태 • 환경적 조건 • 시간적 제약
기업요인	• 서비스 의사결정에 영향을 미치는 촉진 전략 • 가격 • 유통 구조에 의한 편리성과 서비스 수준 기대 • 서비스 직원의 역량 • 유형적 단서의 제공 • 기업 이미지, 브랜드 이미지

3) 고객의 구매 결정 프로세스의 변화

(1) 전통적 구매 결정 프로세스 모델 AIDMA*

주의(Attention)	• 고객들의 주의를 끌어 제품을 인지시키는 단계이다.
관심(Interest)	• 제품을 인지한 고객들이 제품의 장점과 단점을 파악하는 단계이다.
욕구(Desire)	• 제품을 인지하고 관심이 생겨 제품을 구매하고 싶은 욕구가 생기는 단계이다.
기억(Memory)	• 제품에 대한 구매 의사결정을 하는 단계이다. • 제품의 장단점을 파악하여 사용하고 싶은 욕구가 생긴 후 구매 여부를 결정하도록 하는 단계이다.
행동(Action)	• 제품을 구매하는 단계이다. • 해당 제품에 대한 좋은 기억을 바탕으로 실제 구매라는 행동을 하는 단계이다.

(2) 인터넷 발달로 진화된 구매 결정 프로세스 모델 AISAS*

주의(Attention)	• 고객들의 주의를 끌어 제품을 인지시키는 단계이다.
관심(Interest)	• 제품을 인지한 고객들이 제품에 대해 관심을 갖는 단계이다.
검색(Search)	• 인터넷으로 해당 제품을 검색하고 경쟁사의 제품과 비교·분석하는 단계이다.
행동(Action)	• 제품을 구매하는 단계로, 해당 제품에 대한 검색 결과를 바탕으로 실제 구매라는 행동을 하는 단계이다.
공유(Share)	• SNS를 통해 제품에 대한 다양한 정보를 공유하는 것이다.

4) 고객의 의사결정 5단계*

(1) [1단계] 문제 인식 단계

① 문제 인식 개념
- 고객이 자신의 충족되지 않는 욕구를 지각하게 되거나 새로운 욕구가 생길 때 발생한다.
- 고객의 욕구가 유발되면 이를 충족시키려는 동인(drive)이 유발되고, 동인은 욕구를 행동으로 일으키는 힘인, 동기(motive)로 전환시키는 추진력으로 작용한다.

② 문제 인식을 야기하는 요인

구분	내용
문제의 인식	• 제품이 다 소모되거나 고객의 욕구를 충족시키지 못할 경우 발생한다.
고객 내부 요인	• 욕구 단계의 변화에 따라 욕구 수준이 변해서 문제 인식이 발생한다. • 고객의 과거 경험이나 특성, 고객의 동기 등 고객 내부에서 발생하는 자극에 의한 요인이다.
고객 외부 요인	• 타인과의 관계 또는 시각이나 후각 등에 의해 자극되어 일어나는 요인을 말한다.

(2) [2단계] 정보 탐색 단계

① 정보 탐색의 유형

내부 탐색	• 과거 경험이나 광고 등을 통해 이미 자신이 알고 있는 정보를 기억으로부터 회상하는 것
외부 탐색	• 구매 의사결정 관련 정보에 특별한 주의를 기울이거나 준거 집단, 판매원, 광고 등 다양한 정보원을 통하여 적극적으로 외적 정보를 탐색하는 것

② 정보의 원천

구분	내용
기업 정보 원천	• 기업 정보 원천 기업이 제공하는 정보 • 광고, 기업 홈페이지, 서비스 직원, 포장 등
개인적 원천	• 가족, 친지, 직장 동료의 공유 정보
경험적 원천	• 고객이 직접 서비스를 경험함으로써 얻는 정보 • 가장 확실하고 신뢰할 수 있는 정보
중립적 원천	• 각종 신문, 방송, 인터넷 등 언론 매체를 통한 보도자료, 소비자원이나 정부 기관의 발행물 등을 통한 정보 • 고객은 중립적 원천을 통한 정보를 기업 제공 원천보다 신뢰

(3) [3단계] 대안 평가 단계

① 대안 평가 과정
- 고객은 여러 대안들을 평가하기 위해 기준을 사용한다.
- 평가 기준으로 가격, 품질, 상표, 명성, 이미지 등의 속성을 이용하며, 제품에 따라 평가 기준은 달라진다.
- 고객은 가격 이외의 다양한 기회비용까지 포함하여 대안별로 자신에게 얼마나 가치가 있는지 환산하고 평가한다.

- 대안 평가의 과정에서 고객은 대안들에 대한 신념을 형성하고, 이러한 신념이 모여 대안에 대한 태도와 구매 의도를 갖게 된다.

② 대안 평가 기준의 측정 방법

구분	내용
직접 질문법	• 소비자들에게 대안을 비교, 평가할 때 어떠한 속성들을 기준으로 하는 지를 직접 질문하는 방식이다.
간접 질문법	• 응답자가 자신이 아닌 제삼자가 어떤 평가 기준을 가졌다고 생각하는 지를 묻는 방식이다.
척도법	• 소비자들이 고려하는 상품 속성이나 평가 기준의 상대적 중요성을 알 아내기 위해 주로 사용되는 방식이다. 이분법, 중요성 척도등이 있다.
컨조인트(Conjoint) 분석	• 차등적 차이를 나타내는 수많은 상품 대안을 만들어 각 대안의 매력 도를 평가하여 신상품의 콘셉트를 결정하는 방식이다.

③ 대안 평가 방법

㉠ 보완적 평가 방법 : 대안의 평가 시 몇 개의 기준을 사용하여 각 대안을 비교 평가 하고, 최종적으로 가장 높은 평가를 받은 제품을 선택하는 것이다.

호텔의 보완적 평가 방식

평가 기준(중요성)	위치/접근성(50%)	가격(30%)	서비스 품질(20%)
A 호텔	9	6	6
B 호텔	9	8	6
C 호텔	7	7	7
D 호텔	8	7	3

- A 호텔 : $(9 \times 0.5)+(6 \times 0.3)+(6 \times 0.2) = 7.5$
- B 호텔 : $(9 \times 0.5)+(8 \times 0.3)+(6 \times 0.2) = 8.1$
- C 호텔 : $(7 \times 0.5)+(7 \times 0.3)+(7 \times 0.2) = 7.0$
- D 호텔 : $(8 \times 0.5)+(7 \times 0.3)+(5 \times 0.2) = 7.1$

㉡ 비보완적 평가 방법

구분	내용
결합식 평가	• 모든 기준(속성)에 최소 기준을 마련하고 만족 여부로 평가
분리식 평가	• 고객이 정한 허용 기준을 한 평가 기준(속성)이라도 초과하면 선택하는 방법
사전 편집식 평가	• 가장 중요한 평가 기준부터 차례로 대안들을 비교 및 평가하는 방법
순차적 제거식 평가	• 사전 편집식 방식과 유사하나 중요한 속성부터 순차적 허용 수준을 설정하여 이를 기준으로 비교하여 마지막까지 남은 상표 대안을 선택하는 방법

④ 대안 평가의 심리적 요인★

후광 효과	• 상품 평가 시 일부 속성에 의해 형성된 전반적 평가가 그 속성과는 직접적인 관련이 없는 다른 속성의 평가에 영향을 준다.
유사성 효과	• 새로운 상품 대안이 나타난 경우, 그와 유사한 성격의 기존 상품을 잠식할 확률이 유사성이 떨어지는 기존 상품을 잠식할 확률보다 높은 현상이다.
유인 효과	• 고객이 기존 대안을 우월하게 평가하도록 기존 대안보다 열등한 대안을 내놓음으로써 기존 대안을 상대적으로 돋보이게 하는 방법이다.
프레밍 효과	• 대안들의 준거점에 따라 평가가 달라지게 되는 효과이다.
손실회피	• 동일한 수준의 혜택과 손실이 발생하는 상황이면 손실에 더 민감하게 반응하여 이를 회피하는 선택을 하는 경우이다.
심리적 반발효과 (로미오와 줄리엣 효과)	• 자신의 자유를 침해당하면 원상태로 회복하기 위해 더 강하게 저항하는 심리로 사람들의 보고 싶은 자유를 억제하여 오히려 더 판매를 자극하는 효과이다.
대비효과	• 어떤 제품을 먼저 보여주는지에 따라 평가가 달라지는 효과로 고가의 상품을 먼저 보여주고 저렴한 상품을 권하면 상대적으로 저렴한 상품을 구매하려는 경향이다.
최고 효과, 최소 효과	• 한정품이나 신상품 등 최고 또는 최초의 상품이 고객의 평가에 영향을 미치는 효과이다.

(4) [4단계] 구매

① 고객 구매 행동 유형

복합 구매 행동	• 관여도가 높고 사전 구매 경험 없이 최초로 구매하는 경우
충성 구매 행동	• 고관여 고객이 구매된 상표에 만족하면 그 상표에 대해 충성도가 생겨 반복적인 구매 행동을 하게 되는 경우
다양성 추구 행동	• 저관여 고객이 여러 가지 상표를 시도하는 행동
관성적 구매 행동	• 저관여 고객이 습관적으로 동일 상표를 반복 구매하는 행동

┌───┐
│ **Plus tip**   │

관여도 (Involvement)

• 상품 구매나 소비 상황에 대해 개인이 지각하는 중요도나 관심도를 의미한다.

• 제품 관여는 수준에 따라 고관여(high involvement)와 저관여(low involvement)로 나뉜다.

구분	제품 관여도	
	고	저
고	• 상표 충성 • 제품, 상표 모두 관심 • 선호 상표 존재	• 일상적 상표 구매자 • 상표에만 관심 • 선호 상표 존재 • 저관여, 저수준 감정
저	• 정보 탐색자 • 제품에 관심 • 상표 무의미	• 상표 전환자 • 제품, 상표 모두 무관심 • 가격에 민감
└───┘

② 구매 행동의 영향 요인

구분	내용
사회적 환경	• 주변인이나 판매원에게 직접적 질문하는 등의 사회적 상호 작용하는 것이다. • 타인의 관찰을 통해 간접적인 상호 작용이다.
물리적 환경	• 제품, 상표, 상점, 실내 디자인, 조명, 소음 환경적 요인이다.
소비 상황	• 고객이 제품을 사용하는 과정상 발생 가능한 상황적 요인이다.
구매 상황	• 제품 구매 가능성, 가격 변화, 경쟁 상표의 판매 촉진 등 제품을 구매하게 되는 시점의 상황이다.
커뮤니케이션 상황	• 제품 정보에 노출될 때의 주변의 상황이다. • 주변인과의 구전 커뮤니케이션이나 광고, 점포 내 디스플레이 등

③ 구매 행동 시 지각적 위험에 따른 영향 요인

구분	내용
시간적 요인	• 불만족인 다른 만족스러운 제품을 찾기 위한 기회비용을 초래한 경우
심리적 위험요인	• 고객이 구매한 제품이 고객 자신의 이미지와 일치하지 않는다고 지각할 때 생기는 위험요인
사회적 위험요인	• 고객의 구매가 자신의 속한 준거 집단의 기준과 부합하지 않는다고 생각 할 때 느끼는 위험요인
재정적 위험요인	• 지불한 비용보다 가치가 없다고 느끼거나 재정적 손실이나 예상 밖의 미 용 발생이 두려운 경우
기능적 위험요인	• 구내 제품이 고객이 기대한 성능을 발휘하지 못한 경우
신체적 위험요인	• 사용자나 타인의 신체에 건강상 문제나 위험을 초래한 경우

(5) [5단계] 구매 후 행동단계

① 구매 후 행동 과정

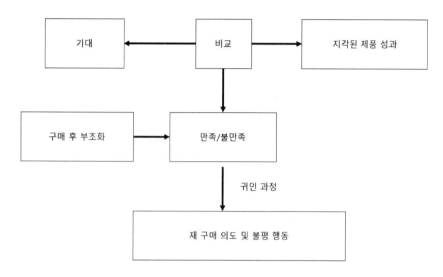

② 기대 불일치 이론

- 고객이 느끼는 서비스에 대한 만족과 불만족은 고객이 제품이나 서비스를 경험하기 전의 기대와 실제 경험한 후의 성과와의 차이에 의해 형성된다는 이론이다.
- 일반적으로 고객은 사전에 제품이나 서비스에 대한 성과에 대해 과거의 여러 가지 경험의 결과로 기대를 형성하고, 실제 제품이나 서비스의 구매 및 사용을 통하여 경험한 성과를 자신의 기대 수준과 비교한다.

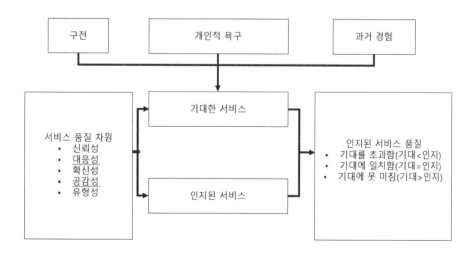

③ 구매 후 부조화

- 구매 후 만족/불만족을 느끼기에 앞서 자신의 선택이 잘한 것인지에 대한 심리적인 불안감이다.

구매 후 부조화 발생 이유	• 구매 결정을 취소할 수 없을 때 • 선택한 대안에 없는 장점을 선택하지 않은 대안이 갖고 있을 때 • 마음에 드는 대안이 여러 개 있을 때 • 관여도가 높을 때 • 전적으로 고객 자신의 의사결정 일 때
기업의 '구매 후 부조화' 감소 전략	• 제품의 장점을 강조하는 광고 강화 • 거래 후 서신, 안내 책자, 전화 등으로 올바른 선택이라는 확신 부여 • 제품 보증, 친절한 A/S, 불만 관리 등 고객 서비스를 강화 • 수리, 보수, 반품의 요구가 없는 수준으로 품질 향상
고객의 구매 후 부조화 감소 전략	• 자신의 선택을 지지하는 정보 탐색 • 선택한 대안의 장점을 의식적으로 강화 • 의사결정의 중요도가 낮다고 인식 • 선택하지 않은 대안의 장점을 의식적으로 약화

④ 구매 후 행동

구매 후 만족 행동	• 재구매 행동 • 긍정적 구전
구매 후 불평 행동	• 무(無)행동 • 사적 행동 : 부정적 구전, 재구매 거절 등 • 공적 행동 : 제품 교환 및 환불 요구, 고발, 법적 조치 등으로 강력하게 표출

IV. 고객 커뮤니케이션에 대한 이해

1. 커뮤니케이션의 이해

1) 커뮤니케이션

(1) 커뮤니케이션 개념

- 커뮤니케이션의 어원은 라틴어 'communis'로서 공유라는 뜻 함유되어 있다.
- 서로 다른 이해와 사고와 경험과 선호 및 교육적인 배경을 가지고 있는 두 사람 이상 상호 간에 어떤 특정한 사항에 대해 유사한 의미와 이해를 만들어내는 과정이다.

(2) 커뮤니케이션의 중요성

- 커뮤니케이션은 개인이 사회적 생활을 영위하는 기본적 수단이나 도구이다.
- 인간의 모든 생각과 생활에 영향을 미치고 인간관계를 구성하는 근본 요소이다.
- 서비스 직원의 커뮤니케이션은 서비스 품질과 고객 만족에 결정적인 영향을 준다.

(3) 커뮤니케이션의 기능

- 조직은 직원들이 따라야 할 권력 구조와 공식 지침이 있고 다양한 커뮤니케이션이 이를 통제한다.
- 특정 목표, 목표 달성을 위한 피드백, 바라는 행동의 강화 모두 동기 부여를 강화한다.
- 감정 표현과 사회적 욕구 충족을 위한 표출구를 제공한다.
- 의사결정에 필요한 정보를 제공한다.

(4) 커뮤니케이션의 과정

- 시작과 끝이 보이는 선형적인 것이 아니라 순환적, 역동적이며 계속 이어지는 하나의 과정이다.

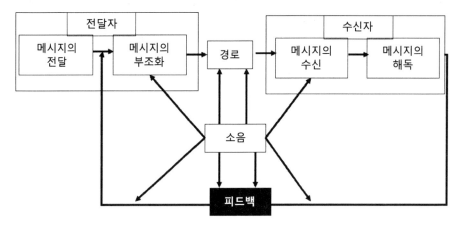

출처 : 조직 행동론. stephen P. Robbins, 김지성 역, Pearson education korea

① 커뮤니케이션 과정의 기본 요소*

발신자(Source)	• 메시지를 주는 사람
메시지(message)	• 전달하고자 하는 내용을 언어, 문자, 몸짓 등 기호로 바꾼것
코드화(coding)	• 말한 내용을 수신자가 이해할 수 있도록 구체적으로 만드는 작업
채널(channel)	• 메시지 전달의 통로나 매체 • 매스컴의 경유 : TV나 라디오, 인터넷 등 • 작접 대면하는 경우 : 목소리
수신자(receiver)	• 메시지를 받는 사람
효과(effect)	• 커뮤니케이션의 결과
피드백(feedback)	• 수용자의 반응 • 피드백은 커뮤니케이션의 과정을 계속 반복, 순환하게 하는 요소
잡음(Noise)	• 메시지를 정확하게 이해하는 방해되는 것
공간(Environment)	• 메시지를 발신하거나 수신하는 분위기, 물리적, 심리적 환경
맥락(Context)	• 메시지를 발신하거나 수신하는 공간이나, 행동에서 일어난 상황

2) 커뮤니케이션의 유형

(1) 언어 커뮤니케이션

① 언어 커뮤니케이션의 정의
- 언어는 사회적으로 제정된 기호 체계로 커뮤니케이션의 주요 요소이다.
- 인간은 메시지를 전달하고 이해하는 데 주로 언어를 사용한다.
- 언어는 사람이 생각이나 느낌을 소리나 글자로 나타내는 수단이다.

② 언어적 커뮤니케이션 스킬
- 수신자가 정확히 받아들일 수 있도록 언어적 메시지 발송한다.
- 조직적인 사고력과 분명하고 쉬운 어휘를 사용한다.
- 제품 및 서비스에 대한 이해하기 쉽고 명확한 설명한다.
- 환영의 의미를 담은 언어 사용한다.
- 긍정적이고 동조의 의미를 전달한다.
- 질문과 재진술을 통해 의문을 던지고 요점을 명확히 주고받으며 관계를 형성한다.

(2) 비언어 커뮤니케이션*

① 비언어 커뮤니케이션의 정의
- 커뮤니케이션 상황 내에서 잠재적 메시지 가치를 가지고 있는 인간이나 환경에 의해 야기 된 언어를 제외한 자극이다.
- 몸짓이나 시각 또는 공간을 상징으로 하여 의사를 표현하는 커뮤니케이션 방법이다.
- 언어 사용 없이 이루어지는 생각이나 감정 소통의 상태를 의미한다.

② 비언어적 커뮤니케이션의 유형

신체 언어	• 신체적 매력 : 우호적인 이미지 전달과 고객의 태도 변화에 영향 • 복장 : 긍정적인 복장은 신뢰감 전달 • 두발 : 사람의 태도와 마음가짐. 업무 수행상의 개성 등을 표현		
신체 언어	• 얼굴표정 : 개인의 인상을 결정하는 중요한 요소 • 눈의 접촉 : 대인관계의 질에 결정적인 역할 • 고객 끄덕이기 : 경청하고 있음을 알리는 수단 • 몸의 움직임 : 표현을 도와주는 역할 • 자세 : 사람의 상태를 알 수 있는 단서로 작용		
의사 언어	• 공식적 언어가 아닌 인간이 발생시키는 갖가지 소리를 의미 • 말투 : 사람을 신리하는데 도움 • 음조의 변화 : 다양한 메시지를 판단하는데 영향 • 음고 : 듣는 사람이 상대방의 능력과 사회성을 인지하는데 도움 • 음량 : 음량의 정도 • 말의 속도 : 감정과 태도를 반영 • 발음 : 정확한 의사 전달에 도움		
공간적 행위	• 육체적 공간 거리를 어떻게 유지하고 어떤 의미를 부여하는가 하는 것 • 상대에 대한 친밀감이나 신뢰도, 진정한 관심이나 흥미 및 태도 반영		
	친밀한 거리 (intimate distance)	0m~45cm	개인적 거리 (personal distance)	45cm~80cm
	사회적 거리 (social distance)	80cm~1.2m	대중적 거리 (public distance)	1.2m~3.7m

3) 커뮤니케이션 오류 발생 원인*

(1) 발신자의 문제

목적의식의 부족	• 발신자가 의사소통에 대한 정확한 목적의식이 없을때 메시지의 내용이 정확하지 않아 문제가 발생한다.
대인 감수성 부족	• 발신자가 충분한 인간관계적 상호 작용을 경험하지 못했을 경우, 상대방의 질문에 답하지 않고 자신의 말만 반복하는 등 일방적인 대화를 하게 되는 문제가 발생한다.
미숙한 메시지 전달능력	• 발신자의 문법상 전달력 부족, 부족한 화술, 불명확한 말투로 인하여 의사소통 과정을 왜곡시키는 문제가 발생한다.
혼합 메시지의 사용	• 언어적, 비언어적 불일치로 '이중 메시지' 또는 '혼합 메시지'로 인해 의사가 명확하지 않아 문제가 발생한다.
오해와 편견	• 발신자의 심리 상태와 주관적인 견해가 오해와 편견으로 인해 영향을 받아 메시지의 정확한 전달을 방해하는 문제가 발생한다.
정보의 여과	• 발신자는 수신자가 긍정적인 메시지를 지각할 수 있도록 정보를 제공하는데, 의도적으로 수신자가 듣고 싶어 할 정보는 전달하고 듣기 싫어할 정보는 여과하여 원활한 커뮤니케이션을 방해하는 문제가 발생한다.

(2) 수신자의 문제

경청의 문제	• 상대방의 이야기를 들을 때, 무성의한 태도를 보이는 것으로 인한 문제가 발생한다.
부정확한 피드백	• 수신자가 전달자의 의도를 정확하게 파악하지 못하고 임의로 해석하여 반응을 보내거나, 자신에게 유리한 내용만 경청하는 것에 대한 문제가 발생한다.
왜곡된 인지와 감정적 반응	• 수신자의 과거 경험에 따른 오해와 왜곡된 인지 또는 잘못된 지각 때문에 전달자의 메시지를 잘못 이해하고 수용하는 문제가 발생한다.
평가적 경향	• 수신자가 전달자로부터 메시지를 전달받기도 전에 메시지의 가치를 평가하여 실제 의미를 왜곡하는 문제가 발생한다.
신뢰도 결핍	• 수신자가 전달자를 신뢰하지 않을 경우 전달자의 메시지를 전적으로 신뢰하지 않아 커뮤니케이션의 왜곡이 발생하는 문제가 발생한다.
선입견	• 사고에 대한 수신자의 선입견이 메시지 수용과 해석에 영향을 미치는 문제가 발생한다.

(3) 커뮤니케이션의 상황에 따른 장애 요인

- 어의상의 문제
- 비언어적 메시지 오용
- 과중한 정보

- 시간 압박
- 지위의 차이
- 커뮤니케이션 분위기

2. 커뮤니케이션 이론*

1) 커뮤니케이션 관련 이론

(1) 피그말리온 효과(Pygmalion effect)

- 누군가에 대한 사람들의 믿음이나 기대, 예측이 그 대상에게 그대로 실현되는 경향을 말한다.
- 낙인효과와는 반대로 다른 사람으로부터 긍정적인 기대를 받으면 이 기대에 부응하기 위해 노력하고, 이에 실제 긍정적인 결과가 일어나는 것을 의미하는 효과이다.

(2) 낙인 효과(Stigma effect)

- 다른 사람으로부터 부정적인 낙인을 찍힘으로써 실제 그렇게 되는 현상이다.
- 좋지 않은 과거 경력이 현재의 인물 평가에 미치고 나쁜 사람으로 낙인 받으면 의식적·무의식적으로 행동하게 된다는 것이다.

(3) 플라시보 효과(Placebo effect)

- 긍정적인 심리적 믿음이 신체를 자연 치유하는 데 큰 역할을 한다는 것이다
- 효과가 없는 약이지만 약을 복용하게 되면 병이 나을 거라는 믿음을 주었을 때 환자의 병이 호전되는 효과를 발휘하게 된다는 실험 결과를 바탕으로 한다.

(4) 노시보 효과(Nocebo effect)

- 플라시보 효과의 반대의 의미로, 좋은 효능이 있는 약을 복용하고 있지만 환자가 부정적인 생각으로 약의 효능을 믿지 못한다면 상태가 개선되지 않는 현상을 의미한다.
- 부정적인 심리적 믿음에 따른 부정적인 결과를 의미하는 현상이다.

(5) 호손 효과(Hawthorne Effect)

- 다른 사람들이 지켜보고 있다는 것을 의식함으로써 그들의 전형적인 본성과 다르게 행동하는 현상을 의미한다.

- 미국 일리노이 주의 '호손 웍스'(Hawthorne Works)라는 공장에서 근로자의 행동을 관찰함으로써 그들의 행동이 변하며 따라서 일시적으로 효율이 변화하는 현상을 발견하였다.
- 호손 효과의 의미는 확장되어 어떤 새로운 관심을 기울이거나 관심을 더 쏟는 것으로 대상의 사람들이 행동과 능률에 변화가 일어나는 현상을 말하는 것으로 변하였다.

(6) 바넘 효과(Barnum effect)

- 사람들이 일반적으로 가지고 있는 성격이나 특징을 자신만의 특성으로 여기는 심리적 경향이다.
- 이러한 경향은 자신에게 유리하거나 좋은 것일수록 강해지고, 자신의 특성을 주관적으로 생각하거나 정당화하려 한다.

(7) 링겔만 효과(Ringelemann effect)

- 집단에서 개인의 수가 증가할수록 성과에 대한 개인의 (1인당) 공헌도가 현격히 저하되는 현상이다.
- 하나의 목적을 위해 참여하는 사람들이 많을수록 개인의 공헌도나 책임이 분명이 드러나지 않기 때문에 방관자적 태도가 나타날 수 있다.

(8) 잔물결 효과(ripple effect)

- 물방울을 떨어뜨리면 그 지점에서 멀리 떨어질수록 파장이 커지는 것처럼 부정적 효과가 점차 확산되는 현상을 의미한다.
- 조직의 한 구성원에게 보이는 부정적 커뮤니케이션은 다른 구성원에게도 부정적인 영향을 미치게 된다.

3. 커뮤니케이션 기법

1) 기본적인 커뮤니케이션의 기법

(1) 명확한 목표 설정

- 전달하고자 하는 내용, 얻고 싶은 내용에 대한 명확한 목표 설정이 있어야 한다.
- 정확한 이해를 위해서는 시각적 자료를 함께 준비한다..

(2) 적절한 커뮤니케이션 수단의 활용

- 상대방이 잘 이해할 수 있는 방법을 선택한다.

- 언어적인 수단과 비언어적인 수단의 일치를 항상 생각한다.

(3) 피드백의 활용

- 전달자는 자신의 메시지가 잘 전해지고 있는지 확인해야 한다.
- 이해하고 있는지를 물어봐야 한다.

(4) 공감적 관계 형성

- 공감은 상대방에게 그가 표현한 외형적 의미를 넘어선 의미까지 읽고 이해하고 있다는 것을 전달해 주는 것이다.

(5) 부드럽고 명확한 전달

- 말끝을 흐리지 말고 자신감 있게 말한다.
- 목소리는 조용하고 안정적으로 한다.
- 정보 전달 시 구체적이고 명확하게 말한다.

2) 경청 기법

(1) 경청의 정의

- 다른 사람의 말을 주의 깊게 들으며 공감하는 능력을 의미한다.

(2) 경청의 장애 요인

- 상대방의 말을 들으면서 머릿속으로 엉뚱한 생각을 하는 것이다.
- 상대방의 이야기를 들으면서 머릿속으로 상대방의 이야기에서 잘못된 점을 지적하고 판단하는 것에 열중한다.
- 듣기보다 말하기를 선호하는 경향이다.
- 메시지 내용에 대한 무관심이다.

(3) 효과적인 경청 방법*

- 산만해질 수 있는 요소나 잡음을 제거한다.
- 발진자의 메시지에 관심을 가지며 질문을 한다.
- 메시지 내용 중 동의할 수 있는 부분을 찾는다.
- 말하는 사람에게 동화되도록 노력한다.
- 인내심을 가진다.

• 온몸으로 맞장구를 치고 전달하는 메시지의 요점에 관심둔다.

(4) 경청 기법*

① BMW 기법
- Body(자세) : 표정이나 눈빛, 자세 등을 상대방에게 집중한다.
- Mood(분위기) : 말투나 음정, 음색, 속도, 음의 고저 등을 적절하게 표현한다.
- Word(말의 내용) : 상대방의 말을 다시 확인하고 상대가 원하는 것에 집중한다.

② 1,2,3 기법
- 의견은 1번 말하고, 고객의 이야기를 2번 들어주고, 고객의 이야기에 3번 맞장구를 친다.

③ FAMILY 법칙
- Friendly : 친절하게
- Attention : 집중하여
- Me.too : 공감하며
- Interest : 관심을 갖고
- Look : 바라보며
- You are centered :상대방 중심으로

3) 서비스 화법*

(1) 긍정적인 표현

- 긍정적인 부분을 중심으로 표현하는 것이다.
- 긍정적인 내용과 부정적인 내용을 함께 말해야 할 때에는 긍정적인 것을 먼저 이야기하고 나중에 부정적인 것을 말한다.
  예 "이곳에 쓰레기 버리면 안 됩니다." (X)
  예 "건물 바깥에 쓰레기장 마련되어 있습니다." (O)

(2) 청유형 표현 (레이어드 화법)

- 상대방이 내 부탁을 듣고 스스로 결정해서 따라 올 수 있도록 상대방 의견을 구하는 표현을 사용한다.
  예 "잠시 기다려 주세요" (X)
  예 "잠시 기다려 주시겠습니까?" (O)

(3) 개방적인 표현

- 상대방에 대한 적절한 질문을 통해 상대방의 이야기를 많이 할 수 있도록 한다.
- 패쇄적인 질문보다는 개방적인 질문을 하도록 한다.

  예 "이번 주말 즐거우셨습니까?" (X)

  예 "이번 주말 어떠셨나요?" (O)

(4) 완곡한 표현

- 대화를 부드럽게 이끌어가기 위해서는 '직설적이고 강압적인 표현은 피하는 것이 좋다.

  예 "그렇게 하는 것보다 이렇게 하면 어떨까?"

  예 "모릅니다" ⇨ "제가 알아봐 드리겠습니다."

(5) 쿠션 언어의 사용

- 상대방이 원하는 것을 들어 주지 못하거나, 부탁을 해야 할 경우 기분이 나빠지는 것을 최소화할 수 있는 표현을 사용한다.

  예 미안합니다만, ~~ 죄송합니다만, ~~ 실례합니다만, ~~ 바쁘시겠지만, ~~

(6) I- 메시지 사용

- 대화의 주체가 '너'가 아닌 '내'가 되어 전달하고자 하는 표현법이다.
- 상대방에게 나의 의사를 충분히 전달하면서도 상대방이 기분 나쁘지 않게 자신의 행동을 반성하고 개선할 마음을 가지게 한다.

  예 "너는 왜 매일 늦게오니?" (X)

  예 "당신이 늦게올때마다 나는 신경이 곤두서." (O)

(7) 신뢰 화법

- 말 어미의 선택에 따라 상대방에게 신뢰감을 줄 수 있는 대화법이다.
- 다까체로 끝나는 정중한 화법을 70%, 요조체로 끝나는 부드러운 화법을 30% 정도 사용하는 것이 바람직하다.

  예 정중한 화법 : ~입니다. / ~입니까?(다까체)

  예 부드러운 화법 : ~에요 / ~죠(요조체)

(8) 맞장구 화법

- 상대방의 이야기에 관심이 있다는 것을 표현하기 위해 귀담아 들어 주고 반응해 주는 화법이다.

예 가벼운 맞장구 : 그렇군요/ 그렇습니까?

예 동의 맞장구 : 정말 그렇겠군요/ 과연

예 정리(피드백) 맞장구 : 그 말씀은 ~이라는 것이지요?

예 재촉 맞장구 : 그래서 어떻게 되었습니까?

예 몸짓 맞장구 : 고객 끄덕이기/ 갸우뚱/ 눈 맞춤 등

(9) 질문 기법

- 질문 이후 다양한 정보를 알 수 있고 대화가 이어질 수 있는 질문으로 해야 한다.
- 고객의 생각을 확장시키는 확장형 질문(개방형 질문)은 고객에게 새로운 관점을 제시하면서 간접적으로 서비스 직원의 의견을 반영할 수 있다.

4. 조직 커뮤니케이션

(1) 조직커뮤니케이션 정의

- 조직 내에서의 개인이나 집단 간에 메시지나 정보를 상호 교환하여 공유하는 활동이나 과정이다.
- 업무적 요소가 강하므로 계약적이고 공식적인 커뮤니케이션 특성이 따르고, 생명력이 길며 지속성이 있다.

(2) 조직 커뮤니케이션의 중요성*

① 행동 통제
- 조직에는 직원이 따라야만 하는 권력과 공식 지침이 있으며, 그것이 그들의 행동을 특정한 방향으로 움직이도록 통제해 준다.

② 동기부여 강화
- 해야할 일과 평가 그리고 직무성과를 개선하기 위해 해야만 하는 일 등을 구체적으로 알려 주는 매개체 역할을 하는 것이다.

③ 감정적 사회적 욕구 표출구
- 자신의 감정을 표출하고 다른 사람들과의 교류를 넓혀 나가는 것이다.

④ 정보 전달
- 개인과 집단에 정보를 전달해 주는 기능을 함으로써 의사결정의 촉매제 역할을 한다.

⑤ 상황 적응력 향상
  • 조직원이 변화된 상황에 적응하고 나아가 조직 혁신을 촉진하는 기능을 한다.

(3) 조직커뮤니케이션 유형

① 공식적인 조직 커뮤니케이션
  • 조직원 간의 공식적인 관계를 전제로 하여 커뮤니케이션의 권한과 절차가 분명한 상태에서 이루어지는 커뮤니케이션
  • 공식적인 커뮤니케이션 구분

하향적 커뮤니케이션	• 조직 내의 상위 계층에서 하위 계층으로 진행되는 형태이다. • 주로 하위 계층의 구성원들에게 직무에 관련된 정보를 전달해 주는 것을 목적으로 한다. • 작업 지시서, 절차서, 사규, 메모, 보고서, 게시판, 사보, 전자 메일 등의 방법이다.
상향적 커뮤니케이션	• 하급자의 의견 및 정보 등을 상위 계층에 전달하는 것을 말한다. • 하급자의 성과 보고, 의견 제안. 고충 전달 등이 포함된다.
수평적 커뮤니케이션	• 조직 내 대등한 위치에 있는 구성원 간에 발생하는 커뮤니케이션 형태를 의미한다. • 적절한 수평적 커뮤니케이션은 업무 협조를 증진시키고 상사와 부하 사이의 수직적 커뮤니케이션을 원활하게 해준다.

② 비 공식적 커뮤니케이션
  • 개인적, 사회적 친분으로 자신들의 다양한 욕구를 충족시키기 위하여 자발적으로 이루어지는 커뮤니케이션을 말한다.
  • 비공식적 커뮤니케이션 체계를 지칭하는 말로 '그레이프바인(Grapevine)'이라는 용어를 흔히 사용한다.

Plus tip

'그레이프바인(Grapevine)'
• 포도 덩굴처럼 복잡한 인간관계 속에서 사람들 사이의 의사소통은 때로 왜곡되거나 사실과 다른 유언비어들이 나돌 수 있다.
• 그래이프바인은 소문, 구전, 풍문 등의 뜻으로도 사용되고, 커뮤니케이션 이론에서는 비공식적인 커뮤니케이션을 말한다.

• 비공식적 커뮤니케이션 장단점

구분	내용
장점	• 공식적인 커뮤니케이션과 상호보완적으로 작용한다. • 전달 속도가 빨라서 긍정적인 의사 전달의 경우에 조직에 긍정적인 측면으로 활용한다.
단점	• 정보 전달이 선택적이고 임의적으로 진행된다. • 정보 전달 과정에서 정확성이 떨어져 의도와 다르게 정보가 전달될 수 있다.

(4) 조직커뮤니케이션 형태

쇠사슬 (chain)형	• 공식적인 명령 계통에 따라 수직적으로 이루어지는 형태이다. • 단순 반복 업무에 있어 신속성과 효율성이 높으나 구성원들 간의 커뮤니케이션이 연결되지 않고, 정보가 단방향으로 움직여 왜곡 문제가 발생할 가능성이 있다.
수레바퀴 (Wheel)형	• 조직 안에 중심인물 혹은 대표적인 리더가 존재하는 경우에 나타나는 형태이다. • 정보 전달이 한 사람의 중심인물이나 집단의 지도자에게 집중되어 상황 파악과 문제 해결이 신속하지만, 복잡한 문제를 해결하는데 문제점이 있다.
Y형	• Y형은 대다수의 구성원을 대표하는 인물이 존재하는 경우에 나타나는 형태로 라인과 스탭이 혼합되어 있는 집단에서 발생한다. • Y형은 매우 관료적이고 위계적인 조직에서 전형적으로 발견된다.
원(Circle)	• 조직 구조 안에 뚜렷한 서열이 없는 경우에 나타나는 형태이다. • 위원회가 테스크 포스의 구성원들 사이에 이루어지는 커뮤니케이션 네트워크이다. • 업무진행 및 의사결정이 느린 것이 단점이다. • 커뮤니케이션 목적이 확고할 때 구성원 만족도가 높다.
완전 연결 (All channel) 형	• 리더가 없고 구성원 누구나 다른 사람들과의 커뮤니케이션을 주도할 수 있으며 가장 구조화되지 않은 유형이다. • 문제 발생 시 상황 판단이나 문제 해결 등에 있어 가장 효과적이며 구성원 간 만족도/ 참여도가 높다.

(5) 조직 커뮤니케이션 오류의 부정적 효과

낭비	• 시간적 손실, 금전적 손실, 비효율적 업무 등
업무 장애	• 내부 고객의 만족을 이루지 못함으로써 직무 불만족/ 업무상 어려움
재작업	• 조직 커뮤니케이션 오류로 재작업 시 업무 손실 발생
거부	• 기대 수준에 미달하는 서비스와 태도 발생

(6) 조직 커뮤니케이션 개선 방법

① 발신자의 커뮤니케이션 개선
  • 수신자 입장에서 생각한다.
  • 분명하고 적절한 어휘를 사용하고, 사례를 들어 설명한다.

- 커뮤니케이션 후 검토와 피드백을 한다.
- 구두 지시와 메모(범행 경로)를 반복하여 사용하여 이해도를 향상시킨다.
- 분위기, 장소, 시간 등 물리적 환경을 효과적으로 활용한다.

② 수신자의 커뮤니케이션 개선
- 발신자의 입장에 되어 적극적으로 경청한다.
- 전달 내용을 완벽하게 알고자 노력한다.
- 전달된 메시지를 자신의 언어로 재진술하여 수용한다.

③ 제도적 노력
- 고충 처리 제도, 제안 제도 등을 마련하여 조직원의 의견을 조사한다.
- 핫라인을 설치한다.
- 매트릭스 미팅 : 직급 간 여러 가지 경우의 수(부장과 사원, 대리와 사원)을 만들어 미팅한다.

5. 감성 커뮤니케이션

1) 감성 지능

(1) 감성 지능 개념

- 감정 정보 처리 능력으로, 자신과 타인의 감정을 정확하게 지각하고 인식하며, 적절하게 표현하는 능력을 통해 삶을 향상시키는 방법이다.
- 감성과 이성의 차이점

범위	이성	감성
조직 내 구성원들에게 요구되는 행동	기계적	자연적
	객관적	주관적
	실용주의	비전이 있는 자세
	계급 중시	네트워크 강조
	명령	지지
	비인격적	인격적
업무 수행에 대한 관점	결과중시	과정 중시
	일관된 행동	다양한 아이디어
	안정적	창조적
	분석적	직관적
	양적인 것	질적인 것

(2) 감성지능의 구성요소*

구분	내용
자기 인식(self-awareness)	• 자신의 감성을 빨리 인식하고 알아차리는 능력
자기 조절(Self-management)	• 자신의 감성을 적절하게 관리하고 조절할 줄 아는 능력
자기 동기화(Self-motivating)	• 어려움을 찾아내고 자신의 성취를 위해 노력하며 자신의 감정을 다스리고 자기 스스로 동기 부여하는 능력
감정이입(Empathy)	• 타인의 감성을 느끼고 이해
대인관계 기술(social skill)	• 대인관계에서 타인의 감성에 적절하게 대처할 수 있고 관계를 조정할 수 있는 능력

2) 감성 커뮤니케이션*

자기인식 단계	개념	• 현재 자신에게 일어나고 있는 감정이 어떤 것인지 명확히 언어로 규정하는 상태
	효과	• 주변 사람들에게 자신의 감정을 정확하게 표현함으로써 주변 사람들도 스트레스 상황을 만들지 않도록 협조할 수 있게 도울 수 있다.
	방법	• 자신에게 떠오르는 감정을 인식하여 감정에 이름을 붙여 보는 연습을 한다. • 자신에게 느껴지는 감정을 적어 나간다. • 명상을 통해 정신을 집중하여 자신을 관찰하는 시간을 갖는다. • 메타 감성 노트를 사용하여 자신의 기분, 감정을 들여다보고 분석하여 인식한다. • 고객에 대한 감정 인식 향상을 위해서는 " 나는 고객을 좋아하는가?' '왜?' '어떤 때 고객이 싫은가?' '그때의 나의 감정은 무엇인가?' 등을 생각하고 정리해 나간다.
자기감정 조절	개념	• 자기감정 조절은 감정의 억압이 아니라 감정의 균형을 지향하는 상태
	효과	• 감정 조절을 잘하는 사람은 부정적인 감정을 정리한다.
	방법	• 감정을 지혜롭게 표현한다. • 감정을 표현할 때와 그렇지 않아야 할 때를 알아야 한다. • 자신을 흥분시키는 자극들에 대한 정보를 수집한다. • 자신이 원하는 결과가 무엇인지 확실하게 정리한다. • 스트레스를 관리한다. • 심상법(고객 가상 체험)을 활용한다. ✔ 가상체험을 하여 미리 발생할 수 있는 상황에 대한 정보를 인지한 후 자신의 감성이 부정적으로 가는 것을 방어하는 것이다.
자기동기화 단계	개념	• 자신의 목표나 꿈을 위해 현재의 충동을 참도록 스스로 동기 부여하는 것이다.
	효과	• 자신에 대해 긍정적이고 유연한 사고를 가능케 한다.
	방법	• 구체적인 목표를 세운다. • 충동을 억제한다. • 실패의 원인을 다른 관점에서 바라본다. • 자신의 감정 상태를 긍정적으로 유지하려 노력한다. • '다행'인 상황을 찾아본다.

타인 감정 인식 단계	개념	• 타인의 감정을 살피고 감정을 이입하여 공감하는 과정
	효과	• 타인의 감정을 공감함으로써 감성적인 안정감을 주고 활력을 제공한다.
	방법	• 자신의 감정 인식과 조절, 자기 동기화가 선행되어야 한다. • 타인에게 관심을 갖는다. • 타인에 대한 정보화 타인에 처한 상황에 대해 파악한다. • 표정, 제스처, 목소리 등으로 표현되는 감정을 이해한다.
대인관계 능력 단계	개념	• 자신의 정서를 타인에게 정확히 표현할 수 있는 능력 • 타인의 비언어적 메시지를 통해 타인의 감정을 인식하는 능력 • 자신의 감정 표현을 지연시키거나 통제할 수 있는 능력 • 타인과 쉽게 대화를 시작할 수 있는 능력 • 현재 상황을 자신과 타인 모두에게 유리하게 만들 수 있는 능력 • 사회적 기준을 파악하여 표현할 수 있는 능력 • 현재 상황을 자신과 타인 모두에게 유리하게 만들 수 있는 능력
	효과	• 원만한 대인관계를 유지할 수 있다.
	방법	• 왜 타인과 관계를 형성하면서 소통하고 싶은지 동기를 찾는다. • 건강한 자신감을 갖고, 자신의 능력을 인정해 줄 타인에게 적극적으로 다가간다. • 긍정적이든 부정적이든 자신의 상태와 감정을 적절한 때에 적절한 방법으로 표현한다. • 자신의 감정을 인식하고 조절한 솔직하면서도 예의 바르게 표현한다. • 편안하고 우호적인 표정과 눈빛을 유지하며 천천히 말한다. • 자신이 이야기하는 도중에도 타인의 반응을 계속 살핀다. • 도움이 필요하면 도움을 요청한다. • 타인의 반응을 보면서 타인의 상황을 인식하려고 노력한다. • 타인의 감정을 수용하고 긍정적으로 마무리한다. • 지속적으로 존중의 신호를 보낸다.

3) 감성 커뮤니케이션의 중요성

- 직장에서 느끼는 개인의 긍정적인 감성(사랑, 감정이입, 열정 등)은 업무를 향상시켜 직무에 대한 만족도를 높인다.
- 긍정적인 감성은 구성원의 자발적인 이타 행동을 증가시키며, 구성원들에 대한 리더십을 발휘 하게 한다.
- 감성은 동료와 상사 간의 높은 신뢰를 형성하여 조직의 효율성을 극대화한다.
- 감성은 업무 수행에 대한 동기를 유발시켜 직무에 대한 헌신과 몰입을 하게 한다.
- 조직 환경의 변화, 상사와 부하 간의 활발한 의사소통, 민주주의적 조직 문화로의 변환 등이 구성원의 감성을 긍정적으로 전환시킬 수 있다.

6. 설득 및 협상

1) 설득

(1) 설득의 정의

- 자신이 바라는 것을 이루고자 의사 표현을 하고 상대방의 이야기를 들으며 서로 의미를 공유하는 것이다.
- 상대가 말하는 사람의 의견에 공감하도록 여러 가지 방법으로 깨우쳐 말하는 화술이다.

(2) 설득의 기본 원칙

고객이 선호를 파악하기	• 고객에 대한 기본 정보를 수집한다. • 고객의 직업, 사회적 배경, 취미, 성격 등을 파악한다. • 고객의 특성이나 의도를 정확하고 신속하게 파악하는 것이 필요하다.
동기를 유발하기	• 적절한 질문을 사용하여 고객을 참여시킨다. • 고객이 긍정적인 방향으로 행동할 수 있도록 자신감을 심어주어야 한다. • 설득 중 난관에 부딪혔을 경우 다양한 방법으로 유도하면서 계속 대화를 지속할 수 있는 동기를 제공해야 한다.
분명한 메시지를 전달하기	• 대화의 목표를 분명하게 인식하고 원하는 결과를 명확하게 생각한다. • 고객이 이해하기 쉽게 적합한 표현으로 전달한다.
경청하기	• 고객의 말에 귀를 기울이고 고객의 반응을 보면서 이야기 한다. • 일방적으로 대화를 이끌어 가서는 고객을 설득하기 어렵다.
칭찬과 감사의 말 표현하기	• 칭찬을 상대방의 호감을 이끌어낼 수 있는 쉬운 방법 중 하나이다. • 마음에서 우러나오는 감사의 말은 고객의 마음을 긍정적인 방향으로 움직일 수 있다.

(3) 설득의 6대 법칙 : 설득의 심리학, 로버트 치알디니

구분	내용
사회적 증거의 법칙	• 다수의 행동, 다수의 증거를 활용한다. • 가장 많이 팔린 상품이 좋은 상품이다.
상호성의 법칙	• 호의는 호의를 부르므로 먼저 베푼다. • 샘플을 받아 본 고객은 관심을 안 가질 수가 없다.
일관성의 법칙	• 일관성 있게 지속적으로 설득한다. • 내가 선택한 상품이 최고라는 심리를 파고든다.
호감의 법칙	• 끌리는 사람을 더 좋아하게 되므로 친밀한 관계를 형성한다. • 친절한 직원이 파는 상품을 살 확률이 높다.
희귀성의 법칙	• 자신만의 차별적인 특징을 제공한다. • 한정 판매라고 할 경우 구매 욕구를 더 자극한다.
권위의 법칙	• 전문가의 의견이나 공신력 있는 자료를 가지고 신뢰를 얻는다. • 의사나 교수 등 전문가가 인정하는 상품이라고 설득한다.

2) 협상

(1) 협상의 정의

- 사전적 의미로 협상은 어떤 목적에 부합되는 결정을 하기 위하여 여럿이 서로 의논하는 것이다.
- 협상은 상대방이 원하는 것과 자신의 원하는 것을 충분히 파악하여 상대방과 자신을 동시에 만족시킬 수 있는 다양한 대안을 만들기 위한 노력이다.
- 협상은 흥정과 구분된다. 흥정은 개인과 개인 사이의 매매 등과 같은 상호 작용을 가리키는 것이며, 협상은 기업, 국가 등 복합적인 사회적 지위 간의 다수 의제에 대한 상호작용이다.

(2) 협상의 유형

① 분배적 협상
- 하나를 놓고 당사자들이 나누는 유형이다.
- 단순한 분배이므로 한 쪽이 많이 가지면 다른 한쪽은 그만큼 손해를 본다.

② 이익 교환형
- 협상 당사자들이 원하는 것의 차이를 찾아 양쪽 모두 최대한 만족할 수 있도록 하는 방법이다.

③ 가치 창조형 협상
- 당사자들이 서로 협력해 새로운 해결책을 찾아내는 유형이다.

(3) 협상의 필수 요소

구분	내용
구체적이고 명확한 목표	• 협상의 목표를 구체적이어야 한다. • 협상의 목표를 낙관적이어야 한다.
협상력	• 협상 테이블에서 자신이 원하는 것을 얻어 낼 수 있는 능력을 의미한다.
BATNA(차선책)*	• 합의에 도달하지 못하였을 때 택할 수 있는 최선의 대안을 뜻하는 것이다. • 주어지는 것이 아닌 스스로 개발할 수 있는 것이다. • 바트나는 이성적 판단에 따라 협상을 결렬시킬 수 있는 한계선을 말하며 협상 타결을 위한 필요조건이다.
관계	• 호혜적 관계 : 서로 상호 이익을 위한 관계 • 거래적 관계 : 신뢰보다는 당장의 협상 이익에 집중된 관계 • 적재적 관계 : 협상자를 적으로 보는 관계 • 업무적 관계 : 오랜 기간 업무를 하면 맺어진 관계 • 개인적 관계 : 개인적이고 사적인 관계
정보	• 상대의 협상 목적 • 상대의 강점과 약점 • 상대의 협상 전략과 BATNA • 내부 협상 전략 • 상대의 시간 제약 • 상대 협상 대표의 개인적 정보

협상의 5가지 법칙
• 신뢰
• 공통점 발견
• 존경
• 상호 관심
• 호의적 감정

(4) 협상의 프로세스

시작 단계	• 상대방과 우호적인 관계를 구축하는 것이 목적이다. • 상대방에게 좋은 첫인상을 주고 원만한 관계를 맺도록 노력한다. • 강렬한 인상을 주기보다 상대방이 친근함과 편안함을 느끼도록 한다. • 상대방의 이름을 정확히 외우고 지위나 직위에 상관없이 경의를 표한다. • 문화와 종교를 고려해 무례한 느낌을 주지 않도록 외국인과 협상할 때는 출신지에 주의한다.
탐색 단계	• 상대방에 대한 정보와 파악 정도를 확인한다. • 상대에 대해 자신이 이해하고 있는 사실을 확인하고 잘못된 부분이 있으면 수정한다. • 제시하려는 조건이나 내용에 대한 상대측의 허용범위와 반응을 확인한다. • 의사결정권이 협상 당사자에게 있는지 아니면 상사 등 제삼자에게 있는지 확인한다.
진전 단계	• 각자 거래 조건을 제시하고 자기편에 필요한 사항을 최대한 확보한다. • 거래 조건의 조율 시 협상이 결렬되지 않도록 주의하면서 자신의 주장을 정확하게 전달한다. • 부득이하게 양보해야 할 때는 반드시 상대방에게 교환 조건을 제시한다. • 상대방이 양보했을 경우 작은 양보라 할지라도 감사의 표현을 적극적으로 한다.
합의 단계	• 협상 성립의 단계로 합의 내용을 구두로 확인하면 협상이 성립된다. • 좀처럼 결단을 내리지 못하는 상대에게 격려를 하거나 협상 중단을 제시하는 등 상대방의 의 사결정을 돕는다. • 협상 내용에 따라 계약서 등의 문서를 작성한다.

(5) 효과적인 주장의 기술 : 'AREA의 법칙'*

구분	내용	예시
주장(Assertion)	우선 주장의 핵심을 말한다.	~는 ~이다. ~는 ~한다.
이유(Reasoning)	주장의 근거를 설명한다.	왜냐하면 ~이다. ~이기 때문이다.
증거 (Evidence)	주장의 근거에 관한 증거나 사례를 제시한다.	예를 들어 ~이다.
주장(Assertion)	다시 한번 주장을 되풀이한다.	따라서 ~이다.

(6) 효과적으로 반론 기술[*]

① 긍정적으로 시작한다.

- 갑자기 반론을 시작하면 상대방이 감정적으로 반발을 초래할 수 있다.
- 우선 상대방의 주장 가운데 동의할 수 있는 점과 일치점에 대해 말한다.

② 반론내용 명확히 설명한다.

- 상대방 주장의 허점이나 모호한 점 모순점 등을 질문의 형태로 지적한다.
- 답변을 경청한 후 자신의 생각을 명확히 설명한다.

③ 반대의 이유 설명한다.

- 상대방의 주장과 자신의 의견을 대비시키면서 자신의 생각에서 상대방의 주장보다 우월한 점을 찾아 설명한다.

④ 반론을 요약한다.

- 논증이 끝나면 다시 한번 반론 내용을 요약해서 말한다.
- 반론 내용을 되풀이함으로써 호소력이 커지게 된다.

(7) 협상의 종류

Positive-sum Game	• 게임 참가자들의 효용의 총합이 양(+)이 되는 게임이다. • 개인 또는 조직을 둘러싼 이해관계자들과의 협력을 통한 상생 전략을 말한다.
zero-Sum Game	• 게임 참가자들이 효용의 총합이 0이 되는 게임이다. • 상대를 죽이고 내가 이겨 가치의 총합을 0으로 만드는 전략을 의미한다.
Negative-Sum Game	• 게임 참가자들의 효용의 총합이 음(-)이 되는 게임이다. • 게임을 해 봐야 양측 모두 손해만 보는 결과를 초래하는 것이다.

V. 회의 기획 및 의전 실무

1. 회의 기획 및 실무

1) 회의

(1) 회의의 정의

- 두 사람 이상이 모여 그들의 공통된 관심 사항을 의논하고 결정하는 것이다.
- 특정 목적을 달성하기 위하여 일정한 장소에 모여 직간접적인 정보 교환과 인적 교류를 하는 행사의 총체이다.
- 협의 뜻으로 조직에서 명확하게 기능·책임·권한이 부여되어 운영되는 의사결정 기관 (국무회의, 이사회 등)을 가리키며, 넓은 뜻으로는 필요에 따라 비공식으로 개최되며, 특정의 책임·권한이 명시되어 있는 비공식적 의사소통 기관(연락회의·예비 교섭)등 까지도 포함시킨다.

(2) 회의의 기능*

① 문제해결의 기능
- 조직 내외의 해결해야 하는 사안에 대하여 참가자들이 자신들의 전문적 지식, 기술 등을 바탕으로 토론 하여 의사결정을 하는 것이다.
- 참가자들을 의사결정에 참여시킴으로써 참여 의식을 고취할 수 있고, 추후 업무 진행에서도 지속적인 협조를 얻을 수 있다.
- 예) 임원 회의, 부서장 회의, 신제품 개발 회의 등

② 자문의 기능
- 전문적인 지식이 요구될 경우 관련 전문가들로부터 조언을 얻는 방식이다.
- 자문은 조직 내외로부터 모두 얻을 수 있다.
- 예) 공청회, 협의회 등

③ 의사소통의 기능
- 기업의 각 층, 또는 다른 부서에서 일하고 있는 다양한 사람들이 자신의 입장을 피력하고 타인의 의견을 들음으로써 서로 간의 의사를 확인하고 조정할 수 있다.
- 예) 부서회의, 조회 등

④ 교육 훈련의 기능

- 다른 사람의 경험을 상대방에게 효과적으로 전달하고 설득함으로써 유·무형의 교육 효과를 줄 수 있다.
- 예) 교육 훈련 프로그램, 연수 등

(3) 회의의 기본 원칙

① 회의 공개의 원칙

- 회의를 방해하지 않는 범위 내에서 누구나 회의를 방청할 수 있다.
- 정당한 사유가 있을 시 비공개로 할 수도 있다.

② 정족수의 원칙

- 회의에서 의안을 심의하고 의결하기 위해, 일정 수 이상의 참석자 수가 필요하다.
- 정족수에는 의사 정족수와 의결 정족수가 있다.

의사 정족수	• 회의를 개최하는데 필요한 인원수를 의사 정족수라 한다. • 회의를 시작해서 끝날 때까지 일정 수 이상의 회원이 참사해야 한다. • 우리나라 국회 위원회는 재적 위원 1/4 이상의 요구가 있을 때 개회 상정이 가능하고, 재적 인원 1/5 이상의 출석으로 개회한다.
의결 정족수	• 회의에 상정된 안건을 결정하는데 필요한 인원수를 말한다. • 우리나라 국회에서는 다른 규정이 없으면, 재적 의원 과반수의 출석과 출석 의원 과반수의 찬성으로 의결한다. • 특별한 의결 정족수의 규정이 있으면 그에 따라야 한다.

③ 발언 자유의 원칙

- 회의에서 발언을 자유롭게 할 수 있도록 보장해야 하는 원칙이다.

④ 폭력 배제의 원칙

- 회의에서는 어떠한 경우에도 어떠한 형태의 폭력이라도 금지한다는 원칙이다.

⑤ 참석자 평등의 원칙

- 회의 참석자는 누구나 평등한 대우를 받아야 한다는 원칙이다.

⑥ 다수결의 원칙

- 회의에서 의사를 결정할 때 다수의 의견을 전체의 의사로 보고 결정하는 원칙이다.
- 하지만 다수결의 원칙은 다수의 횡포가 가능하며 올바른 소수가 배제될 수 있다는 점, 다수의 결정이 항상 옳은 것은 아니라는 점 등의 문제점이 있다.

⑦ 소수 의견 존중의 원칙

  • 회의를 진행함에 있어서 소수의 의견도 존중해야 한다는 원칙이다.

⑧ 일사부재의(一事不再議)법칙

  • 회의에서 한번 부결(否決)된 것은 같은 회의(또는 회기) 중에 다시 상정하지 않는다는 원칙이다.

⑨ 1의제의 원칙(1동의의 원칙)

  • 회의에서는 언제나 한 가지 의제만을 상정시켜 다루어야 한다는 원칙이다.
  • 어떠한 의제라고 의장이 일단 상정을 선언한 다음에는 토의와 표결로서 결정될 때까지 다른 의제를 상정 시킬 수 없다.

⑩ 회기 불계속의 원칙

  • 어떠한 회의(또는 회기)에 상정되었던 의안이 그 회의가 끝날 때까지 처리되지 않으면 폐기된다는 원칙이다.
  • 우리나라의 헌법에서는 이와 반대되는 '회기 계속의 원칙' 채택하고 있다.

2) 회의의 종류

(1) 회의 주체에 의한 분류

구분	내용
기업 회의	• 기업의 경영 전략과 마케팅 수립, 판매 활성화 방안과 홍보 전략 등을 목적으로 개최되는 회의 • 상품 판매 촉진 회의, 신상품 개발 및 발표회, 세미나 워크숍, 경영자 회의, 주주 총회, 인센티브 회의 등
협회 회의	• 협회의 공동 관심사와 친목 도모 등의 운영 방안을 논의하기 위하여 개최 • 무역 관련 협회, 전문가 협회, 교육 관련 협회, 과학 기술 협회 등에서 주최하는 회의
비영리기관 회의	• 사회단체나 비영리기관을 대상으로 각종 종교 단체, 노동조합 회의 등 공동의 관심 사항을 논의하기 위하여 개최 • 사교 친목 모임, 군인 단체 및 재회 친목 모임, 교육 관련 단체 모임, 종교 단체 관련 모임, 대학생 동호회 모임 등
정부 주관 회의	• 정부 조직과 관련된 정당, 경제, 문화, 외교 등의 국가 정책과 공공의 쟁점을 논의
시민 회의	• 환경 모임, 소비자 연합회 모임 등 자발적으로 사회 공동의 관심 사항을 개선할 목적으로 개최

(2) 회의 형태에 의한 분류*

컨벤션 (Convention)	• con은 라틴어 cum(=together)이며 vene는 라틴어의 venire(=to come)의 합성어로서 컨벤션 이란 '함께 와서 모이고 참석하다'는 의미 • 사회단체 및 정당 회원 간의 회의, 사업 및 각종 무역에 관련된 모든 회의들과 정부 간에 이루어지는 모든 회의 • 특정한 목적 달성을 위한 사회단체나 정당 간 회의, 사업 혹은 무역회의, 정부나 정치인가 회의로 일반적으로 3개국 이상에서 공인단체 대표가 참가하는 정기적 혹은 비정기적 회의 이루 • 특정 목적을 달성하기 위하여 일정한 장소에 모여 직·간접적인 정보교환과 인적교류를 목적으로 하는 행사의 총체로서 부대 행사로서의 이벤트, 전시회를 포함하는 회의
포 럼	• 하나의 주제에 대해 상반된 견해를 가진 동일 분야의 전문가들이 사회자의 주도하에 청중 앞에서 벌이는 공개토론회
컨퍼런스	• 두 명 이상의 사람들이 모여 구체적인 특정 주제를 다루는 회의
심포지엄	• 포럼과 유사한 심포지엄은 제시된 안건에 관해 전문가들이 다수의 청중들 앞에서 벌이는 공개토론회로서, 포럼에 비해 다소의 형식을 갖추며 참여한 청중들의 질의나 참여 기회가 제한
세미나	• 교육 및 연구목적을 가진 소규모적 회의로 한 사람의 주도하에 정해진 주제에 대해 발표하고 토론하는 것
워크숍	• 각 전문분야의 주제에 대한 아이디어, 지식, 기술 등을 서로 교환하여 새로운 지식을 창출하고 개발하는 것이 목적
콩그레스	• 유럽에서 사용되는 국제회의로, 대표자들에 의한 회합이나 집회, 회담의 형태가 강하며, 사교 행사와 관광 행사 등의 다양한 프로그램 동반하는 회의
렉 처	• 한 명의 전문가가 청중들에게 특정 주제를 강연
클리닉	• 소집단을 대상으로 교육하거나 훈련시키는 것
패 널	• 2명 이상의 강연자를 초청하여 전문지식과 관점을 청취하는 것
전시회	• 본 회의와 병행하여 개최되는 것이 일반적

3) 회의 실무

(1) 회의 개최지 선정

회의 개최지 선정 프로세스	• 회의 목적 설정 및 확인 • 회의의 형태 및 형식 개발 • 회의에 필요한 물리적 요구 사항 결정 • 참가자의 관심과 기대 정의 • 일반적 장소와 시설의 종류 선택 • 평가 및 선정

회의 개최지 선정시 고려사항	• 숙박 시설과 회의장 • 제반 시설 접근성 • 교통의 편의성 • 도시 브랜드 및 이미지 • 인적자원의 우수성 • 이벤트 프로그램 • 기수의 적정성 • 전시장 이용가능성
회의실 선정 시 고려사항	• 회의실 규모와 수용능력 • 회의실의 유형별 배치와 기능 • 전시장 활용성 • 회의실 임대료 • 위치 및 접근성과 브랜드 • 제반 규정

(2) 회의실 배치 설계

① 회의실 배치 준비

- 회의 유형과 참가자 수의 따라 회의 배치 준비 시간을 보다 정확히 예측한다.
- 배치 시간과 복합적으로 발생하는 개인 서비스 부문의 인력까지 감안하여 고려한다.
- 현재 상황과 미래 예약 현황을 숙지하고 테이블 및 좌석 배치 시에 공간을 효율적으로 활용한다.

② 좌석 배치

극장식 배치	① 일반형 (Conventional) • 교실형과 유사하게 정면으로 좌석을 배열하는 방법 • 참가자 수가 많은 경우 적합 • 주의를 집중시킬 수 있고 정숙한 분위기를 연출할 수 있는 장점
	② 반원형(Semicircular with Center Aisie, Senate Style)
	③ 반원날개형 (Semicircular with Center Block and Curved Wings) • 계단식으로 배열되어 있는 우리나라의 국회 의사당 형태와 흡사 • 중앙을 중심으로 되어 있어 연사의 강연 내용에 집중 가능
	④ V자형
	⑤ 암체어형 (Table Armchairs) • 팔을 편하게 놓을 수 있는 안락의자를 배열한 것 • 참석자들의 지위가 높은 경우에 적합

U형 배치	• U자로 벌어진 곳에 회의 주재가의 자리를 마련하고, 그 뒤에 흑판이나 스크린 등을 놓는 방식이다.
E형 배치	• 내부에 착석하는 사람들의 출입이 자유롭도록 테이블 배치된 형태이다. • 안쪽에 있는 사람들이 서로 등을 맞대어야 하므로 얼굴을 보고 이야기 할 수 없다는 단점이 있다.
T형 배치	• 주빈석을 구분시킬 수 있고, 넓은 공간을 효율적으로 이용할 수 있다.
원탁형/ 네모형 배치	• 사회자와 토론자가 동등한 입장에서 회의를 진행할 수 있는 분위기이다. • 20명 내외의 소규모 회의에 활용한다. • 그룹 토의를 진행할 수 있고 오찬, 만찬 등의 행사에 활용한다.
이사회배치 (Board of Directors Style. 타원형)	• 20명 내외 소수사 참석하는 회의에 적합하다. • 원탁형 장점을 살리면서 원탁형보다 참가 인원이 많은 경우 사용하는 배열이다. • 필요한 경우 안쪽에 의자를 놓기도 하고 등의 융통성 발휘할 수 있다.
교실형 배치	• 중앙 통로를 중심으로 양옆에 테이블 2~3개를 붙여 정면의 주빈석과 마주보게 한 배열이다. • 보편적인 형태의 회의장 배치로, 테이블에서 필요한 메모를 할 수 있기 때문에 학술 세미나 등에 적합하다.

(3) 회의 당일 업무

	회의 시설 점검	• 회의장 점검을 하여 좌석 배치, 필요한 자료, 기자재 등의 준비 사항을 파악한다. • 참석자 명패, 회의에 필요한 자료 등을 테이블에 세팅한다. • 방문객이 회의장에 잘 찾아올 수 있도록 회의장 안내 표시를 출입문, 복도, 입구, 엘리베이터, 회의실 입구 등에 설치한다.
회의 개최 전	접수	• 등록부 및 방명록에 참석자 본인 확인을 받는다. • 확인이 완료된 참석자에게 명찰을 배부한다. • 참가비나 회비를 받는 경우 영수증 발급을 위한 준비를 해둔다. • 식사 순서가 있는 경우 식사 여부를 확인하고 담당자에게 정확한 인원을 알려준다. • 회의용 자료나 회의 일정표, 기념품 및 사은품 등을 준비해 놓고 배부한다. • 상황에 따라 참석자들의 소지품을 보관한다. • 회의 개최시간이 다가오면 참석자 출결 상황을 확인하여 진행자에게 보고하고 사후 조치를 취하여 회의가 정시에 시작될 수 있도록 한다.
회의 개최 중		• 회의 진행의 흐름에 방해하는 요소가 있는지 점검한다. • 연사와 회의 참가자들의 필요사항을 즉시 해결할 수 있도록 대기한다. • 회의 중 소음이 발생하지 않도록 출입구 하나만 사용하도록 하고, 회의장이라는 표지판을 붙여 회의장 출입을 통제한다.

		• 회의에 늦게 도착한 참가자들은, 회의 진행에 방해가 되지 않도록 조용히 회의장 안으로 안내한다. • 회의 중 기가재 상태, 회의장 시설, 음료 고체, 기타 준비물 등을 수시로 점검한다.
회의 종류 후		• 회의 참석자들이 빠르고 질서 있게 회의장을 나갈 수 있도록 안내하고 정중히 배웅한다. • 주차를 한 참가자들에게 주차권을 배부하고, 주차 요금과 관련하여 안내한다. • 명찰 등 회수해야 할 물품을 다시 받도록 하고, 대여한 물품은 반납한다. • 회의 전 참석자가 맡긴 물건을 정확하게 전달하거나 찾아가도록 안내한다. • 참석자가 잃어버리고 간 물건이 있는지 확인하고 추후 전달될 수 있도록 조치한다. • 회의장을 정리하고 깨끗이 청소한다. • 회의장 관리하는 부서나 장소를 제공한 곳에 회의 종료 사실을 전달하고 상호 확인한다.

4) 등록 및 숙박 관리

(1) 등록 관리

① 등록 신청서 관리
- 참가자의 국적, 소속, 지위, 성명 등 인적사항과 연락처, 참가목적 등의 정보를 기록하여야 한다.
- 주최 측의 본부 보관용, 조직위원회의 사무국 보관용, 참가자의 등록보관용으로 구분한다.
- 등록자 명단, 참가자 숙박정보 등을 데이터베이스로 구축한다.

② 등록 절차 방법

구분	내용
사전등록	• 회의 전 규모를 사전에 예측하고 준비할 수 있는 장점이 있다. • 회의 당일 접수 및 본인 확인 등의 시간을 절약하고 혼잡을 줄일 수 있다.
현장등록	• 회의 당일 현장에서 등록하고 참석하는 것을 말하고, 동선의 확보가 쉬운 곳에 등록 데스크를 설치한다. • 참가자가 몰리게 되면 혼잡해지고 시간이 낭비되는 단점이 있다.

(2) 숙박관리

① 숙박장소 선정 시 고려 사항
- 컨벤션 회의장과의 편리한 접근성
- 참가자들의 이동에 적합한 숙박장소 선정

- 충분한 부대시설의 확보
- 행사 진행을 위한 인적자원의 적정 수준과 확보
- 교통의 편리성 확보
- 안전 관리 체계 확립

② 객실 확보 및 배정
- 예상 참가자의 수와 객실 수요를 충분히 예측하여 객실을 미리 확보한다.
- 객실 요금과 요금 지불 방법, 객실 블록의 해제 일자 등 협의한다.
- 숙박신청서에는 회의장과 숙박 장소와의 거리, 호텔의 등급과 객실 유형 및 요금 부대시설 현황 등을 포함하여 제작, 발송한다.
- 숙박 신청서 접수 후 우선순위로 객실을 배정하고 참가자에게 예약 확인 고지한다.

2. 의전 실무 기획

1) 의전의 이해

(1) 의전의 개념

- 사전적 의미로 예를 갖추어 베푸는 각종 행사 등에서 행해지는 예법이다.
- 의전은 조직이나 국가 간에 이루어지는 예절이다.
- 국가가 관여하는 공식행사에서 지켜야 할 규범이다.
- 국가 행사, 외교 행사, 국가 원수 및 고위급 인사의 방문과 영업 시 행해지는 국제적 예의이다.

(2) 의전의 중요성

- 개인 간, 조직 간, 국가 간의 관계에 있어서 상호 간 원활히 지낼 수 있도록 하는 건전한 인간관계를 형성하게 한다.
- 국가 행사나 외교 행사 등 모든 일정이 원활하게 진행될 수 있도록 한다.

(3) 의전의 5R 요소★

① 상대방에 대한 존중(Respect)
- 의전은 상대 문화와 상대방에 대한 존중과 배려를 바탕을 둔다.

② 상호주의(Reciprocity)

- 상호주의는 상호 배려의 다른 측면이기도 하다. 내가 배려한 만큼 상대방으로부터 배려를 기대하는 것이다.
- 의전에서 국력에 관계없이 모든 국가가 1대1의 동등한 대우를 해야 하며, 의전상 소홀한 점이 발생했을 경우 외교 경로를 통해 상응하는 조리를 검토하기도 한다.

③ 문화의 반영(Reflecting Culture)

- 의전의 격식과 관행은 특정 시대, 특정 지역의 문화를 반영하므로 시대적, 공간적 제약을 갖는다.
- 현재의 의전 형식은 영구한 것이 아니라 시대가 변화하는 것에 따라 의전하는 것이다.

④ 서열(Rank)

- 의전 행사에 가장 기본이 되는 것은 참석자들 간에 서열을 지키는 것이다.
- 서열을 무시하는 것은 상대 국가나 조직에 대한 모욕이 될 수 있기 때문이다.

⑤ 오른쪽 우선(Right)

- 'Lady On The Right' 원칙이라고도 한다. 단상 배치 기준, 차석은 VIP의 오른쪽에 위치한다. 즉 사진상으로 No1의 왼쪽이 No2라는 이야기다.

4) 의전 서열

(1) 공식 서열

① 한국의 서열

대통령 → 국회의장 → 대법원장 → 국무총리 → 국회부의장 → 감사원장 → 부총리 → 외교통상부장관 → 외국특명전권대사, 국무위원, 국외상임위원장, 대법원판사 → 3부 장관금, 국회의원, 감찰총장, 합참의장, 3군참모총장 → 차관, 차관금

② 미국의 서열

대통령 → 부통령 → 하원의장 → 대법원장 → 전직대통령 → 국무장관 → 유엔사무총장 → 외국대사 → 전직 대통령 미망인 → 공사급 외국공관장 → 대법관 → 각료 → 연방예산국장 → 주UN미국 대표 → 상원의원

③ 영국의 서열

여왕 → 귀족 → 켄터베리 대주교 → 대법관 → 요크 대주교 → 수상 → 하원의원 → 옥개 상서 → 각구 대사 → 시종장관 → 대법원장

(2) 관례상 서열

공식 서열과 달리 관례상 서열은 사람과 장소에 따라 정해진다.

① 관례상 서열을 따르는 사람들

공식 서열로 정할 수 없는 지위의 사람	정당의 당수나 임원 등
사회적 지위라든가 문화적 지위를 고려해야 하는 사람	문인, 실업가 등
집회의 성격에 따라 높은 지위를 누려야 하는 사람	국제협회장, 국제단체의장 등
공식 서열을 무시하고 전통적인 서열을 인정해야 하는 사람	옛 왕족

② 기본적인 관례상 서열의 기준
  - 부부 동반의 경우 부인의 서열은 남편과 동급
  - 연령 중시
  - 여성이 남성보다 상위, 단, 대표로 참석한 남성의 경우 예외
  - 여성 간의 서열은 기혼 여성, 미망인, 이혼한 부인, 미혼 여성 순
  - 외국인 상위
  - 높은 직위 쪽의 서열 상위
  - 주빈 존중

2) 의전 기획

(1) 행사 계획

행사 장소 답사	• 행사의 목적에 맞는 장소인지 적합성 검토 • 행사장의 기후와 진입도로, 이동거리, 시간을 실측하여 이동 수단과 주차 계획 수립 • 보유차량 점검 • 이용 가능한 비품의 수량과 상태 점검 • 안내 요원과 진행 요원의 동원 능력 점검
행사 계획의 작성	• 행사명과 일시, 장소, 참석 대상 등을 요약하여 기술한 행사 개요 작성 • 행사의 종류, 식순, 소요 시간 등 구체적인 행사 진행에 관한 사항 작성 • 행사 시작부터 끝까지 진행 시간과 참가인의 행동 요령을 구체적으로 제시 • 이동 시간은 실측 시간을 기록 • 통제가 필요한 경우 관계 기관과 사전에 합의 • 행사장 배치 계획은 도면으로 작성하며 전체적인 배치도와 세부 배치도를 준비

(2) 세부 계획

내빈 안내	• 안내 요원의 배치와 위치별 행동 요령 수립 • 수송 방법에 따른 이동로와 이동 시간, 이동 시 접대 방법 계획 • 행사장 도착 후 조치 사항에 대한 세부 계획 • 안내 요원은 초정 내빈의 지위에 상응하는 직위의 직원 배치 • 숙박이 필요한 경우 배정 내역과 이용 시 유의 사항 및 전체 일정 등 안내 • 행사 개최 전 주요 인사들이 서로 교류할 수 있는 VIP룸 운영
입장 및 퇴장 계획	• 모든 행사 참가자의 입장과 퇴장 시간, 출입 통로 및 출입문, 주차장 출발지 및 출발 시간을 입·퇴장 시간 순으로 상세히 작성 • 귀빈 도착 30분 전 모든 참가자의 입장이 완료되도록 준비
참가자 및 차량 동원 계획	• 참가자의 구성과 인원수, 수송차량 등에 대한 집결 시간을 간략하게 작성 • 행사 참가용 차량은 대기 및 주차 위치와 운행 시간을 구체적으로 명시
업무 분장 및 준비 일정	• 주관 부서를 중심으로 관련 부서 간 업무 협조와 업무 분장을 명확하게 정리 • 부서별 분장 업무 기술 • 행사 준비를 위한 일정 계획을 담은 준비 사항 점검표를 작성하여 활용
우천 시 대비 계획	• 우천시 별도의 행사 진행 계획을 수립 • 옥내 행사로 대체하는 경우 행사자의 배치 계획과 인원 동원 계획 및 내빈 안내 계획 등을 작성

(3) 행사장 준비 사항

식장	• 전체적인 행사장의 위치와 진입 도로의 여건, 조망과 일조 등을 고려하여 선정 • 단상에서 볼 때 산만하거나 답답해 보이지 않도록 배치 • 중계석과 촬영대 설치 • 의무실과 간이 화장실 설치 • 행사 요원은 가급적 복장을 통일
식단(式檀)	• 식단의 크기는 참석 인원에 비례하여 결정 • 식단 뒤에는 VIP 용 임시 화장실과 대피소를 설치하고 비누, 거울 및 휴지 등 소품과 탁자, 의자 등 필요 비품을 설치
행사 장식물 설치	• 식장 내·외만 설치하는 것이 원칙 • 옥외 행사의 경우 홍보 탑과 현수막 등의 최소한의 홍보물 설치
단상 비품	• 연설대와 의자, 마이크, 탁자 등을 배치 • 각 좌석에는 좌석 명찰을 부착하고 행사 유인물을 미리 배포
테이프 절단	• 건물의 주 출입구 앞이 일반적 • 적색, 청색, 황색, 흑색, 백색 등 5가지 색의 인조나 견사 등으로 만들어진 천 테이프를 사용 • 가위와 흰 장갑을 쟁반에 남아 참가 인사에게 전달 • 장갑과 가위는 여유있게 준비

(4) 행사의 진행

시나리오 작성	• 사회자와 지휘자 등 모든 행사 요원이 할 말과 행동을 시나리오 형식으로 작성 • 구어체로 작성하고 적당한 경어 사용과 모든 직위는 공식 명칭 사용 • 참석 인원에게 행사 진행 내용과 행동할 사항 설명
행사 전 안내	• 행사 전 대기시간이 길어지면 간단한 식전 행사 준비 • 사회자는 행사 시작 전 전체적인 진행 순서와 이동 사항, 주빈에 대한 환영 방법 등을 공지하여 돌발 상황을 미연에 방지
행사 진행 순서	• 행사 진행 순서는 행사의 목적이나 현장 여건을 고려하여 순서와 내용의 가감 가능

3) 의전 진행 프로세스

(1) 의전 준비하기

사전 정보 확인하기	• 상대방의 직급과 이름, 기호, 선호 음식, 음료, 건강 상태 등 확인 • 일별, 시간대별 스케줄 확인 • 방문 예정 및 소요 일정 확인 • 방문지 이동에 따른 사전 정보 • 통역이 필요한 경우 통역자 확인 • 필요시 경호원 확인 • 차량 탑승자 및 차량 이동 경로 확인
공항에서의 영접	• 공항 VIP 라운지 예약 • 환영인사 대상과 인원수 결정 • 이동차량 확인 • 카메라 기사 동반
호텔에서의 영접	• 호텔 측 관계자 접촉 • 객실의 종류 및 이용 객실 수 확인 • 객실 내 노트북과 팩스 등 설치 여부 • 엘리베이터 상태와 VIP 전용 확인 • Express Check in 확인 • 객실 환영인사 카드, 꽃다발, 과일바구니 등
환영 리셉션	• 오프닝 시간 확인 • 리셉션 홀의 준비 사항 체크 • 테이블 세팅(기물 준비) • 전체 행사 시간 조율 • 좌석 안내도 및 행사 시의 서열 확인 • 좌석 명패 • 선물 준비 및 여흥 삽입 여부 확인

식당	• 메뉴 준비 및 선호 메뉴와 식사량, 선호 음료 준비 • 초청문구 • 날짜별 메뉴 준비 • Place card 및 통역의 위치
기타 사항	• 환송 후 선물(사진첩 등) • 의전 결과 체크 • 기간 중 특이사항 및 History card 작성

4) 연회 서비스

(1) 연회의 개념

- 축하, 환영, 연찬, 피로연 등을 위하여 여러 사람이 모여 베푸는 잔치이다.
- 각종 회의, 세미나, 전시회, 교육, 패션쇼, 영화 감상 등 보다 폭 넓고 다양한 의미 포함한다.
- 국제회의는 물론 컨벤션 행사를 전문적으로 유치, 진행 및 서비스를 제공한다.
- 회의의 근본 목적을 달성할 수 있도록 최상의 서비스를 제공한다.

(2) 연회장의 준비작업과 행사 진행

고객 영접	• 손님 입장 전 연회장 입구에 정렬하여 대기 • 손님의 입장 순서를 지켜 연회장 안으로 안내 • 지정 좌석의 경우 좌석명 확인 후 안내
식음력 서비스 및 어텐션(attention)	• 늦게 참석한 손님은 성명을 확인하고 조용히 좌석으로 안내 • 일찍 퇴장하는 손님은 사전에 부탁받은 시간에 서비스 담당자는 손님에게 시간을 안내 • 스피치 손님의 객석과 순서를 미리 파악 • 연회장의 공기 조절, 음향, 조명 등 주의 • 시간의 조정 • 주최자 또는 사회자 보좌
고객 환송	• 손님을 전송하고 주최자 측에 정중하게 인사 • 회의장 좌석 등에 유실물 체크 • 출입구에 설치한 전수 테이블, 카펫 등 철거 • 각종 집기류 및 장비 등의 관리 상태 점검 • 특별 행사가 종료되었을 때 호텔 정문 쪽에서 환송 서비스 실시

3. 프레젠테이션

1) 프레젠테이션의 이해

(1) 프레젠테이션의 개념

- 사전적인 의미로 발표, 소개, 표현 등을 의미한다.
- 자신의 생각이나 의견, 아이디어, 경험, 노하우 등의 정보를 상대방에게 이해시키고, 자신이 의도한 결과를 이끌어내기 위한 적극적인 행위이다.
- 한정된 시간 내에 청중에게 정보를 정확하게 제공, 전달함으로써 자신이 의도한 대로 판단과 의사결정이 되도록 하는 커뮤니케이션의 한 형태이다.
- 자료 구성하고, 문자 영상 자료 등 시청각 자료를 이용하여, 전달하는 양방향 커뮤니케이션의 도구이다.

(2) 프레젠테이션의 중요성

- 프레젠테이션은 효율적인 정보 전달이 가능하여 설득을 극대화 시킬 수 있다.
- 외부의 조직과의 경쟁이나 기업 PR, 세일즈 프로모션 등 직·간접적으로 조직의 실적과 관계되어 조직의 업무 효율을 증가시키게 된다.

2) 프레젠테이션의 3P 분석

(1) People : 사람을 분석하라.

- 청중은 누구이고, 모인 이유는 무엇인지, 청중은 무엇을 듣고 싶어 하는가에 대한 정확한 대답을 먼저 찾는 것이 필요하다.

구분	내용
청중의 속성	소속, 지위, 경력, 학력, 전공, 연령 등
청중의 지식	프레젠테이션 주제 및 내용에 대한 알고 있는 정도
청중의 태도	주제에 대한 태도와 견해, 청중의 흥미나 관심사, 가치관이나 판단기준, 주제에 대한 관여도 등

(2) Purpose : 목적을 파악하라.

- 발표자는 왜 프레젠테이션을 하는지 이유를 명확하게 정리해야 한다.

- 프레젠테이션의 목적

> ㉠ 새로운 제품의 정보 전달 및 소개
> ㉡ 신규 사업 진행을 위한 고객 설득
> ㉢ 회사 내에서 신사업 투자를 위한 제안
> ㉣ 직원이나 팀원들의 사기 진작을 위한 동기 부여
> ㉤ 행사나 기념식을 위한 행사

- 정보전달 PT와 설득 PT 차이점

정보전달 PT	설득 PT
• 상대방을 이해시키는 것	• 신념을 바꾸고 태도 변화 촉구
• 공신력을 만들어내라	• 논리적으로 접근하라
• 관련성을 찾아라	• 호감의 법칙을 이용하라
• 핵심을 강조하라	• 청중의 심리를 이용하라

(3) Place : 장소를 분석하라

- 프레젠테이션이 이루어지는 강의 형태, 건물의 주차장, 엘리베이터 등 편의 시설의 위치를 사전에 확인하고 청중에게 안내해야 한다.

3) 프레젠테이션의 구성요소

(1) 기획

- 목적을 파악하고 프레젠테이션의 전반에 관한 컨셉을 설정해야 한다.
- 무엇을 말하려고 하는지 메시지의 내용(Contents)을 정확히 파악한다.
- 목표/ 목적 그리고 프레젠테이션의 의도가 명확해야 한다.
- 알맞은 분량으로 청중이 받아들일 수 있는 메시지로 구성해야 한다.
- 메시지 구성 시 고려해야 할 사항
  - ㉠ 메시지의 이해성
  - ㉡ 메시지의 흥미성
  - ㉢ 메시지의 단순성
- 프레젠테이션콘텐츠의 구조

서론	• 수용자들의 흥미를 유발시키고 관심을 집중시키도록 한다. • 프레젠테이션 제목을 명확히 밝히라. • 신뢰성(credibility)을 구축한다. • 본론의 주요 내용에 대해 사전 예고한다.

본론	• 중요한 내용을 논리적으로 구성한다. • 본론의 메인 포인트는 3개 정도가 적합하다. • 메인 포인트와 서브 포인트가 뒤바뀌면 안 된다.
결론	• 간략히 제시되었던 내용을 요약한다. • 프레젠테이션을 통해 제시된 중심 내용을 강조하면서 강한 인상을 청중에게 남길 수 있도록 한다.

(2) 시청각 자료

- 프레젠터가 말로서 전달하는 내용을 청중이 잘 이해하고 받아들일 수 있도록 도와주는 자료를 제작한다.
- 청중들은 말이나 그림만으로 설명할 때보다 말과 그림을 함께 사용해 설명할 때 기억하는 비율이 높다.
- 전달 매체 선택, 시각 효과, 표현 기법 등 전달 스킬(Skill)의 기술이 반드시 필요하다.
- 청중이 내용을 쉽게 받아들일 수 있도록 메인 칼라, 폰트의 종류, 슬라이드 화면 구성, 애니메이션 구성, 멀티미디어 등을 준비한다.
- 시청각 자료 제작 시 고려해야 할 사항

> ㉠ 자료의 적합성
> ㉡ 자료의 간결성
> ㉢ 자료의 일관성
> ㉣ 효과적인 색채와 디자인
> ㉤ 시청각 자료의 종류로는 파워포인트, 디렉터, 동영상, 플래시, 3D, 캐릭터, 실물 등

(3) 발표력

- 프레젠테이션의 궁극적인 목적은 현장에서 청중을 설득하여 원하는 바를 얻어내는 것이다
- 어떠한 태도(Personality)를 가지고 전달을 하느냐에 따라 프레젠테이션의 결과가 달라질 수 있다.
- 프레젠테이션 발표는 음성으로 전달하는 요소와 자세, 표정, 시선과 같은 비언어적 요소가 적절한 조화를 이루어야 한다.
- 프레젠터의 모습이 자신감, 당당함, 전체적인 호감 이미지, 신뢰감 등을 줄 수 있어야 한다.

(4) 음성 전달 능력

- 청중이 잘 들을 수 있도록 하는 음성 전달 능력은 중요한 원칙이다.

- 목소리의 6요소는 빠르기(rate), 크기(volume), 높이(pitch), 길이(duration), 쉬기(putch), 그리고 힘주기(emphasis)이다.
- 자연스럽게 말하고, 능동태를 활용한다.
- 전문 용어 사용을 조심하고 인칭대명사로 대화한다.
- 쉬운 어휘를 사용하고 불필요한 단어는 사용하지 말며, 단어를 주의 깊게 선택한다.

(5) 프레젠테이션 발표 자세

- 프레젠테이션에서 비언어적 요소는 발표 자세 및 몸짓, 시선 관리, 표정 관리 등이다.
- 언어적 요소로 표현할 수 없는 느낌이나 감정을 청중에게 전달함으로써 프레젠테이션의 효과를 증가시킬 수 있다.
- 발표 자세는 프레젠터가 신뢰감을 주기 위해 필요한 요소이다.
- 몸동작은 메시지를 힘 있게 전달하거나 집중시키는 역할을 한다.
- 시선은 청중과 교감할 수 있는 요소이다.
- 그 밖에 손동작, 걸음걸이, 움직이는 동선 등을 의미한다.

4. MICE의 이해

1) MICE의 개념

(1) MICE의 정의 및 이해*

- Meeting(기업 회의), Incentive tour(포상 관광), Convention(국제회의) Exhibition(전시)을 유치해 서비스를 제공하는 과정과 관련 시설을 통칭하는 용어이다.
- 국제회의와 이벤트, 관광, 전시회 등을 모두 포함하는 한편 각각의 행사가 복합적으로 발생하고 있음을 포함한 개념이다.
- MICE 산업은 넓은 의미에서 비즈니스 관광으로 간주한다.
- MICE 산업은 많은 사람들의 이동이 요구되며 이에 따라 MICE 산업 자체의 산업뿐만 아니라 숙박과 식음료, 교통, 통신과 관관 등 다양한 산업이 연관되어 발생한다.

(2) MICE 산업의 특징

공공성	• MICE 산업의 개최에 있어 정부와 지역사회의 적극적인 참여가 필요함을 의미이다. • MICE 산업의 대표적인 시설인 컨벤션센터의 경우 이를 건립하는 데 막대한 비용이 필요하며 건립 이후에도 꾸준한 지원이 필요하다. • MICE 산업을 활성화 시킬 수 있는 교통이나 통신, 법적인 지원 등이 필요하다.

지역성	• MICE 산업이 그 지역의 고유한 관광, 문화, 자연 자원 등의 특성을 바탕으로 지역의 다른 산업들과의 연계를 통하여 이루어짐을 의미이다. • MICE 산업은 지역의 고유한 특성을 바탕으로 독특한 문화적 이미지와 브랜드 창출한다. • 지방정부가 MICE 산업을 지역 홍보수단으로 사용한다.
경제성	• MICE 산업의 개최가 경제적으로 높은 파급효과를 있는 것을 의미한다. • 1차적 경제적 파급효과는 관련 시설의 건설과 투자, 생산 및 고용 유발 등의 효과이다. • 2차적으로는 일반 관광객보다 긴체제 일수와 높은 평균 소비액을 가진 참가자들이 지역에 머무르면서 숙박, 유흥음식, 관광레저 등을 이용하며 이를 통해 고용 및 소득 증대, 지역의 세수 증대 등의 지역 경제 활성화를 도모한다.
관광 연계성	• 일반 관광객에 비하여 경제력이 높은 참가자들이 관광을 하면서 관광 관련 산업의 수익 창출과 활성화를 일으킨다는 것을 의미한다. • MICE 산업 참가자들이 행사 중간이나 이후 관심 있는 관광 프로그램에 참가

(3) MICE 산업의 중요성

- 일반 관광산업과 다르게 대규모 그룹을 대상으로 하기 때문에 고부가 가치 산업이다.
- MICE 산업은 호텔, 쇼핑, 이벤트 등 관광 및 다양한 산업과 상호의존성이 강하고 매우 밀접하게 연계된 구조이다.
- 지식 집약적 산업으로 인식되어 미래형 고부가 가치 산업이다.

2) MICE 산업의 분류*

(1) Meeting

- 기업회의를 의미하며 10인 이상의 참가자가 참여하여 4시간 이상 진행되는 회의이다.
- 국제적 기업회의라 함은 외국인 10명 이상 참가해야 한다고 정의한다.
- Meeting의 목적은 교육, 정보 교환, 토론 등으로 다양하다.
- 회의의 주최에 따라 협회, 학회, 정부, 공공기관, 기업회의 등으로 구분한다.
- Meetings은 내용과 규모면의 국제화, 대형화의 의미가 중시된다.
- 컨벤션과 구조적, 생태적 시스템이 유사하다.

(2) Incentive Tour

- 조직이 구성원의 성과에 대한 보상 및 동기 부여를 위해 비용의 전체 혹은 일부를 조직이 부담하는 포상 관광으로 상업용 숙박 시설에서 1박 이상의 체류를 하는 것이다.
- 포상 관광의 내용은 휴양 및 교육을 포함하고, 오락적 부분이 강조되면서 목적지, 개최지 선택에 있어 중요한 결정 요인이 되기도 한다.

- 포상 관광은 비수기를 타개할 수 있는 좋은 기회이다.
- 한 번에 대규모의 관광단이 이동한다는 점에서 수익이 보장되는 상품이다.
- 유치경쟁력을 갖기 위해서 해당 기업의 특성에 맞는 차별화되고 고객맞춤형의 볼거리, 먹을거리, 즐길 거리를 모두 포함한 여행상품의 개발 및 제공이 관건이다.
- 관련 업계의 최신 환경 및 트렌드의 변화에 민감해야 하고, 소비자에 대한 이해가 최우선이다.

(3) Conventions

- Meetings 보다 규모가 큰 3개국 10명 이상이 참가하여 정보 교환, 네트워킹, 사업 등의 목적이 있는 회의이고, 주최자에 따라 협회 및 학회, 정부, 공공기관, 기업회의 등으로 정의이다.
- ICCA(세계 컨벤션 협회)는 정기적인 개최여부로 컨벤션을 정의하면서 3개국 이상을 개최지로 하고 정기적으로 유치한 회의로서 참가자 수 50명 이상으로 기준을 두며 일회성 행사를 배제한다.
- 컨벤션 산업은 회의장 시설을 포함한 관광, 레저, 숙박 식음료, 교통 등 제반 시설을 활용한 다양한 서비스 산업이다.
- 컨벤션 기획지원 및 실행을 대행해 주는 대행업체는 주최자의 의도를 기획, 실행하며 회의를 진행하는 개인이나 조직으로서 국제회의의 유치, 기획, 준비, 진행 등 제반업무를 조정 운영하면서 회의 목표 설정, 예산 관리, 등록, 기획, 계약, 협상, 현장관리, 회의 평가 등의 업무를 수행하며 행사의 처음에서 마지막까지 관여한다.
- 컨벤션 산업의 효과

경제적 효과	• 컨벤션 참가자 및 주최자가 지출하는 소비액에 의한 직간접적 경제 승수 효과 • 개최 도시와 국가의 세수 증대 • 선진국의 기술이나 노하우의 수용으로 국제 경쟁력 강화 • 각종 시설물의 정비, 교통망 확충, 환경 및 조경개선, 고용 증대 등 산업 전반 발전
사회/문화적 효과	• 도시화, 근대화, 등의 지역 문화 발달 • 고유문화의 세계 진출 기회와 국가 이미지 향상의 기회 • 세계화와 질적 수준의 향상
정치적효과	• 개최국의 국제 지위 향상 • 문화 및 외교 교류의 확대 • 국가 홍보의 극대화
관광산업/ 진흥효과	• 관광 비수기 타계 • 대량 관광객 유치 및 양질의 관광액 유치 효과 • 관광 홍보

- 컨벤션뷰러 (CVB : Convention ans Visitors Bureau)
  - ✔ 컨벤션의 고유 기능에 관광 홍보 역할 첨가한 것이다.
  - ✔ 컨벤션을 유치, 운영함으로써 컨벤션 도시를 판매하는 것이 주요 업무이다.
  - ✔ 국제회의 유치 추진 절차에서부터 행사장 선정, 소요 예산 분석, 유치 제안서 작성, 현지 설명회 개최, 마케팅 국제기구 임원을 대상으로 한 홍보활동까지 모든 업무를 지원한다.
  - ✔ 비영리 목적으로 운영되고 있다.
  - ✔ CVB의 기능
    - ㉠ 관광 목적지 및 컨벤션 개최지 마케팅
    - ㉡ 회의 개최를 위한 서비스 제공
    - ㉢ 도시 이미지 창출
    - ㉣ 국제회의 유치 및 개최 정보 수집
    - ㉤ 이벤트 기획 및 관리
    - ㉥ 방문객 및 컨벤션 시설 관리

> **Plus tip**
>
> PCO(Professional Convemtion Organizer)
> 정부나 기업에서 자체적으로 컨벤션을 담당 하는 부서가 없거나 미비할 때 대행하는 업무 PCO(Professional Convemtion Organizer) 국제회의 개최와 관련한 다양한 업무를 행사 주최 측으로부터 위임받아 부분적 또는 전체적으로 대행해 주는 영리업체
>
> | 국제회의 개최 사전 준비 | 국제회의 개최 기획과 분과위원회 구성 및 진행 |
> |---|---|
> | • 회의의 성격과 특성 및 취지 파악
• 회의 개최일자 결정
• 행사 지원 기관 검토
• 이전 회의의 경험 반영
• 재정 확보 · 인적 요원의 확보
• 회의 참가 홍보 활동의 전개 | • 공식적인 담당 요원 선정
• 회의 명칭 및 주제 결정
• 개최지 선정
• 회의 공식 일정 결정
• 참가 예상 인원
• 회의장 선정
• 숙박 장소 선정
• 수송 계획 확립 |

(4) Exhibitions/ Events

- 마케팅 활동의 하나로 제품 생사자 및 판매자들이 제품을 홍보 혹은 판매하기 위하여 정해진 장소에서 관람객과 잠재적 바이어에게 제품을 전시, 홍보, 거래 등의 활동을 하는 것이다.

- 국내 전시 산업의 내실 있는 성장을 위해서는 목적지의 차별화와 정부, 민간 차원의 효율적 시스템 구축이 시급하다.
- 켄벤션과 전시는 시장에서의 목표 대상과 진행 목적이 유사하여 서로 협업하여 시너지 효과를 기대할 수 있다.
- 전시 이벤트의 특성
  - 전시회는 참가 업체나 관람객들에게 매우 효율적이고, 역동적인 판매 및 마케팅 기회를 제공하는 공간적 장점을 가지고 있다.
  - 전시회는 구매의사를 결정하려는 바이어들에게 매우 효율적인 거래 공간이다.
  - 전시회는 접촉하기 어려운 선별된 잠재 고객들을 만날 수 있는 공간이다.
  - 전시회에서는 구매자와 공급업체가 거래 상담을 통해 의사소통이 원활해지면서 친밀감이나 신뢰감을 쌓을 수 있고, 지속적인 관계를 유지할 수 있다.
  - 제품을 실제로 보고 경험할 수 있는 제품 시연이 가능한 공간으로 바이어들의 구매 동기에 강력한 영향력을 미칠 수 있는 마케팅 수단이기도 한다.
  - 신제품을 소개하고 동시에 고객의 반응을 조사하는 것이 가능한 공간으로 그 결과를 바탕으로 신제품의 부족한 부분을 수정하거나 보완할 수 있다.
- 전시회의 분류

무역 전시회	• 기업이 다른 기업 혹은 도·소매업자를 대상으로 세일즈 및 마케팅 활동을 펼치는 전시회를 뜻한다. • 전문적인 분야의 해당 제품이나 관련 제품만을 출품하도록 제한하는 것으로써 산업견본서, 전문 견본서라고도 한다. • 무역 전시회는 시간적으로 제한된 행사로서 참가 업체들이 단일 혹은 여러 산업 분야의 제품을 전시하거나 판매 촉진을 목적으로 제품을 알리는 행사이다. • 전문 전시회는 기업과 기업 간의 협상과 교역에 초점을 맞추어 비즈니스 환경을 조성하기 위해서 등록된 관람객 또는 전문 바이어들만이 참관할 수 있으며 일반인들의 참관은 일반적으로 제한한다.
일반 전시회	• 전시회에 참가한 기업이 일반 소비자인 대중들을 주요 관람객으로 상대하는 전시회를 지칭한다. • 전시회 출품되는 상품들은 전문적인 산업재이기보다는 주로 일반 소비재들이 주류를 이루는 경우가 많다. • 전문 바이어들이 관람객으로 초대되어 방문을 하기는 하지만 기본적으로 이반 소비자들을 대상으로 제품의 홍보와 마케팅하는 것을 주목적으로 개최되는 전시회이다.
무역·일반 전시회	• 무역 전시회와 일반 전시회의 두가지 기능이 혼합된 전시회를 지칭한다. • 전시회들은 기본적으로 산업 간 또는 기업간의 교육을 촉진시키려는 목적을 지향하지만, 운영 및 재정적인 문제로 인해서 혼합적 성격의 전시회를 개최하는 경우가 많다.

SMAT 모듈 A 실전 모의고사

일반형

01. 다음 설명 중 적절하지 않은 것은?

① 매너는 에티켓을 외적으로 표현하는 것이다.

② 매너의 기본은 상대방을 존중하는 것이다.

③ 공수란 가장 기본적인 예의이며, 인간관계에 있어 첫걸음이자 출발점의 성격을 지닌다.

④ 네티켓이란 메일을 주고받거나, 채팅을 하는 등 네트워크상에서 하는 모든 활동에서 지켜야 하는 예절이다.

⑤ 에티켓이란 사회생활을 원활하게 하기 위해 생활에서 지켜야 하는 규범이다.

02. 다음 중 인사에 대한 설명으로 옳지 않은 것은?

① 밝은 목소리로 분명한 인사말과 함께 인사한다.

② 정중례는 90도 인사로 깊이 사죄할 때만 하는 인사이다.

③ 보통례는 평상시 어느 장소나 상황에서 일반적으로 행사는 인사이다.

④ 약례의 경우는 가까운 동료나 친구, 선후배 등을 두 번 이상 만났을 때 하는 인사이다.

⑤ 시간과 장소 상황을 고려해서 인사한다.

03. 다음 설명 중 적절하지 않은 것은?

① 당겨서 여는 문일 경우에는 당겨서 문을 열고 고객이 먼저 통과하도록 안내한다.

② 지위가 높은 사람을 지위가 낮은 사람에게 먼저 소개한다.

③ 자신의 회사 사람을 외부 고객에게 먼저 소개한다.

④ 명함을 건넬 때에는 선 자세에서 오른손으로 주는 것이 예의이다.

⑤ 명함을 받을 때에는 일어서서 두 손으로 받는다.

04. 다음 중 이미지에 대한 설명으로 적절하지 않은 것은?

① 이미지는 학습이나 경험을 통해 얻어지는 정보나 커뮤니케이션 등에 의해 형성되거나 수정, 변화될 수 있다.

② 이미지는 마음 속에 그려지는 사물의 감각적 영상 또는 심상이다.

③ 라틴어 Imago에서 유래된 '모방하다'라는 뜻을 지닌 'Imitari'와 관련있다.

④ 일반적으로 이미지라고 하면 시각적인 측면만을 의미한다.

⑤ 이미지는 객관적이라기 보다 주관적인 것이다.

05. 다음 중 첫인상에 대한 설명과 그 특징으로 옳지 않은 것은?

① 메라비안의 법칙에 따르면 시각적 요소가 이미지에 가장 큰 영향을 미친다.

② 첫인상은 첫눈에 느껴지는 인상을 말한다.

③ 첫인상이 좋지 않더라도 조금만 노력하면 바꿀 수 있다.

④ 첫인상은 이미 익숙한 사물을 연상하거나 혹은 혼동하여 잘못 인식하기도 한다.

⑤ 전체 이미지 구성에 강력한 영향을 미친다.

06. 다음 중 올바른 조문 매너로 가장 적절한 것은?

① 향을 꽂은 후 영정 앞에 일어서서 잠깐 묵념 후 한 번 절한다.

② 조의금은 상주에게 직접 전달하는 것이 예의이다.

③ 유족에게 말을 많이 시키면 위로하는 것이 좋다.

④ 공수할 때 남성은 오른손이 위로, 여자는 왼손이 위로 가게 한다.

⑤ 향을 붙이고 입으로 불어서 끈다.

07. 다음 호칭과 경어 사용 매너로 옳지 않은 것은?

① 대외적으로 '저' '저희'와 같은 겸양어를 사용하는 것이 기본이다.

② 상사의 지시를 전달할 때 존칭을 생략한다.

③ 부하라도 연장자일 때에는 적절한 예우가 필요하다

④ 하급자에게 자신을 칭할 때에는 '나'라고 지칭한다.

⑤ 상대 회사를 지칭할 때에는 '귀사'라고 지칭한다.

08. 고객의 기본 심리를 설명한 것으로 가장 적절한 것은?

① 우월심리 : 고객은 비용을 들인 만큼 서비스를 기대한다.

② 존중 기대 심리 : 고객은 서비스 직원보다 우월하다는 심리를 갖는다.

③ 보상 심리 : 다른 고객과 비교해 손해를 보고 싶지 않은 심리를 갖고 있다.

④ 독점 심리 : 고객은 중요한 사람으로 인식되고, 기억해 주기를 바란다.

⑤ 자기 본위적 심리 : 고객은 모든 서비스에 대해 독점하고 싶은 심리가 있다.

09. 다음 중 글로벌 매너로 옳지 않은 것은?

① 태국인들은 물건을 건넬 때 반드시 오른손을 사용하며 머리를 신성시한다.

② 빨간색으로 이름을 쓰는 것은 한국, 미국 모두 금기시되어 있다.

③ 중국인들은 개인적인 우정과 신뢰를 중요시하며, 음주와 흡연을 사교의 수단으로 생
각한다.

④ 러시아인들은 금요일이나 월요일에 만나는 것을 피하고, 손가락으로 사람이나 물건을
가리키는 것은 무례한 행동으로 여긴다.

⑤ 미국인들 사이에 있어서 양복 차림에 흰 양말을 매우 촌스럽게 생각하므로 양말을 바
지 색깔에 맞춰서 신어야 한다.

10. 다음 첫인상의 주요 특징에 대한 설명으로 적절하지 않은 것은?

① 일회성   ② 신속성

③ 연관성   ④ 통합성

⑤ 일방성

11. 서비스 전문가로서 자신을 연출할 때 적절하지 않은 것은?

① 머리는 헤어 제품을 사용하여 흘러내리지 않도록 고정하고 단정한 모양을 유지하는
것이 좋다.

② 서비스 전문가는 가능하면 앞머리로 이마나 눈을 가리지 않는 것이 좋다.

③ 옷과 구두의 색상과 조화를 이루는 좋으며 스타킹도 무난한 것으로 고르되 무늬나 화
려한 색상의 것은 피하는 것이 좋다.

④ 유니폼을 입더라도 액세서리 등으로 개인의 개성을 연출하여 세련되게 입는 것이 좋다.

⑤ 유니폼이나 정장을 입을 때에는 흰색 양말보다는 정장 색과 같은 양말을 착용하여 구
두 끝까지 전체 흐름을 같게 하는 것이 좋다.

12. 다음 중 걷는 자세에 대한 설명으로 옳지 않은 것은?

① 어깨에 힘을 빼고 등을 곧게 세운다.

② 일직선으로 걷는다.

③ 무릎은 곧게 펴고 배에 힘을 주어 당기며 몸의 중심을 가슴에 둔다.

④ 시선은 정면을 향하도록 하고 턱은 가볍게 당긴다.

⑤ 손은 가볍게 주먹을 쥐고 양팔은 자연스럽게 흔들어 준다.

13. 고객의 구매 결정 프로세스 중 전통적 구매결정 프로세스 모델인 AIDMA에 대한 설명으로 옳지 않은 것은?

① 주의 : 고객의 주의를 끌어 제품을 인지하는 단계

② 공유 : SNS를 통해 구매한 제품에 대한 정보를 공유하는 단계

③ 관심 : 제품에 대한 관심을 가지고 장단점을 인지하는 단계

④ 욕구 : 판매촉진 활동 등으로 제품에 대한 구매 욕구를 불러일으키는 단계

⑤ 기억 : 욕구의 단계를 넘어 제품에 대한 기억으로 구매 의사를 결정짓는 단계

14. 구매후 부조화를 감소시키는 방법으로 적절하지 않은 것은?

① 품질을 향상시켜 사전 불만 예방한다.

② 친절한 A/S로 고객 서비스 강화한다.

③ 고객 자신이 선택한 대안의 단점을 다시 한번 평가해 본다.

④ 고객 스스로가 자신의 선택을 지지하는 정보를 탐색한다.

⑤ 거래 후 안내 책자, 전화 등으로 고객의 선택에 확신을 부여한다.

15. 다음 중 고객에 대한 설명으로 적절하지 않은 것은?

① 내부 고객은 외부 고객이 원하는 것을 제공하는 중요한 역할을 한다.

② 소비자는 구매자, 사용자, 구매 결정자의 역할을 각각 다르게 하거나 중복 역할을 수행하기도 한다.

③ 내부 고객은 외부 고객에 이어 2번째로 고려해야 할 고객이다.

④ 외부 고객은 상품과 서비스를 제공받는 대가로 가격을 지불한다.

⑤ 일반적으로 소비 활동을 하는 모든 주체를 소비자라 한다.

16. 다음 중 고객의 성격 유형 분석에 대한 설명으로 옳지 않은 것은?

① DISC는 서비스 접점에서 고객의 성향을 알 수 있는 가장 보편적인 지표이다.

② MBTI로 16가지 고객의 성격 유형별 구매 행동의 특성을 알아볼 수 있다.

③ TA 교류 분석은 개인의 변화와 성장을 위한 심리치료 기법이다.

④ TA 교류 분석은 자기 이해만을 기본적 사상으로 한다.

⑤ TA 교류 분석은 긍정 심리 이론이다.

17. 다음 중 효과적인 경청 방법으로 적절하지 않은 것은?

① 적극적으로 질문한다.

② 산만해질 수 있는 요소, 잡음을 제거한다.

③ 말하는 사람에게 동화되려고 노력한다.

④ 말하는 사람과 나의 경험을 비교하며 듣는다.

⑤ 전달하려는 메시지의 요점이 무엇인지 생각하며 듣는다.

18. 다음 중 바트나(BATNA)에 대한 내용으로 적절하지 않은 것은?

① 상대방에 대한 압박전술로 활용할 때도 있다.

② 합의에 도달하지 못했을 때 택할 수 있는 최선의 대안, 차선책이다.

③ 바트나가 없다면 만들고, 좋지 않을 때는 끊임없이 개선해 나가야 한다.

④ 바트나에 미치지 못하는 제안이라도 협상을 결렬시키는 행위는 지양해야 한다.

⑤ 협상이 결렬되었을 때 취할 수 있는 행동 계획으로, 협상타결을 위한 필요조건이다.

19. 다음 중 언어적 커뮤니케이션과 비언어적 커뮤니케이션에 대한 설명으로 적절하지 않은 것은?

① 비언어적 커뮤니케이션은 감정적, 정서적인 정보를 전달한다.

② 비언어적 커뮤니케이션은 커뮤니케이션의 93%가 비언어적 채널로 구성되어 있다.

③ 언어적 커뮤니케이션은 사회적으로 제정된 기호 체계를 활동한 커뮤니케이션 방법이다.

④ 비언어적 커뮤니케이션은 정보가 전달되는 상황과 해석에 대한 중요한 단서를 제공한다.

⑤ 언어적 커뮤니케이션은 요점을 명확히 주고받을 수 있기에 신뢰성이 높은 의사 전달 수단이다.

20. 다음 중 설득의 기술 중 역지사지를 설명한 것은?

① 시각에 호소하는 언어를 사용한다.

② 상황에 맞는 전문가의 말을 인용한다.

③ 객관적 자료보다는 다양한 채널로 접근하여 감성을 자극한다.

④ 상대방의 의도를 간파하는 짧은 한마디는 상대방의 마음을 한순간에 무너뜨릴 수 있다.

⑤ 타인을 비난하기 전에 먼저 자신을 낮추고 상대방의 마음을 헤아리는 모습을 보여준다.

21. 효과적인 반론의 기술 5단계의 순서로 알맞은 것은?

① 일치점 찾기 〉 기회탐색 〉 모순점 질문 〉 반대이유 설명 〉 요약

② 기회탐색 〉 일치점 찾기 〉 모순점 질문 〉 반대이유 설명 〉 요약

③ 모순점 질문 〉 기회탐색 〉 일치점 찾기 〉 반대이유 설명 〉 요약

④ 요약 〉 모순점 질문 〉 기회탐색 〉 반대이유 설명 〉 일치점 찾기

⑤ 반대이유 설명 〉 모순점 질문 〉 요약 〉 기회탐색 〉 일치점 찾기

22. 의전은 조직이나 기업, 국가 간에 이루어지는 예절이다. 다음의 설명은 의전 5R 중 무엇에 대한 설명인가?

> • 의전의 격식과 관행은 특정 시대, 특정 지역의 문화를 반영하므로 시대적, 공간적 제약을 갖는다.
> • 현재의 의전 형식은 서구적 문화가 많이 투영되었지만 절대 불변인 의전은 없으며 시대가 변함에 따라 변화할 수 있다.
> • '로마에 가면 로마법을 따르라'와 같은 의미이다.

① 상호주의 원칙(Reciprocity)　　② 상대에 대한 존중(Respect)

③ 문화의 반영(Reflecting CultureP　④ 서열(Rank)

⑤ 오른쪽 상석(Right)

23. 컨벤션 뷰로(Convention and Visitors Bureau)의 핵심 역할로 가장 적절하지 않은 업무는?

① 회의 개최를 위한 서비스 제공　　② 도시 이미지 창출

③ 관광 목적지 및 컨벤션 개최지 마케팅④ 특정 컨벤션을 위한 인적 요원 확보

⑤ 국제회의 유치지 및 개최 정보 수집

24. 프레젠테이션을 할 때 언어와 음성에 대한 설명으로 가장 적절하지 않은 것은?

① 목소리가 크면 강조와 흥분이 전달된다.

② 목소리가 굵으면 설득력이 약화된다.

③ 강조하려는 곳에서는 잠시 사이를 두면 효과적이다.

④ 강조하려는 곳에서는 천천히 말하는 것이 효과적이다.

⑤ 말의 속도가 너무 빠르면 긴장과 흥분이 전달된다.

O / X형

[25~29] 다음 문항을 읽고 옳고(O), 그름(X)을 선택하시오.

25. 여성이 남성 고객을 안내할 때 한두 계단 뒤에서 올라가고 내려올때는 한두 계단 앞서 내려온다. (① O ② X)

26. 이미지 관리 과정은 '이미지 점검하기 → 이미지 콘셉트 정하기 → 좋은 이미지 만들기 → 이미지 내면화하기'의 순으로 이루어진다. (① O ② X)

27. 참여적 관점에서 고객 분류에 의하면, 고객은 '잠재 고객- 가망 고객- 신규 고객 - 기존 고객 - 충성 고객' 순으로 진화한다. (① O ② X)

28. 쿠션 화법은 상대방에게 신뢰를 줄 수 있는 화법으로 지시형, 명령보다는 의뢰형, 권유형 등의 질문 형식으로 바꾸어 말하는 화법이다. (① O ② X)

29. 현장 등록은 참석자의 참여도가 높일 수 있는 등록 절차로, 행사 당일의 시간 절약과 혼잡성을 피할 수 있다. (① O ② X)

[30~34] 다음 설명에 적절한 보기를 찾아 각각 선택하시오.

> ① 압존법 ② 부정성 효과 ③ 삼점법 ④ 체리피커 ⑤ 호손 효과

30. 높여야 할 대상이지만 듣는 이가 더 높을 때 공대를 줄이는 어법이다.

( )

31. 방향안내 동작을 할 때 시선은 상대방의 눈을 먼저 보고, 손과 함께 가리키는 방향을 본 후 다시 상대의 눈을 보는 방법이다. ( )

32. 10번 좋은 일을 하고도 한번 나쁜 행동을 했을 때 그 사람을 나쁘게 보거나 서운해하는 경우가 있다. ( )

33. 기업의 상품이나 서비스를 구매하지 않으면서 자신으 실속을 차리기에만 관심을 두는 고객 ( )

34. 다른 사람들이 지켜보고 있다는 사실을 의식함으로써 스스로의 본성과 다르게 행동하는 현상을 의미한다. ( )

35. 다음 고객과의 명함 교환 사례에서 적절하지 못한 행위를 고르면?

> 직원 : 안녕하세요, 반갑습니다. 저는 ○○회사 박영민 대리입니다.
> (A) 선 자세에서 상대방의 방향으로 명함을 왼손으로 받쳐 오른손으로 정중하게 건넨다.
> 고객 : 저는 ●● 회사 김영호 과장입니다. 제 명함입니다.
> (B) 일어서서 두손으로 공손이 상대방의 명함을 받고 상대의 얼굴을 보며 미소 짓는다.
> (C) 상대방의 직함과 이름을 부르며 반갑다고 인사를 한다.
> 직원 : 김과장님 이렇게 시간을 내주셔서 감사합니다. 이쪽에서 앉아서 이야기 할까요?
> (D) 앉은 후에 바로 받은 명함에 면담 일시를 기록한다.
> 고객 : 감사합니다.
> (E) 상대의 명함을 확인하고 어려운 한자를 그 자리에서 물어본다.

① A   ② B
③ C   ④ D
⑤ E

36. 다음 사례에서 나타나는 이미지 형성과 관련된 효과중 가장 적절한 효과는?

> 직원 : 고객님 이번에 새로 들어온 스켄케어 제품은 어떠십니까?
> 고객 : 브랜드도 본적 없고 패키지 디자이노도 별로인 것 같아요
> 직원 : 이 제품은 프랑스 브랜드인데 아직 국내에서 수입이 많이 되지 않았습니다. 한번 테스트 해보시면 좋을 듯 합니다.
> 고객 : 그래요? 프랑스라.. 한번 테스트 해볼께요
> 직원 : 이 제품의 경우 현지에서는 물량이 부족할 정도로 인기를 끌고 있는 라인입니다. 어떠세요?
> 고객 : 향이 나쁘지 않고 발림도 괜찮은 것 같네요. 그 정도 인기있는 제품이라니 한번 사용에 봐야 겠어요. 이것 구입할께요.

① 최근 효과   ② 맥락 효과
③ 후광 효과   ④ 악마 효과
⑤ 초두 효과

37. 다음 사례를 읽고 매슬로의 욕구 5단계 이론 중에 서비스 욕구의 관점에서 가장 적절한 단계를 고르시오

> 직원 : 안녕하십니까? 무엇을 도와드릴까요?
>
> 고객 : 제가 목이 아파서요. 기침이 많이 나네요
>
> 직원 : 아 그러세요? 혹시 요즘 말씀을 많이 하셨나요?
>
> 고객 : 네 제가 아이들을 가르치다 보니 말을 많이 해서 목이 자주 아프네요
>
> 직원 : 선생님이세요? 어렵고 훌륭한 일을 하시네요 열정적으로 수업하시느라 목이 상했나 봅니다. 학생들에게 좋은 강의 하시려면 목 관리가 중요하죠. 말씀을 많이 하시는 분들에게 좋은 제품이 있는데, 한번 드셔 보시겠습니까?
>
> 고객 : 아 네

① 생리적 욕구   ② 안전의 욕구
③ 사회적 욕구   ④ 존경의 욕구
⑤ 자아 실현의 욕구

38. 다음 사례에서 두 사람의 전화 응대 비즈니스 매너를 해석한 것으로 적절하지 않은 것은?

> 김철수씨는 출근 시간이 십여 분 정도 지난 시각에 아직 출근하지 않은 옆자리의 동료 전화를 대신 받게 되었다.
>
> 김철수 : (A) 여보세요
>
> 송신자 : (B) 아, 네 수고하십니다. ○○건설이죠. 김영식씨 계십니까?
>
> 김철수 : (C) 아 네 ○○건설은 맞습니다만 김영식씨는 아직 출근 전입니다. 아마 곧 출근할 것 같습니다만…
>
> 송신자 : 네. 그렇군요.
>
> 김철수 : (D) 용건을 말씀해주시면 제가 메모를 남기거나 자리에 도착하는 대로 전화 드리라고 전하겠습니다. 괜찮으시겠습니까?
>
> 송신자 : (E) 네. 며칠 전에 메일을 보내주셔서 그 건으로 연락드렸습니다. 저는 ○○상사에 근무하는 ○○○대리입니다. 말씀을 전해주시면 감사하겠습니다.

① (A) - 비즈니스 전화를 받을 때 가장 무난한 인사법으로 응대하였다.
② (B) - 전화 통화하고자 하는 상대를 확인하고자 하였으나, 본인의 소속을 밝히지 않아서 적절한 응대가 아니다.
③ (C) - 동료가 지각하여 부재한 상황이라면, 아직 출근 전이라고 하기 보다는 잠시 자리를 비웠다고 하는 편이 비즈니스 응대 시에는 더 적절하다.

④ (D) - 상대에게 정중히 메모나 연락처 등을 질문하며 적절히 응대하였다.
⑤ (E) - 전화를 건 용건과 소속을 밝히고 메모를 전해주는 것에 대한 감사를 전하여 예의를 갖추었다.

39. 다음 사례에서 고객과 미팅을 위한 레스토랑(식당) 이용 시 적절하지 않은 행동은?

① (예약 매너)
　나는 고객과 식사 약속을 하고 조용하고 전망이 좋은 곳을 부탁해 미리 예약했다. 예약시간 전에 먼저 도착해서 고객을 맞이하였다.

② (도착과 착석 매너)
　착석하고 나서 화장실에 가는 것은 실례이므로 미리 화장실을 다녀와 예약 테이블을 확인했다. 상석을 확인하고 건너편 자리에 착석한 후, 고객이 들어오는 입구를 주시하고 맞을 준비를 했다.

③ (주문 매너)
　식사 시 모든 행동은 고객을 중심으로 이루어지도록 예의를 갖추었다. 주문은 고객보다 먼저하여 고객이 편안히 따라 주문하도록 유도했다.

④ (식사 매너)
　식사 중 너무 큰 소리를 내거나 웃는 것을 삼갔다. 직원을 부를 때는 오른손을 가볍게 들어 호출했다.

⑤ (기물 사용매너)
　나이프와 포크는 바깥쪽부터 안쪽으로 차례로 사용했다. 나이프는 오른손, 포크는 왼손을 사용했다.

① 예약 매너　　　　　　　② 도착과 착석 매너
③ 주문 매너　　　　　　　④ 식사 매너
⑤ 기물 사용 매너

40. 다음은 여성 서비스 전문가의 용모 복장에 관한 설명 중 (   ) 안에 들어갈 말로 적절한 것은?

> • 복장은 단정하고 너무 크거나 작지 않은 스타일로 선택한다.
> • 액세서리는 지나치게 크고 화려한 것은 삼가도록 한다.
> • 헤어는 (A)와 (B)를 기본으로 한다.
> • 향수는 지나치지 않도록 은은하게 소량을 뿌리는 것이 좋다.
> • 밝고 건강해 보이도록 (C) 메이크업을 하도록 한다.

	A	B	C
①	청결함	단정함	화려한
②	청결함	단정함	자연스러운
③	화려한	개성	자연스러운
④	청결함	개성	NO 메이크업
⑤	화려한	단정함	자연스러운

41. 어느 통신기기 매장에서 판매사원과 상담을 하는 고객의 행동에서 매우 특징적인 점을 발견하게 되어 간략하게 정리해 보았다. 정리한 내용 중에서 비언어적 커뮤니케이션의 '의사언어'에 해당하는 내용으로만 구성된 보기는?

> 가. 자신의 의사가 명확하게 전달될 수 있도록 발음에 상당히 신경을 써서 대화를 이어 나간다.
> 나. 자신의 감정에 따라 말의 속도가 확연히 다르다.
> 다. 주변을 둘러보면서도 판매사원의 말을 경청하고 있다는 듯이 가끔씩 고개를 끄덕인다.
> 라. 부드럽고 친근감 있는 말투였으나 자신의 질문을 판매사원이 잘 이해하지 못하면 약간 짜증스러운 말투로 이야기한다.
> 마. 판매사원의 설명 내용에 따라 얼굴표정이 달라지는데, 그 표정만 봐도 구매결정 여부를 대략 알 것 같다.

① 가, 나, 라   ② 나, 라, 마
③ 가, 다, 마   ④ 나, 다, 마
⑤ 가, 라, 마

42. 다음 사례는 고객의 의사결정 과정 5단계 중 어떤 단계에 해당하는가?

> 여자 : 예식장 정하는 것이 이렇게 어려운 일인지 몰랐어.
> 남자 : 그래, 남들이 결혼하는걸 보면 쉽게 하는 것 같은데 막상 우리가 정하려고 하니까
>   참 어렵네.
> 여자 : 그 사람들도 우리처럼 이런 과정을 다 거쳤을 거야. 오늘은 결정해서 예약해야
>   하는데
> 남자 : 그래, 여기저기 더 알아보는 것은 시간 낭비지. 지금까지 열 군데는 알아본 것
>   같은데, 그 중에서 우리 마음에 든 두 개 중 하나를 결정하자.
> 여자 : 두 개 중에서 나는 양재역 근처에 있는 예식장이 마음에 들어. 개장한지 얼마
>   안 되서 인테리어가 고급스럽고 분위기도 좋으며 역세권이라 교통도 편리해서
>   손님들이 오기도좋지. 다만 가격이 다른 곳보다 조금 더 비싼 것이 흠이긴 하지
>   만 말이야.
> 남자 : 나도 그렇게 생각해. 우리가 알아본 것 중에서는 그만한 곳이 없지. 그 곳으로
>   정하자. 계약은 오후에 가서 하면 될 거야.
> 여자 : 계약은 아직 안 했지만 일단 결정을 하니까 속이 후련하네

① 특정 제품 및 서비스를 획득하는 구매의 단계
② 의사결정과 관련된 정보를 습득하는 정보탐색의 단계
③ 획득 후 기대에 부합하는지를 평가하는 구매 후 행동 단계
④ 제품 및 서비스의 필요성을 느끼고 지각하는 문제인식의 단계
⑤ 여러 대안 중 평가요인에 의해 선택의 폭을 좁히는 대안평가의 단계

43. 다음 사례는 컨벤션을 유치할 때 추진하는 활동이다. 컨벤션 유치활동 중 무엇에 관한 설명인가?

> • 컨벤션센터나 시설에 대한 시설 운영계획 정보를 미리 제공할 필요가 있다.
> • 유치 경쟁국에 대한 정보를 파악하고, 이전 개최지와의 유사성보다는 개최지로서의 독
>   특함을 강조하는 것이 필요하다.
> • 전문가가 수행하여 지리, 역사, 문화는 물론, 개최도시에 대한 광범위한 정보를 제공하
>   고 질문에 응답한다.
> • 컨벤션센터 직원, 컨벤션뷰로 대표, 호텔 관계자, 기술자 등이 현장답사에 동행하여
>   관련 사항에 대해 상세하게 설명한다

① 실사단 현장 답사   ② 컨벤션 유치제안서 작성
③ 컨벤션 개최의향서 제출   ④ 컨벤션 유치신청서 제출
⑤ 컨벤션 유치 프레젠테이션

44. 다음의 상황에서 '김 과장'이 택한 선택으로 가장 올바른 것은?

> 한국XX협회의 김 과장은 내년 한국에서 개최될 'XX세계총회'의 준비협의를 위해 미국 뉴욕의 XX협회 본부로 출장을 가게 되었다. XX협회 본부에서 'XX세계총회'를 총괄하는 프로젝트 매니저가 존에프케네디(JFK) 공항으로 승용차를 가지고 김 과장을 영접하기 위하여 나왔다. 김 과장은 상대방 승용차의 어느 좌석에 착석해야 가장 바람직한가?

① 상대방의 호의를 생각해서 자신이 운전하겠다고 제안한다.

② 운전자와 편안하게 대화하기 위하여 운전자 바로 뒷자리가 바람직하다.

③ 거리감 없는 사이이기 때문에 이런 문제를 고려하는 자체가 무의미하다.

④ 호의를 가지고 배려해 주는 비즈니스 파트너와의 차량이 동시에는 운전자의 옆자리가 가장 바람직하다.

⑤ 영접을 받는 입장이므로 당연히 가장 상석이라 할 수 있는 운전자의 대각선 뒷자리에 앉는 것이 바람직하다

45. 다음은 한국의 한 PCO(국제회의 전문용역업체) 직원이 PCMA 201X Education Conference에 참석해서 다른 국가 참가자들과 나눈 대회의 일부이다. 대화에 관한 내용 중 적절한 것은?

> 한국인 참가자 : 우리나라는 중앙정부가 적극 나서서 지식기반 서비스 산업을 적극적으로 육성하기 위한 정책을 입안하고, 지원을 아끼지 않고 있습니다. 이중 가장 대표적인 분야가 'MICE산업'분야라고 할 수 있습니다.
> 외국인 참가자 : 'MICE산업'이라 하면 구체적으로 어떤 산업분야를 말씀하시는지요?
> 한국인 참가자 : 'MICE산업'을 모르세요? 이 분야에 오래 몸담지 않으셨나 보죠?

① MICE라는 조어는 전 세계적으로 학문분야에서만 주로 사용되는 조어이다.

② MICE라는 조어는 싱가포르, 홍콩, 일본, 한국 등 동남아시아권에서 통용되는 조어이다.

③ MICE라는 조어는 미국, 캐나다 등 북미지역에서 주로 사용되는 조어로 유럽 참가자라면 낯설 수 있다.

④ MICE라는 조어는 유럽에서 광범위하게 사용되는 조어로 다른 대륙의 국가에서 참가한 사람들이라면 잘 이해하지 못할 수 있다.

⑤ MICE라는 조어는 전 세계적으로 회의, 컨벤션 산업을 통칭하는 조어로 이 분야에서 얼마간 일한 사람이라면 당연히 알 수 있다.

통합형

[46~47] 다음 상사와 부하 간 대화를 읽고 물음에 답하시오

> 김 대리 : 이사원, 오늘 고객 만날 때 자료정리를 잘 해서 만나야해.
> 이 사원 : 네, 잘 알겠습니다.
> 김 대리 : 지난번에도 자료 없이 그냥 만났지? 회사 생활이라는 게 말이야. 무슨 일이든 철
> 저하게 준비하는게 중요하거든. 그래야 신뢰가 생기는 거야. 내가 신입사원이었을
> 때는 고객을 만날 때 늘 필요한 자료가 뭔가 미리 생각해서 만들어서 만났거든.
> 이 사원 : 아, 네. 그렇군요. 대리님 말씀 잘 명심하겠습니다.
> 김 대리 : 그리고 무슨 문제 있으면 나한테 먼저 이야기하라고. 내가 도와줄테니까.
> 이 사원 : 네.
> 김 대리 : 그런데 말이야. 이 사원, 내가 이야기하는데 자꾸 시계를 보네. 뭐 바쁜 일 있나?
> 이 사원 : 아닙니다. 그냥요.
> 김 대리 : 거 참, 사람이 말하는데 시계를 자꾸 보면 되나. 고객 앞에서도 그러는 거 아냐?
> 이 사원 : 앞으로 주의하겠습니다.

46. 김대리와 이사원의 대화를 교류분석(transactional analysis) 관점에서 분석하였을 때 김 대리는 어떤 자아 상태인가?

① 성인 자아(adult self)　　　　② 부모 자아(parent self)

③ 전문가 자아(expert self)　　　④ 관리자 자아(management self)

⑤ 성숙인 자아(mature man self)

47. 이 사원이 범하고 있는 커뮤니케이션 오류는 무엇인가?

① 준거의 틀 차이　　　　　② 반응적 피드백의 부족

③ 비언어적 메시지의 오용　　④ 신뢰 네트워크 형성 부족

⑤ 시간이라는 제약 상황의 한계

[48~49] 다음은 ○○여행사에서 하루 동안 상담한 고객들의 상담내역이다

> A 고객 : 오전 10시 상담. 가족여행 계획. 총 4인. 정확한 날짜, 지역은 아직 정하지 못함.
>   재 상담 예정. 전화번호와 이메일 확보.
> B 고객 : 오전 11시. ○○카드사 이벤트에 응모한 고객 명단 중 이벤트 상품 홍보 문자 발송.
> C 고객 : 오후 1시. 부모님 생신 선물로 여행 상품 상담. 20대 미혼 여성. 견적서 문의, 메일
>   발송.
> D 고객 : 오후 2시. 다음 주 여행 출발 계약자 상담. 주요 문의사항 상담 후 현지 옵션 상품
>   예약 진행.
> E 고객 : 오후 3시. 지난 주 판매한 여행 상품을 통해 기업 단체 연수를 다녀온 00기업 담당
>   자통화. 불편사항 및 추가 조치사항 확인. 분실물 보험처리 진행.
> F 고객 : 오후 4시. 2주 전 상담 고객 견적 발송 후 3차 상담 전화. 조정된 견적 내용 설명
>   및 예약 가능 여부 타진. 이번 주 중에 최종 결정.
> G 고객 : 오후 5시. 웨딩 플래너 박실장과 신혼여행 상품 홍보를 위한 전화통화. 최신 호응도
>   높은 상품 설명 및 안부. 박실장이 올해 가을 예비 부부 약 10쌍 진행 중이라고 함.
>   적절한 협력 부탁. 다음 주 미팅 약속.

**48. 위의 상담내역을 통해 ○○여행사의 고객을 분류해 보았다. 다음 중 각각의 고객 분류
가 적절하지 않은 것은?**

① A 고객 : 가망 고객　　　　　② B 고객 : 잠재 고객

③ C 고객 : 구매자　　　　　　④ E 고객 : 의사결정 고객

⑤ F고객 : 충성 고객

49. G고객과 ○○여행사의 관계에 대한 설명이다. 가장 적절한 것은?

① 현재 10쌍의 예비부부는 ○○여행사의 가망 고객이다.

② 10쌍의 예비부부는 웨딩 플래너 박실장의 잠재 고객이다.

③ 웨딩 플래너 박실장은 ○○여행사와 강한 유대관계를 형성하고 있으므로 충성 고객이다.

④ 웨딩 플래너 박실장은 소비자도 구매자도 아니므로 ○○여행사의 고객이라고 할 수 없다.

⑤ 웨딩 플래너 박실장은 대체적인 경우 ○○여행사의 잠재고객에게 구매 영향자가 될
　수 있으므로 고객으로 볼 수 있다

[50] 다음은 고객의 다양한 니즈를 서비스 현장에서 구체적으로 이해하고 적용할 수 있도록 세분화해 본 내용이다.

- 잠재니즈 - 인간의 기본적인 욕구에서 해석되는 니즈. 무의식적으로는 있었으면 좋겠다는 느낌이 있지만 필요하다는 인식을 못하거나 어떤 장애 요소로 인해 욕구가 발전하지 못한 상태.
- 보유니즈 - 어떤 자극이나 정보에 의해 잠재 니즈가 조금 구체화되어 표현된 상태. 구체적으로 니즈가 강화되지는 않았으며 약간의 구매의욕과 필요성을 보유. 니즈의 개발의 유무에 따라 현재니즈로 성장 혹은 잠재니즈로 후퇴할 수 있음.
- 핵심니즈 - 고객 개인의 특수한 상황으로 인해 특별히 집중되어 있는 특수한 니즈. 개별 고객의 특수한 상황을 해결하고자 하는 개별적인 니즈. 유연하고 다양한 니즈.
- 현재니즈 - 필요를 인지하고 구체적인 결정의 과정에서 있음. 니즈를 구체적으로 실현하고자하는 실행의 단계에 있는 니즈.
- 가치니즈 - 고객의 만족이 극대화된 단계에서의 니즈. 서비스 제공자와 고객이 함께 과정과 결과에 만족을 느끼는 가장 이상적인 고객니즈의 단계.

50. ○○가구회사에서는 상기의 고객니즈 분류를 참고하여 각 대리점이 보유한 고객 명단을 니즈에 따라 다음과 같이 분류해 보았다. 분류가 잘못된 것은 어떤 것인가?

① 상담 후 구매 견적을 요청한 고객 - 잠재 니즈
② 방문 후 특별한 상담은 하지 않고 돌아간 고객 - 잠재 니즈
③ 전화 문의 후 방문을 예약한 고객 - 보유 니즈 혹은 현재 니즈
④ 매장 상담 후 자택 방문 실측이 예약되어 있는 고객 - 현재 니즈
⑤ 납품 후 만족감을 표현하고 다른 고객을 소개하는 고객 - 가치 니즈

01. ③

인사에 대한 설명이다.

02. ②

90도는 의례에 필요한 인사법으로 종교적 행사나 관혼 상제 등에서 행해지는 특수한 인사이다.

03. ②

지위가 낮은 사람을 지위가 높은 사람에게 먼저 소개한다.

04. ④

이미지는 시각적인 것 외에 수많은 감각에 의해 결정되어 진다.

05. ③

한번 형성된 부정적 첫인상을 바꾸는 데에는 많은 노력과 시간이 소모된다.

06. ④

평사시 공수와 반대로 해야 한다.

07. ②

상사의 지시를 전달할 때에는 '님'자를 붙여야 한다.

08. ③

① 보상심리　　　　② 우월심리
④ 존중기대 심리　　⑤ 독점심리

09. ②

미국에서는 어떤 색깔로 이름을 쓰던 상관이 없다.

10. ④

첫인상의 주요 특징은 신속성, 일회성, 일반성, 연관성의 특징이다.

11. ④

유니폼을 입은 직원들과 통일성을 제공하는 것이 무엇보다 중요하다.

12. ③

무릎은 곧게 펴고 배에 힘을 주어 당기며 몸의 중심을 허리에 둔다

13. ②

공유는 인터넷 활성화로 인해 진화된 프로세스 모델인 ASIS에 해당되는 내용이다.

14. ③

자신의 선택한 대안의 약점을 악화시킬 수 있다.

15. ③

내부 고객의 만족은 외부 고객에 대한 서비스에 영향을 미치므로 외부 고객에 이어 2번째로 고려해야 할 고객이라 할 수 없다.

16. ④

TA 교류 분석은 자기 이해뿐만 아니라 타인 이해까지도 기본적 사상으로 한다.

17. ④

타인의 이야기를 들으면서 자신과 비교하느라 전적으로 집중하지 못하는 것은 경청의 오류이다.

18. ④

바트나는 이성적 판단에 따라 협상을 결렬 시키고 회의장을 나오는 한계선이다.

19. ⑤

비언어적 커뮤니케이션이 신뢰성이 높다.

20. ⑤

역지사지의 의미는 다른 사람의 처지에서 생각하라는 뜻의 한자성어이다.

21. ②

효과적인 반론의 기술 5단계는 '기회탐색〉일치점 찾기〉모순점 질문〉반대이유 설명〉요약'

22. ③

문화의 반영에 대한 설명이다.

23. ④

특정 컨벤션을 위한 인적 요원 확보는 PCO의 역할이다.

24. ②

목소리가 굵으면 신뢰감이 생겨 설득력이 높아진다.

25. ①

남녀가 계단을 올라갈때는 남자가 먼저 올라가고 내려올때는 여자가 앞서 내려간다.

26. ①

'이미지 점검하기 → 이미지 콘셉트 정하기 → 좋은 이미지 만들기 → 이미지 내면화하기'의 순으로 이미지 관리 과정이 이루어진다.

27. ②

관계진화적 관점에 의한 분류이다.

28. ②

레이어드 화법

29. ②

사전 등록에 대한 설명이다.

30. ①

압존법은 문장의 주체가 화자보다 높지만, 청자보다 낮은 경우에 청자보다 낮춰말하는 어법이다.

31. ③

삼점법(상대 눈 → 지시 방향 → 상대의 눈)

32. ②

부정성 효과는 부정적 특징이 긍정적인 특징보다 인상 형성에 더 강렬하게 작용하는 것을 의미한다.

33. ④

체리피커는 상품이나 서비스를 잠깐 동안 사용하기 위해 구매하였다가 반품하는 등의 행동을 하는 고객이다.

34. ⑤

호손 효과이다.

35. ④

받은 명함에 내용을 작성하는 것은 상대방을 배려하지 않는 것이다.

36. ③

후광효과는 어떤 대상이나 사람에 대한 일반적인 견해가 그 대상이나 사람의 구체적인 특성을 평가하는데 영향을 미치는 것이다.

37. ④

직원이 나에게 관심을 갖고 존중해 주는 가는 4단계 존경의 욕구이다.

38. ①

직함과 성명을 말해야 한다.

39. ③

고객이 먼저 주문을 해야 한다.

40. ②

헤어는 청결하면서 단정하게 메이크업은 자연스럽게 연출하는 것이 좋다.

41. ①

신체언어에는 얼굴표정, 눈의 접촉, 고개 끄덕이기, 몸의 움직임, 자세 등이 포함되고, 의사언어에는 말투, 음조의 변화, 음고, 음량의 정도, 말의 속도, 발음 등이 있다.

42. ⑤

정보탐색 후 여러 평가요인을 가지고 어느 하나를 선택하려는 '대안평가의 단계'에 있는 대화 내용이다.

43. ①

컨벤션 유치활동 중 현장답사(Site Inspection)에 대한 설명이다.

44. ④

상대방 파트너가 전문기사가 달린 승용차를 배정해 주었다면 운전자 뒷좌석에 앉는 것이 맞지만, 비즈니스 파트너의 호의에 의한 영접 시 운전자 옆 보조석에 앉는 것이 의전 원칙상 맞다

45. ②

MICE는 회의(Meeting), 포상관광(Incentives), 컨벤션(Convention) 및 이벤트와 전시(Events & Exhibition)을 아우르는 조어로 주로 동남아 지역에서 사용되고, 미주지역에서는 Events, 유럽지역에서는 Conference라는 용어가 더 광범위하게 통용되고 있음.

46. ②

부모 자아는 상대에게 규범을 제시하는 유형으로, 본 사례에서 김대리는 부모 자아의 상태이고, 이사원은 어린이 자아 상태이다

47. ③

이사원이 습관적으로 시계를 보는 것은 비언어적 메시지의 오용에 의한 커뮤니케이션 장애라고 할 수 있다

48. ⑤

가망 고객이다.

49. ⑤

잠재고객인 신혼부부에게 00여행사의 상품을 적극적으로 홍보하여 구매에 영향을 미칠 수 있으므로 마케팅 측면에서는 구매 영향자 고객 범주로 해석할 수 있다

50. ①

구매 견적을 요청한 상태는 현재 니즈

SMAT Module B
서비스 마케팅·세일즈

Ⅰ. 서비스 세일즈와 고객 상담

1. 서비스 세일즈에 대한 이해

1) 서비스의 이해

(1) 서비스(service)의 어원 및 정의

- 라틴어 '세르브스(servus)'라는 노예를 의미하는 단어에서 유래된 것으로 '노예가 주인에게 충성을 바친다.'는 의미를 지닌다.
- 서비스의 가장 기본은 서로가 감사하는 마음을 가지는 것이다. 즉 자신이 가지고 있는 재화와 능력을 상대방을 위해서 제공하고 제공받은 상대가 만족하는 모습을 보면서 자신 또한 행복해지는 행위를 의미하는 것이다.

(2) 서비스의 특징*

① 무형성 : 서비스는 형태가 없다는 것으로, 만지거나 눈으로 볼 수 없다.
② 비분리성(동시성) : 서비스는 생산과 동시에 소비가 이루어 진다. 즉 생산과 소비가 동시에 일어나 분리되지 않는다.
③ 소멸성 :서비스는 제공되는 시점에서 소비가 이루어지므로 소멸되기 때문에 재고로 보관할 수 없다.
④ 이질성 : 서비스의 생산과정에서 가변적 요소들이 많기 때문에 동일한 서비스라도 제공하는 사람과 서비스 받는 사람에 따라 결과가 다를 가능성이 있다.

(3) 서비스 3단계

① 1단계 : 사전 서비스 (Before service)
- 판매 전에 고객에게 제공되는 서비스로, 판매의 가능성을 탐색하고 촉진하는 단계이다.
- 예) 카탈로그 광고지, DM
② 2단계 : 현장 서비스 (On service)
- 직접적으로 고객과 서비스 제공자 사이에 상호 거래가 이루어지는 단계이다.
- 서비스 제공자의 정확성, 신속성 및 시스템의 편리성이 서비스 품질 평가에 중요한 영향을 미친다.
- 예) 기내서비스, 시공 및 설치

③ 3단계 : 사후 서비스(After service)
- 현장에서 서비스가 종료된 시점 이후의 서비스 단계이다.
- 사후 서비스의 처리 정확성과 속도 등이 고객 유지 및 잠재 고객 확보에 영향을 미친다.
- 예) 서비스 보증·보상제도, 유지 보수, 해피콜

2) 서비스 세일즈의 이해

(1) 서비스 세일즈(service Sales)의 정의

- 고객에게 유·무형의 상품과 친절, 관심, 정성 등의 서비스를 제공하면서 세일즈 토크를 통해 고객의 구매 의사결정을 자극하는 것이다.
- 고객이 상품을 사용하는 동안 만족감을 느끼게 하며, 재구매를 통해 고객 충성도를 높이는 것이다.

(2) 서비스 세일즈의 등장 배경

- 수요에 비해 공급이 초과하는 시대가 되면서 기업의 상품과 서비스를 구매로 이어지게 하기 위해서는 적극적인 세일즈 활동이 필요하게 된다.
- 서비스와 상품이 평준화되었고, 고객의 요구는 다양해짐에 따라 자사의 상품과 서비스의 이점을 적극적으로 고객에게 인지시킬 수 있는 서비스 세일즈 활동이 필요해졌다.
- 고객의 의식이나 높아지면서 상품과 서비스에 대한 요구하는 수준도 상승하게 되므로 인해 구매과정의 차별성이 필요하게 되었다.

(3) 서비스 세일즈의 특징★

- 서비스 접점의 직원은 세일즈의 주체이자, 서비스를 생산하는 상품 그 자체가 될 수 있다.
- 서비스 접접의 직원은 서비스는 상품으로 바로 생산하고 판매하기에 마케팅의 주체가 된다.
- 고객 관리를 위한 판매 전 활동과 판매 후 활동이 모두 이루어져야 한다.

Plus tip

① 세일즈 토크(Sales Talk)
- 서비스 세일즈맨이 상품을 팔기 위해 행하는 상담을 의미한다.

② 세일즈 엔지니어(Sales Engineer)
- 전문적 상품 지식과 기술, 협상 스킬 등을 보유하고 있어, 고객에게 기술적 지도까지 할 수 있는 판매원을 의미한다.

---

③ 세일즈 포인트(Sales Point)
- 판매 시 강조할 상품이나 서비스의 특징을 의미하는 것으로 상품의 강점 중 고객의 니즈가 높은 부분을 나타내는 것이다.

④ 세일즈 에이드(Sales Aids)
- 판매 활동을 효과적으로 하기 위한 자료와 도구를 총칭하는 것이다.
- 예) 세일즈 매뉴얼, 세일즈 수첩, 카탈로그, 팸플릿

⑤ 세일즈 프로모션(Sales Promotion)
- 잠재 고객에게 상품과 서비스에 대한 수요를 갖도록 강하게 부추기는 판매촉진활동이다.
- 예) 다양한 광고, 홍보, 이벤트, 세일즈맨 활동 등 변화하는 시대에 맞춘 마케팅 전략

3) 서비스 세일즈의 역할

(1) 서비스 세일즈 모델의 개념

- 서비스 세일즈는 생산 현장과 고객을 서비스로 연결하여, 수익을 만들어 내는 근원적인 활동을 의미한다.

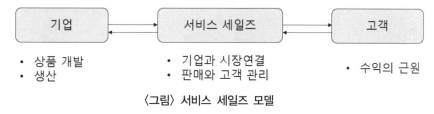

〈그림〉 서비스 세일즈 모델

(2) 서비스 세일즈의 목적

① 기업과 고객 연결
- 기업의 상품을 서비스로 더 가치 있게 포장하여 상품을 고객에게 전달하는 것이다.
- 상품 판매 전, 후에 발생하는 다양한 상황에서 적절한 서비스로 대응한다.
- 고객의 문의 및 불만 사항에 대해서도 적절히 대응해야 한다.

② 고객 창출 및 유지 관리
- 고객의 욕구에 맞춰 상품에 대한 다양한 정보를 제공하기 때문에 고객을 쉽게 창출해 낼 수 있다.

- 서비스 상품을 통해 고객가 지속적인 유대 관계를 창출하고 유지 · 강화함으로써 기업이 수익 증대를 기여할 수 있다.

③ 기업 브랜드 향상
- 차별화된 서비스 상품이 고객에게 전달되면서 기업의 브랜드가 향상되는 기회를 제공할 수 있다.

④ 수익 증대
- 고객 참여를 통해 고객에게 가치가 상승하므로 상품 판매를 위한 촉진 비용을 절약할 수 있다.

4) B2B 시장과 B2C 시장의 특징

구분	B2B(Business to business)	B2C(Business to Customer)
정의	기업과 기업 간 이루어지는 비즈니스 모델	기업이 개인(소비자)간의 비즈니스 모델
고객	기업	고객(소비자)
구매량	한번에 대량 구매	소량 구매
관계	구매자와의 다양한 이해관계자가 장기적으로 밀접한 관계 유지	단기적 고객
구매 결정	정형화된, 계획적	감성적
구매 및 판매주기	길다.	짧다

2. 고객 중심의 서비스 세일즈 전략

1) 고객 중심 서비스 세일즈 전략 프로세스*

1단계	Prospecting	기업의 잠재 및 가망 고객 발굴하기
2단계	Approaching	타깃 고객에게 접근하여 관계 형성하기
3단계	Needs 파악	고객의 니즈 파악하기
4단계	Presention	추천 상품 설명하기
5단계	Overcome	반론 극복하기
6단계	Closing	상담을 마무리하기
7단계	Follow -up	지속적으로 고객과의 관계 유지하기

(1) Prospecting (기업의 잠재 및 가망 고객 발굴하기)

① 고객 충성도에 따른 고객 분류

구분	정의
의심 고객	• 기업의 상품·서비스에 대해 신뢰를 갖지 못하고 의심의 마음으로 바라보는 고객
잠재 고객	• 기업의 상품과 서비스에 대한 정보 검색은 하였지만, 구매행동으로 옮기지 않은 고객
일반 고객	• 상품과 서비스를 적어도 한 번 이상 구입한 고객
단골 고객	• 상품과 서비스를 지속적으로 구입하는 고객
옹호 고객	• 기업의 상품과 서비스에 대한 충성도가 높으며, 타인에게 적극적으로 추천하는 고객

② 고객 개발을 위한 전략

전략	세부 내용
고객유지 보다 고객 개발에 초점	• 고객 관리 차원의 관계를 비즈니스를 확장시키기 위한 세일즈 방문으로 전환한다.
좋은 소식을 문서화하기	• 성공적이고 긍정적인 고객과의 관계에 대한 내용은 문서화 하여 기록 보관한다.
경험자와 증인을 확보하기	• 서비스에 만족한 고객에게 긍정적인 내용을 잠재 고객들에게 소개해 줄 것으로 요청한다.
고객의 니즈에 대한 자신의 이해를 재평가하기	• 스스로 간과한 고객의 니즈가 있는지 재평가하고 지속적으로 연구 개발한다.
미래의 결정 기준에 영향을 주기	• 기존 고객의 니즈가 아니더라고 미래의 고객의 니즈에 맞는 구매결정 기준을 개발한다.

(2) Approaching(타깃 고객에게 접근하여 관계 형성하기)*

① 라포(Rapport) 형성

• 고객과의 첫 만남에서 친밀감을 쌓을 수 있는 라포(Rapport) 형성을 위한 멘트를 준비하여 고객의 마음을 연다.

② 라포 형성을 위한 적절한 대화 주제

신문	오늘 신문의 헤드라인, 최근 이수
스타일	의상의 변화, 스타일에 대한 칭찬
가족	가족의 안부
건강	상대의 건강 상태 및 안부
오락	여가 활동에 대한 안부나 공통 화제
여행	최근 경험이나 휴가 계획등
식사	식사 여부,
날씨	날씨 변화, 날씨 예보

(3) Needs 파악(고객의 니즈 파악하기)

① 경청

- 고객의 자발적인 이야기를 경청하면 고객의 마음을 쉽게 열고 얻을 수 있다.
- 고객의 이야기를 들을 때는 성심성의껏 듣는다.

② 질문의 효과

마음을 열게 한다.	• 깊이 있는 질문은 상대와 교감을 일으키기에 고객의 마음을 열게 할 수 있다.
정보를 얻는다.	• 적절한 질문을 통해 필요로 하는 핵심 정보를 들을 수 있다.
생각을 자극한다.	• 상대방의 생각을 자극하면서 다양한 관점의 생각을 상대에게 이끌어 낼 수 있다.
통제가 된다.	• 감정을 통제하고 대화의 방향을 통제할 수 있다.
설득할 수 있다.	• 질문에 대해 상대가 답을 하면서 스스로 설득될 수 있다.

③ <u>전략적 목표 성취를 위한 질문 유형</u>[★]

구분	내용
상황 질문	• 배경 사실과 자료수집을 목적으로 하는 유형 • 상황 질문을 남발할 경우 고객의 기분이 상할 수 있기때문에 효율적으로 사용해야 한다. • 예) 저희 제품은 언제 구입 하셨나요?
문제 질문	• 고객의 문제나 어려움 또는 불만을 알아내는 것을 목적으로 하는 유형 • 고객 불만을 해결하기 위해 사용되고 있다 • 예) 사용하시고 계신 제품의 문제점은 무엇입니까?
확대 질문	• 고객 문제의 시사점이나 그로 인해 발생하는 결과를 탐색을 목적으로 하는 유형 • 고객의 불만을 개발하고, 효과적인 해결책을 제공할 수 있는 영역에 대한 불만을 선택적으로 강화하는데 유용하다. • 예) 그 문제로 인하여 향후 예상되는 일들은 무엇이라고 생각하시나요?
해결 질문	• 해결된 문제의 가치나 유용성 탐색을 목적으로 하는 유형 • 자신이 제공할 수 있는 해결책을 바탕으로 질문한다. • 예) 프로그램을 업그레이드한다면 어떻게 될까요?

(4) Presentation(추천 상품 설명하기)

① Presentation 기본 원칙

구분	내용
Wow Factor 발굴	• 고객으로부터 주목을 끌 수 있는 와우 팩트를 찾는다.
구매욕을 자극할 전략 연출	• 고객의 구매욕을 자극할 만한 연출을 활용한다.
차별화된 세일즈 포인트 발굴	• 서비스와 상품의 특성을 전달하는데 자신만의 차별화된 전략을 시도한다.
신뢰를 바탕으로 끈기있게 설득	• 고객에게 가치를 제공한다는 판단이 진정성 있게 다가간다. • 정보를 제공하여 관심을 끌고 신뢰를 구축한다. • 질문을 하여 고객의 니즈를 지속적으로 심도 있게 파악한다.

② FABE 화법*

Feature (특징)	그 상품이 가지고 있는 특징
Advantage(장점)	앞서 언급한 상품의 특징으로 인해 발생하는 상품의 경쟁력
Benefit (이익)	상품구매로 고객이 갖게 될 실질적 혜택 및 가치
Evidence (증거)	위 내용들(장점과 이익)을 고객이 확인할 수 있는 증거

(5) Overcome(반론 극복하기)*

① 효과적인 반론 극복 프로세스

1단계	긍정으로 시작한다.	• 반론으로 시작하면 감정적 반발을 초래할 수 있기 때문에 긍정적으로 시작한다. • 상대의 주장 가운데 동의할 수 있는 점과 일치점에 대한 내용부터 이야기한다.
2단계	반론 내용을 명확히 설명한다.	• 상대의 주장의 모순점, 허점 등을 질문하여 답변을 경청한 후 자신의 생각을 명확히 설명한다.
3단계	반대 이유를 설명한다.	• 자신의 생각에서 상대의 주장보다 더 나은 점을 찾아 설명한다.
4단계	반론 요약해서 말한다.	• 다시 한번 반론의 내용을 요약해서 전달한다.

② 거절의 극복 방법(Q- FABE- Q)

• 화제를 전환하기 위해 질문을 한다.
• 상담에서 유리한 점이나 소구점(Appeal Point) 등을 찾아내기 위한 질문을 한다.
• 소구점에 대해 동의하는지를 확인하는 질문을 한다.
• 소구점에 대한 세일즈 포인트의 특징, 의미, 혜택 및 증거 자료를 FABE로 설명한다.
• 거절이 극복되었는지의 여부를 확인하는 질문을 한다.

③ 거절 극복 방법

구분	내용
질문법	• 거절 이유에 대해 물어본다.
사례법	• 성공적으로 해결한 사례를 연결하여 설명한다.
인정법	• 고객의 거절의 이유를 인정하고, 보완 요소를 제시하고 설명한다.
체면 자극법	• 고객이나 기업의 지위에 맞는 상품임을 설명하고 구매 자격을 언급한다.
근거 자료 제시법	• 주장을 뒷받침할 근거 자료를 제시하며 설명한다.
부정법	• 고객의 거절 이유가 될 수 없음을 설명한다.
나열법	• 고객이 얻을 수 있는 이익을 바로 나열하면서 설명한다.

(6) Closing (상담 마무리하기)*

① 세일즈 마무리 기법

유형	구분
권유형 마무리	• 간단하고 명료하게 세일즈 마무리 하는 방식이다. • 고객에게 자연스럽게 결정을 권유하며 거래를 마무리한다.
지시형 마무리	• '마무리 후 기법'이라고도 불리며, 앞으로 일어날 일이나 계획 등에 대해 설명한다.
양자택일 마무리	• '선택 마무리'라고 하며, 고객은 선택의 여지가 있는 것을 선호한다는 근거를 둔 방식이다. • 선택지를 제시하면서 마무리한다.
2차적 마무리	• 고객인 비교적 쉽게 할 수 있는 작은 결정들부터 유도하면서 점차 큰 결정을 쉽게 할 수 있도록 이끄는 방법이다.
승인형 마무리	• '주문서 마무리'라고도 한다. • 상담 막바지에 주문서나 판매 계약서를 꺼내서 작성하기 시작하는 방식이다.
결과 지적법	• 고객이 제품을 구매했을 때 얻게 되는 장점(결과)를 강조하는 방법이다.
긍정 암시 마무리	• 'No'라는 대답하기 어려운 질문을 하여 자신도 모르게 결정하게 하는 방식이다.

(7) Follow -up (지속적으로 고객과의 관계 유지하기)

① 로얄티 프로그램

쿠폰	• 서비스 제공자가 고객과 직접 효과적으로 소통할 수 있는 방법
포인트 제도	• 사용별 실적 포인트 적립 제도 • 고객 정보와 연계한 적립까지 다양한 형태의 방법
자사 카드	• 개별 고객들의 거래 내역 및 관련 정보를 수집하여 마케팅의 기초자료로 활용할 수 있는 방법
SMS	• 고객의 성향을 분석해 맞춤형 정보를 문자메시지로 제공하는 방법

② 존 굿맨의 법칙*

- 1970년대에 마케팅 조사 회사인 TARP의 사장 존 굿맨(John Goodman)은 20개국의 많은 산업을 조사한 결과, 불만 고객이 직원의 대응에 충분히 만족했을 경우에 오히려 불만이 나타나지 않았던 때보다 재방문율 또는 재구매율이 올라간다는 것을 밝혔다. 이 현상을 존 굿맨의 법칙이라 한다.
- 서비스 세일즈 상황에서 긍정적인 결과를 이루지 못했다 하더라고 끝까지 긍정적으로 고객과 관계를 유지하려는 노력은 추후 상품과 서비스를 구매하려는 고객을 증가시킬 수 있다.

2) 고객의 구매 결정 단계별 세일즈 전략*

[그림] 고객의 구매 결정 과정

(1) 니즈 인식 단계

불만을 밝혀낸다	• 불만이 없다면 고객이 제품을 구입해야 할 이유가 없다.
불만을 개발한다.	• 밝혀낸 불만을 대화를 통해 문제를 확대시켜 고객의 행동을 유발한다.
불만을 선택적으로 강화 한다.	• 자사의 상품이나 서비스가 해결 가능한 부분에 대해서 선택적으로 더욱 강한 불만을 느끼도록 유도한다.

(2) 선택정보 비교 평가 단계

- 자사의 상품과 서비스에서 자사의 상품이 가진 경쟁력을 부각 시킨다.
- 고객의 니즈가 자사의 상품과 서비스가 해결해 줄 수 있다는 확신을 시킨다.

(3) 불안 제거 단계

- 결과에 대한 불안을 무시하지 않는다
- 고객의 불안을 세일즈맨에게 공유할 수 있도록 초기에 신뢰 관계를 쌓는다
- 고객에게 스스로 두려움을 해결할 수 있도록 조건을 마련해 준다.
- 고객의 입장에서 고객의 불만을 해결한다
- 고객에게 결정을 강요하여 압력을 가하지 않는다.

(4) 행동(구입) 단계

- 도입 단계라고 하면, 고객이 상품이나 서비스 구매하여 사용하는 시점을 의미한다.
- 다른 고객의 소개나 추가 구매 요청 등과 같은 행동은 하지 않는다.
- 고객이 편안하게 상품과 서비스를 사용하면서 자사에 대한 긍정적 느낌을 가질 수 있도록 환경을 제공한다.
- 막연한 대기 전략보다 기존 고객으로 전환되었을 때 비즈니스 활동을 진행 한다.

3. 서비스세일즈 상담 성공 전략

1) 관계세일즈(Relationship Sales)

(1) 관계세일즈의 정의

- 가망 고객을 발굴하여 고객의 문제를 해결하여 장기적으로 고객과 좋은 관계를 유지하는 것에 초점을 맞추는 새로운 세일즈 방식이다.
- 장기적인 관계 유지를 통해 고객에게 차별화된 가치를 제공하여 고객의 이익과 기업의 이익을 모두 성취전략을 추구하는 목적이 있다.

(2) 관계 세일즈의 중요성

- 신규 고객 창출보다 기존 고객에 대한 마케팅 활동이 더 효용성이 있기에, 기존 고객의 이탈 방지 및 재구매가 더 중요하게 되었다.
- 같은 상품이라도 기존 고객이 신규 고객보다 상품의 가격에 더욱 관대하다.
- 기존 고객을 통해서 신규 고객을 창출할 수 있다.

(3) 관계 세일즈의 성공 전략

- 비즈니스 접촉이 아닌 개인적이고 인간적인 측면으로 다가가. 진지한 관계를 맺는다.

- 조직원과 고객과의 관계 개선을 위한 다양한 방법을 논의하고 공유한다.
- 관계 세일즈를 시작하는 방법은 실전 기술을 찾아낸다.
- 비즈니스 현장이 아닌 비공식적으로 고객을 돕는 방법을 찾는다.

2) 서비스 세일즈 상담 전략

(1) 6단계 바이럴 서비스 세일즈 전략

단계	전략	세부 내용
1단계	고객 파악하기	• 고객은 구매할 의향이 있지만 나를 알지 못하는 사람들이 최종 타깃 고객이다. • 최종 고객을 정확히 정의해야 효과적이다.
2단계	구매 당위성(명분) 개발하기	• 경쟁자들과 차별화하고, 나를 추천해줄 인맥들이 나의 장점과 가치를 정확히 알고 있어야 한다.
3단계	세일즈 소구점 개발하기	• 긍정적인 세일즈 메시지를 적절한 타이밍에 잠재 고객에게 성공적으로 전달하면, 구매 프로세스가 신속하고 간단해진다.
4단계	소문을 퍼뜨려줄 메신저 찾기	• 나의 성공으로 이익을 얻을 수 있는 사람, 내가 도움을 주었던 사람 들 중에 나의 세일즈 가치를 전달해 줄 메신저 찾는다.
5단계	메신저에게 전달한 핵심 질문 준비하기	• 주변 아는 사람들에게 나를 추천해 줄 때 그들의 지인에게 하게 될 핵심 질문을 준비한다.
6단계	메신저와 함께 성장하기	• 성공적인 입소문 판매의 원동력은 서로 돕는 것이다. 메신저들의 성장과 이익에 관여해 도움을 주면서 함께 성장할 수 있도록 한다.

(2) 이메일(E-mail) 서비스 세일즈전략

- 이메일 내용과 수신자의 '관련성'을 고민한다.
- 정보와 링크를 활용하여 고객에게 '도움'을 제공한다.
- 정보위주의 내용으로 구성한다.
  - ✔ 상품이나 서비스에 대한 내용 보다는 업계의 동향 및 분석 자료로 80% 이상 채운다.
- 전체 메일이 아니라 '개인적인' 느낌을 주는 메일의 형식으로 전달한다.
- 과장된 내용이 아닌 '정직'함으로 접근한다.

(3) 고객 존중을 통한 서비스 세일즈 전략

- 고객과 회사에 대한 지식을 쌓고 호감가는 이미지 메이킹 한다.
- 말하는 것보다 듣는 것을 더 많이 한다.
- 판매와 상관없이 고객을 돕겠다는 의지를 보인다.
- 자신의 상품이나 서비스에 자부심을 가진다.

(4) 서비스 상품 소개 전략

- 고객이 제공받는 서비스의 특징 및 정보를 사실적 측면에서 간결하게 설명한다.
- 과도한 사실의 나열은 오히려 부정적 결과를 초래할 수 있다.
- 각각의 서비스가 고객에게 어떻게 사용되고 도움이 되는지 설명한다.
- 서비스 상품을 구매시 고객이 얻을 수 있는 효용과 이익을 설명한다.

Plus tip

1. 파레토 법칙
① 핵심적인 20%의 요소가 원인의 80%를 차지한다는 법칙
② 전체 서비스의 20%에 해당하는 서비스 상품이 총매출의 80%를 차지한다는 법칙

2. 롱테일 법칙
① 하위 80%의 요소가 상위 20%의 요소보다 더 큰 비중을 차지한다는 법칙
② 매력적이지 않은 80%의 서비스 상품이 총매출의 50%를 넘게 차지한다는 법칙
③ 역 파레토 법칙이라고도 불림.

---

4. 고객 유형별 상담 방법

1) 고객 유형별 특징 및 상담 방법

(1) 빈정거리는 고객

특징	• 문제 자체에 집중하지 않고 특정한 문구나 단어를 가지고 항의한다. • 국소적인 문제에 집착한다. • 강한 추궁이나 면박을 받으면 대답을 피한다.
상담 방법	• 정중함을 잃지 않고 의연하게 대처하는 것이 중요하다. • 대화의 초점을 주제 방향으로 유도하여 해결에 집중한다. • 질문법을 통해 고객의 의도를 이끌어내는 것이 좋다. • 감정 조절하여 고객의 의도에 휘말리지 않도록 주의한다.

(2) 우유부단한 고객

특징	• 본인이 바라는 내용을 정확하게 표현하지 않는다. • 타인이 의사결정을 내려주기 바란다.
상담 방법	• 인내심을 가지고 천천히 응대한다. • 고객의 의도를 표면화하기 위하여 질문을 하고 경청하여 고객 의도를 파악한다. • 명확한 보상기준과 이점을 설명하여 신뢰를 형성한다. • 선택사항을 전달하고, 의사결정의 과정을 잘 안내한다.

(3) 전문가적인 고객

특징	• 자신이 가진 생각에 대한 고집을 꺾지 않으며 좀처럼 설득되지 않는다. • 자신이 가진 정보를 신뢰한다.
상담 방법	• 상대의 의견을 존중하고 고객의 말을 경청한다. • 상대를 높여주고 대화 중 자존심을 건드리는 언행을 삼간다. • 상담자의 전문성을 강조하지 말고 문제 해결에 초점을 맞춘다. • 고객을 가르쳐 주는 식의 상담이나 반론은 지양한다.

(4) 저돌적인 고객

특징	• 본인의 생각만이 유일한 답이라 믿고 계속 관철시키려고 한다. • 상대방의 말을 끊고 자신의 주장하며 내세우며 분위기를 압도하려는 경향이 있다.
상담 방법	• 침착함을 유지하고 자신감 있는 자세로 정중하게 응대한다. • 음성에 웃음이 섞이지 않도록 유의한다. • 고객이 흥분상태를 인정하고 진정할 것을 요청하기보다는 고객 스스로 감정 조절을 유도한다. • 말하는 도중 고객이 말을 끊으면 양보하고 고객이 충분히 말할 수 있도록 한다.

(5) 지나치게 사교적인 고객

특징	• 사교적이며 협조적인 고객이다. • 자신이 원하지 않는 상황에도 약속을 하여 상대방을 실망시키는 경우가 있다.
상담 방법	• 상대의 의도나 기분에 사로잡히지 않도록 말을 절제한다. • 고객의 진의를 파악할 수 있도록 적절한 질문을 통해 다른 의도를 경계하여야 한다. • 자기방어 말을 준비하고 있는 경우가 많으므로 핵심 질문하여 내용을 잘 이해하고 있는지를 확인한다.

(6) 같은 말을 장시간 되풀이하는 고객

특징	• 자아가 강하고 끈질긴 성격이다.
상담 방법	• 고객의 말에 지나치게 동조하지 않는다. • 고객의 항의 내용을 요약, 확인한 후 문제를 충분히 이해하였다는 것을 알린다. • 문제 해결에 확실한 결론을 제시해 준다. • 회피하려는 분위기 주지말고, 가능한 신속한 결단을 내려 준다.

(7) 불평을 늘어놓는 고객

특징	• 고객 나름의 소신이 있는 경우가 많으며, 사소한 것에도 불평과 트집을 잡는다.
상담 방법	• 고객의 의견을 존중하고 공감의 표현을 가지며 설득해 나간다. • 고객의 의견을 인정한 후 하나씩 설명하며 이해 시킨다. • 즉각적으로 반론하거나 회피하지 않는다.

2) 상황별 고객 상담 방법*

상황	상담 방법
고객이 말이 없을 때	• 편안한 분위기를 만든다. • 선택 형 질문으로 고객의 기호를 파악한다.
큰 소리로 말할 때	• 상대가 자신의 목서리가 크다는 사실을 스스로 인지할 수 있도록 목소리를 낮추고 천천히 말한다. • 장소를 바꾸어서 고객의 기분을 환기 시킨다.
어린이를 동반했을 때	• 어린아이의 특징을 파악하고 칭찬을 한다. • 사탕이나 껌을 준비하는 것도 좋은 방법이다
동행이 있는 경우	• 동행인도 응대의 대상이다. • 동행인에게도 상품의 설명이나 칭찬 등을 어필한다.
고객이 망설이고 있을 때	• 고객의 기호를 정확하게 파악하고 자신감 있게 상품을 권한다.
가격이 비싸다고 할 때	• 먼저 고객의 말을 인정한다. • 상품의 장점 돋보이도록 설명한다.

3) 고객상담 만족 화법*

구분	내용
쿠션 화법	• 전달하기 어려운 말을 하기에 앞서 상대를 배려하고 미안함을 먼저 표현하는 화법
신뢰 화법	• 고객에게 신뢰감을 줄 수 있는 표현을 사용하는 화법
레이어드 화법	• 의뢰나 질문 형식으로 바꾸어 전달하는 화법
아론슨 화법	• 부정과 긍정의 내용 중 부정적 내용을 먼저 말하고 긍정적인 내용으로 마감하는 화법
맞장구 화법	• 고객의 이야기를 관심 있게 들으면서 적절하게 반응해주는 화법
보상 화법	• 고객의 저항하는 서비스의 약점을 다른 서비스 강점으로 보완하여 강조하는 화법
후광 화법	• 유명 인사나 긍정적인 자료를 제시하여 고객의 저항을 감소시키는 화법
부메랑 화법	• 고객에게 지적받은 특성을 먼저 인정하고 강점으로 승화시켜 이해시키는 화법
YA 화법 (Yes-And 화법)	• 상대의 거절을 역이용하는 방식 • 고객이 거절의 이유를 일단 공감하고, 바로 그 이유 때문에 자사의 서비스를 선택해야 한다고 주장하는 화법
YB 화법 (Yes-But 화법)	• 상대의 의견에 일단 긍정하고 난 뒤 반대 의견을 제시하는 화법

5. MOT (Moment of Truth) 분석 및 활용

1) MOT에 대한 이해

(1) MOT의 개념*

- 스칸디나비안 항공사(Scandinavian Airlines : SAS)의 얀 칼슨(Jan Carlzon) 사장은 고객 접점의 15초 동안의 짧은 순간이 SAS의 전체 이미지와 사업의 성공을 좌우한다고 하면서 기업 경영에 처음 도입하였다. 그 이후 학계와 기업에 급속히 확산되었다.
- MOT(Moment of Truth : 진실의 순간) : 스페인의 투우 용어인 'Momento De LaVerdad'를 영어로 옮긴 것으로 스페인의 마케팅 학자인 Norman이 서비스 품질 관리에 처음 사용하였다. 투우사가 소의 급소를 찌르는 짧은 순간을 말하는데 '피하려 해도 피할 수 없는 순간' 또는 '실패가 허용되지 않는 매우 중요한 순간'을 의미한다.
- MOT는 고객이 조직이나 직원과 접촉하는 접점으로서 서비스를 제공하는 조직과 직원의 품질에 대해 인상을 받는 순간이나 사건을 말한다.

(2) MOT의 3요소*

① 하드웨어
- 제품의 품질과 성능, 디자인, 점포 분위기와 시설 및 설비의 사용 편리성 등도 포함된다.

② 소프트웨어
- 서비스 운영 시스템, 서비스 직원 업무 처리 프로세스 등이 포함된다.

③ 휴먼웨어
- 서비스 제공자의 태도, 표정과 언어 및 억양, 자세 등이 포함된다.

(3) MOT 실행 시 고려 사항

① MOT 사이클 전체를 관리해야 한다
- MOT는 고객이 직원과 접촉하는 순간에 발생하지만, 이 결정적 순간들이 쌓여 서비스 전체의 품질이 결정된다.

② 고객의 관점에서 MOT 관리해야 한다
- 서비스 제공자와 고객의 시각이 일치하지 않는 경우있기에 MOT를 효과적으로 관리하기 위해서는 항상 고객의 목소리에 귀를 기울여야 한다.

(4) MOT 법칙*

곱셈의 법칙	• 서비스 만족도는 MOT 각각의 만족도의 합이 아니라 곱에 의해 결정된다는 것이다. • 한 항목에서 0점을 받았다면, 나머지 점수가 좋아도 그 결과는 0점이 된다는 것이다.
통나무 물통의 법칙	• 여러 조각의 나무로 만든 통나무 물통은 한 조각이 깨질경우 물을 가득 채울 수도 없고 채워진 물이 빠질 수 있다는 최소율의 법칙이 적용된 것이다. • 서비스 역시 한 부분이 잘못되면 전체 서비스 품질이 낮아진다는 법칙이다.
'100-1=0'의 법칙	• 깨진 유리창의 법칙을 설명해 주는 수학식이다. • 100가지 서비스 접점 중 한 접점만 불만족을 초래하면 전체 서비스 품질에 커다란 영향을 준다는 법칙이다.

(5) MOT 사이클의 이해*

- 고객이 서비스를 받는 과정에서 경험하는 순간을 연속적인 흐름으로 보여주는 도표이다.
- 서비스 프로세스의 관점으로 MOT의 각 단계별 서비스 업무 시스템을 '서비스 사이클 차트'라고 한다.
- 고객의 입장에서 고객 만족을 이해하기 위한 방법이다.
- 고객이 경험하는 서비스 접점을 원형 차트의 1시 방향에서 시작하여 시계방향으로 순서 대로 기입한다.

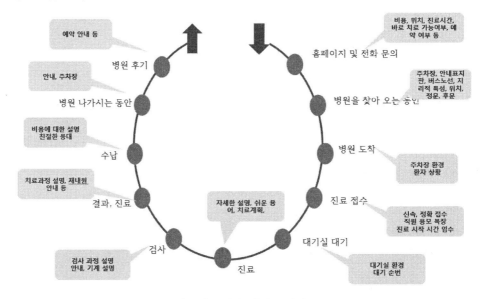

〈그림〉 MOT 사이클 예시

2) MOT에 대한 관리

(1) MOT 평가

- MOT 차트는 표준 기대를 중점으로 왼쪽 칸에는 플러스 요인, 오른쪽 칸에는 마이너스 요인이다.
- MOT 차트는 직원들이 성공적으로 서비스 수행하기 위한 방법을 찾는데 도움이 된다.

(2) MOT차트의 분석 5단계

1단계	서비스 접점(MOT) 진단하기	• 고객이 처음 방문해서 나가는 순간까지의 모든 서비스 과정을 고객의 입장에서 생각해 본다.
2단계	서비스 접점(MOT) 설계하기	• 고객 입장에서 고객 접점의 단위를 구성한다.
3단계	고객 접점 사이클 세분화하기	• 서비스 흐름에 따른 전체 과정을 세분화 시킨다.
4단계	고객 접점 시나리오 구성하기	• MOT 차트를 활용하여 접점별 문제점과 개선점을 찾아 시나리오 차트를 구성한다.
5단계	구체적인 서비스 표준안으로 행동하기	• 각 접점별로 개선된 고객 응대 표준안을 작성하고 행동한다.

Ⅱ. 고객 관계 관리(CRM)

1. 고객 관계

1) 고객 관계의 이해

(1) 고객 관계의 정의*

- 협의로 보면 고객 관계는 서비스를 제공받는 시점에서 고객과 서비스 제공자 간의 상호 관계를 의미한다.
- 광의로 본다면 고객이 서비스를 이용하기 전, 이용 중, 이용 후의 관계 모두를 포함한다.
- 협의의 관점에서 고객 관계는 단기적, 일회적인 성향이 있는 반면에, 광의의 관점에서 고객 관계는 장기적, 지속적인 성향을 띠고 있다.

(2) 고객 관계의 중요성 및 효익*

- 기업은 고객과 지속적인 관계를 통해, 고객과의 관계가 '단순한 거래 중심적 관계'에서 고객 충성도를 바탕으로 한 상호 의존적인 관계가 되면 고객과 기업에게 모두 이득이 되기 때문이다.

경제적 효익	• 고객은 장기적 관계로 인해 추가 혜택이나 쿠폰, 할인 등 금전적 혜택 • 구매 시 소요되는 탐색비용과 시간을 절약 • 기업 측면에서는 제공단계의 편리성과 시간 단축으로 얻게 되는 효익
사회적 효익	• 고객과의 서비스 직원의 상호작용, 고객과 고객 간의 상호작용으로 친목, 우정, 개인적 인지 등의 효익
심리적 효익	• 고객이 서비스 직원과 밀접한 관계에서 나오는 심리적 편안함과 같은 혜택 • 심리적 편안함으로 서비스에 대한 불안감 감소되고 결과에 대한 확신과 신뢰를 갖게 되는 효익
특별대우 효익	• 장기적 유대관계로 부가적 서비스의 제공이나 배려 • 고객의 개별화된 구체적인 요구를 처리해 줌으로써 고객화 서비스를 받을 수 있음

(3) 장기적이고 지속적인 고객 관계에서 얻는 이점[★]

기업	고객
• 홍보를 위한 마케팅 비용의 감소 • 장기적인 관계를 통해 고객에 대한 이해 증가 • 고객화 서비스 제공으로 고객 만족도 증가 • 서비스 제공 단계의 간소화로 효용성 향성 • 교차 판매나 up-salling 로 거래 관계의 확대	• 서비스 제공자에 대한 학습 비용 감소 • 고객화 서비스 수혜 • 서비스 요청 단계의 간소화 • 새로운 상품 및 브랜드의 위험의 감소 • 탐색 비용의 감소

(4) 공적 관계를 사적 관계로 친밀도 향상법

구분	친밀도 향상법
대체 가능성 낮추기	• 고객에게 희귀성 있고 독점적인 서비스 제공한다. • 결과적으로 우수한 품질의 서비스 제공한다. • 제공하는 서비스 인적 자원의 역량을 향상 시킨다.
상호의존도 높이기	• 고객화 및 개인화 서비스 제공한다. • 고객이 의견을 편하게 제시할 수 있는 쌍방향 의사소통을 한다.
구체적으로 정보 교환하기	• 정보제공에 대한 안정성 확보(개인정보 보호 등) • 고객이 제공한 정보가 어떻게 활용되어 고객가치 향상에 도움 되는지에 대한 설명
개별 규칙으로 적용하기	• 서비스 접점의 유연한 문화로 서비스 현장에서 비매뉴얼적 행동에 대한 자율권한 제공한다.
감정적 관계로 발전하기	• 기능적 관계에서 감정적 관계로의 발전을 위해서 서비스 접점의 경험요소 강화한다.
비금적전 보상하기	• 기업의 윤리적 가치 보상과 기업의 제품을 사용하면서 자부심과 성취감을 고취시킨다.

2) 서비스 접점에서 교환관계

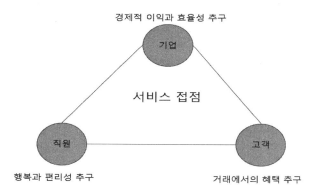

(1) 경제적 교환관계[*]

- 협의의 고객 관계인 서비스 접점에서의 교환관계를 서비스 접점의 구성요소에 따라 구분하여 보면 기업 – 고객, 기업 – 직원의 관계는 경제적 교환관계이다.
- 고객은 기업에게 비용을 지불하고 서비스를 제공받으며, 직원은 기업에게 시간과 능력을 제공하고 보상을 받는다.
- 기업은 고객이 지불한 비용에 합당한 서비스를 공급하기 위해 서비스 자원을 사용하여 서비스를 생산하고, 직원의 능력과 시간을 서비스 생산에 활용한다.
- 경제적 교환관계에서는 가장 중요한 것이 경제적 자원의 교환 흐름에 대한 것이다.
- 기업은 직원의 능력과 시간을 사용하는 것에 대해 적정한 보상과 대가를 지불해야 한다.
- 직원은 기업에게 가치 있는 능력을 제공하고 정해진 시간 동안 성실하게 근무를 해야 한다.
- 고객은 기업이 제공하는 서비스에 대해 합당한 비용을 지불해야 하며, 기업은 고객이 지불한 비용에 적합한 서비스를 제공해야 한다.

(2) 사회적 관계

- 사회적 교환은 사회적 자본의 교환과 정보 및 커뮤니케이션의 흐름으로 형성된다.
- 최초의 거래관계에서는 첫인상, 외모, 유사성(친숙함), 친절, 미소 등과 같은 사회적 자본요소에 의해 사회적 교환이 촉진된다.
- 지속적인 거래관계에서는 전문성, 대화능력, 인간관계능력, 문제해결능력, 신뢰 등과 같은 사회적 자본요소의 영향이 크다
- 사회적 교환에서 중요한 교환관계의 핵심은 정보의 원활한 제공이다. 이러한 정보의 제공에 사회적 자원은 영향을 주게 된다.
- 장기적이고 지속적인 관계에 영향을 주는 것은 경제적 교환에서의 기능적 가치와 상호작용에서 사회적 교환 관계의 우수성이 있다.

3) 서비스 접점에서의 파워관계

(1) 서비스 접점의 삼각 구조

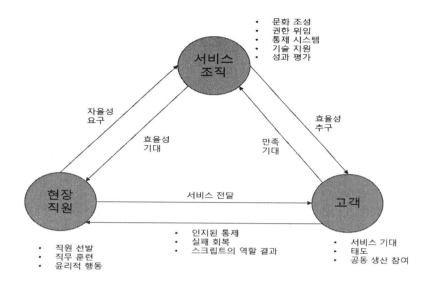

(2) 서비스접점에서 파워의 불균형이 초래하는 결과

구분	결과
기업	• 효율성이 높이기 위해 비용절감을 추구 • 직원 재량권을 제한하고 통제의 편리성을 위해 규칙과 절차 부과 • 서비스 표준화하고 고객에게 서비스 범위를 제안하여 비용중심의 제공 방식 선택
직원	• 기업이 제시한 규칙과 절차 무시하고 자신이 편리한 방법으로 업무처리 • 고객이 원하는 방식이 아니라 직원 자신이 편리한 방식으로 판단하여 서비스 제공하고 고객의 요구를 수용하고 거부함. • 고객불만족으로 기업이 통제되지 않는 접점관리 비용이 높아질 수 있음.
고객	• 기업이 정한 규정 무시하고 고객 중심의 더 많은 서비스 요구하게 됨 • 기업은 효율성이 낮아지고 수익이 감소하게 되며, 직원은 고객의 비정형적인 요구로 인해 높은 직무스트레스에 직면

(3) 파워의 유형*

유형	내용
보상적 파워	• 상대가 보상을 원하는 경우 보상을 제공할 수 있는 능력에 기반한 유형이다. • 보상이 매력적일수록 보상력이 상승하게 되어 보상적 파워는 강해진다.
강제적 파워	• 상대를 강제로 따르게 만드는 영향력으로 정신적, 육체적, 경제적 등으로 처벌을 할 수 있다는 전제가 된 유형이다. • 강제적 파워는 단기적으로 빠른 효과를 볼 수 있지만, 지속되면 상대의 불만을 유발하는 부정적 효과가 나올 가능성이 높다.
전문적 파워	• 전문적인 기술이나 지식, 경험 등으로부터 나오는 파워로 영향력을 발휘할 수 있는 유형이다.
준거적 파워	• 서비스 제공자가 롤모델이 되고 싶은 매력적인 요인을 가지게 됨으로 생기는 파워 유형이다.
합법적 파워	• 상대에게 영향력을 행사할 권리를 가지고 있고, 받아드릴 의무가 있다고 믿는데서 생기는 파워 유형이다.
정보적 파워	• 누군가에게 필요한 정보를 가지고 있거나 접근할 권한을 가진 사람이 그 정보를 필요한 사람의 행동에 영향을 미치는 유형이다.

2. 고객구매 사이클 및 충성 고객의 이해

1) 고객 구매 사이클

(1) 고객 구매 사이클 개념

• 처음 상품이나 서비스를 처음 구매할때 일반적으로 인지 → 최초 구매 → 구매 후 평가 → 재구매약속 → 재구매의 단계를 거치며 기업의 고객이 되며 기업은 고객 획득했다.

(2) 고객 구매 사이클 프로세스

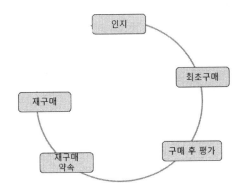

1단계	인지	• 고객이 상품이나 서비스를 인지하는 단계이다. • 잠재고객에게 경쟁자보다 먼저 상품을 인지시키는 것이 중요하다. • 이 단계에서는 다양한 마케팅 비용이 발생한다.
2단계	최초 구매	• 고객의 시험적 구매이므로 고객이 제공받는 기업의 서비스 활동에 따라 긍정적 혹은 부정적 인상과 경험을 갖게 된다. • 최초구매 단계는 고객 획득에 중요한 기회이기에 집중적으로 노력이 필요하다.
3단계	구매 후 평가	• 구매 전 기대와 구매 후 이용후 해당 상품과 서비스에 대해 스스로 평가하는 단계 • 만족을 할 경우 재구매 약속의 단계로 진입하게 되고, 그렇지 않은 경우 고객을 잃을 수 있다.
4단계	재구매 약속	• 고객만족보다 충성도가 높은 단계로, 다른 경쟁 상품과 서비스보다 더 좋은 혜택을 받았다는 의미의 단계이다.
5단계	재구매	• 재구매가 반복되는 것으로 고객 충성화가 시작되는 단계이다. • 고객의 충성도를 지속하기 위해서 기업은 고객가치를 증가시킬 수 있도록 노력이 필요한 단계이다.

2) 충성 고객

(1) 충성 고객의 정의

- 자사의 상품이나 서비스를 지속적인 반복구매로 구매량이 확대하는 고객을 의미하다.
- 경쟁사의 마케팅 활동에 전환되지 않고 주변 지인들에게 자사의 상품이나 서비스를 추천하는 행동을 하는 유형이다.

(2) 고객관계관리에 따른 충성고객 분류 및 대응 전략

고객 분류	특징	대응전략
방문 고객	• 잠재 수익성 낮고 충성유지기간 짧음 • 재구매 하지 않음 • 수익잠재력이 낮은 고객 집단	• 고객관리차원에서 최선은 고객에게 투자되는 비용을 최소화
나비 고객	• 잠재 수익성 높고 충성유지 기간이 짧음 • 자사의 상품이나 서비스가 고객욕구에 적합성 높음 • 수익잠재력이 높은 고객 집단	• 재구매 유도를 시도하나 충성고객화로 이루어지지 못하여 노력 낭비를 초래할 수 있음
계륵 고객	• 잠재 수익성 낮고 충성유지 기간이 긴 고객유형 • 자사의 상품이나 서비스가 고객욕구 간의 제한된 적합성으로 거래가 소극적인 상태임 • 수익 잠재력이 낮은 고객 집단	• 구매유도 전략 • 지속적 구매 촉진 전략 • 무관심 전략
진정한 충성 고객	• 잠재 수익성 높고 충성유지 기간이 김 • 자사의 상품이나 서비스가 고객욕구 간의 높은 적합성으로 오랫동안 활발한 거래 상태 • 수익 잠재력이 가장 높은 고객 집단	• 기업의 친밀한 접근이 필요 • 충성고객으로 집중적인 중점관리

3) 고객 유지

(1) 고객 유지 개념

- 자사의 상품과 서비스를 최초로 구매자가 재구매를 통해 지속적인 사용을 하며, 타사의 마케팅으로 전환행동을 하지 않는 상태이다.
- 이 기간에는 기업은 고객의 전환행동을 막기 위하여 고객의 지속적인 사용을 지원하는 서비스행위가 필요하다.

(2) 고객 유지의 중요성

구분	중요성
비용효과	• 고객획득비용보다 기존고객을 관리 및 유지하는 비용이 더 저렴 • 신규고객획득은 기존고객유지의 2.5배 ~5배 마케팅 비용 소요 • 고객유지비용은 신규고객획득을 위한 마케팅 비용의 25% 소요 • 고객획득비용보다 기존고객유지비용이 더 비용효과성이 높음
구매력	• 기존 고객의 구매확률은 신규고객보다 3.5배 높음
고객가치	• 단골고객 1명의 가치는 20명의 신규고객보다 큼 • 신규고객의 70%는 기존고객의 소개나 구전으로 방문

(3) 고객 유형별 고객유지전략

단계	대응전략
최초 구매	• 상품과 서비스의 거래에 집중한 고객 응대로 고객과 신뢰 형성하는 것이 중요하다. • 고객의 니즈에 경청하고 지킬 수 있는 것만 약속해야 한다. • 고객의 재방문을 할 수 있는 비전을 제시하고 재방문시 반가움을 표시해야 한다. • 고객이 자사의 상품과 서비스에 대한 기대감을 충족시켜야 하며, 첫 거래에 대한 감사를 표현해야 한다.
반복 구매	• 추가적인 고객 혜택 제공이나 교차판매 기회를 통해서 고객 욕구를 확인하고 충족시킨다. • 고객충성도를 형성할 수 있는 상품을 판매한다. • 시간의 지남에 따라 변화하는 고객의 기대에 부응하는 서비스 전략을 추구해야 한다.
충성 고객	• 고객 맞춤 서비스와 고객이 상품과 서비스에 대한 의견을 제시할 기회를 제공한다. • 고객화 과정에 고객이 참여할 기회를 제공하고 의견을 적극 수용한다. • 고객의 라이프스타일 혹은 비즈니스 스타일의 변화를 지원한다. • 충성고객의 레버리지 효과가 발휘될 수 있는 프로그램 제시한다.

(1) 전환비용

- 고객이 현재 구매 중인 상품/ 서비스의 재구매를 중단하고 다른 상품/ 서비스로 구매를 전환 함으로써 발생되는 금전적, 비금전적 비용

(2) 전환비용의 종류

탐색비용	새로운 상품/ 서비스를 제공할 기업을 탐색하는 시간, 노력, 금전적 비용
거래비용	새로운 상품/ 서비스를 제공받기 위해 새롭게 계약을 체결하기 위해 소모되는 시간, 노력, 금전적 비용, 서류 작업 등
학습비용	새로운 상품/ 서비스를 사용하기 위해 설치 및 시운전을 하고 작동법을 익히기 위해 소모되는 시간, 노력, 금전적 비용 및 실패 비용
위험비용	탐색에 실패하여 부적절한 제공자를 만나게 될 위험, 거래에 실패하여 계약을 못하게 되는 위험, 학습에 실패하여 기대한 만큼의 성능을 발휘하지 못하게 될 위험 등 다양한 위험비용이 발행

(3) 자물쇠효과(lock- in- effect)

- 소비자가 일단 어떤 상품 또는 서비스를 구입하여 이용하기 시작하면, 다른 유사한 상품 또는 서비스로의 수요이전이 어렵게 되는 형상을 의미한다.

(4) 자물쇠효과 발생 원인

- 높은 전화률 : 전환비용이 높을수록 고객 고착화는 높아진다.
- 계약 조건 : 거래계약상 전화를 제한하는 경우 고객은 위약에 대한 부담으로 고착화 한다.
- 금정적 네트워크 효과 : 사용자가 많을수록 스스로 만족감이 높아진다.

4) 고객 이탈

(1) 고객 이탈 개념

- 자사의 서비스나 상품의 이용을 중단하거나 경쟁사의 상품이나 서비스를 이용하는 것을 의미한다.

(2) 고객 이탈 유형

유형	내용
자발적 이탈	• 사전에 통제가능성이 높은 요인에 의해서 발생되는 경우 예) 직원의 불량한 태도, 제품경쟁력 상실, 서비스 불량
비자발적 이탈	• 사전에 통제가능성이 낮은 요인에 의해서 발생되는 경우 예) 타지방으로 이동, 서비스가 불가능한 상태

(3) 고객이탈 방지전략

- 고객 이탈 요인들을 분석하고 사전에 통제 가능한 요인들은 무엇인지 파악한다.
- 고객 이탈로 발생되는 기업의 손실을 고객생애가치로 평가한다.
- 고객 이탈을 감소시키기 위한 비용을 예측한다.
- 고객의 의견을 적극적으로 경청한다.

(4) 고객유대(Customer relationship bond)의 형성

- 베리와 파르슈만의 고객유대(customer relationship bond)관계 구축 방법

재무적 유대 구축	• 고객에게 재무적 혜택의 제공을 통해 고객관계를 강화 시키는 것
사회적 유대 구축	• 고객과 친밀한 관계를 구축함으로써 사회적 유대감을 증대 시키는 것
구조적 연계의 추가	• 고객과 비지니스 라이프스타일에 연계 추구하는 것으로 장기적 계약이나 대량구매자를 대상으로 진행

3. 고객관계관리 (CRM : Customer Relationship Management) 이해

1) 고객관계관리(CRM : Customer Relationship Management)의 개념

(1) CRM 이해

① <u>CRM 핵심 개념</u>
- CRM은 궁극적인 목적은 고객가치 향상을 통한 기업 수익성의 극대화이다.
- 기업입장에서 가치 있는 고객을 분별하고 세분화화여 고객과의 관계를 유지하고 차별화된 서비스로 고객평생가치를 극대화한다.
- 고객관계관리는 어느 한 부서의 일이 아니라 전사적 통합접근방식으로 진행되어야 한다.
- 순환적 프로세스를 통해 장기간 지속되어야 한다.

② CRM의 특징
- 시장점유율보다는 고객점유율에 비중을 둔다.
- 고객획득보다는 고객유지에 중점을 둔다.
- 판매보다는 고객관계에 중점을 둔다.

(2) CRM의 발전과정

구분	판매중심	CS 중심	DB	CRM
소비자 욕구	동질성	이질성	개성	부가가치
고객관점	수동적 구매자	선택적 구매자	다양화된 소비자	능동적 파트너
마케팅전략	매스 마케팅	타깃마케팅/ 니치마케팅	DB 마케팅	1:1 마케팅
고객관계	전체 시장에 일방적 공급	고객만족측정, 일방적 관계	그룹화된 고개과의 일방적 관계	개별 고객과 쌍방향의사소통
마케팅 전략	제품중심 마케팅	직접마케팅과 표적마케팅	DB 마케팅	고객지향마케팅의 전사적 통합관리

Plus tip

• CRM변화에 따른 마케팅 변화

구분	내용
제품중심 마케팅	• 제품의 품질이 좋으면 시장에서 성공한다는 철학 • 고객 모두 동일한 욕구를 가지고 있다는 전제로 제품의 수명과 기능성에 집중한 마케팅 전략이다.
직접 마케팅	• 신제품을 판매하기 위해 고객에게 직접 상품을 보여주고 설명하는 적극적인 마케팅 전략이다.
타깃마케팅	• 고객의 욕구의 이정성을 파악하여 목표 고객을 설정하여 마케팅 전략을 수립하는 것이다.
DB마케팅	• IT를 기반으로 고객의 각종 정보를 분석하여 고객 정보를 바탕으로 고객 맞춤형 마케팅 전략 수립하는 것이다.
고객지향 마케팅	• DB 마케팅에서 더 나아가 개별 고객과 쌍방향 소통을 통해 고객의 관점에서 마케팅 전략을 수립하는 것이다. • 시장분석부터 전반적인 마케팅 활동에 고객을 의사결정의 기준으로 고려하여 고객이 원하는 것을 기반으로 마케팅 활동을 하는 것이다.

(3) DB 마케팅과 CRM의 차이점

구분	DB 마케팅	CRM
관심 영역	• 일시적, 단기적 판매성과 중심의 타깃 마케팅	• 지속적, 장기적 관계지향성 마케팅 • 고객관리를 위한 모든 영역에 관심
목적	• 일회적, 분리된 개별 마케팅 프로그램의 ROI(투자자본수익률) 제고 • 관계강화보다는 마케팅 활동의 성과를 중시	• 고객관계를 강화하여 장기적인 수익성 증진에 목적 • 마케팅활동 성과의 ROI를 넘어 고객생애 가치의 극대화가 목적
고객과 상호작용	• 산발적이고 통합되지 않아 일관성이 취약한 상호작용	• 연속적이며 모든 상품, 서비스에 걸친 통합성과 일관성 확보
고객지식 공유 및 활용	• 관련부서나 영업단위에서만 이루어지고 제한적	• 전사적으로 공유되어 전체 조직의 훈련과 학습에 활용되며 조직의 핵심 수행능력을 증가시키는데 활용
프로세스	• 새로운 정보의 발전 방식으로 고객정보를 취하여 연결성이 떨어지고 순각적임	• 신규고객의 획득, 기존고객의 개발, 우수고객 유지 등과 같은 순환적 프로세스를 통해 고객 정보를 적극적으로 관리하고 통합

(4) 매스마케팅과 CRM의 비교

구분	매스마케팅	CRM
고객	판매의 대상	동반자
기본자세	판매확장	중심고객과의 관계 중시
목표고객	불특정 다수	고객 개개인
마케팅 성과지표	시장 점유율	고객 점유율
커뮤니케이션 방식	일방적	쌍방적
경제 효과	규모의 경제성(효율)	범위의 경제(효과)
마케팅 활동	1회에 한 가지 상품	1회에 한 명의 고객
정보시스템의 활용	보통	매우 높음
차별화 대상	상품의 차별화	고객의 차별화
관점	단기적 관점	장기적 관점

(5) CRM의 주요 기능

수익성 극대화	• 고객의 가치 창출과 기업가치를 극대화하여 기업의 이익의 높이는 것이다. • 고객관계관리(CRM)을 통하여 고객 개발·획득·유지를 가능하게 하는 것이다.
고객세분화와 차별화	• 고객 수익성을 기준으로 고객을 세분화하여 차별화된 서비스 가능하게 한다.
신규 고객 개발 전략	• 기존고객 관계유지를 통한 고객 정보를 활용하여 잠재 고객을 개발할 수 있다. • 기존고객으로부터 신규 고객이 가능성 있는 고객을 소개받아 마케팅 활동을 할 수 있다.
고객 유지 전략	• 고객관계관리는 고객관계분석 등을 통해 효과적이며 효율적인 고객 유지 전략을 수립할 수 있다. • 매출 분석을 통해 고객의 구매성향 및 적합한 상권 등을 분석할 수 있는 자료 제공할 수 있다.

2) 고객관계관리(CRM) 실행 방안

(1) CRM 전략의 계획 프로세스*

환경 분석	• 고객과 시장의 환경을 고려하여 내부 및 외부 환경 분석
고객 분석	• 고객 세분하여 타깃이된 집단을 심층적으로 분석
CRM 전략 방향 설정	• 목적과 기대 효과를 위한 활동과 활동 주체를 설정
고객 가설정	• 고객의 니즈에 부흥하는 상품과 서비스를 설정
서비스 개인화	• 개인적 특성을 반영한 서비스 상품의 설계
수단 설계	• 해당 서비스를 제공한 방안을 설계

(2) 성공적인 CRM 전략

유형	내용	예시
고객유지전략	• 고객에게 지각된 위험과 구매 후 부조화를 최소화하는 전략	• 서비스 혜택. A/S, 긍정적 평가자료 등의 정보를 제공 • 이탈 가능한 고객 예측을 통해 선제적 문제해결 • 고객에 대한 불평관리 및 보상체제를 구축
고객활성화전략	• 다양한 이벤트와 판촉을 통해 서비스 사용빈도를 향상	• 인센티브, 쿠폰 등과 같은 이벤트
고객충성도 제고 전략	• 충성고객에 대한 차별적 서비스 제공으로 고객관계 향상전략	• 충성행동에 대한 적절한 보상
교차판매전략 (Cross-selling)	• 사용중인 상품 있는 고객에게 자사의 다른 상품을 구매 유도하는 전략	• 상품라인을 교차 구매하는 고객에 대한 혜택을 제시하고 유도
추가판매전략 (Up-selling)	• 고객정보를 통해 추가 구매력을 지닌 고객 파악하여 상품 안내 하는 전략	• 구매량을 증가시키거나 구매품의 등급을 상향하는 것에 대한 혜택을 제시하고 유도
휴먼고객 활성화전략	• 과거 거래 데이터로 통해 중단 고객에게 재거래 유도하는 전략	• 거래 중단 원인 분석하여 고객별 제안
신규 고객확보 전략	• 거래 경험이 없는 잠재고객에 대한 구매유도 방법	• 잠재고객에게 광고, 할인쿠폰, 신규고객 이벤트 행사 제시

(3) CRM의 성공 요인과 실패 요인

성공 요인	실패 요인
• CRM에 대한 전사적·통합적인 이해와 인식 • 최고경영층의 적극적인 지원 • 우량고객에 대한 명확한 기준 설정 • 고객에 대한 공정한 차별 기준 설정 • 관련부서 간 협력체제 확립 • 성과평가에 대한 합리적인 반영	• CRM을 기술에 기반한 것이라고 인식하는 제한적인 견해 • 최고경영층의 적절하지 못한 지원 및 고객중심사고의 부족 • 고객생애가치에 대한 이해 불충분 • 관련부서 간의 협력부족 • 비즈니스 과정을 재설계하는 데 실패 • 데이터 통합에 대한 과소평가

3) eCRM

(1) CRM 과 eCRM의 차이점

구분	CRM	eCRM
대상	오프라인이 주요 대상	온라인 또는 ebusiness 개념
접점	콜센터, DM 등	SNS와 이메일 등
지역범위	해당 지역	제한 없음
시간범위	제한적	제한 없음
고객데이터	Date Warehouse	Web- House
고객분석	거래분석	거래분석과 활동 분석

4. 고객경험관리에 대한 이해

1) 고객경험관리에서의 서비스접점 이해

(1) 서비스접점의 정의

- 고객이 특정 서비스를 사용하면서 직간접적으로 상호작용을 하는 시간을 의미한다.
- 넓은 의미로 대인접점과 비대인접점을 모두 포함하고 있다.
- 좁은 의미로는 고객과 서비스 직원의 접촉하는 시간으로 제한한다.

(2) 서비스접점의 일반적인 특징

- 다양한 목적을 지니고 있다.
- 고객과 서비스 직원의 상호적 관계이다.
- 사전 지식이 절대적이지 않으면 매번 다르다.
- 서비스 접점의 범위가 제한적이다.
- 일시적으로 현저한 지위 차이가 발생한다.
- 고객과 서비스 직원간의 역할이 정의되어 있다.
- 이타주의가 아니다.
- 단일 차원이 아닌 통합적으로 인식에 의한 성과가 결정된다.

(3) 서비스접점의 분류

① 대인서비스 접점
- 서비스 직원과 고객의 직접 접촉이 발행하는 접점이다.

- 서비스 운용에서 대인서비스 접점 관리에 많은 관심과 노력을 기울이고 있다.
- 기술의 발달로 대인서비스 접점의 빈도와 양은 줄었지만 질적으로 더 중요해 지고 있다.

② 음성서비스 접점
- 고객과 서비스직원이 전화나 통신을 매개로 음성 접촉하는 접점이다.
- 대면서비스에 비해 제한적 부분이 많으며, 음성만으로 커뮤니케이션 함으로 인한 오해가 발생할 여지가 많다.

③ 기술기반서비스 접점
- 고객과 서비스 직원의 상호작용에 인적요소가 배제된 형태의 접점이다.
- 기술기반 서비스 접점의 장점과 단점

구분	장점	단점
기업	• 대면고객 서비스 비용의 감소 • 최신 기술적용에 따른 이미지 향상 • 서비스 인건비의 감소 • 인적고용(이직, 감정노동)에 따른 문제의 해결 • 숙련도 불균형으로 인한 서비스의 비일관성 문제의 해결 • 24시간 서비스 제공능력 • 새로운 사업기회로의 확장 • 서비스 지점의 확충을 위한 투자 비용 감소	• 최신 기술 활용을 위한 투자 • 기술기반 서비스접점에 대한 이해 부족으로 서비스 패러독스의 발생 • 기업이 원하는 서비스와 고객이 원하는 서비스의 인식 차이 극복 • 기술에 대한 UX, UI의 이해 부족으로 인한 불만 증가 • 투자자본수익률(ROI)의 문제 • 가격과 가치의 산정에 따른 문제
고객	• 시간/공간적 접근성의 향상 • 물리적 이동의 감소로 인한 편리성 증가 • 금전적/비금전적 비용의 감소 • 서비스의 새로운 제공 방식으로 가치 증가	• 신기술을 학습해야 하는 문제 • 불필요하거나 불편한 사용자 환경(UI)에 대한 불이익 • 고객 자원 사용에 대한 문제 • 개인정보보호 차원의 문제

Plus tip

서비스 패러독스
- 서비스 경제의 발전으로 양적, 질적으로 높은 수준의 서비스를 대량으로 공급받지만, 고객이 체감하는 서비스품질은 하락하는 현상을 의미

---

2) 서비스 접점에서 고객의 역할

① 서비스 접점에서 고객의 참여방식

구분	고객참여방식		
	참여율 낮음	참여율 보통	참여율 높음
특징	서비스 전달상에 고객이 존재함	서비스전달을 위해 고객의 개입이 필요	서비스의 공동생산
서비스 종류	표준화 서비스	표준화-고객화	개인서비스
고객 욕구	동질적 욕구	이질적 욕구	개별적 욕구
서비스 성공	제공자 >>> 고객	제공자 > 고객	제공자 = 고객
접점 분위기	환대받는 분위기	편안한 의사소통	파트너로 인식

② 서비스접점에서 고객의 행동분류

구분	역할 내	역할 외
순기능	협력행동	시민행동
역기능	회피행동	반생산행동

협력행동	• 고객이 서비스 생산과 전달시 요구되는 고객의 역할을 능동적으로 올바르게 행동하는 것 • 고객 요구를 명확히 전달하고 성공적인 서비스 제공을 위해 고객이 보여야할 책임과 행동을 올바로 수행하는 것
회피행동	• 고객이 서비스 생산과 전달시 요구되는 고객의 역할과 책임에 대해 비협조적이거나 회피하는 모습을 보이는 것 • 고객 요구를 불명확하게 전달, 수동적인 태도를 보이거나 서비스 제공자에게 책임을 전가하는 행동 • 서비스 실패의 가능성이 높아지므로, 고객과 서비스 제공자 모두가 비효율 발생하게 됨
시민행동	• 고객은 고객의 역할 뿐 아니라 서비스 제공자의 발전과 성장을 위해 긍정적 기여하는 행동 • 긍정적인 구전 활동, 다른 고객의 서비스 역할 수행 등과 같은 이타적인 행동을 의미함. • 시민행동은 고객 역할 외의 행동이기 때문에 협력 행동과 차이
반생산행동	• 서비스제공자에 대한 욕설, 폭행 등과 같은 의도적이거나 공격적인 불법 행동

2) 고객경험관리(CEM :customer experience management)

(1) 고객경험관리의 개념

- 고객 경험이란 구매 및 사용과 관련된 모든 접점에서 발생하는 접촉 및 상호작용에 대한 고객의 인식 및 지각으로 이를 통해 고객의 구매의사결정에 영향을 주고자 하는 고객관리 프로세스이다.
- 기업이 고객과 만나는 모든 접점에서 고객이 체험하게 되는 다양한 경험을 관리하여 만족스럽고 긍정적 경험 인식을 갖게 하는 것이다.

(2) 고객경험관리의 목적

- 잠재고객을 신규구매로 유도하기 위함을 목적으로 한다.
- 긍정적 고객사용 경험으로 사용가치 향상 및 기존 고객의 재구매 증가 시키는 것으로 목적으로 한다.
- 고객의 구매의사결정을 촉진지켜 빠른 구매 결정을 이끌어 낸다.
- 고객관계관리의 보완전 수단이다.

(3) 고개경험관리의 등장배경

구분	고객 만족 경영	고객 경험 관리
출현 시기	1990년대 초	2000년대 초
목적	만족한 고객의 추천을 통한 신규 구매 및 재구매	고객 만족을 통한 기존 고객의 재구매와 고객 경험 개선을 통한 잠재 고객의 신규구매
대상 고객	기존 고객	기존 고객 및 잠재고객
특징	구매 및 사용 후 만족이 핵심	구매 및 사용 직후의 모든 접점에서 긍정적 경험 전달이 핵심

자료 : LG경제연구원, "고객 경험도 하나의 브랜드다"

(4) 고객경험관리의 필요성

- 고객의 경험소비에 대한 욕구 증가하였다.
- 고객경험의 질이 기업 성과에 영향을 주게 되었다.
- 고객관계에 관리의 보완적 수단으로 고객경험관리가 활용성이 높아지게 되었다.
- 긍정적 고객경험은 즉각적인 구매로 연결되어 구매반응 속도가 높이는 효과를 주게 된다.

2) 고객경험관리의 실행

(1) 고객 경험관리 프레임워크

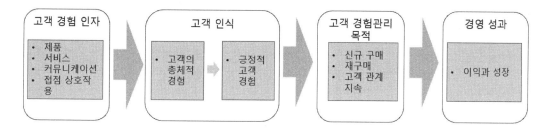

(2) 슈미트(Bernd H. Schmitt) 고객경험관리 6단계

① 슈미트의 전략적 체험 모듈의 5가지 경험요인

감각 경험요인	• 오감의 감각기관에 자극이 인지되는 경험
감성 경험요인	• 슬픔, 기쁨과 같은 감정, 느낌, 정서 등에 대한 경험
인지 경험요인	• 인지과정을 통해서 지각되는 경험 • 새로운 것을 알게 되는 과정에서 느끼는 교육적 경험, 집중하고 탐닉하는 과정에서 발생되는 쾌락적 경험
행동 경험요인	• 타인과 상호 작용의 결과로 발생하는 경험. • 라이프스타일에서 발생되는 경험을 만들어 내기도 한다.
관계 경험요인	• 타인과 관계적 경험을 통해 인지되는 경험으로 고객-고객, 고객-기업 등의 관계에서 인지되는 사회적 관계경험 • 사용자 모임, 온라인 동호회, 사용자 활동 등에서 촉진되는 경험

② 슈미트의 고객경험관리 6단계

1단계	고객 경험과정 분석하기	• 고객 경험은 제품과 서비스, 커뮤니케이션, 사람으로 크게 분류하여 고객이 경험을 지각하는 과정을 조사하고 분석하는 단계
2단계	고객경험기반 확립하기	• 경험의 우선순위, 경험과 자극의 역치, 경험의 차별성 등을 확립하는 단계
3단계	고객경험 디자인하기	• 고객경험과 고객 피드백, • 고객경험과 소비자 역할의 변화 • 고객경험과 고객상호작용
4단계	고객 인터페이스 구조화하기	• 다양한 점점에서 고객의 경험이 일관성과 신뢰성을 주기위해 통합된 인터페이스 구조화 하는 단계이다. • 편리성, 기능성 등을 고려하여 인터페이스 디자인
5단계	지속적 혁신하기	• 고객의 경험욕구는 변화하고 진화하므로 통합적이고 구조화 되면서도 접점 상황에 맞게 트렌드와 유행에 뒤처지지 않는 것이 중요 • 기업이 제공할 수 있는 경험보다는 고객이 원하는 경험을 중심으로 혁신

5. 고객포트폴리오 및 고객가치 이해

1) 고객 포트폴리오의 이해

(1) 고객포트폴리오의 개념

- 고객과 시장, 그리고 기업이 가지고 있는 서비스 역량을 분석하여, 기업의 다양한 사업 전략에 최적화된 고객을 발굴하여 기업의 수익성을 극대화하는 고객관리 기법이다.

(2) 고객포트폴리오 3가지 전략*

외부지향적 접근법	• 잠재고객이나 경쟁사 고객을 대상으로 접근하는 관리방법 • 전체 시장에서의 침투율과 시장 점유율을 높이기 위한 방법 • 고객가치에 대한 명확한 이해 없이 전체 시장의 접근을 중심으로 판단으로 인하여 전략적 포지션 악화와 사업 수익성 악화할 수 있는 한계 발생
수익지향적 접근법	• 매출과 수익기여도에 따라 고객을 관리하는 방법 • 우량고객을 선발하여 차별화된 서비스 제공 전략 • 기업의 사업 목표, 자원 역량의 분산으로 경영 혼란이 가중될 수 있다는 한계 • 중장기적 성과에 대한 미흡
가치지향적 접근법	• 상이한 가치와 특성을 지닌 고객들을 분류하여 관리하는 방법 • 고객의 생애가치에 기반하여 적합고객을 파악 • 수익성을 기반으로한 지속적인 성장이 가능 • 새로운 사업 기회 발생 • 단기 수익성이 낮아 사업 초기 기업이나 소자본 기업에 어려움.

2) 고객가치(Customer Value)의 이해

(1) 고객가치의 개념

① 고객가치의 정의
- 기업 활동에 상응하는 고객의 보상 정도를 의미한다.
- 고객가치는 매출액과 수익성을 기반으로 세분화하여 평가해야 고객의 기여도를 파악할 수 있다.

② 고객가치의 중요성
- 기업이 고객에게 일정한 서비스를 제공하더라고 각 고객별 가치는 동일하지 않다. 따라서 고객가치 평가를 통해 고객을 세분화하여 차별적인 고객관리로 기업의 성장할 수 있다.

③ 공정가치선
- 고객가치 평가를 위해 고객을 세분화하고, 고객의 매출 증대 기여 정도를 파악하여 고객관리 전략을 수립한다.
- 공정가치선은 고객과 기업간의 가치 수준이 어느 쪽으로 치우쳐져 있는지 여부를 판단하여 개선해 나갈 수 있는 기본적인 방향성을 제시해 준다.

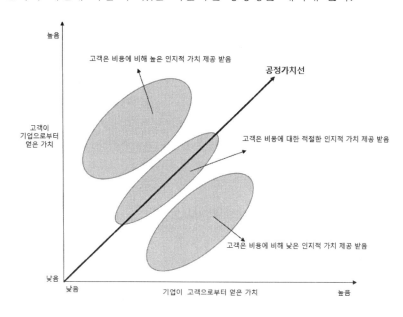

(2) 고객가치의 특성

동적성	• 고객가치는 서비스구매단계 및 시간의 흐름에 따라 변함
주관성	• 고객가치는 고객의 주관적 판단에 의해 결정됨
상황성	• 고객가치는 고객이 처한 상황에 따라 판단이 달라짐
다차원	• 고객가치를 결정하는 요인은 다양하고 단계적임

(3) 고객가치의 구성*

감성적 측면	• 서비스 제공 과정에서 느끼는 정서 또는 감정
사회적 측면	• 사회적 개념을 증대시키는 서비스 효용
기능적 측면	• 서비스 이용에 절감되는 시간과 비용
품질적 측면	• 기대한 서비스 품질과 인지한 서비스 품질과의 성과 차이

3) 고객가치의 측정법

(1) 고객 순자산 가치(CE : Customer Equity)

- 고객이 기업에게 제공하는 모든 재무적 기여의 총합에 대한 현재가치이다.

> 고객 순자산 가치 = 전체 고객의 고객 생애 가치(CLV) + 전체 고객의 고객추천 가치(CRV)

(2) 고객생애가치(CLV : Custmer Lifetime Value)*

- 고객 한 명이 평생동안 산출할 수 있는 기대 수익을 의미한다.
- 경쟁기업으로 이탈하지 않고 고객관계 유지해 가는 각각의 고객으로 인해 증가하는 가치를 계산하는 것이다.

> 고객 생애 가치 = 고객당 평균 소비 금액 × (평균 구매 횟수/년) ÷ 거래 연수

(3) 고객추천가치(CRV : Custmer Rererral Value)

- 고객이 기업에 제공하는 추천 및 긍정적 구전의 가치를 평가하는 모형이다.
- 고객생애가치와 함께 고객 순 자산가치의 한 축을 측정하는 모델이다.

(4) 고객가치측정의 구성요소*

할인율	• 미래에 발생하게 될 고객가치를 현재가치로 환산하기 위해 필요한 할인율은 고객 생애가치 평가할 때 모든 고객에게 동일하게 적용
공헌 마진	• 고객이 기업과 첫 거래 시점부터 현재까지 기여한 총 가치
고객구매력	• 특정 상품군에서 고객이 소비할 수 있는 총액 • 상품군의 모든 기업들이 특정 고객에게 판매하는 총액
고객 점유율	• 한 고객이 소비하는 제품 중에서 특정 기업의 제품이 차지하는 비율 • 잠재구매력을 지닌 고객에게 특정 기업이 어느정도 성과를 달성하고 있는지를 판단하는 지표
고객 간접기여 가치	• 긍정적 입소문으로 기업의 제품이나 서비스를 구매하게 되어 마케팅 활동없이 획득된 신규 고객의 가지
RFM (Recency, Frequency, Monetary) 지수	• 가치있는 고객을 추출해서 이를 기준으로 고객을 분류하는 계산법 최근 구매일(Recency), 구매빈도(Frequency), 구매액(Monetary)의 값들의 가중치를 산출하여 통합한 값 RFM지수 = a× Recency + b ×Frequency + c × Monetary (a,b,c는 중요도에 따른 가중치)

4) 고객가치평가의 활용한 전략

(1) 고객이탈률 감소 전략

- 고객이탈률을 감소시키기 위해 고객 이탈을 정의하고 원인을 분석해야 한다.

(2) 고객전환 전략

- 신규고객이 기존고객으로, 기존고객은 관계가 강화된 파트너 고객으로 고객관계가 점차 발전해 가는 전략이다.
- 고객전환 전략의 개념적 모형

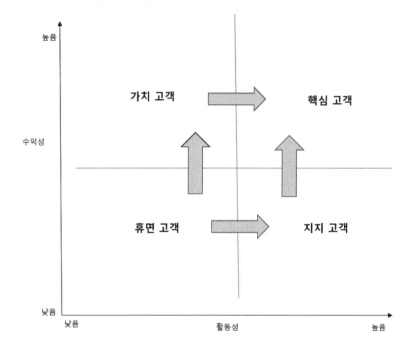

III. VOC 및 컴플레인 관리

1. VOC (Voice Of Customer)

1) VOC (Voice Of Customer)의 이해

(1) VOC (Voice Of Customer)의 정의*

- VOC(Voice Of Customer)란 고객이 기업에게 들려주는 피드백으로 각종 문의, 불만, 제안, 칭찬 등의 정보가 이에 해당한다.
- 일반적으로 '고객의 불만'과 동일시하는 경향이 있는데, 제안, 칭찬과 같은 제안형 VOC도 있다.
- 기존의 CRM의 개념에도 고객의 소리(VOC)의 관리에 대한 개념이 포함되어 있다.

(2) VOC를 관리하는 목적*

- 상품이나 서비스에 대한 고객의 만족 여부를 파악함으로써 고객의 니즈와 기대를 분석하여 고객에게 적합한 서비스를 제공할 수 있다.
- 고객의 관점에서 새로운 아이디어 상품이나 서비스를 개선할 수 있다.
- 장기적인 차원에서 기업과 고객 간의 유대 강화하여 충성 고객 확복할 수 있다.

(3) VOC의 발달 과정

VOC 1.0	• 전화나 인터넷 게시판을 통한 고객의 소리를 수집하고 처리하는 시기 • 쌍방향 소통이라기 보다는 고객의 불만이나 의견 수집이 주로 이룸 • 반복적으로 나오는 비슷한 불만들을 해결하지 못하는 한계점
VOC 2.0	• VOC 하나로 통합하여 분석하며, 기업 내부의 VOC 귀를 기울이기 시작한 시기 • 단순 불만 처리를 위함이 아니라 문제의 근원을 해결하기 노력함 • VOC를 기업의 자원으로 활용하여 더 나은 서비스 개발하고 이익을 창출하려는 시기
VOC 3.0	• 실시간으로 고객과 소통하고 가치를 전달하려는 시기 • SNS 등 기업의 외부 VOC에도 집중하기 시작함 • 고객이 말하지 않은 부분까지 찾아서 해결해 주는 능동적인 VOC

2) VOC의 유형 분류

(1) VOC 내용에 따른 분류

제안형 VOC	• 제품의 성능이나 외관, 고객 서비스 등에 대한 고객의 소리이다. • 불평이나 불만 제기 목적보다는 개선의 목적이 우선되는 것이다.
불만형 VOC	• 서비스나 제품의 실패로 인해 발생되는 고객의 소리이다. • 신속한 대응으로 불만족을 만족으로 전화시키고, 재발되지 않도록 구조적 해결이 필요하다. • 고객의 불만을 고객 상담 부스에 접수된 후 제안형으로 전화되어 상품이나 서비스 개선에 반영한다. • 불만형 VOC는 고객 상담 부서에 접수된 후에 제안 형태로 전환되어 상품이나 서비스 개선에 반영된다.
만족형 VOC	• 서비스 및 상품의 우위성을 객관적으로 평가하여 우수사례로 활용가능

(2) VOC를 제기하는 주체에 따른 분류

고객의 VOC	• 고객이 기업에 직접 의견을 제기하는 VOC • 제안형 VOC와 불만형 VOC를 모두 포함
직원의 VOC	• 직원들이 상품이나 서비스 개선을 위해 제기하는 VOC • 제안형 VOC가 주를 이룸.

(3) VOC의 접수 채널에 따른 분류

비대면 채널	• VOC를 접수를 전화, 게시판, 이메일, 서신, 팩스 등으로 제기
대면 채널	• 서비스 접점 현장에서 고객이 직접 제기

(4) VOC 형성 장소에 따른 분류

내부 형성 VOC	• 고객이 직접 기업으로 접수하는 VOC
외부 형성 VOC	• 기업 외부 환경에서 유포되고 확산되는 VOC • 언론사, 소비자 단체, 경쟁사, SNS, 구전 등을 통해 고객이 제기하여 기업의 외부 환경에서 형성된 VOC

(5) VOC의 발생 원인에 따른 분류

인적 원인	• 서비스 수행하는 직원의 실수나 고객의 이해 부족이나 오해로 발생하는 VOC
비인적 원인	• 서비스 프로세스, 장비, 공간의 문제로 발생하는 VOC

3) VOC와 고객의 충성도

구분	고객반응
고객충성도 높음 (Over the VOC)	• 고객도 모르고 있는 니즈 또는 창조적 영역이기 때문에 찾기 어렵지만 달성하면 고객만족을 넘어 고객 감동을 이끌어 낼 수 있다.
고객충성도 보통 (The VOC)	• 고객이 필요로 하는 요구 사항을 직접 언급하는 것이다.
고객충성도 낮음 (Under the VOC)	• 고객이 기본적으로 생각하는 것으로 이 부분을 충족하지 못할 경우 고객은 불만을 가지게 된다.

2. VOC 관리 시스템

1) VOC 관리시스템의 이해

(1) VOC 관리 시스템 등장배경

환경적 요인	• 디지털 환경의 발달로 고객과 기업이 점진적으로 능동적 쌍방향 커뮤니케이션 할 수 있는 환경이 되었다.
고객요인	• 고객의 역할이 상품·서비스 이용자, 상품·서비스의 생산자, 다른 고객에 대한 영향자 등 다양한 역할을 수행함로서 시장에 주체가 되었다. • 고객 역할 증가에 따라 고객불만을 적절히 대응하지 못할 경우 높은 위험으로 발전될 수 있다.
기업 요인	• 긍정적 구전보다 부정적 구전이 파급효과가 크므로, 고객 획득의 어려움을 가져올 수 있다. • 고객 불만은 고객 이탈 뿐 아니라 신규고객 확보에 어려움을 가져올 수 있다.

(2) VOC 관리 시스템의 중요성

- 기업은 다양한 접점의 VOC에 효과적으로 대응하면 고객을 만족시킬 수 있다.
- 또한 데이터를 체계적으로 수집·저장·분석하여 고객 만족을 증진 시킴으로써 기업의 가치를 극대화 할 수 있다.

(3) VOC 관리 프로세스

수집	• VOC의 수집은 전화, 팩스, 이메일, 홈페이지, SNS 같은 비대면 채널부터 서비스 접점에서 직접 의견을 제시하는 것이다. • 정성적 및 정량적 자료 모두 수집 활용해야 한다.

처리	• 가능한 서비스 접점에서 고객과 1차 처리를 완료하는 것을 목표로 서비스 품질 관리 실시해야 한다. • 접수와 대응, 처리 결과, 그에 대한 고객 평가, 해피콜까지의 단계가 모두 포함된다.
분석	• VOC의 발생, 접수채널, 중요도 등 다양한 기준으로 분류하여 기본 통계분석한다. • 반복적인 실패를 방지하기 위해 개선 방법 도출한다. • 관련된 프로세스와 대응 부서에 대한 내부 역량 분석한다. • 제안된 고객 의견의 사업 기회 분석하고 다양한 분석 목적에 맞추어 정보 창출한다.
공유	• VOC는 접점부서만의 문제가 아니라 전사적인 대응해야 할 문제로 보고 전 직원이 VOC를 공유할 수 있는 지식공유시스템에 연계되도록 설계한다. • 전사적 공유와 대응 방안 모색을 기본 가치로 수립한다.
반영	• VOC를 통해 개선이 필요한 것은 적극적으로 개선하고 경영에 반영한다. • 개선에 대한 내용과 결과를 고객에게 전달하거나 홍보한다. • 해당 VOC가 반복되지 않도록 조치한다.

(4) VOC 관리 시스템의 업무 흐름

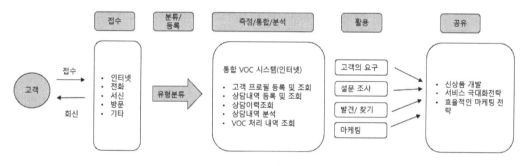

〈그림〉 VOC 관리 시스템 통합 프로세스

2) VOC 관리 시스템의 주요 속성*

(1) 서비스의 즉시성(Immediately Response),

- 진실의 순간에 고객의 요구에 바로 서비스하여 고객이 느끼는 서비스 품질을 높이고 만족도를 제고하는 것이다.
- 이 속성은 VOC의 속성 중 가장 중요한 속성으로서 다른 속성에 비해 고객 만족에 가장 영향을 미치는 것이다.

(2) VOC 수집 채널 다양성(Channel Diversity)

- 고객으로부터 VOC를 접수하는 채널은 다양하다는 의미이다.

- VOC를 접수받는 접점에는 온라인과 오프라인으로 크게 분류 할 수 있다. 오프라인 접점은 전화 콜센터, A/S 요원 방문, 고객 방문 등이 있으며, 온라인 접점은 인터넷 고객센터, 홈페이지 등이 있다.
- 내부적 측면으로 정기적인 고객 조사를 통한 고객 반응 접수, 모니터링을 통한 제품과 서비스의 반응 접수 등이 있고, 외부적 측면으로 타 웹사이트, 신문 등의 각종 고객 조사 등이 있다.

(3) VOC 정보의 통합성(Data Integration)

- 단순히 컴퓨터 네트워크를 통한 기능의 통합뿐만 아니라 정보 자원인 데이터 통합을 의미한다.
- 다양한 종류의 데이터베이스에서 다양한 모양의 자료를 상호 호환하여 데이터를 검색하고 조회함으로써 정보의 효율성을 높이는 것이다.

(4) 고객 및 내부 프로세스 피드백(Feedback)

- 분석된 VOC 정보를 바탕으로 더 나은 제품과 서비스로 고객에게 대응하고, 경영 프로세스 개선으로 연결하여 직원들에게 공유하는 것이다.
- 고객 피드백 요인에는 축적된 VOC 정보의 피드백, 해피콜 등을 통한 서비스 만족도 측정 등이 있다.
- 내부 프로세스 개선 피드백 요인에는 고객 서비스 증진을 위한 프로세스 개선, 제도 및 사규의 개선, 피드백 내용의 직원 공유 등이 있다.

3) VOC 빅데이터 분석 및 관리법

(1) 빅데이터 등장 배경

- 스마트폰 이용이 생활화되고 소셜 미디어 성장으로 다양한 종류의 대규모 데이터가 급속히 생성, 유통, 저장될 수 있는 환경이 조성되었다.
- 대량의 다양한 데이터 생산 기술의 진보와 이에 필요한 데이터 저장, 관리, 분석 기술의 발전 속에서 빅데이터가 출현하게 되었다.

(2) 빅데이터의 개념

- 기존 데이터베이스 관리 도구로 데이터를 수집, 저장, 관리, 분석할 수 있는 역량을 넘어서는 대량의 정형 또는 비정형 데이터의 집합 및 이러한 데이터로부터 가치를 추출하고 분석하는 기술을 의미한다.

(3) 빅데이터의 특징

데이터 양 volume	• 테라바이트 단위로 데이터양이 정의되는 물리적 크기 • 기업 데이터, SNS 데이터 등 최근 그 규모가 커짐
데이터 속도 (velocity)	• 데이터 생산 및 유통, 수집 및 분석 속도의 증가 • 실시간 처리 및 장기간에 걸쳐 데이터를 수집, 분석하는 장기적 접근이 가능
데이터 다양성 (variety)	• 단순히 데이터의 양적인 면을 넘어서 다양한 형태의 데이터양이 증가하는 것을 의미 • 관계형 데이터베이스 등과 같은 정형데이터에서부터 비정형 데이터, 반정형 데이터 등이 있음
데이터 가치 (Value)	• 고객 행동을 예측하고 대응 방안을 마련해 기업 경쟁력을 강화 • 궁극적으로 생산성 향상과 비즈니스 혁신을 가능하게 하는 가치
데이저 정확성 (Veracity)	• 다양한 채널로 수집된 복잡한 고객 반응을 신속하게 분석하여 즉각적으로 대응이 가능해야 함

(4) 기존 VOC 시스템의 한계

- 기존 고객의 소리에 집중되었다.
- 사후적인 고객의 소리에 집중된다.
- 경쟁사를 이용하는 고객의 소리를 분석하지 못한다.
- 새로운 시장이나 고객의 소리를 놓치게 된다.
- 새로운 서비스나 상품의 출시에 대한 기대를 파악하기 어렵다.
- 비정형 데이터에 대한 파악을 하지 못한다(데이터의 80%는 비정형 데이터).
- 빅마우스(big mouth)에 대한 영향력을 파악하지 못한다.

(5) 빅데이터 분석 기법

① 분석 기술

텍스트 마이닝 (Text Mining)	• 비/반정형 텍스트 데이터에서 자연 언어 처리 기술에 기반하여 기업의 경영활동에 유용한 정보를 추출, 가공하는 것을 목적으로 하는 기술
오피니언 마이닝 (opinion mining)	• 소셜미디어 등에서 나오는 데이터를 긍정, 중립, 부정의 선호도를 판별하는 기술
소셜 네트워크 분석	• 소셜네트워크의 정보들과 시스템을 분석하여 사용자의 명성 및 영향력을 측정하는 기술
군집 분석	• 변화가 있는 집단을 일정한 군집으로 특정하여 분석하여 비슷한 특성에 대한 성향을 파악하거나, 타 집단과의 차이점을 관측하는 기술

② 표현 기술 : 빅데이터 분석 기술을 통해 분석된 데이터의 의미와 가치를 시각적으로 표현하는 기술이다.

③ 데이터 수집기술

양적 데이터 수집	질적 데이터 수집
• 구조적 조사 방법 • 평균, 표준편차와 같은 기술 통계치 중요 • 분석이 용이함 • 정밀한 측정을 원할 경우 실시	• 비구조적 조사 방법 • 개요, 서술적묘사, 요약 등으로 정리 • 데이터를 수집 분석하는데 많은 노력 필요 • 서술적, 심층정보를 원할 경우 실시

3. 우수 · 불량 고객의 이해

1) 불량 고객

(1) 불량 고객의 정의

• 서비스 제공과정에서 비협조적으로 행동하거나 불량한 행동을 하는 고객이다.
• 서비스 현장에 불량고객에 존재하게 되면 다른 고객에게도 부정적 영향을 주어 기업의 이미지와 서비스 전달에 부정적 영향을 미친다.

(2) 불량고객의 유형

① 블랙 컨슈머(black consumer)

정의	• 계획적으로 보상금을 목적으로 의도적인 악성 민원을 제기하는 소비자를 의미한다. • 자신의 부당한 이익을 목적으로 하기 때문에 '소비자'라고 정의할 수 없고 범죄자로 분류하는 것이 더 적합하다. • 블랜컨슈머는 기업에 금전적 · 정신적 피해를 입히는 것은 물론 기업의 부담 증가로 인해 다른 소비자의 손실을 초래한다.
특징	• 규정이나 법규를 무시하고 자신의 요구만 주장하고, 규정에 따라 처리한 후에도 자신의 요구에 미치지 못한 경우는 또 다른 민원을 제기한다. • 대화를 거부하며 무조건적인 요구와 폭언을 하며 직원에게 비인격적인 화풀이를 한다. • 정신적인 피해를 이유로 과다한 금전적 보상을 요구한다. • 언론이나 인터넷에 유포하겠다고 위협하거나 대표와의 면담을 요청한다. • 계속해서 전화를 걸어오거나 홈페이지에 반복적인 악성 민원을 제기하여 업무를 방해하고 기업이미지를 훼손한다.

② 제이커스터머(Jaycustomers)

- 무단 횡단자를 의미하는 제이워커(Jay walker)에서 유래된 말로, 무례하거나 험담 등의 행동을 하는 고객으로 기업, 직원, 다른 고객에게 부정적 영향을 미치게 된다.
- 발생 원인

고객 측면	• 개인적 성향인 성격과 특질이 원인인 경우 • 왜곡된 소비자 권리의식과 높은 기대 수준에 대한 오남용
기업 측면	• 과대약속 경향 • 부정확한 정보의 제공이나 커뮤니케이션 오류 • 과도한 판매지향성의 경영환경
사회적 측면	• 인터넷의 활성화로 고객 간의 커뮤니케이션 증가 • 매스미디어의 영향에 의한 소비자의 특권의식 증가 • 공급자 중심에서 수요자 중심으로 시장환경 변화

- 유형

구분	유형 특징	대응방법
도둑형 (Thief)	• 대가를 지불할 의사가 없으며 제품 및 서비스를 도둑질하는 유형	• 상품에 태그를 부착하거나 도난방지 시스템을 마련하여 부정직한 행위에 대해 경각심과 방지책 마련
위법형 (Rulebreaker)	• 원활한 서비스 접점 운영을 위해 준비된 다양한 규정(적정 수용인원, 위생관련 규정, 대기번호시스템 등)을 준수하지 않는 고객	• 안전한 거래를 위해 필요한 규칙을 고객이 쉽게 인지할 수 있도록 학습시스템을 제공 • 기존의 규칙이 고객에게 오히려 불편을 초래하지 않는가를 검토 • 규칙이 쉽게 이해하고 행동할 수 있도록 제시
호전형 (Belligerent)	• 서비스접점에서 큰 소리로 소리치거나, 욕설, 외설, 위협, 모욕 등의 행동을 하는 고객	• 서비스직원의 효과적 대응이 중요 • 사전에 교육과 훈련을 실시하고, 사례분석을 통한 대응법 제공
내분형 (Family feuder)	• 서비스접점에서 다른 고객과 논쟁을 하거나 불량한 태도로 기분을 상하게 하는 등의 행동을 하는 고객	• 타 고객에게 피해가 가지 않도록 분리하는 것이 중요 • 분리된 지역에서 내분형 고객이 감정을 조절하고, 서비스제공자와 소통을 통해 합리적인 대안을 찾도록 노력 • 서비스접점 관리자나 지원부서 직원이 내분형으로 대응할 수 있는 응급대응 프로그램 준비

파괴형 (Vander)	• 기업의 물건이나 물품에 손상을 가하는 행동을 하는 고객	• CCTV를 통한 확실한 증거를 통해 처리 • CCTV를 설치할 때는 고객에게 현장이 녹화되고 있음을 알리는 표시를 해 두는 것이 효과적임
부랑자형 (Deadbest)	• 지불능력이 없어 지불을 하지 못하는 고객 • 지불능력이 없으므로 사용이나 소비 후에 몰래 사라지는 유형 • 호텔에서 객실이나 부대시설 등을 이용하고 고의로 요금을 지불하지 않고 도망가는 고객을 스피커(skipper)라 지칭	• 선불제도 또는 서비스 종료 후 빠른 청구 들의 사전 예방 방법을 강구

③ 무책임형 고객

정의	• 자기중심적이기 때문에 서비스 대응시 불안정하여 실패할 수 있으며 충돌이라는 위험적 상황을 가져오기 쉬운 유형이다. • 감정적 · 비합리적인 사고로 서비스에 참여하고 행동한다.
특징	• 안하무인으로서 사람을 상하관계로 다루거나 낮추어 보려고 한다. • 다른 고객까지 해를 입히거나 영업에까지 훼방을 하려고 한다. • 자기 멋대로 행위하며 타의 원칙, 제도, 정책, 체제를 무시하려 한다. • 사회성 · 공익성이 부족한 편이며 자만과 과시 지향적이다. • 개방적이지 못하며 상황에 유연성이 없으며, 타협 또한 서툴다.

2) 우수 고객

(1) 우수 고객의 특성

순가치	• 기업이 고객에게 서비스 · 상품을 제공하는 데 드는 비용을 고려했을 때 고객이 기업에게 제공하는 가치가 높음
도덕성	• 기업과의 관계에서 고객이 법과 규칙을 준수하는지의 여부
절제된 소비	• 경제적 능력 한도 내에서의 소비나 지출
시간 엄수	• 기업과의 약속한 시간을 잘 지키는 특성, 대금지불 약속 엄수 등
커뮤니케이션에 대한 반응	• 고객이 기업의 커뮤니케이션 활동에 대해 올바른 반응을 보이고 있는지의 여부를 파악
건전한 습관	• 적당한 음주, 금연, 남녀평등사상 등의 건전한 사고와 생활습관
안전	• 안전에 관한 습관

권리와 책임	• 상호이익을 위한 기업과의 협력방식을 배우려고 하는 자세
불평	• 정당한 경우에 고객불평을 제기하는 고객
추천의사	• 제품이 좋다고 판단되었을 때 다른 사람에게 제품을 추천하는 행동
안정성	• 안정적이고 예측이 가능한 고객

(2) 우수 고객 유형

① 화이트 컨슈머(white consumer)
- 화이트 컨슈머는 기업과 소비자의 관계를 대립적인 관계가 아닌 상생의 관계로 보고 소비자로서의 권리와 의무를 명확히 지켜나가는 것을 의미한다.
- 더 이상 소비자는 보호의 대상이 아니라 '권리의 주체'로 보는 패러다임의 변화 및 소비와 소비 활동을 통한 사회의 책임과 임무를 포함하고 있다는 것을 의미한다.
- 소비자는 소비와 소비활동을 통해 사회의 책임과 역할을 다해야 한다는 것이 핵심이다.
- 화이트컨슈머의 4대 가치는 소비자와 기업의 상생, 소비자의 정직한 권리, 소비자의 발전적 제안, 소비자의 사회적 책임을 의미한다.

② 책임형 고객

정의	• 이성적 · 합리적이며 일관성을 가지고 서비스에 참여하는 고객을 말한다. • 이들의 행동은 개방적 · 사교적 · 타협적이고 유연하면서도 정의로움과 엄격한 태도를 보이기도 한다.
특징	• 만남의 대상 모든 것이 나름대로 가치가 있다고 인정하려고 한다. • 사람과 사람끼리의 수수는 인격적이며 관대하려고 한다. • 서비스 프로세스의 공동 생산자로서 지식, 경험, 상식, 양심을 가지고 성실하게 자신의 역할을 수행하려고 한다. • 더불어 사는 인간, 사회 · 문화의 참된 생활로써 의미를 찾으려고 한다. • 과소비, 사치, 향락, 쓰레기, 환경오염, 파괴, 자원고갈 등의 문제를 생각한다.

4. 컴플레인의 이해 및 해결 방안

1) 컴플레인(Complain)

(1) 컴플레인(Complain)의 정의

- 사전적 의미로는 '불평하다.', '투덜거리다.'라는 뜻으로, 서비스마케팅 차원에서 고객이 상품을 구매하는 과정이나 구매한 상품에 관하여 품질, 서비스, 불량 등을 이유로 불만을 제기하는 것이다.
- 컴플레인은 객관적인 품질의 문제점과 함께 주관적인 만족여부, 심리적 기대 수준 충족 여부까지 포함한다.

(2) 컴플레인(Complain)의 의의[*]

- 고객의 컴플레인은 상품의 결함이나 문제점을 조직에 파악하여 그 문제가 확산되기 전에 신속히 해결할 수 있는 기회를 제공한다.
- 고객의 컴플레인은 부정적인 구전효과를 최소화한다. 불만족 고객은 자신의 불만족스러운 경험을 제삼자에게 이야기하고자 하는 심리가 있는데, 그러한 불만족을 직접 기업, 판매업자나 직원에게 불평하도록 유도하면 부정적 구전효과는 감소하게 된다.
- 불만이 있어도 침묵하는 고객은 그대로 기업을 떠나버리지만 컴플레인을 하는 고객은 회복할 수 있는 기회를 주는 것이다. 컴플레인을 하지 않는다고 아무런 문제가 없는 것은 결코 아니다.
- 컴플레인을 제기한 고객은 기업이나 판매자 측에 서비스 품질을 향상시킬 수 있는 유용한 정보를 제공한다. 고객의 컴플레인은 기업이 서비스를 어떻게 개선할 수 있는가에 대한 중요한 자료로 활용될 수 있다.

(3) 컴플레인(Complain)과 클레임(Claim) 비교

클레임	• 객관적 • 주장, 요구, 청구 • 합리적, 사실적 • 법적 근거, 규정 등에 의거
컴플레인	• 객관적, 주관적 • 불평, 불만에 대한 항의 • 감정적 • 감정 속에 사실적인 요구 포함

(4) 컴플레인과 클레임의 처리 원칙

- 우선 사과의 원칙 :일반적으로 화가 나 있는 고객에게 사과부터 정중히 한다.
- 우선 파악의 원칙 : 고객이 컴플레인 원인을 먼저 파악한다.
- 신속 해결의 원칙 : 가능한 빠른 시간 내에 해결한다.
- 비논쟁의 원칙 : 자칫 문제를 키울 수 있으니 고객과의 논쟁을 피해야 한다.

2) 컴플레인 관리

(1) 컴플레인 관리의 필요성

- 판매 과정에서의 고객 만족뿐만 아니라 고객 불만를 효과적으로 해결하는 과정이 기업의 경쟁력에 중요한 요인으로 인정되었다.
- 컴플레인 관리의 기업의 효과성

새로운 서비스 경영 아이디어 확보
신(新) 경영 전략 개발
고객 만족 실현
고객 충성도 향상(충성 고객 확보)

(2) 컴플레인의 발생원인*

기업측 문제	• 판매 직원의 업무 및 제품에 대한 지식 결여 • 서비스 정신 결여로 인한 무성의한 고객 응대 • 고객 감정에 대한 배려심 부족 • 약속 불이행 혹은 일처리의 미숙/ 오류 • 고객과의 의사소통 오류(충분하지 않은 설명) • 기업의 규정만 준수하려는 태도 • 제품 관리의 소홀 • 서비스 프로세스 및 지원 시스템의 결여 • 서비스 지향적인 조직문화의 구축 실패
고객 측 문제	• 제품, 상표, 매장, 회사 등에 대한 잘못된 인식 • 지나친 기대로 인한 성급한 결론 • 기억 착오로 인한 마찰 • 고객의 고압적인 자세와 감정적 반발 • 할인, 거래 중단, 교환 등의 이유로 고의나 악의에서 제기하는 불만 • 업무처리 지연에 대한 초조함과 긴장감 • 거래를 중단하거나 바꾸려는 심리

(3) 컴플레인 해결을 위한 기본 원칙*

피뢰침의 원칙	• 고객이 나에게 개인적 감정이 있어서 화를 내는 것이 아니라, 서비스에 대한 불만으로 항의하는 것이라는 관점을 가져야 한다는 것이다 • 내가 아닌 회사나 제도에 항의하는 것이라고 의식하여 심리적 고통을 줄이고 고객과의 갈등을 줄이기 위한 것이다.
책임 공감의 원칙	• 조직 구성원의 일원으로 내가 한 행동의 결과이든 다른 사람의 일 처리 결과이든 고객의 불만족에 대한 책임을 같이 져야만 한다는 것이다. • 고객에게는 누가 담당자인지가 중요한 것이 아니라 자신의 문제를 해결해 줄 것인지 아닌지가 중요하다.
감정 통제의 원칙	• 사람을 만나고 의사소통하고 결정하고 행동하는 것이 직업이라면 사람과의 만남에서 오는 부담감을 극복하고 자신의 감정까지도 통제할 수 있어야 한다는 것이다. • 자신의 감정을 잃지 않고까지 감정을 지켜나가면서, 타인에게 끌려까지 않아야 한다.
언어 절제의 원칙	• 고객의 말을 많이 들어주는 것이 고객의 문제를 빨리 해결할 수 있는 길이고, 고객과 좋은 관계를 형성할 수 있는 방법이다. • 고객보다 말을 많이 하는 경우 고객의 입장보다는 자신의 입장을 먼저 생각하게 되기 때문이다.
역지사지의 원칙	• 고객을 이해하기 위해서는 반드시 고객의 입장에서 문제를 바라봐야 한다. • 고객에게 관심을 보여야만 우리의 말과 설명이 고객에게 제대로 전달되어 마음으로 이해해 줄 수 있다.

3) 컴플레인 해결 방법

(1) 컴플레인 해결의 원칙

- 정중한 사과가 최우선
- 불평 접수처의 물리적 접근이 용이
- 직원의 불평 처리에 대한 정보와 책임 공유
- 고객이 이용하기 편리하게 설계
- 신속한 처리와 처리과정의 공개
- 고객의 비밀 존중
- 고객 불평 정보의 활용

(2) 컴플레인 해결의 성공 포인트(*출처 : LG경제연구원, 주간경제 918호 2007.1.5.)

① 고객 서비스에 대한 오만을 버려라.

- 고객 불만 관리의 최대 적은 고객 서비스에 대한 '오만'이다. 기업들은 자신의 서비스 수준을 과신 하는 경향이 있는데, 기업들은 자신들이 생각하는 자사 제품과 서비스의 수준과 실제로 고객이 인지하는 수준 간에 큰 차이가 존재한다는 사실에 주목할 필요가 있다.

> 경영 컨설팅 회사인 '베인앤컴퍼니'가 전세계 362개 기업의 임원들을 대상으로 조사한 결과 응답자의 95% 는 "우리 회사가 고객 지향적인 전략을 사용하고 있다."고 답한 것으로 나타났다. 또한 80%의 기업들은 자신들이 경쟁사와 차별화된 우수한 제품과 서비스를 고객에게 제공한다고 믿고 있는 것으로 나타났다. 반면에 고객들의 인식은 기업들과 다르게 나타났다. "당신과 거래하는 기업이 경쟁사보다 차별화되고 우수 한 제품과 서비스를 제공하고 있느냐?"는 질문에 불과 8%의 고객들만이 "그렇다."고 응답한 것이다.

> 한때 미국 최대의 할인점이었던 'K마트'의 몰락 역시 고객 서비스에 대한 오만에서 비롯되었다. K마트의 오만은 성의 없는 고객 서비스, 불성실한 최저 가격 보장 정책, 이름뿐인 고객 중심 정책으로 이어졌다. K마트는 기본적으로 질 좋은 제품을 가장 저렴한 가격에 제공하겠다는 고객과의 약속을 지키지 않았다. '우리는 당신이 원하는 것을 가장 저렴한 가격에 제공하고 있다'는 광고 메시지를 전달하면서 특별 할인 제도를 폐지했다. 오만한 경영진은 이 할인제도 때문에 K마트 이미지가 싸구려 물건을 파는 구멍가게 이미 지로 전락할 수 있다고 생각한 것이다. 게다가 직원들의 서비스 질도 엉망이었다. 국제 경영 컨설턴트인 존숄은 "K마트가 광고와 매장수리 비용의 10%만 직원 교육에 투자했다면 월마트와 계속 경쟁할 수 있었을 것"이라고 말한 바 있다.

② 고객 불만 관리 시스템을 도입하라.

- 고객 불만 관리의 핵심은 사전에 불만요인을 인지해서 조기에 제거하는 것이다. 그러기 위해서는 시스템적으로 고객 불만을 식별하여 원인을 분석하고 대응 방안을 수립할 수 있도록 해야 한다. 또한 개선사항을 정기적으로 모니터링할 수 있는 고객 불만 관리 체계의 구축이 필수적이다.

③ 고객만족도에 직원 보상을 연계하라.

- 기업이 고객 불만을 관리하기 위해서는 현장에서 직접 서비스를 제공하는 직원들을 어떻게 교육시키고 동기부여 할 것인가가 매우 중요하다. 따라서 고객 서비스 수준을 높이기 위해서는 고객만족도와 직원들의 보상을 연계시킬 필요가 있다.
- 선진 기업들은 직원들에게 적절한 인센티브를 제공함으로써 직원들이 능동적으로 고객 불만을 해소하고 적극적으로 고객만족도 제고 활동에 나서도록 유도하고 있다.

④ **MOT(Moment Of Truth)를 관리하라.**

- 'MOT(Moment of Truth)'란 '진실의 순간'이란 뜻으로, 현장에서 고객과 접하는 최초의 15초를 의 미한다. 스칸디나비아 항공의 CEO였던 얀 칼슨은 현장에 있는 직원과 고객이 처음 만나는 '15초' 동안의 고객 응대 태도에 따라 기업 이미지가 결정된다고 주장하였다. 결국 '15초'는 기업의 운명 을 결정짓는 가장 소중한 순간이며 고객의 불만을 초래해서는 안되는 순간인 것이다. 철저한 'MOT' 관리가 고객 불만 관리의 성공 요소 중 하나이다.

- 미국 '노드스트롬 백화점' 직원들의 핸드북에 제시된 첫 번째 규칙은 '모든 상황에서 스스로 최선의 판단을 하라'는 것이다. 복잡하고 관료적인에 대해서는 직원들 스스로 결정하게 한 것이다.

⑤ **고객의 기대 수준을 뛰어넘어라.**

- 고객의 기대를 뛰어넘는 서비스로 고객을 감동시킴으로써 고객의 불만을 줄이는 적극적인 방법도 있다. 통상 고객의 기대 수준을 뛰어넘는 일은 매우 어려워보인다. 대부분의 기업들은 고객의 기대 수준을 맞추는 것도 쉽지 않다고 말한다. 하지만 실제로는 아주 사소한 아이디어 하나로, 또는 경쟁사가 제공하지 않는 서비스를 제공함으로써 고객에게 감동을 주는 사례도 적지 않다.

> 월마트에 이어 미국 대형마트 시장에서 2위를 달리고 신속한 쇼핑이라는 새로운 가치를 제공하였다. 고객의 빠른 쇼핑을 위해 계산대에 줄이 길게 늘어서지 않도록 있는 '타깃'은 마트를 찾는 고객들에게 저렴한 가격 외에 추가 계산원을 즉시 투입하도록 한 것이다. 계산을 위해 기다리는 줄이 줄어들면서 고객들은 쇼핑 시간을 단축 할 수 있었을 뿐만 아니라 보다 넓은 공간에서 쇼핑할 수 있게 되었다. 결과적으로 타깃은 고객을 생각하는 대형 마트로 확고한 브랜드 이미지를 구축해 경쟁사와의 차별화에 성공할 수 있었다.

4) 불만고객 해결 방법

(1) 불만고객 처리 프로세스

1단계 : 경청	• 고객의 불만을 신속하게 접수하고, 공손한 자세로 인내심을 갖고 끝까지 경청한다. • 선입견을 버리고 고객의 입장에서 전체적인 사항을 듣는다. • 고객의 자극적인 말이나 도전적인 태도에 말려들지 않도록 한다. • 중요 사항을 메모한다.
2단계 : 항의에 공감하고 감사 표현	• 고객의 마음을 충분히 공감하고 있음을 적극적으로 표현한다. • 긍정적인 비언어적 신호를 활용한다. • 불만 사항에 따라 필요한 경우, 고객에게 일부러 시간을 내서 문제점을 지적하여 해결의 기회를 준 데 대해 감사의 표시를 한다.
3단계 : 사과	• 고객의 의견을 경청한 후 그 문제점을 인정하고 잘못된 부분에 대해 신속하고 진심 어린 사과한다. • 설사 고객에게 잘못이 있더라도 고객에게 책임을 묻는 것은 아니며, 고객의 문제를 잘 해결할 수 있도록 돕는다는 생각에 집중해야 한다.
4단계 : 원인 분석 및 해결방안 모색	• 질의응답을 통해 문제 해결을 위한 정보를 확보하고 원인을 규명한다. • 고객의 입장에서 대책을 강구하고, 본인이 해결하기 어려운 경우 담당자를 통해 해결 방안을 모색한다.
5단계 : 해결을 약속	• 고객에게 해결방안을 제시하고, 문제해결을 위해 어떤 조치를 취할 것인지 설명한다. • 고객이 원하는 것이 불가능한 경우 적절한 대안을 강구한다. • 해결에 대한 확실한 약속은 고객에게 안정감과 신뢰를 줄 수 있어 불만을 빨리 처리할 수 있다.
6단계 : 신속한 처리	• 신속하고 완벽하게 처리하도록 한다. • 문제 해결을 위해 최대한 노력하고 있음을 보인다.
7단계 : 처리를 확인 및 재사과	• 불만 사항을 처리한 후 고객에게 결과를 알리고 만족 여부를 확인한다. • 고객에게 다시 한번 정중하게 사과하며, 감사의 표현을 한다.
8단계 : 개선 방안을 수립	• 고객 불만 사례를 전 직원에게 알려 공유한다. • 재발 방지책을 수립하고 새로운 고객 응대 매뉴얼을 작성한다.

(2) 불만 고객 응대 기법*

① **MTP 기법*** : 컴플레인 처리시 사람(Man), 시간(Time), 장소(Place)를 바꾸는 방법이다.

Man : 응대하는 사람을 바꾼다.	1. 본인 스스로 마인드를 바꾼다.	• 진지한 표정으로 응대하고 있는지 체크한다. • 고객을 존중하고 있다는 느낌을 주도록 자세를 취한다. • 불만 고객에게 시선을 집중하여 응대해야 한다.
	2. 새로운 사람으로 바꾼다.	• 담당 직원→ 책임자 • 하급자 → 상급 • 직원의 성별 변화(남 → 여 혹은 여 → 남) • 판매 사원 → 판매 담당.
Time : 시간을 바꾼다.		• 즉각적인 해결 방안을 제시하기 보다는 이성적으로 생각할 수 있는 시간을 준다. • 고객의 화난 감정을 누그러뜨릴수 있게 마실 것을 권유한다.
Place : 장소를 바꾼다.		• 고객에게 편안한 자리에 앉을 것을 권한다. • 서비스 매장에서 사무실이나 소비자 상담실로 바꾼다. • 조용한 장소에서 차분한 분위기를 유지시킨다.

② 고객에게 맞장구치기

- 맞장구의 타이밍을 맞춤으로써 상대방이 말하는 것에 흥이 나도록 한다.
- 무조건 맞장구를 친다고 좋은 것이 아니다. 상대가 화가 많이 났을 때 는 맞장구를 잠시 멈춘다.
- 맞장구는 짧게, 긍정의 말에만 맞장구를 한다.

(3) 컴플레인 유형별 특징과 응대요령

신중하고 꼼꼼한 유형	**특징**	• 실용성에 대하여 질문을 많이 한다. • 망설임이 많다. • 조근조근 꼼꼼히 따지며 논리적이다. • 뻔히 알 수 있는 사실에도 계속 질문을 한다. • 지나치게 자세한 설명이나 친절을 때로는 의심한다.
	응대 요령	• 초조해하지 않고 질문에 성의껏 대답한다. • 사례나 타 고객의 예를 들며 추가 설명한다. • 혼자 생각할 수 있는 시간적 여유를 준다. • 판매 제품과 비교 설명한다. • 지나친 설득은 금물이다. • 너무 많은 설명을 하면 오히려 역효과가 생긴다. • 분명한 근거나 증거를 제시하여 스스로 확신을 갖도록 유도한다. • 자신감 있는 태도로 간결한 응대를 하며 설득한다.

성격이 급하고 신경질적인 유형	특징	• 다른 고객을 응대하는 사이를 끼어든다. • 의자에 앉아 기다리지 못하고 계속 재촉한다. • 이것저것 한꺼번에 얘기한다. • 작은 일에 민감한 반응을 보인다.
	응대 요령	• 인내심을 가지고 응대한다. • 말씨나 태도에 주의를 기울이며 신속함을 보여준다. • 동작뿐만 아니라, "네, 알겠습니다." 등의 말의 표현을 함께 사용한다. • 불필요한 대화를 줄이고 신속하게 처리한다. • 늦어질 때에는 사유에 대해서 분명히 말하고 양해를 구한다. • 언짢은 내색을 보이거나 원리원칙만 내세우지 않는다
빈정거리며 무엇이든 반대하는 유형	특징	• 열등감이나 허영심이 강하고 자부심이 강한 유형이다 • 문제 자체에 중점을 두고 이야기하지 않고 특정한 사람이나 문구, 심지어는 대화 중에 사용한 단어의 의미를 꼬투리를 잡아 항의한다. 한다. • 아주 국소적인 문제에 집착하여 말한다. 보이게 된다.
	응대 요령	• 대화의 초점을 주제 방향으로 유도하여 해결에 접근할 수 있도록 자존심을 존중해 주면서 응대 • 고객의 빈정거림을 적당히 인정하고 요령껏 받아 주면서 고객의 만족감을 유도하면 타협의 자세를
쉽게 흥분하는 유형	특징	• 상황을 처리하는 데 단지 자신이 생각한 한 가지 방법밖에 없다고 믿고 남으로부터의 피드백을 받아들이려 하지 않는 고객이다. • 고객의 마음을 지배하고 있는 것은 표면화된 호 전성과는 달리 극심한 불안감일 수도 있으므로 직원이 미리 겁을 먹고 위축되지 않도록 한다.
	응대 요령	• 고객은 나에게 항의하는 것이 아니고 회사에게 항의하는 것이므로 일어난 상황을 개인적인 일로 받아들이면 안 되기 때문에 논쟁을 하거나 같이 화를 내는 일이 없도록 하며 상대방이 소진될 때까지 시간을 두고 기다려야 한다. • 조심스럽게 고객의 주의를 끌어 직원의 영역 내의 방향으로 돌리도록 한 뒤에 조용히 사실에 대해 언급한다. • 말하고 있는 도중 고객이 방해를 하면 친절히 양보하여 충분히 말할 수 있는 편안한 분위기를 유지해 주면서 고객 스스로가 문제를 해결할 수 있도록 유도한다. • 부드러운 분위기를 유지하여 정성스럽게 응대하되 음성에 웃음이 섞이지 않도록 유의한다. • 고객이 흥분 상태를 인정하고 직접적으로 진정할 것을 요청하기 보다는 고객 스스로 감정을 조절할 수 있도록 유도하는 우회적인 화법을 활용한다
전문가이고 거만한 자기 과시 유형	특징	• 자시를 과시하는 타입으로 자신은 모든 것을 다 알고 있는 전문가인양 행동한다. • 자신이 가지고 있는 확신에 대한 고집을 꺾지 않으려 하고 좀처럼 설득되지 않는다. • 권위적인 느낌을 상대에게 주어 상대의 판단에 영향을 미치려고 한다. • 언어 예절을 깍듯이 지키며 겸손한지만 내면에 강한 우월감을 갖고 한 인상을 준다. • 직원보다 책임자에게 접근하려 한다.

	응대 요령	• 우선 고객의 말을 잘 들으면서 상대의 능력에 대한 칭찬과 감탄의 말로 응수하여 상대를 인정하고 높여주면서 친밀감을 조성한다. • 대화 중에 반론을 하거나 자존심을 건드리는 행 위를 하지 않도록 주의한다. • 자신의 전문성을 강조하지 말고 문제 해결에 초점을 맞추어 무리한 요구사항에 대체할 수 있는 사실을 언급한다.
얌전하고 과묵한 유형	특징	• 속마음을 헤아리기 어려운 고객이다. • 한 번 마음에 들면 거래가 오래 계속되나 마음이 돌아서면 끝장이다. • 말이 없는 대신 오해도 잘한다. • 조금 불만스러운 것이 있어도 잘 내색을 하지 않는다
	응대 요령	• 말이 없다고 해서 흡족한 것으로 착각해서는 안 된다. • 정중하고 온화하게 대해주고 일은 차근차근 빈틈없이 처리해 주어야 한다. • 말씨 하나하나 표현에 주의한다. • 아무리 바빠도 시선은 반드시 마주치며 말을 한다. • 다른 고객을 대하는 모습도 영향을 줄 수 있으므로 언행에 주의한다.
소리 지르는 유형	특징	• 목소리는 최대한 크게, 욕과 함께하면 일이 더 빨리 해결되는 줄 아는 고객이다.
	응대 요령	• 우선 직원의 목소리를 작게 낮추고 말을 천천히 해결될 줄 아는 고객이다. 이어 감으로써 상대방으로 하여금 자신의 목소리가 지나치게 크다는 사실을 깨닫게 하여야 한다. • 계속 언성이 가라앉지 않으면 분위기를 바꾸는 것이 필요하다. • 장소를 바꾸면 대화가 중단되어 상대방의 기분을 전환시키고 목소리를 낮추게 하는 효과가 있다.
깐깐한 유형	특징	• 별로 말이 많지 않고 예의도 밝아 직원에게 깍듯이 대해주는 반면 직원의 잘못은 꼭 짚고 넘어간다.
	응대 요령	• 정중하고 친절히 응대하되 만약 고객이 잘못을 지적할 때는 절대로 반론을 펴지 않는다. • 이런 고객일수록 자존심이 상당히 강하므로 감사히 받아들이는 자세를 보여야 한다. • 이런 유형은 불만이 발생하기 전에 사전예방을 하는 것이 최선이다.

(4) 컴플레인 상황별 응대법

① 서비스 제공 과정에 문제가 있는 경우
- 문제를 인정하고 원인을 명확히 파악한다.
- 정중하게 사과 후 적절한 보상을 제공한다.
- 대안적 해결 방안을 제시하고 꼭 이행한다.
- 고객 스스로 해결책을 찾도록 놔두지 않는다.

② 고객이 특이한 요구를 하는 경우
- 고객의 요구를 수용하려고 노력한다.
- 자사의 규정 및 방침을 설명한다.
- 지키지 못할 약속은 하지 않는다.
- 책임을 회피하거나 전가하지 않는다.

③ 공급자가 자발적으로 서비스를 추가한 경우
- 여유를 갖고 준비한다.
- 예상되는 고객의 요구에 미리 준비한다.
- 고객을 비웃거나 무시하지 않는다.
- 고객을 차별적으로 대우하지 않는다.

④ 고객이 서비스 제공에 비협조적인 경우
- 정중하게 이해시키려고 노력한다.
- 서비스 제공 과정에 문제가 없는지 돌아본다.
- 고객의 불만을 단순한 사건으로 넘어가지 않는다.
- 고객의 불만이 다른 고객에게 영향을 미치지 않도록 한다.

(5) 불만 고객 응대 후 자기 관리

① 자기 만족을 가져라
- 불만 고객 응대는 어렵다. 서비스 실패를 해결하여 고객 만족으로 이끌었다는 것 자체에 스스로 만족해야 한다.

② 자신에게 보상하라
- 고단한 불만 고객 응대 후에 자기 자신이 만족할 수 있을 만한 외재적 자기 보상은 업무 성취도를 높여준다.

③ 스트레스 등 부정적 기억은 지워라.
- 수많은 고객을 상대하면서 좋지 못한 기억을 깨끗이 잊는 과정은 필수적이다.

④ 자신을 객관적으로 들여다보라.
- 불만 고객 응대 시 본인이 감정적이지는 않았는지, 응대 매뉴얼에 따라 움직이지는 않았는지 스스로를 점검하고 피드백 해야 한다

5. 서비스 실패와 회복 프로세스

1) 서비스 실패

(1) 서비스 실패의 개념

- 서비스 과정이나 결과에서 서비스를 경험한 고객이 좋지 못한 감정을 갖는 것을 의미한다.
- 일한 수준의 서비스가 다수의 고객에게는 사소한 부분으로 지나갈 수 있지만, 특정한 고객에게는 심각한 서비스 실패일 수 있으며, 이러한 경우 서비스 제공자가 인지하지 못할 확률이 높다.
- 서비스 제공자가 인지하거나 인지하지 못하는 고객의 모든 부정적 경험을 의미한다.

(2) 서비스 실패의 특징

- 서비스의 실패는 그 속성상 결함이나 오류의 발생을 객관적으로 판단하기 어렵다.
- 오류의 원인과 책임 소재를 가리기도 쉽지 않다.
- 서비스 실패가 발생되면 서비스 전체에 보상을 해주어야 한다.
- 서비스 실패는 다른 부분의 이미지에도 영향을 미치게 된다.

(3) 서비스 실패의 유형

- 클리머와 슈나이더(Clemmer and Schneider)는 '고객이 서비스 접점에 대해 공정성과 정의를 판단하는 차원은 분배적 정의(distributive justices), 절차적 정의(procedural justice), 상호작용적 정의 (interactional justice)'로 볼 수 있다고 하였다.

분배적 정의(distributive justices)	서비스 결과물이 제대로 고객에게 제공되었는지 여부로 판단
절차적 정의(procedural justice)	기업이 서비스 절차를 올바르게 관리하는가로 판단
상호작용적 정의(interactional justice)	기업이 서비스 접점에서 고객과 올바르게 의사소통을 하는가로 판단

(3) 서비스 실패의 원인

- 고객이 제품이나 서비스를 구매하거나 소비할 때 그 제품이나 서비스가 기대된 성과(기능)나 유용성(효용)을 제시하여 주지 못하는 경우가 발생한다.
- 서비스 실패의 원인은 크게 제품 자체의 문제, 서비스의 문제, 고객 자신의 문제로 분류할 수 있다. 고객 자신의 문제는 해결하기가 어려운 부분이지만 제품과 서비스와 관련한 문제는 개선을 해야 하는 부분이다.

(4) 서비스 실패의 영향

- 서비스 실패로 인한 불만족한 경험을 한 고객은 본인뿐 아니라 주변의 잠재 고객들에게도 부정적 영향을 끼칠 수 있다.
- 불만족한 고객이 자신의 불만족을 해결하지 못한 채 관계를 끝낼 경우, 다음 구매 시 그 기업의 제품과 서비스에 대한 기대에 부정적인 영향을 준다.
- 서비스 실패는 고객의 충성도 구축의 실패로 이어지며 이는 서비스 품질의 저하, 수익률 저하, 직원의 서비스 이탈과 연결된다.

(5) 서비스 실패에 대한 고객 반응

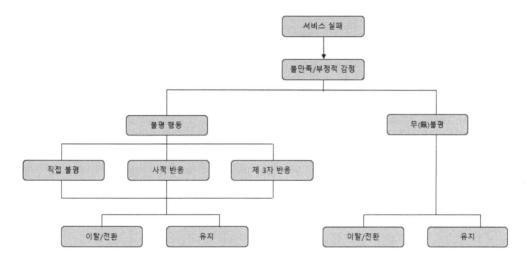

① 고객 불평 행동

- 고객은 서비스 실패로 불만족을 경험하면 컴플레인을 한다.
- 고객 불평 행동의 유형

직접 반응 (voice response)	자신이 느낀 불만족에 대해 기업이 직접 회복을 해 주거나 설명해 줄 것을 요구하는 유형
사적 반응 (private response)	주변 사람들에게 부정적인 구전을 하는 유형
제삼자 반응 (the third part response)	보다 적극적인 반응으로, 소비자 보호 단체, 언론, 사법기관 등에 해당 기업을 고발하는 유형

② 고객 불평 행동의 이유★

보상의 획득	경제적 손실을 회복하거나 해당 서비스를 다시 제공받을 목적으로 불평을 한다.
분노의 표출	일부의 고객은 자존심을 회복하거나, 자신의 분노와 좌절을 표출하기 위해서 불평을 한다.
서비스 개선에 대한 도움	고객이 특정 서비스에 깊이 관여된 경우 서비스 개선을 통해 재이용을 목적으로 자발적 피드백을 제공하는 목적으로 불평을 한다.
다른 고객을 위한 배려	같은 문제로 다른 사람들이 피해를 입지 않아야 한다는 생각으로 불평을 하는 것이다.

③ 무(無) 불평
- 불만을 표현하지 않고 관계를 단절시키는 것으로 기업입장에서 가장 부정적인 결과를 가져오는 반응이다
- 거래를 단절한 고객의 부정적인 구전을 통해 잠재 고객에게까지 영향을 미칠 수 있기 때문에 고객의 겉으로 드러나지 않는 불평 행동의 심각성에 대해서 주목할 필요가 있다.

④ 귀인이론(attribution theary)★
- 귀인이란 어떤 일이 발생하게 된 이유, 어떤 사람이 무엇인가를 행하거나 말하게 된 이유, 혹은 우리 자신이 어떤 방식으로 행하거나 말하게 된 이유 등에 대한 심리적인 추론을 말한다.
- 서비스 만족 시에 고객들은 그 원인을 자신에게 귀인하게 되는 경향이 있고, 서비스 불만족 시에는 그 원인을 외부적인 상황에 귀인하려는 경향이 있다.
- 서비스 실패의 원인을 외적 귀인으로 지각하게 되는 경우 서비스 만족도는 내적 귀인으로 지각할 때보다 더 낮아져 서비스 실패의 강도가 더욱 높아지는 경향이 있다.

내적 귀인 (internal attribution)	• 행동의 원인을 그 사람의 내적 요소(기질, 성격 특성, 태도 등)에 귀인한 것 • 서비스 구매 후 발생한 사건의 원인을 본인 스스로에게 돌리는 것 • 자신의 결정, 취향, 실수 등으로 불만족이 발생하였다고 판단하는 것
외적 귀인 (external attribution)	• 행동의 원인을 그 사람의 상황적 요소(외부 입력, 사회적 규범, 우연한 기회 등)에 귀인하는 것 • 서비스 구매 후 발생한 사건의 원인을 자신이 통제할 수 없는 외부적 요소나 타인에게 돌리는 것 • 원인을 서비스 기업이나 직원에게 돌려 자기보호적인 해석을 하는 것

2) 서비스 회복

(1) 서비스 회복의 정의

- 서비스 혹은 상품이 고객의 기대에 부응하지 못하여 기업에 불만족한 고객들을 만족의 상태로 돌려놓는 과정이다.
- 서비스 제공자의 서비스 전달 실패로 인해 약속한 서비스를 제공하지 못함으로써 발생되는 고객의 손해를 회복시키거나 혹은 완화시키는 서비스 제공자의 모든 행동을 의미한다.
- 잘못된 서비스를 수정하거나 이를 회복하는 것으로서 서비스 실패에 대한 고객들의 충성도를 원래 상태로 돌려놓는 일련의 과정이다.

(2) 서비스 회복과 불만 관리의 차이점*

- 서비스 회복은 서비스 실패가 발생하였을 때 그에 대한 회사의 즉각적인 반응에 초점을 두기 때문에 불만 관리(complaint management)와는 그 의미를 차이가 있다.
- 실제 서비스 제공자와 기업이 인지하는 서비스 실패는 표현된 고객 불평이라고 할 수 있다.
- 불만 관리는 서비스 실패로 인해 겉으로 드러나는 고객 불평에 근거한 것이다.
- 서비스 회복이란 불평하는 고객뿐만 아니라 불만은 가지고 있어도 겉으로 표현하지 않는 고객의 서비스 불만까지 파악해내어 서비스 접점(service encounter)상에서의 문제를 해결하는 것을 의미한다.

(3) 서비스 회복의 중요성*

기업 경쟁력 확보	• 서비스 회복은 기업의 경쟁력 우위 확보에 매우 중요한 수단이다.
불만족한 고객을 만족한 고객으로 전환	• 만족으로 전환된 고객은 기업에 대한 적극적인 참여와 협조를 하게 된다.
고객 유지율 증가	• 고객이 기업의 서비스나 재화에 대한 불만을 제기했을 때 불만이 만족스럽게 처리된 고객 유지율 증가하게 된다. • 고객 불만이 제대로 처리되지 않는다면 재방문율은 50%로 떨어진다.
고객과 지속적인 협력관계의 유지	• 서비스 실패에 대한 효과적인 대응은 개선 활동을 장려하는 기업 정책에 대한 고객과 직원의 믿음을 강화시킨다. • 고객을 기업과의 의사소통에 참여시킴으로써 충성도를 강화시키는 기회가 된다.
서비스 실패의 사전 관리 기능	• 고객은 불만이 만족스럽게 해결된다면 불만을 가졌던 고객도 주변 사람들에게 그 기업의 좋은 이미지를 전달하게 된다. • 서비스 회복 과정을 통해 수집한 정보는 경영에 유용하게 활용될 수 있다.

고객과의 관계를 재설정할 수 있는 기회	• 일상적인 서비스를 경험한 고객보다 서비스 회복을 통해 만족 고객으로 전환된 고객이 기업에 대해 더 호의적인 이미지를 형성할 수 있다.
비용의 절감	• 신규 고객을 확보하는 것은 기존 고객을 유지하는 것보다 5배 이상의 노력이 필요하다.

(4) 서비스 회복 유형

유형	개념적 정의	예시
서비스 회복 수단	• 고객에게 직접 제공되는 것 • 서비스 회복을 위해 기업이 고객에게 직접적으로 전달하는 결과물 • 회복 과정에 의해 효과가 달라질 수 있음	• 재수행 • 환불/보상 • 사과/해명
서비스 회복 과정	• 서비스 회복 수단을 제공하는 과정과 방법 • 고객에게 직접적으로 전달되는 회복수단을 전달하는 절자상의 방법 • '언제' '누가' '어떠한 방식으로' 등이 포함된	• 회복 주체 • 회복 속도 • 회복 태도

(5) 서비스 회복 프로세스

• 서비스 실패에 대한 인식 및 회복 활동을 효과적으로 수행함으로써, 전반적인 고객 만족 및 직원 만족을 개선하고 기업의 수익 향상을 달성할 수 있다.

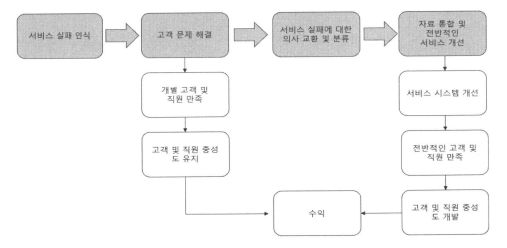

(6) 서비스 회복 수단의 유형

할인	• 실패에 대한 보상으로 가격을 인하해 주는 것이다.
시정	• 서비스 실패를 바로 잡는 것. 서비스 실패의 심각성이 높지 않을 경우는 즉각적인 시정을 통하여 회복할 수 있다.
관여	• 문제 해결을 돕기 위하여 관리자나 종업원이 관여하는 것이다.
시정+	• 서비스 실패의 심각성이 있을 때에, 서비스 실패를 시정해 줄 뿐만 아니라 어떤 추가적인 방법으로 보상해 주는 형태를 말한다.
교환	• 결함이 있는 제품이나 서비스를 교체해 주는 것이다.
사과	• 종업원이 고객에게 사과하는 전략을 말한다. 이 회복 전략의 효과는 사과와 관련된 실패의 정도뿐만 아니라, 사과가 전달되는 방법에 따라 크게 달라진다.
환불	• 서비스 실패에 대해 지불한 금액을 돌려주는 전략을 말한다. 교환의 경우 회복에 대한 효과가 상당히 호의적인 데 비하여 환불은 고객이 겨우 받아들이 는 정도이다.

3) 서비스 보증

(1) 서비스 보증의 정의

- 서비스가 일정 수준에 이르지 못하는 경우 손쉬운 교환, 환불, 재이용 등의 보상을 약속하는 것이다.
- 잘 설계된 서비스 보증은 효과적인 서비스 회복과 지속적인 서비스 품질 향상을 가능하게 한다.
- 기업의 입장에서 서비스 보증을 시행하는 목적은 고객 유지, 시장 점유, 서비스 품질 향상에 있다.

(2) 서비스 보증의 기능

- 고객의 기대와 욕구를 정확하게 파악할 수 있다.
- 고객이 기대하는 서비스의 명확한 기준의 제시할 수 있다.
- 고객의 피드백에 의해 서비스 제공에 대한 개선 활동을 수행할 수 있다.
- 서비스 실패의 원인 파악하여 극복할 수 있는 기회를 제공한다.
- 서비스 목표를 설정하기 때문에 서비스 제공자의 성과와 동기 부여에 도움을 줄 수 있다.

(3) 서비스 보증의 설계

- 구체적으로 무엇을 보증할 것인지에 대한 약속의 제시이다.
- 서비스 보증은 다음의 기준을 충족시키는 수준으로 설계되어야 한다.
  - ✔ 무조건적인 보증

✔ 이해와 소통이 쉬운 보증

✔ 고객에게 중요한 보증

✔ 요청하기 쉬운 보증

(4) 서비스 보증의 분류

① 단일 속성 수준의 구체적 보증
- 단일 속성 수준의 구체적 보증은 해당 서비스에 대해 하나의 핵심 속성이 보증의 대상이 된다.
- 보증에 대한 기준과 약속 위반에 대한 보상도 구체적으로 제시되어 있다.

② 다속성 기준의 구체적 보증
- 다속성 수준의 구체적 보증은 해당 서비스에 대해 소수의 중요한 속성을 보증의 대상으로 한다.
- 단일 속성 수준의 보증에 비해 보증의 대상이 확대되어 제시된다. 또한 보상에 대한 것은 구체적으로 제시된다.

③ 완전 만족 보증
- 완전 만족 보증은 해당 서비스의 모든 속성이 보증의 대상이 되며, 예외는 없다.

④ 결합된 보증
- 결합된 보증은 완전한 만족이란 약속에 의해 해당 서비스의 모든 면이 보증의 대상이 된다.
- 불확실성을 줄이기 위해 중요한 속성에 대한 명백한 최소 성과 기준이 보증에 포함된다.
- 결합된 보증은 완전 만족 보증과 구체적인 속성 수준의 장점을 결합한 방식으로 고객에게 좀 더 신뢰감을 제시하는 효과를 지닌다.

Ⅳ. 서비스 유통관리

1. 상권의 이해

1) 상권의 기본적 개념

(1) 상권의 정의

• 한 점포가 고객을 유인할 수 있는 지역적 범위

점포	서비스 지점이나 스토어
상권분석	점포의 위치에 대한 입지선정을 할 때 선행되어지는 조사 및 분석

(2) 상권분류

지역 상권	• 도시의 행정구역과 거의 일치되는 개념으로 도시내의 모든 서비스 기업들이 합쳐져 상권을 형성한다. • 지역상권 내의 동일업종들 간에는 고객흡인을 위해 경쟁관계에 있다. • 하나의 지역상권 내에는 다수의 지구상권이 포함된다.
지구 상권	• 상권 내에 대형백화점과 유명전문점의 존재 여부, 관련 점포들 간의 집적 여부에 따라 상권의 크기가 달라진다. • 지구별 상권은 서로 중복되지만 인근 구매자들을 중심으로 하나의 지역상권을 지구 상권별로 구분할 수 있다. • 예) 서울 지역 상권내, 강남지구, 명동지구 등 • 중소도시의 경우 지역상권과 지구상권이 거의 일치하는 경우가 많다.
개별점포 상권	• 지역 상권과 지구 상권 내의 개별점포들은 각각의 점포 상권을 형성한다. • 일반적으로 대형점포일수록 동일 위치에 출점한 경쟁점포에 비해 점포상권이 넓다. • 중소점포인 경우에는 유명전문점은 동일 위치의 경쟁점포에 비해 점포상권의 규모가 크다.

> **Plus tip**
>
> - 1차 상권 : 점포 이용고객의 50~70%를 흡입하는 지역범위/ 이용고객의 밀집도가 가장 높고, 고객 1인당 매출액이 가장 높은 상권
> - 2차 상권 : 1차 상권의 외곽에 위치하며, 점포 이용객의 20~25%를 흡인하는 지역범위/ 1차상권에 비해 밀집도가 분산
> - 한계상권 : 1차와 2차 상권에 포함되지 않는 나머지 고객들을 흡입하는 지역적 범위/ 한계상권은 2차 상권의 외곽에 위치하며 고객 수와 구매 빈도가 낮은 것이 일반적

2) 서비스 점보 선정과 매력도 분석

(1) 입지선정 과정

1단계	후보지 분석	• 마케팅 전략과 표적 고객의 특성을 충족시키는 광역 지역시장 후보자에 대한 분석 • 광역 지역시장 후보지에 대한 고객수요, 업체 간의 경쟁 정도 분석을 통해 각 광역 후보지의 시장잠재력을 조사
2단계	최적 지구 선정	• 광역 후보지 선정 후, 후보지 내에서 최적 지구를 선정하기 위한 분석
3단계	최적 부지 선정	• 선택한 지구 내에서 구입 가능한 부지중에 최적의 부지를 선정

(2) 서비스점포를 개설할 때 고려할 점

서비스의 접근성격	• 고객이 서비스를 받으러 기업으로 이동 • 기업이 서비스를 제공하러 고객에게 이동
장비/설비 의존도	• 서비스의 생산과 제공과정에서 장비나 설비에 대한 의존도 • 장비/ 설비 중심의 서비스 • 인적서비스 중심
서비스의 대상	• 서비스 대상이 사람인가?/사물인가?
제공자	• 서비스제공을 사람이 수행하는가? • 기계나 설비가 제공하는가?
서비스 제공의 전문성	• 서비스제공자의 전문성과 숙련성이 요구되는가?
서비스 자원의 자원 통제 정도	• 대리점이나 유통점에 대해 서비스자원(지식, 교육, 설비, 장치 등)의 통제권이 높고 낮은 정도

(3) 매력도 분석

① 수요 측정
   • 소매포화지수(IRS:Index of Retail Saturation) : 한 지역내에 특정 소매업태의 단위 매장 면적당 잠재수요를 나타낸다.

- 한 지역시장의 점포포화란 기존의 점포만으로 고객의 수요를 충족시킬 수 있는 상태로 정의된다.

- 소매포화지수$(IRS) = \dfrac{수요}{공급}$

$$= \dfrac{지역시장의 \ 총가구수 \times 가구당 \ 특정업태에 \ 대한 \ 지출비}{특정 \ 업태의 \ 총면적}$$

높은 소매포화지수	• 공급보다 수요가 상대적으로 많은 것을 의미 • 아직 시장의 포화정도가 낮은 것을 의미 • 신규점포를 개설할 시장 기회가 높다는 것을 의미
낮은 소매포화지수	• 수요보다 공급이 상대적으로 많은 것을 의미 • 기존 점포가 초가공급 되었다는 것을 의미 • 신규점포에 대한 시장잠재력이 상대적으로 낮아짐

- 소매포화지수의 한계점

분석대상 측면	• 현재 수준에서 시장의 수요와 공급을 분석 • 미래의 성장잠재력에 대한 분석을 반영하지 못한다.
점포역량 측면	• 기존 점포들의 수행능력을 반영하지 못한다. • IRS가 낮은 것이 기존 점포들이 소비자 욕구를 충분히 충족시키지 못하기 때문일 수도 있다.

② 공급의 측정
- 지역시장의 매력도를 측정하는 데에 소매포화지수는 수요에 대한 부분만을 반영한다. 그러나 지역시장의 매력도는 공급뿐만 아니라 미래의 시장잠재력에 의해서도 영향을 받는다.

③ 시장 매력도 분석
- 시장성장잠재력(MEP : Market Expansion Potential)
  ✔ 지역시장이 미래에 신규수요를 창출할 수 있는 잠재력을 반영하는 지표이다. 거주자들이 지역시장 이외의 다른 지역에서 지출하는 금액을 추정하여 계산될 수 있다.
  ✔ MEP값이 크다는 것은 거주자들이 타 지역에서 구매정도가 높다는 것을 의미한다.
  ✔ MEP가 클수록 시장 잠재력이 크다고 보는 것이다.
- 시장매력도 분석 매트릭스

구분	MEP(시장성장잠재력) 높음	MEP(시장성장잠재력) 낮음
IRS(소매포화지수) 높음	고매력시장	평균 시장
IRS(소매포화지수) 낮음	평균 시장	저매력시장

• 시장 매력도 유형

고매력 시장	• 현재의 수요와 공급도 매력적 • 시장의 성장잠재력도 높아 미래의 성장도 갖춘 시장 • 신규점포의 진출이 필요
평균 시장	• 현재와 미래의 매력도가 불일치 • IRS 낮지만 MEP 높은 경우 : 시장 잠재력은 좋지만 기존 점포간의 경쟁이 치열하여 신규점포는 기존점포로부터 매출액을 빼앗아 올 수 있는 적극적인 노력이 필요 • IRS 높지만 MEP 낮은 경우 : 기존 점포 간의 경쟁은 낮지만 성장잠재력이 높지 않아서 시장매력도가 반감된다.
저매력 시장	• 특별한 이유가 없는 상황이라면 신규점포의 진출후보지로 적합하지 못한 시장

④ 경제적 기반 측정
  • 미래의 경제 활성화 정도
  • 광고 매체의 이용가능성과 비용
  • 서비스직원의 이용가능성과 비용
  • 지역정보의 지역경제 활성화 노력
  • 지역시장에 대한 정부의 법적 규제

2. 서비스 유통경로

1) 유통경로의 이해

(1) 유통경로의 정의

• 제품과 서비스가 생산자로부터 소비자에 이르기까지 거치게 되는 통로나 단계이다.

(2) 유통경로의 필요성*

수요 측면	• 소비자를 위한 가치 창출 • 탐색과정의 촉진 • 분류 기능
공급 측면	• 반복적인 거래를 가능하게 하고, 비용절감의 효과 • 교환과정에서 효율성 제고

(3) 유통경로의 효용.

시간 효용	• 생산과 소비의 시차 극복, • 소비자가 필요할 때 사용할 수 있는 편의 제공으로 오는 효용
장소 효용	• 지역적으로 분산된 재화나 서비스를 소비자가 구매하기 편리한 장소로 전달하여 창출되는 효용
소요 효용	• 생산자에서 소비자로 거래되는 과정에서 소유권의 이동으로 발생되는 효용
형태 효용	• 대량생산 상품이 소비자 요구 수량대로 적절하게 분할 /분배함으로써 발생되는 효용

(4) 유통경로 기능

촉진 기능	• 구매를 조장하기 위해 설득적 커뮤니케이션을 개발하고 전달
협상 기능	• 가격 및 제공물에 대한 최종적인 합의에 도달함으로써 상품의 소유권 이전이 이루어지도록 시도
주문 기능	• 제조업자에게 주문
금융	• 필요자금을 획득하고 분배
위험 부담	• 경로활동을 수행하는데 발생될 수도 있는 위험을 감당
물적 소유	• 물적 제품을 저장하고 배송
지급 기능	• 대금을 지급하는 기능
소유권	• 한 조직에서 다른 조직이나 사람에게 소유권을 실질적으로 이전시킴

2) 서비스 유통경로의 전략

(1) 유통경로의 전략 프로세스

① [1단계] 유통범위 설정*

개방적/집약적 유통전략	• 희망하는 소매점이면 누구나 자사의 상품을 취급
선택적 유통전략	• 일정 지역 내에 일정 수준의 이미지, 입지, 경영능력을 갖춘 소매점으로 선별하여 자사 제품을 취급하도록 하는 전략
전속적 유통전략	• 자사의 제품만을 취급하는 도매상 또는 소매상

② [2단계] 유통경로 길이 결정

긴경로	• 표준화된 상품, 비부패성 상품에 주로 적용된다. • 구매단위가 작고 구매 빈도가 높은 상품을 위주로 한다. • 유통비용을 장기적으로 안정적인 모습을 나타낸다.
짧은 경로	• 부패성 상품에 주로 적용한다. • 구매단위가 크고 구매빈도가 낮으며 비규칙적인 상품에 주로 적용한다. • 유통비용은 비규칙적이라 최적화를 추구해야 한다.

③ [3단계] 통제수준 결정

통제수준이 높을수록	• 유통경로에 대한 수직적 통합의 정도가 강화
통제수준이 낮을수록	• 독립적인 중간도매상을 이용하거나, 프랜차이즈, 제약 또는 합자방식 등을 사용한다.

(2) 유통범위 전략의 특징

전략	전속적 유통	선택적 유통	개방적/집약적 유통
소매/중간상 수	• 단일	• 다수	• 가능한 많이
판매경로	• 판매 통제를 위해 단일판로 이용	• 주어진 영역에서 제한된 판로 이용	• 영역 내의 모든 판로에 상품 비치
적합 상품	• 특수품, 고관여품	• 가전제품, 전자제품	• 편의품, 저관여품
통제가능성	• 높음	• 제한된 통제기능	• 낮음

3) 서비스 유통 경로의 계열화

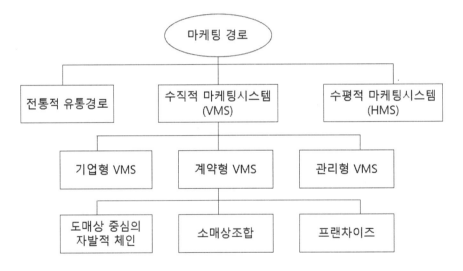

(1) 전통적 유통경로

• 서비스 제공자로부터 고객에게 바로 전달되는 직접 경로의 형태이다.

(2) 수직적 마케팅 시스템(VMS : Vertical Marketing System)

- 생산자 - 도매상 - 소매상이 수직적으로 통합된 시스템이다.

관리형 VMS	• 경로 구성원과의 통합수준은 셋 중 가장 낮지만 자율성은 최대한 보장되는 통합 방식 • 경로구성원의 마케팅활동이 소유권이나 계약에 의하지 않으며서 구성원의 규모와 파워에 의해 조정되는 경로유형
계약형 VMS	• 경로 구성원 간의 계약을 통합 방식 • 프랜차이징, 에이전트, 브로커가 이에 속함 • 도매상이 후원하는 체인, 소매상 협동조합, 프랜차이즈조직 등이 있다.
기업형 VMS	• 경로구성원 모두가 한 조직에 의해 소유되고 있는 관리 방식 • 기업의 지점 등

(3) 수평적 마케팅 시스템 (HMS : Horizontal Marketing System)

- 동일한 경로 단계에 있는 두개 이상의 기업이 대등한 입장에서 자원과 프로그램을 결합하여 일종의 연맹을 구성함으로써 공생 및 공영의 시너지 추구한다.

공생마케팅	• 동종업체 간의 유통과 마케팅의 결합방식으로, 같은 경로 단계에 있는 둘 이상의 기업들이 함께 협력하는 방식
결합 마케팅	• 이업종간에 이루어지는 결합방식

3. 서비스 유통 시간/ 장소관리

1) 유통경로의 설계의 이해

(1) 유통경로의 설계의 정의

- 누구에게 상품·서비스를 표적시장에서 유통시킬 것인가를 결정하는 것이다.
- 유통경로의 길이, 경로 구성원의 수, 구성원의 형태, 경로 구성원의 선정, 경로 조직의 형태 등을 포함한다.
- 유통경로의 설계에서 서비스 표준화와 고객화의 차이에 따라 유통경로 길이는 영향을 받으며, 서비스 상품의 수요-공급의 특성에 의해 유통비용 구조와 경로 유형도 영향을 받는다.

(2) 서비스 유통 경로설계에서 고려 사항

- 서비스 점포의 입지 결정

- 표적시장의 규모를 고려한 점포의 크기 결정
- 예상 고객의 특성에 따른 점호의 입지 결정
- 예상 고객의 서비스 구매시점 및 방법에 대한 파악

(3) 고객 특성에 따른 유통경로 선호도*

고위험 서비스	• 경제적, 사회적으로 위험도가 높은 서비스의 경우 고객은 인적채널에 의존하는 경향이 있다. • 신체적 위험도가 높은 경우에도 인적채널을 선호한다.
서비스 복잡성	• 기술적으로 복잡하거나 거래에 전문성이 필요한 경우 고객은 인적채널을 선호하는 경향이 있다.
서비스 채널에 대한 확신	• 고객이 서비스와 채널에 대한 확신과 지식이 높을수록 고객은 비인적채널 셀프서비스 채널을 선호한다.
기술수용 정도	• 기술 수용에 우호적인 고객은 셀프서비스 기술의 사용에 대해 긍정적이다.
거래의 기능적 추구	• 거래의 기능적 측면을 추구하는 고객은 편리함을 선호한다.
사회적 동기	• 사회적 동기를 지닌 고객은 인적 채널을 선호한다.
편리함	• 편리함은 대다수의 고객이 일반적으로 중요하게 여기는 채널의 선택 요인이다.

2) 서비스 유통 시간과 장소의 구분

구분	서비스 지점	
	단일 지점	복수 지점
고객이 기업으로 방문	극장, 미용실	버스 정류장, 패스트푸드
기업이 고객에게 방문	주택 수리, 이동세차	우편배달, 은행지점망
원격에서 서비스	신용카드 회사	통신회사

(1) 고객이 기업을 방문하는 경우

장소적 접근성	고객의 기업 방문이 편리한 입지를 선정해야 한다.
시간적 접근성	고객의 기업 방문이 편리하도록 운영 시간을 고객 기준에 맞추어야 한다.

(2) 기업이 고객을 방문하는 경우

비용 문제	• 기업이 고객에게 서비스 직원을 파견시 시간과 비용이 더 소요되는 경우가 많다. • 방문에 따른 추가비용을 지불할 의지가 있는 고객에게 적합하다.
예약과 운영	• 서비스 예약시스템에 의한 운영이 바람직하다. • 방문을 위한 이동에는 최적화를 통한 이동경로와 작업계획을 수립해야 한다.
수익창출기회	• 방문서비스는 추가수익을 창출할 수 있는 기회가 된다. • 고객관계를 통한 추가수익창출을 추구할 필요가 있다.

(3) 비대면 서비스(고객과 기업이 만나지 않는 경우)

- 서비스제공과정에서 고객과 대면하지 못하는 상태에서 서비스를 제공하는 것이다.
- 고객과 대면기회가 감소하는 것은 단기적으로 비용이 절감되는 효과를 주지만 장기적으로 사업 기회의 확장에는 부정적 영향을 줄 수 있다.

3) 서비스유통 시간 및 장소의 결정

(1) 서비스유통 장소와 시간에 대한 의사결정 시 고려사항

고객의 기대	• 고객측면에서는 편리성과 선호과 주요 고려 요인이다.
경쟁자의 활동	• 경쟁자가 서비스 유통 시간과 장소에서 고객 접근성을 중심으로 한다면 방어적 차원에서 경쟁자 제공수준까지 시간과 장소를 확장해야 할 경우가 많다.
서비스 운영	• 고객 중심으로 서비스운영을 할 경우에는 고객편리성에 중점을 둔다. • 기업중심으로 서비스운영을 할 경우에는 비용과 작업효율성에 중점을 둔 유통전략을 선택해야 한다.
후방서비스 요소	• 서비스유통 장소의 입지에 후방서비스의 장소 선택은 주로 비용, 생산성, 노동에 대한 접근성에 중심을 둔 결정을 한다.
전방서비스 요소	• 서비스 전달에 대한 의사결정시 고객의 편리성이 고려되어야 한다. • 기업과 고객이 추구하는 것이 상충될 수 있으며 경쟁관계와 서비스 수준에 따라 균형을 잡아야 한다.

(2) 서비스 유통의 장소

지역적 제약을 가진 서비스	• 운영의 특성으로 입지에 대해 엄격한 제약이 요구되는 서비스 • 규모의 경제가 요구되는 서비스 또는 기후적 요인도 입지 선택에 제약
미니점포	• 지리적 범위를 최대화하기 위해 복수의 소규모 서비스 제공 장소를 설치하는 것 • 특정 유형의 서비스제공자들이 서로 보완적 관계에 있는 다른 유형의 서비스 제공자로부터 공간을 임대하는 형태
다목적시설의 설치	• 고객의 접근성이 가장 근접할 수 있는 곳은 고객이 거주하거나 근무하는 곳에 시설을 입지하는 것 • 사무공간에 상업공간, 생산공간 등의 복합적인 시설 설치 • 기업들은 다목적 시설을 활용해 고객의 접근성을 높임

4) 고객접촉도별 고려 사항

(1) 고객 접촉도의 개념

- 서비스 시간 중 고객과 직접적으로 접촉하는 시간의 비율을 의미한다.
- 고객의 접촉도의 정도에 따라 서비스는 다르게 계획되어야 한다.

(2) 고객 접촉도별 고려 사항*

고려사항	고접촉서비스	저접촉서비스
시설 입지	고객에 근접	원자재 공급원, 서비스 직원에 근접
설비 배치	고개 물적/ 심리적 니즈와 기대 충족	작업의 효율성을 위주로 배치
전달 설계	서비스케이프와 물리적 증거도 중요	서비스의 기능적 속성 중심으로 설계
과정 설계	고객을 고려할 과정 설계	고객을 분리한 과정 설계
일정 계획	고객의 일정을 고려한 스케줄	고객은 작업 완료일에만 관심
생산 계획	재고불가능	주문적체와 생산표준화 가능
직원 기술	인간관계 및 상호작용 능력 필요	기능적 인력 필요
시간 표준	고객에게 맞춘 시간표준/유연한 표준	작업에 맞춘 시간표준/엄격한 표준
능력 계획	최대수요와 일치하는 방향으로	평균수요에 일치하는 방향으로
수요 예측	단기적이며 시간 기준	장기적이면 생산량 기준

> **Plus tip**
>
> 멀티 마케팅 전략
> - 기업의 제품과 서비스를 고객에게 전달 시 다수의 접근방법을 활용하는 유통 마케팅으로 멀티 마케팅의 중요한 다양한 대상에는 서비스, 점포, 표적시장 등이 포함된다. 필요한 경우 멀티마케팅 전략에 포함된 다양한 전략을 혼합하는 것이 필요하다.
> - 복수 점포 전략은 전문적인 서비스에 적합하고, 빠른 확장이 가능하며, 관리하기 쉽다는 장점이 있다. 하지만 다수의 점포 확장으로 인해 품질 통제가 어렵다는 단점을 가진다.
> - 복수 서비스 전략은 기존 고객에게 더 좋은 서비스를 제공할 수 있고, 신규 고객 확보가 용이하며 매출 성장이 높다는 장점을 가진다.

4. 서비스 유통채널과 관리전략

1) 전통적 서비스 유통경로 : 직접 유통

(1) 직접 유통의 정의

- 생산자로부터 소비자까지 상품이 유통되는 과정에서 중간상이 전혀 개입하지 않는 것을 의미한다.
- 생산자의 중간상에 대한 불신과 불만, 마케팅시설의 발달과 소매상 측의 촉진으로 인해 직업 유통이 필요하다.

(2) 서비스기업에서 직접유통의 의미

- 서비스 비분리성(생산과 소비가 동시에 발생)에 의해 중간상이 존재하지 않는 경우가 많다.
- 서비스 상품의 유통경로 길이가 유형 상품에 비교하여 짧다.
- 소규모 서비스 기업의 경우 직접 채널을 통해 고객과 직접 대면하여 생산과 전달을 한다.

(3) 직접 유통의 장점과 단점

장점	• 통제가능성 높아짐에 따라 서비스품질관리 유리한다 • 중간상이 존재하지 않으므로 경로관리의 문제는 발생되지 않는다. • 고객 서비스에 문제가 발생할 경우 즉각적인 대응조치가 가능하다. • 서비스 유통비 절감할 수 있다.
단점	• 직영채널을 운영하는 데 많은 재무적 비용이 부담된다. • 점포 수의 한계로 고객 접근성에 제한을 야기할 수 있다. • 고객과 시장의 정보수집에 한계가 있다.

2) 중간상을 이용한 서비스 유통경로 : 간접유통

(1) 프랜차이즈*

① 개념
- 프랜차이즈 본부가 계약에의해 가맹점에게 일정기간 동안 특정 지역 내에서 상표, 상호, 사업 운영방식 등을 사용하여 제품이나 서비스를 판매할 수 있는 권한을 허가해 주고, 가맹점은 이에 대한 대가로 초기가입비와 매출액의 일정 비율에 대해 로열티 등을 지급하는 형태의 경로 조직을 말한다.

② 프랜차이즈 본사의 입장에서 장점과 단점

장점	• 직영지점을 확장하는 데에 따른 투자비용 부담을 낮출 수 있다. • 상품과 서비스의 안정적인 판매망을 확보할 수 있다. • 규모의 경제 실현할 수 있다. • 서비스의 표준화와 운영의 효율성이 높아진다. • 표준화된 가맹점의 확장을 통해 소비자에게 일관된 이미지를 전달할 수 있다. • 가맹점으로부터 계약에 의한 수수료 수입을 받을 수 있다.
단점	• 서비스품질 유지를 위해서 가맹점에 대해 지속적인 지원을 해야 한다. • 가맹점의 급격한 증가는 본부의 통제에 어려움을 줄 수 있다. • 본부의 통제권이 상실되면 소비자에게 부정적인 이미지를 형성할 수 있다. • 일부 가맹점의 실패가 전체 프랜차이즈에 부정적인 영향을 미치게 된다.

③ 프랜차이즈 가맹점의 입장에서 장점과 단점

장점	• 본사의 지원으로 노하우가 없어도 창업이 가능하다. • 본사의 브랜드명성을 가맹점에서도 시작부터 활용할 수 있다. • 본사의 경쟁력으로 사업성이 일정 부분 보장되어 실패율이 낮다. • 사업 운영에 필요한 교육과 지원을 받으므로 운영이 편리하다. • 광고나 마케팅에서 규모의 경제를 추구할 수 있다.
단점	• 창업비용이 발생한다. • 운영단가가 비싸다. • 본사의 운영시스템을 따라야 하므로 가맹점의 운영능력이나 창의성을 발휘할 여지가 작다.

(2) 에이전트와 브로커

① 에이전트(Agent : 대리점 또는 대리인) 기업이나 고객 중 어느 한쪽을 대신에 거래를 활성화 시키는 역할을 한다.

판매에이전트	• 기업의 상품 판매를 대행하는 권한
구매에이전트	• 고객의 구매를 대행하여 상품을 평가하거나 구매하는 역할을 한다. • 구매 에이전트는 해당분야에서 전문지식이나 노하우를 갖고 고객을 대신 하는 경우가 일반적이다.

② 브로커(Broker : 중개상 혹은 중개인)
  • 판매자와 구매자 간의 협상을 돕고 거래관계를 성사시키는 역할을 수행한다.
  • 브로커는 에이전트와 달리 구매자와 판매자를 지속적으로 대리하지 않는다.
  • 브로커는 거래 성사에 대한 수수료를 받으며, 자금조달이나 재고의 보유 등과 같은 위험부담을 지지 않는다.

③ 에이전트와 브로커의 장점과 단점

장점	• 판매비용과 유통비용을 절감할 수 있다. • 에이전트와 브로커는 해당분야에 대해 전문적 지식과 기술을 보유하기 있기 때문에 의뢰자가 수행해야 할 마케팅기능을 효율적으로 대행할 수 있다. • 판매 에이전트는 하나의 상품만을 취급하는 것이 아니라 다양한 공급자의 상품을 취급하므로 고객이 선택할 수 있는 폭이 넓어진다. • 구매 에이전트는 다양한 판매자들의 상품을 비교하고 평가하여 고객에게 최선의 선택을 할 수 있도록 도와준다 • 에이전트와 브로커는 지역시장에 대해 전문성을 지니고 있으므로 해당시장의 욕구를 잘 알고 있다.
단점	• 기업은 가격이나 기타 마케팅믹스에서 통제력을 상실할 수 있다. • 에이전트와 브로커는 여러 공급자를 대리하기 때문에 기업의 입장에서 보면 경쟁자에 유리한 행위를 하는 것을 통제하지 못하게 된다.

3) 서비스 유통채널의 관리

(1) 성공적 유통채널의 특성*

- 공동의 목표를 가진 고객지향성
- 효과적이고 효율적인 커뮤니케이션
- 공동목표달성을 위한 경로구성원 간의 협조
- 명확한 통제 시스템(보상제도 포함)

(2) 유통채널 파트너 선정 시 고려사항(공급자 관점)

• 재정적 능력 • 판매능력 및 실적 • 제품이나 서비스 라인 • 명성 : 리더십, 전문성 정도 • 시장커버리지(지역별, 산업별) • 광고 및 판촉전략 • 판매쿼터를 수용할 의지	• 교육 및 훈련 프로그램 • 보상 및 급여체계 • 관련 장소 및 설비 등의 물적 환경 • 주문처리 및 대금결제 과정 • 판매 후 관리 능력 • 개별적 브랜드에 대한 투자 의도 • 공동프로그램에 대한 협조의지 • 정보공유의지

(3) 서비스유통경로의 권력 관계

원천	정의	사례
보상력	중간상에 대한 보상을 중재할 수 있는 능력	재정적 인세티브 · 각종 지원서비스
강제력	중간상을 처벌할 수 있는 능력	중요 자원의 보류 · 거래 관계의 중지 위협
합법력	중간상을 통제할 수 있는 법칙관리	행위를 강제하는 법적 계약 · 특정활동을 지시할 수 있는 권리
전문력	해당분야에 대한 뛰어난 지식 통찰력	독자적 머천다이징전략 · 전문적 유통관리체계
준거력	중간상이 따르고자 하는 욕구	독자적인 명성 · 특정서비스업에 대한 평판
정보력	논리적으로 시장상황을 설명할 수 있는 능력	최적의 1회 주문량 정보 · 서비스상권에 대한 정보

5) 서비스 중간상의 경로 갈등

(1) 유통경로의 갈등

목표와 수행의 충돌	• 서비스전달 과정에서 경로를 운영하는 방법에 관한 문제 • 경로충돌은 공급자와 중간상 사이에 발생하거나 지역의 중간상들끼리 혹은 공급자가 선택한 다양한 경로들 간에 발생 • 목표와 수행의 충돌은 상반된 목표, 역할과 권리의 경쟁, 경로의 수행방법에 대한 충돌로 야기
소매점의 일관성과 품질통제의 갈등	• 유통경로가 명확하지 않은 전문화된 서비스에서 종종 발생 • 표준화된 서비스를 전달하기 어려운 경우 발생 • 유통경로의 길이가 길수록 통제의 어려움이 발생 • 일관성과 품질은 서비스 전달에서 매우 중요한 요소
권한부여와 통제	• 통제는 중간상에게 부정적 문제를 유발 • 프랜차이즈 가맹점은 다분히 사업가적 기질을 발휘하고 싶은 욕구가 있으므로, 자신의 방식대로 사업을 운영할 자율권한과 통제에 대한 구분이 불분명할 때 발생
유통경로의 모호함	• 유통경로 상에 경로역할을 누가 수행할 것인지 명확하지 못할 경우 발생 • 마케팅 조사, 서비스표준의 설정 등과 같은 역할에 대한 분장을 명확히 할 필요

(2) 유통경로에 대한 갈등관리 방안

- 경로구성원 전체의 공동 목표 설정
- 중재에 의한 해결 시도
- 법적 수단에 의지
- 경로구성원 간의 상호교환 프로그램 개발
- 회원들의 대표기구 활용
- 계속적인 교육을 통해 갈등 발생의 예방

6) 중간상을 통한 효과적인 유통전략

구분	통제	권한부여	파트너십
전략	• 서비스품질과 성과의 측정을 바탕으로 보상하는 전략	• 서비스목표설정, 서비스 프로세스 관리에 있어 중간상에게 재량권을 부여하는 전략	• 공급자와 중간상이 목표달성을 위해 수평적으로 협력하고 능력을 공유, 활용하는 전략
내용	• 본사는 계약종료, 비갱신, 할당량, 공급제한 등으로 중간상을 통제 • 판매목표를 설정하고, 중간상의 활동을 측정하고 평가하여 합당한 보상을 줌	• 공급자는 중간상이 서비스를 잘 수행할 수 있도록 지원 • 고객조사나 서비스성과에 대한 조사를 지원 • 필요 지원시스템의 공급 • 중간상 교육/훈련 지원 • 중간상이 경영협력이나 의견 제시 기회 제공	• 중간상과 공급자가 목표를 일치시키고 공동의 노력을 하는 것 • 자문과 협조의 전략으로 의사결정 과정에 중간상이 참여하거나 의견을 수렴
공급자	• 공급자가 경제적 파워나 보상력을 보유한 기업일 경우에 적합	• 중간상을 통제할 만큼의 강력한 경로 파워를 갖지 못한 기업에 적합	• 공급자와 중간상이 서로 대등하거나 보완적인 관계일 경우에 적합
장점	• 공급자의 강력한 통제력은 경로 효율성을 높임 • 일관된 서비스로 신뢰성을 높일 수 있음	• 중간상에 대한 권한 부여는 공급자와 중간상의 갈등이 낮아짐	• 상호신뢰의 관계 구축 • 공급자와 중간상이 하나의 목표를 공유하므로 발생되는 시너지효과
단점	• 공급자의 강한 통제는 중간상과 갈등을 발생시킬 가능성이 있음	• 중간상에 대한 낮은 통제력은 공급자의 평판, 이미지, 서비스 품질 통제에 어려움을 줄 수 있음	• 추구하는 목표에 대한 합의가 안 될 경우 갈등이 커질 수 있음

5. 전자채널관리

1) 전자채널의 이해

(1) 전자채널의 개념과 효과

① 전자채널의 개념
  • 생산자, 중개인, 소비자가 디지털 통신망을 이용하여 접촉 없이 전자매체를 통해 상품이 유통되는 것을 의미한다.

- 정보통신기술의 발달은 새로운 형태의 유통경로인 전자채널의 등장과 발전을 촉진하였다.
- 기업은 전자채널을 활용하여 고객서비스를 향상시키고, 유통비용을 절감할 수 있었다.
- 전자채널은 전 세계시장을 대상으로 활동이 가능하게 해주었다.

② 효과

전자적 의사소통효과	기업과 소비자가 직접적으로 연결됨에 따라 의사소통되는 정보의 양이 많아지고 정보교환과 피드백의 속도가 빨라지는 효과가 있다.
전자적 중개효과	전자적 상호작용시스템의 발전에 따라 거래상대방을 찾는 탐색과정이 전자적으로 해결된다.
전자적 통합효과	전자적 거래시스템의 활용이 커짐에 따라 전망과 후방의 유통기관이 기능적으로 통합된다.

Plus tip

탈중간상화(dis-intermediation)현상
- 인터넷을 통한 유통경로가 구성됨에 따라 기업과 고객 모두 중간상을 배제하고 싶은 욕구를 가지는 현장

③ 전자상거래와 전통상거래의 비교

구분	전자상거래	전통상거래
유통 경로	기업- 소비자	기업-도매상-소매상-소비자
거래대상지역	글로벌 마켓	로컬 마켓
거래시간	24시간	제한된 영업시간
고객수요파악	온라인으로 수시 획득 자료수집 후 재입력이 필요 없음	영업사업이 획득 수집된 자료를 재입력
마케팅활동	쌍방향 커뮤니케이션으로 1:1 마케팅	구매자의 의사에 관계없는 일방향마케팅
고객대응	고객수요에 신속하고 즉각적인 대응	고객수요의 포착이 어렵고 대응이 지연됨
판매거점	사이버공간	판매공간 필요

(2) 전자 채널의 장점과 단점

① 장점

공급자 측면	소비자의 측면
• 기업-고객 직거래를 통한 유통비용절감 • 유통경로 갈등의 최소화 • 시간과 공간의 제약 회피 • 고객의 즉각적인 피드백 • 고객정보의 획득 • 고객관계마케팅의 수행 • 거래시간의 단축	• 공급자 탐색의 편리성 • 정보탐색에 시간과 비용의 절약 • 시간과 공간의 제약을 넘어서 정보탐색 • 쌍방향 소통을 통해 적합한 공급자 선정 • 필요나 요구에 대해 공급자에게 직접 소통을 하므로 빠른 문제해결이 가능 • 공급자 비교로 최적의 공급자 선택 가능

② 단점

안정성	• 대금지불과 정보보호의 안정성에 문제점
물류체계	• 전자채널은 정보와 커뮤니케이션의 수단 • 효율적인 물류 및 배송체계의 구축이 필요
품질	• 상품의 실제모습을 직접 보고 결정하는 것이 아니라 이미지나 설명을 통해서 결 정하게 되므로 설명과 품질이 다르게 인식될 수 있음 • 품질보증의 문제점
규격표준화	• 상품의 규격이 표준화되지 못한 경우 거래에 한계 • 표준화된 상품이나 소비자가 사용경험이 있는 경우는 적용이 가능하나 비표준화 상품이나 사용경험이 없는 상품은 거래에 한계
신뢰성	• 전통적인 유통경로에 비해 손쉬운 창업이 가능하여 기업이념이나 경영마인드가 부족할 수 있음 • 오프라인의 채널에 비해 신뢰성이 낮게 인식

2) 오프라인 기업의 온라인 전략

경로 보완	• 기존 오프라인 유통경로의 부족한 부분을 보완하는 수단으로 활용 • 경로 갈등이 정도가 높고 인터넷 경로의 적합도가 낮은 경우
경로 차별화	• 오프라인 유통경로와 온라인 유통경로의 경로갈등을 해결 • 오프라인과 온라인 유통경로의 경로 기능을 배분하여 역할과 기능간에 중복요소를 제거 • 경로갈등의 정도가 높고 인터넷 경로 적합도가 높은 경우 선택 • 인터넷 유통경로는 별도의 채널 추가로 활용될 수 있소록 차별화
경로 통합	• 온라인 유통경로로 모든 판매활동을 통합하는 전략 • 경로갈등의 정도가 낮고 인터넷 경로의 적합도가 높은 경우에 선택

3) 전자 채널의 갈등 관리

(1) 전사적 유통경로에 의한 기업내·외부의 갈등 유형

- 새로운 채널이 기존의 판매원을 대처함으로써 발생하는 기업 내부의 판매원들과의 갈등
- 기업 외부의 대리점, 소매점 등 기존 경로구성원과의 갈등

(2) 전자 유통경로의 등장으로 인한 유통관리 이슈

- 온라인에서 상품을 검색하고 매장에서 구매하는 채널번들링의 형태가 증가
- 하나의 경로만으로 고객에게 접근하기는 점점 어려워짐
- 전통적 경로와 새로운 경로 사이의 시너지 창출이 중요한 과제로 부각

(3) 유통경로 간의 갈등에 대한 의사결정 원칙

- 경로갈등의 대처는 수익성을 기준으로 의사결정
- 경로별수익과 비용 분석결과를 토대로 육성의 우선순위를 결정
- 일반적으로 비용 측면에서는 전자유통경로가 유리
- 수익측면에서는 기존의 유통경로가 우수한 경우가 많음
- 수익을 초과하는 비용이 발생한다면 신중한 디마케팅노력이 필요.

(4) 온라인과 오프라인 갈등 해결을 위한 방안

정보공유형 하이브리드 경로	한 마케팅 경로에서 획득한 고객정보를 다른 마케팅 채널에서 이용할 수 있도록 공유
역할 분리형 하이브리드 경로	각각 경로구성원이 담당하는 기능이나 역할을 다르게 부여

6. 서비스구매과정의 물리적 환경 이해

1) 물리적 증거의 이해

(1) 물리적 증거(Physical evidence)의 개념

- 서비스 생산공정에서 활용되는 모든 비인적 요소들을 의미한다.
- 기업은 서비스를 생산하고 전달하는 과정에서 사람이 아닌 기계, 설비, 도구 등과 같은 여러 종류의 물리적 요소에 의존하고 있다.

(2) 물리적 증거의 구분

- 물리적 증거는 무형적인 서비스를 전달하는데 이용되는 물리적 환경과 기타 유형적 요소로 구성된다.

물리적 환경	외부 환경	시설의 외형, 건물의 디자인, 조형물, 외관의 청결도 등이 포함
		신규고객에게 중요한 변수로 작용
	내부 환경	실내장식, 레이아웃, 안정성, 벽, 가구, 시설물, 배경음악, 실내조명 등
		고객과 종업원의 만족도 증가로 서비스 생산성이 향상
기타 유형적 요소		종업원의 유니폼, 외모, 행동, 안내 책자 등

(3) 물리적 증거의 역할

패키지 역할	• 물리적 증거는 서비스를 포장하는 역할을 한다. • 서비스는 무형의 상품이기 때문에 물리적 증거에 의해서 서비스 품질에 대한 지각을 하게 된다. • 물리적 증거는 기업의 외적 이미지를 형성하는데에 중요한 영향을 준다
편의제공 역할	• 물리적 증거는 환경 내에서 활동하는 사람의 서비스 수행을 도와줌으로써 편의 제공의 역할을 한다. • 잘 설계된 기능적인 편의는 고객에게 즐거운 경험을 제공하고, 종업원에게 쾌적한 수행을 할 수 있게 되어 서비스 성공 가능성이 높아진다.
사회화 역할	• 서비스접점에서 부여된 역할, 행동, 관계를 설명하는 데 도움이 되므로 물리적 증거의 설계는 고객과 종업원의 사회화를 조성한다. • 서비스 접점의 설계에서 고객과 직원의 위치, 고객에게 보여지는 정도, 환경의 쾌적성 등은 양자의 사회화 과정에 영향을 주게 된다. • 물리적 증거의 설계에 따라 사람들은 자신의 지위나 역할에 대한 단서를 찾게 되고 이를 근거로 사회화에 대한 실마리를 얻게된다.
차별화 역할	• 물리적 증거는 경쟁사로부터 차별화를 할 수 있고, 서비스에 따른 시장 세분화를 할 수 있도록 한다. • 차별화는 포지셔닝과 세분화에 영향을 준다 • 레스토랑의 경우 물리적 증거의 설계에 의해 고객들이 가격을 달리 인식하게 되는 차별화 효과를 지니게 된다.

(4) 물리적 증거의 영향

① 일반적 영향

- 기업에 대한 전반적 이미지를 형성한다.
- 눈에 보이지 않는 서비스에 대한 유형성을 제시한다.
- 고객과 종업원의 행동이나 관계에 영향을 준다.
- 고객의 회피행동이나 접근행동에 영향을 준다.

- 직원의 생산성이나 직무만족에 영향을 준다.
- 서비스품질에 직·간접의 영향을 준다.
- 고객의 구매결정에 영향을 준다.

② 고객과 종업원의 행동에 미치는 영향
- 물리적 증거에 대한 인식은 고객과 종업원의 내적 반응을 불러일으키게 된다.
- 종업원과 고객이 물리적 증거에 대한 내적 반응을 불러일으키는 데에는 몇 가지 조절변수가 있다.
- 조절변수

성격 특성	개별적 성격에 따라 물리적 증거를 다르게 받아들일 수 있다.
상황 요인	물리적 증거를 지각하는 상황에 따라 다르게 받아들일 수 있다.
무드(mood)	물리적 증거의 분위기에 따라 상황을 다르게 인식할 수 있다.
환경에 대한 개인적 기대	개인적 기대의 차이에 의해 다르게 인식될 수 있다.

③ 물리적 증거 인식에 따른 내적 반응에 의한 외적 행동

접근행동	행위자가 속해 있는 물리적 증거에서 행해지는 모든 긍정적인 행동
회피행동	행위자가 속한 물리적 증거에서 행해지는 모든 부정적인 행동

2) 물리적 환경(서비스 스케이프 : Service scape)의 이해

(1) 물리적 환경의 정의

- 물리적 환경은 Booms & Bitner가 제시한 모델로 서비스과정에서 물리적 환경이 주는 영향을 강조하기 위해 제시되었다.
- 물리적 환경은 서비스접점에서 인식되는 모든 비인적 요소(non- human elements)를 의미한다.

(2) 물리적 환경의 범주*

① 베이커(baker)의 물리적 범주

주변 요소	• 주변요소는 즉각 인지할 수 없는 배경적 조건이다. • 주변요소가 부족하거나 적합하지 못할 경우에만 주의를 끌게 한다. • 실내온도, 습도, 조명, 향기 등과 같은 것들이 대표적이다. • 주변요소는 당연히 갖추어야 할 요소로 간주되기 때문에 만약 고객이 주변요소를 인식하게 된다면 고객은 회피행동을 하게 된다.

디자인 요소	• 디자인 요소는 주변요소에 비해서 고객이 형태를 인식할 수 있는 가시적인 요소로서 건축미, 색상 등의 미적 요소와 레이아웃, 안정성 들의 기능적 요소로 구분된다. • 디자인 요소는 서비스에 대한 긍정적인 시각을 형성하고, 물리적 환경에 접근행동을 자극할 수 있다. • 디자인 요소는 주변요소에 비해 더 큰 영향력을 행사한다.
사회적 요소	• 사회적 요소는 물리적 환경의 인적 요소인 고객과 종업원을 말한다. • 서비스접점에서 직원의 수, 유니폼과 외모 등은 고객행동에 영향을 미치게 된다. • 매장 내의 다른 고객의 모습이나 밀집도는 고객 간의 사회적 요소로 영향을 미치게 된다.

② 비트너(bitner)의 물리적 환경범주

주변 요소	환경의 배경적 특성을 의미
공간 및 기능성	서비스를 제공하는 공간에 속하는 도구들을 의미
표지판 및 상징조형물	서비스 공간 내에서 기호적인 상징이 고객 및 종업원에 전달하는 소통 기능을 의미

V. 코칭 / 교육훈련 및 멘토링 / 동기부여

1. 내부 마케팅의 이해

1) 내부 마케팅의 정의

- 조직 내의 인적자원을 대상으로 한 마케팅 활동이다.
- 내부 마케팅의 목표는 직원의 고객지향적 사고와 시장 지향적 태도를 통해 최종 소비자인 외부 고객을 만족시키는 것이다.

2) 내부 마케팅의 역할

조직 내에서 서비스 문화의 창조와 유지	• 강력한 서비스 문화의 구축에 있어 직원들이 적극 참여하고 자기 개발을 도모할 수 있도록 조직을 유연하게 만든다.
서비스 품질의 향상과 유지	• 직원이 고객 의식을 갖고 고객에게 최상의 서비스를 제공하도록 자신의 서비스 역량을 개발하고자 하는 동기를 부여한다.
조직적 통합	• 조직의 모든 직원들이 서로 한마음으로 조직의 성공을 위해 창조력과 열의를 갖고 일 할 수 있도록 지원한다.

3) 내부 마케팅의 주요 요소

복리 후생 제도	• 기업이 직원의 생활 안정과 생활 수준의 향상 및 건강 유지 등 다양한 시설과 제도를 제공하는 임금 이외의 보조적 제반 급부라 한다.
교육 훈련	• 조직의 목적을 달성하기 위하여 기업의 전략과 비전을 이해시키고, 업무 능력 향상을 통해 태도를 변화시키는 역할을 한다.
내부 커뮤니케이션	• 효과적인 서비스를 제공하기 위한 조직과 구성원간의 효율적이고 지속 가능한 정보 교환의 의사소통 수단이다.
보상 제도	• 직원이 기업에게 자신의 노동력을 제공하고 그에 대한 대가를 받게 되는 임금, 상여금 등을 포함한 포괄적인 개념을 말한다.

4) 내부 마케팅의 성공 전략

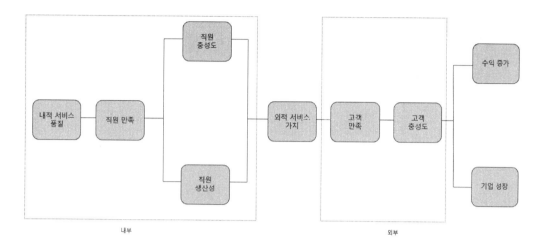

서비스- 이윤 가치 사슬 (출처 : Schiesinger & Heskett(1991)

직원의 역할과 중요성 인식	• 직원만족(ES : Employee Satisfaction)은 고품질의 서비스로 이어지며 이러한 고품질의 서비스로 바로 고객만족(CS : Customer Satisfaction)과 직결된다.
통합적인 인적자원관리	• 인력의 선발에서부터 역량개발, 평가, 보상에 이르는 모든 과정을 통합적으로 관리해야 한다.
직원만족도 측정	• 직원 만족도는 품질 지향적인 기업 전략에 있어서 핵심적인 요소이다.
적극적인 경영층 지원	• 경영층은 직원에게 적절한 수준의 재량권을 부여함으로써 직원이 고객의 요구를 확인하고 신속하게 대응할 수 있게 해야 한다.

2. 성인 학습의 이해

1) 성인 학습

(1) 성인 학습의 정의

- 성인이 자신의 생애 전반에 걸쳐 삶의 경험을 지식, 기술, 태도 등과 함께 행동변화를 전환시켜 나가는 과정이다.
- 성인이 자발적 학습 관제를 발견하고, 도전하면 해결하려는 개인의 자발적 변화 노력이 강조된다.

(2) 성인 학습의 필수 요건

- 학습 활동으로 유도해 줄 수 있는 분위기와 환경
- 문제들을 해결하기 위한 여러 가지 방안이나 기술
- 학습 욕구를 충족시켜 줄 수 있는 학습 태도, 학습 자료

(3) 성인 학습자의 특성★

신체적 특성	• 육제적 노화로 신체적 기능이 쇠퇴하고, 수리능력, 공간 · 지각능력 등 유동적 지능(fluid intelligence)이 쇠퇴하는 경향이 있다. • 성인 학습자의 신체적 특성을 반영하여 효과적인 학급 환경 조성해야 한다. • 청력의 감소하므로 큰 소리와 명확한 발음으로 교육을 진행해야 한다.
심리적 특성	• 한 분야의 경험의 축적으로 자기중심적 경향 및 경직성, 내향성 등이 증가하여 도전에 대한 두려움을 가지고 있다. • 자신감을 고양시키고 충분한 학습 시간을 제공해야 한다. • 학습자에게 친근한 사물 및 상황을 활용해야 한다.
사회적 특성	• 다양한 사회 문화적인 책임이 부여된다. • 책임 이행과 같은 선상에서 교육 요구가 발생한다.

(4) 성인 학습자의 학습 참여 동기

목적 지향성	• 다른 사람들의 기대에 부응하기 위하여 학습한다. • 전문성 향상을 통해 경쟁에서 뒤뒤떨어지지 않기 위하여 학습한다.
활동 지향성	• 사회적 관계의 활성화를 위해 합습한다. • 일상에서 벗어나 힐링을 취하기 위하여 학습한다. • 사회적 복지 활동 차원에서 학습한다. • 개인적 교제와 우정에 관한 욕구를 충족시키기거나 대인 관계의 활성화를 위해 학습한다.
학습 지향성	지식을 탐구하는 데 중점을 두고 학습한다.

2) 성인 학습 이론

(1) 앤드라고지(Andragogy)

- 그리스어의 성인(Andros)이라는 말과 '이끄는, 지도하는(agogus)'이라는 말의 합성어이다.
- 협의 의미로는 성인을 돕는 기술 과학이라는 뜻이며 광의 의미로는 성인 학습의 정책, 제도 및 실시 과정 전체를 체계적으로 연구하는 학문을 의미한다.
- 학습자의 발달 단계 및 생활 단계에 알맞게 학습을 도와주는 기술을 체계화해야 한다라는 이론이다.

- 성인의 특성과 동기 및 목적에 따라 학습 방법이 달라져야 한다는 것이다.

(2) 페다고지(Pedagogy)

- '아동(Paid)'이라는 말과 '지도하다(agogus)'라는 말이 합쳐져 생겨난 말이다.
- 아동을 가르치는 과학과 기술을 의미한다.

Plus tip	
앤드라고지(Andragogy)	페다고지(Pedagogy)
성인교육	학령기 교육
자기 자신이 본인의 삶에 책임을 진다는 자아개념	의존적 성격의 자아 개념
외재적인 동기보다 내재적인 동기에 의해 학습동기화	외재적인 동기에 의해 학습이 동기화

(3) 관점 전환학습 과 개조주의 학습

관점 전환 학습	• 경험에 대한 자아성찰을 통해 학습자가 관점이나 의식을 재형성하는 것에 주목하는 학습 이론이다. • 경험이 지니고 있는 의미를 새롭게 해석하여 전환되는 것을 학습의 과정으로 이해하는 이론이다.
개조주의 학습	• 관점 전환 학습의 의미를 포괄하는 광의의 개념으로 합습 이론이다 • 비판적 사고를 통해 이루어진 개인의 삶과 행동의 변화가 사회적 차원에서 새로운 전환으로 이어지는 것에 주목하는 이론이다. • 익숙한 관습에서 탈피하여 새로운 문제 해결 방법을 익히고 이러한 지식을 사회적 관계망으로 확장 시켜 타인과 공유하는 학습을 강조하는 이론이다.

(4) 경험 학습 이론

① 정의
- 학습자의 과거 경험이 학습 과정에 많은 영향을 미치는 것에 주목한 학습 이론이다.
- Kolb의 경험학습 이론은 학습자는 구체적인 경험을 스스로 이론화할 줄 알며, 이를 다시 실천에 반영하는 과정을 순환적으로 반복하는 것이다.

② Kolb의 경험학습 이론 모형

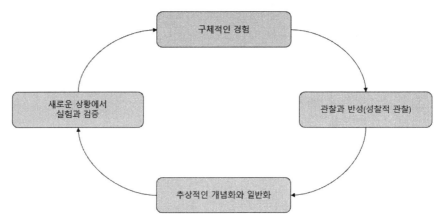

〈그림〉 Kolb의 경험학습 이론 모형

1단계 : 구체적인 경험	• 구체적이고 실제적인 경험을 하는 단계
2단계 : 성찰적 관찰	• 경험을 해석하고 반성하는 성찰적 관찰의 단계
3단계 : 추상적인 개념화와 일반화	• 반성하고 성찰한 내용을 논리적으로 통합하는 추상적인 개념화 단계
4단계 : 실험과 검증	•블 개념화한 이론이나 학습을 활용하는 행동적인 실험 단계

(5) 자기주도학습

① 정의

- 학습자가 주체가 되어서 스스로가 학습 환경, 학습 과정, 학습 결과 등을 주도하는 학습 이론이다.
- 학습자 스스로 학습할 목표를 결정하고, 학습에 필요한 자원을 선택하여, 학습 전체 과정을 자율적으로 계획, 실천, 평가하는 학습 과정을 설명하는 이론이다.

② 자기주도학습의 3요소

자기관리	실질적이고 효율적인 전략, 계획, 평가
동기	학습을 시작하게 하는 내적 힘
자기 통제	스스로 자신의 행동을 통제

(6) 조직 학습(Organization learning)

- 조직이 가진 문제를 해결해 나가는 과정으로, 그 결과로 조직 구조 및 조직 성과에 변화가 추구되는 과정이다.
- 조직 학습은 공개적 성찰, 의미 공유, 공동 계획, 협동과 실천의 과정으로 이루어진다.

> **Plus tip**
>
> 학습 조직(Learning Organization)
> - 조직 전체의 차원에서 지식이 창출하고 이에 기초하여 환경 적응력과 경쟁력을 증대시켜가는 조직 자체를 의미한다.

3. 교육훈련

1) 교육훈련의 이해

(1) 교육훈련의 의의 및 필요성

- 기업의 목표를 위해 직무를 잘 수행할 수 있도록 지식과 기능들 변화시키는 조직적 활동이다.
- 기업의 중요한 자산인 인적자원의 가치를 높이기 위해 지속적인 교육 훈련이 필요하다.
- 교육훈련의 투자는 기업과 직원 개개인에게 많은 효용을 창출한다.
- 교육훈련은 경제 환경의 불확실성이 증가하는 상황에서 직원에게 고용 만족도를 높이고 고용 안정성을 확보하는 데 중요한 역할을 한다.

(2) 교육과 훈련의 차이

	교육	훈련
목표	• 기본적인 이론, 소양과 태도 학습	• 직무 고유 지식 및 기능 학습
내용	• 개념, 이론	• 실무 기능
기대효과	• 보편적 지식의 학습과 장기적 효과	• 특정 직무의 기능습득과 숙달, 단기적 효과

(3) 교육 훈련의 목적

① 직원 측면
- 자기실현 및 경력 개발을 통한 승진과 자기 개발 기회의 증가한다.
- 기술 변화에 대한 적응 능력 증대로 노동 시장에서 경쟁력 확보와 강화된다.
- 능력 향상을 통한 보상의 증대 및 성장 욕구 충족된다.
- 직무 만족도 향상 빌 조직 몰입도 증가한다.

② 기업 측면
- 능력 향상을 통한 생산성 향상과 외부 노동 시장에 대한 의존도 축소된다.
- 직원의 잠재적, 현재적 능력 개발로 능력과 자질을 갖춘 인재 확보된다.
- 조직 목표와 개인 목표의 일치를 지원하게 되면서 기업 이미지 향상 및 조직 충성도 높아진다.

2) 교육 훈련의 종류

(1) 장소에 따른 교육 훈련

① 직장 내 교육훈련(OJT)*
- 직장 내 훈련(On the Job Training, OJT)은 업무 현장에서 동료 선배가 피교육자에게 과업 수행 방법을 보여주고 피교육자에게 실행 연습의 기회를 제공하며, 그 결과에 대해 피드백 하는 훈련 방식이다.

장점	• 직무수행과 동시 실시로 내용이 현실적 • 교육훈련과 업무가 직결 • 특정 장소로의 이동 없음 • 상사나 동료 간의 이해와 협동정신 강화 • 비용의 감소·구성원의 능력과 그에 상응한 훈련 가능
단점	• 상사와 환경이 훈련에 부적합할 가능성 • 업무 수행에 지장 • 많은 직원을 동시에 훈련하기 어려움 • 통일된 내용과 같은 수준의 훈련이 어려움 • 상사의 능력과 전문지식의 차이로 통일된 전문적인 지식과 기능의 전수 어려움

② 직장 외 교육훈련(Off-JT) *

- OJT외의 모든 사내 교육훈련이 직장 외 교육훈련(Off-JT : Off the Job Training) 이다.

장점	• 많은 직원들에게 동시에 통일적인 교육 실시 가능 • 전문가의 지도 아래 교육훈련에 전념 가능 • 직무 부담에서 벗어나 새로운 교육훈련에 전념 • 참가자 간 선의의 경쟁을 통한 교육 효과 증대
단점	• 업무 수행 과정에 즉시 활용하기 어려움. • 현업 중단의 어려움. • 경제적 부담 가능

(2) 교육 대상에 따른 교육 훈련*

① 신입사원 교육훈련

　㉠ 교육 목적

　　• 새로운 환경에 대한 적응과 회사에 대한 친근감 및 직무에 대한 흥미와 수행능력 향상을 위한 교육 훈련이다.

　　• 조직의 비전과 가치를 공유하여 개인의 발전에 동기 부여를 한다.

　　• 조직 문화를 익힐 수 있는 기회를 제공한다.

　㉡ 교육 내용

　　• 기업의 경영 이념 및 조직 문화, 가치

　　• 조직생활에 필요한 기본적인 비즈니스 매너

　　• 조직 생활을 위한 공통적 일반 지식

　　• 조직생활에 필요한 협력 및 소통방안

　㉢ 기법

　　• 멘토링 시스템

　　• 강의식 방법

② 작업자 교육 훈련

　㉠ 목적

　　• 부여받은 직무의 성공적인 수행

　㉡ 내용

　　• 구성원 주어진 직무 관련 지식, 기능, 태도 등을 교육훈련

　㉢ 기법

　　• 실습 훈련

　　• 강의식 방법

- 직업 학교 훈련 및 대학 학위 위탁 교육제
- OJT

③ 관리자 교육훈련

  ㉠ 목적
  - 기업 경영과 관련된 의사결정과 기업으로부터 부여받은 권한과 책임을 행사하고, 부하 직원에 대한 권리 감독을 수행

  ㉡ 내용

하위 관리자	• 작업 지도, 작업 방법 개선 등 기술적 능력에 대한 교육 • 직장의 인간관계에 대해 교육
중간 관리자	• 비교적 광범위한 경영 문제 취급 • 경영 원칙과 관리자로서 필요한 관리 기술의 지도 • 하위 관리자보다 상대적으로 인간관계 능력에 대한 교육이 많이 요구됨
최고 경영층	• 중간 관리자에 비해 상대적으로 경영의 개념적인 능력에 대한 교육이 많이 요구됨

  ㉢ 기법
  - 모의 훈련
  - 사례 연구법
  - 역할 연기법
  - 행동 모델법
  - 세미나
  - 감수성 훈련

3) 교육 훈련 방법*

강의식 방법	• 교육자가 일정 장소에 집합한 피교육자에게 일방적으로 강의하는 방법
통신 훈련 방법	• 강의록이나 인쇄물을 이용한 방법
회의식방법	• 토의 방법으로, 주제에 관해 각자의 견해나 지식 등을 발표, 교환하고 문제점을 토론하는 방법
시청각 훈련 방법	• 비디오, DVD, 슬라이드, 오디오, 모형, 도표 등 시청각 교재를 사용하는 방법
사례 연구법	• 주제에 관한 사례를 작성, 배부하고 이에 대해 토론하는 방법
역할 연기법(롤플레잉)	• 주제에 따르는 역할을 실제 연출시켜 공감과 체험을 통하여 교육훈련을 높이는 방법
실습 방법	• 직접 사물에 접하여 관찰, 실험하고 사실을 수집, 검증, 정리하여 직접 경험에 의해 지도하는 방법

브레인스토밍	• 다수의 피교육자가 집단 회의를 열고 자유로운 분위기에서 아이디어를 창출함으로써 질보다 양에 치중하는 아이디어를 개발하게 하는 방법
인턴 사원제	• 정식 입사 전 잠정적인 수습 기간 동안 조직의 가치와 개인의 가치가 적합한 인재를 정식 사원으로 선발하는 제도
멘토 시스템	• 신입사원 행동의 준거 기준이 되고, 지도·후원하며 조직 내 의사결정자들에게 이들의 존재를 알려 주는 역할을 하도록 하는 제도
대학학위 위탁 교육제	• 국내외 학위 과정에 위탁시켜 정식 학위를 취득하도록 지원하는 제도
교육 이수 학점제	• 각 직급별, 직종별로 이수해야 할 교육 학점을 설정해 놓고, 그 결과를 승진이나 승격 시 일정 부분 반영시키는 제도
온라인 학습	• 웹 기반으로 가상 강의실에서 원거리 학습을 시키는 방법
모험 학습	• 일종의 극기 훈련 방식으로, 자기 인식, 문제 해결, 갈등 관리, 위기 관리와 같은 집단 유효성과 관련된 능력을 개발하는데 목적이 있는 방법

(3) 진행 방법

Plus tip

롤플레잉(Role Playing) 교육훈련 방법

동기유발	롤플레잉 교육이 필요한 이유를 설명하고 직원들 간 공감대를 형성
진행절차 확정	총 소요시간, 필요 인원, 개선이 필요한 요소 등 진행 절차를 확정하고 상황에 따라 그룹을 지정
실습 시간	실제 롤플레잉 시현하기 전에 연습 시간을 갖는다. 신입 직원이거나 현장 직원이 없는 경우 활용
프레젠테이션(발표)	발표하는 내용이나 고객 상황 등을 미리 알 수 있도록 공유
피드백	피드백은 전체 구성원, 발표 직원, 교육자 모두에게서 피드백이 나오는 것이 이상적임 피드백 순서는 전체 구성원- 발표 직원- 교육자 순으로 함

4. 서비스 코칭의 이해 및 실행

1) 서비스 코칭의 이해

(1) 정의

- 관리자나 상사가 성과 관련 문제를 해결하거나 직원의 능력을 개발하기 위한 상호 과정이다.
- 성과를 내기 위하여 개인의 잠재력을 최대한 발휘할 수 있도록 학습자 스스로 배울 수 있도록 돕는 것이다.
- 관리자에게 직원들의 능력을 함양하고 촉진시키기 위해 직원들을 격려하고, 학습시키는 새로운관리 역량, 즉 코칭이 요구된다.

(2) 서비스 코칭의 장점*

직원 스스로 진실되게 만든다.	• 직원이 스스로가 무엇이 중요하고 왜 이 업무를 하고 있는지 탐구하게 된다.
직원이 전체적인 관점에서 문제 이해하도록 도와준다.	• 적절한 질문을 통해 복잡한 역한 관계에 대한 이해로 직원이 전체적인 관점에서 문제의 맥락을 파악할 수 있다.
직원을 좀 더 새롭게 만들 수 있다.	• 적절한 피드백을 통해 전체 삶 속에서 일의 의미, 일에 대한 새로운 관점을 갖도록 해준다. • 자신 안에 있는 무한한 잠재력을 깨닫고 스스로 활용 가능하게 해준다.
미래 지향적이다.	• 과거의 잘못을 가리는 것보다 미래 변화에 초점을 둔다.
행동 변화를 중시한다.	• 보다 나아지기 위해 새로운 변화를 추구한다.

(3) 코치의 역할

후원자(sponsor)	• 직원들이 개인적인 성장과 경력상 목표를 달성하는데 도움이 되는 업무가 무엇인지 결정하는 것을 도와주는 사람
멘토(mentor)	• 어떤 분야에서 존경받는 조언자이며 기업의 정치적 역학 관계에 대처하는 방법 및 영향력의 행사를 통해 파워를 형성하는 방법을 알고 있는 사람
평가자(appraiser)	• 특정한 상황하에서 직원의 성과를 관찰하여 적절한 피드백이나 지원을 하기로 직원과 약속한 사람
역할모델(role model)	• 맡은 바를 행동으로 보여주는 역할을 수행하면서 직원들의 기업문화에 적합한 리더십 유형을 제시하는 사람
교사(teacher)	• 직원들이 자신의 업무를 효과적으로 수행할 수 있도록 업부상 비전, 전략, 서비스 및 제품, 고객 등에 관한 정보를 제공하는 사람

2) 서비스 코칭의 실행

(1) 코칭의 5가지 기술★

질문 스킬	• 직원의 잠재력을 끌어올리기 위해 질문의 형태를 각각의 목적과 특성에 따라 적절히 사용한다.
경청 스킬	• 적극적, 공감적 경청을 통해 코칭과 정에서 상대방의 마음을 열고 신뢰를 형성할 수 있다. • 객관적인 관점을 가지고 상대방의 입장을 듣는 동시에 자기반성과 자기 성창의 기회를 준다.
직관 스킬	• 코치 자신의 직관을 활용하여 코칭하는 기술이다. • 코치는 생각하지 않고 리드하지 않는다.
자기 관리 스킬	• 코치가 자기자신을 관리하는 것이다.
확인 스킬	• 피코치에게 있어서 중요한 사항을 확인하기 위해 기술로, 피코치의 미래와 현재, 과거를 확인한다.

(2) GAPS 코칭모델과 단계별 스킬

1단계	목표 설정하기
2단계	현재 진행과정 평가하기
3단계	다음 단계 계획하기
4단계	변화 행동 지원하기

① 코칭의 1단계 : 목표 설정하기(Goal setting)★
- 구성원 스스로 목표를 설정할 수 있도록 이끌어 주면서 목표나 방향을 명확히 제시해 주어야 한다.
- 목표 설정하기는 구성원 개인 또는 업무와 연관된 비전과도 관련이 있다.
- SMART 목표 설정하기

Specific	구체적인 문제를 다루고 있는가
Measurable	측정 가능한가
Achievable	달성 가능한 목표인가
Relevent	프로젝트와 관련성이 있는가
Time Bound	정해진 시간 내에 달성 가능한가

② **코칭의 2단계** : 현재 진행 과정 평가하기 (Assessing current progresss)
- 구성원이 수행한 결과를 진지하고 공정하게 평가하고 피드백하는 것이다.
- 건설적인 피드백을 통해 행동 실행 과정 및 결과 그리고 개선점 확인하고 구성원 스스로 마무리 하도록 이끌어야 하는 것이다.

Plus tip

- 피코치가 성과를 내지 못하는 숨겨진 이유

역량 이슈	• 너무 많은 양의 일 • 자신의 능력을 제대로 파악하지 못하고 많은 일을 수행 • 자신의 시간을 효율적으로 관리하지 못하는 상황
능력 이슈	• 필요한 지식과 스킬을 보유하지 못한 상황
태도 이슈	• 다른 업무나 개인적인 문제가 특정 도전 과제에 대한 태도나 마음가짐에 영향 • 내면에 있는 좌절감이나 분노감의 원인을 파악하는 것이 중요 • 피코치에게 동기 부여가 되는 적합한 일인지 확인 필요
자원 이슈	• 필요한 시간이나 자금, 지원 인력이나 도구의 보유 여부 • 피코치가 수행하는 데 있어 어떤 것이 필요한 것인지를 확인
문제 구성 이슈	• 코리와 피코치가 문제를 구성하는 방법의 불일치 상황 • 코치가 생각하는 문제와 피코치가 해결하로고 하는 문제가 다른 경우

---

③ **코칭의 3단계** : 다음 단계 계획하기(Planning the next steps)
- 목표를 수정할 것인지, 더 많은 자원을 할 것인지에 대한 논의한다.
- 발견되지 않은 원인과 대안 전략을 찾아내기 위해 브레인스토밍 하는 것이다.
- 선택 대안들의 폭을 좁혀서 현재의 상황이나 문제를 해결할 수 있는 가장 좋은 대안을 고려하고 계획한다.

④ **코칭의 4단계** : 변화행동 지원하기 (Support the action)
- 개발 구성원의 재능, 역량 기술 등을 향상하여 더 놓은 성과를 올릴 수 있도록 도와주는 것이다.
- 코치틀 구성원에게 배우는 환경을 조성해주고, 정보나 자료를 제공해 주어야 하며, 필요한 지식을 잘 가르쳐 주어야 한다.
- 지원의 수준과 방향을 결정한다.
- 피코치를 이해하고 있음을 표현한다
- 역할 모델이 되어 준다.

(3) GROW 코칭 모델

Goal	목표설정
Reality	현실 점검
Option	대안 탐구
Will	실행 의지 확인

3) 상황별 서비스 코칭 전략

(1) 피코치가 저항하는 경우

① 피코치 저항의 유형

피코치 개인적 선호나 견해로 인한 저항	• 거만함 • 변화의 필요성 인식 못하는 맹점 • 자기 재념의 심층적 부분에 대한 조언 거부 • 작업량 • 두려움 • 오해 • 불편감
코치에 대한 피코치의 생각으로 인한 저항	• 관리자의 능력에 대한 지각 • 관리자의 가용성, 작업량에 대한 지각 • 접근 가능성에 대한 지각 • 피코치에 대한 관리자의 태도 • 다른 코치에 대한 선호
조직의 문화에 대한 저항	• 코칭 제도가 조직 문화에 흡수되지 못했을 때 • '죽느냐 사느냐' 의 조직 문화 • 지나치게 위업을 감수하는 조직 문화 • 자원의 부족 • 학습조직이 아닌 경우

② 코칭 전략
- 피코치가 저항하는 근본적인 원인을 이해하고 노력한다.
- 코치가 자기중심적인 시각을 버리고, 스스로가 피코치에게 진정 잘 맞는 코치인지를 생각한다.
- 피코치에게 맞추려면 코치의 접근방법 중 변화시켜야 될 것을 결정한다.
- 피코치의 이슈가 코칭에 적합한 문제인지 확인한다.

(2) 동료 코칭

① 특징
- 서로 지원을 해주는 관계를 개발할 수 있고, 동료와 함께 새로운 것을 시도하면서 성장할 수 있다.
- 비슷한 압력과 도전 과제, 유사한 관계를 경험하기 때문에 동료들을 잘 이해할 수 있는 위치에 있다.
- 협력자이면서 잠재적 경쟁자이다.

② 코칭 전략
- 상대방에게 코칭이 필요한지, 코칭을 원하고 있는지, 당신을 적절한 코치로 생각하고 있는지를 파악하기 위하여 개인적인 접근이 필요하다.
- 고민과 도전 과제들을 편안하게 공유할 수 있는 수준에서 관계를 형성해야 한다 .
- 자연스러운 만남의 기회를 만든다.
- 상대방에게 도움을 받을 의향이 있는지 물어본다.
- 코칭의 목적에 대해 명확히 하는 것이 좋다.
- 코치 자신에 대해 이야기를 해야 한다.

(3) 상사 코칭

① 특징
- 모든 사람은 코칭이 필요함을 인식한다.
- 상사들이 부하 직원들에게 코칭을 받을 수 있는 환경의 조성이 필요하다.
- 조직에서 성공하기 위한 확실한 방법 중 하나는 당신의 상사가 최대한 훌륭한 업무 수행을 하도록 도울 수 있는 방법을 찾는 것이다.

② 코칭 전략
- 상사가 어떤 것을 잘하고 있는지 알려 준다.
- 피드백이나 건설적인 제안을 제공할 때, 상사의 강점이나 상사가 가치있게 생각하는 목표와 연결하는 것이 좋다.
- 부정적인 피드백 제공 시 그 피드백이 얼마나 중요하고 적절한지, 상사가 해당 문제에 대해 어떤 변화 행동을 할 수 있을지에 대해서 생각해 보아야 한다.
- 상사가 피드백을 어느 정도 수용할 수 있을 기에 대해 미리 파악한다.
- 상사가 스스로 아이디어를 생각한 것처럼 만들어 주는 것이 바람직하다.

5. 서비스 멘토링

1) 멘토링

(1) 멘토링의 유래

- 멘토(Mentor)라는 용어는 오디세이(Odyssey)에 나오는 이타카(Ithaca) 왕인 오디세우스의 친구의 이름에서 유래되었다. 왕이 트로이(Troy)전쟁에 나갈 때 아들 텔레마커스(Telemachus)를 멘토에게 맡기고 지도를 부탁하였고, 왕이 전쟁에서 돌아왔을 때 텔레마커스는 왕의 자질을 갖춘 지혜롭고 현명한 사람으로 성장해 있었다. 이후 멘토는 지혜 있는 노인이나 혹은 사람들을 인도하는 목자를 나타내는 말로 사용되었다.

(2) 멘토링 개념

멘토링(Mentoring)	• 경험이 풍부하고 유능한 사람이 조직 생활을 시작하는 사람에게 조직의 공식적인거나 비공식적으로 규범에 적응하도록 도와주고 조직의 업무와 관련된 문제를 해결할 수 있도록 도와주는 특별하고 강한 인간관계를 의미한다.
멘토(Mentor)	• 스승이나 교수라는 포괄적인 뜻 • 경험과 지식을 전수하는 사람
멘티(Mentee)	• 멘토로부터 도움과 상담을 받는 사람

2) 멘토링의 유형별 실행 방법

(1) 경력 개발을 위한 멘토링

후원하기	• 멘티가 조직 내에서 바람직한 역할을 수행하고 승진할 수 있도록 멘토가 여러 가지 직무 기회를 제공해 주거나 승진 의사결정자에게 영향력을 행사하는 것이다.
노출 및 소개하기	• 조직 내에서 멘티에게 영향력을 행사할 수 있는 사람과 문서상 또는 직접적으로 접촉을 할 수 있도록 기회를 제공해 주는 것이다.
지도하기	• 멘티가 부여된 업무를 성공적으로 수행하고 다른 사람들로부터 인정을 받으면서 경력 목표를 달성하는데 필요한 지식, 기술을 전해주는 기능
보호하기	• 멘티와 다른 관리자들과의 접촉 시기가 적절하지 않거나 부정적인 영향을 받을 가능성이 있을 경우 그로부터 보호하는 기능
도전적인 업무 부여	• 업무와 관련된 지식이나 기술 전수, 성과에 대한 피드백을 제공함으로써 멘티의 능력을 향상 시키고 성취감을 맛볼 수 있도록 도와주는 기능

(2) 심리 사회적 안정을 위한 멘토링

수용 및 지지하기	• 멘티의 업무 수행 중 실수를 용서하고 해결 방안을 제시, 자아 의식을 높여 주는 기능 • 멘토가 멘티를 하나의 인격체로 대해 존중하고 인정해 주는 기능
상담하기	• 멘티의 고민이나 갈등에 대해서 멘토의 경험을 바탕으로 해결 방안을 제시해 주는 기능
우정 형성하기	• 멘토와 멘티가 조직을 떠나 사적인 비공식적 관계를 통하여 서로를 이해하고 호의적인 관계를 유지하는 기능
역할 모형 제시하기	• 멘토에 대한 관찰을 통해 특정한 행동 양식과 바람직한 가치과, 태도 등을 습득함으로써 조직에 빨리 적응할 수 있도록 도와주는 기능

3) 멘토링의 효과*

멘토 차원	• 새로운 지식과 기술 확보기능 • 다양한 인간관계 형성 • 리더십 역량 강화 및 경력 향상 • 회사로부터 인정과 보상 • 정보를 재확인하거나 점검할 수 있는 기회
멘티 차원	• 담당 분야에 대한 전문 지식 및 노하우 습득 • 회사 생활에 대한 자신감 • 경력 개발과 경력에 대한 열망 • 폭넓은 대인관계 형성 • 멘토와의 관계로 인한 안정감
조직 차원	• 회사의 비전, 가치관, 조직 문화의 강화 및 유지 • 성장 가능성이 높은 핵심 인재의 육성 및 유지 • 구성원들의 학습 촉진, 지식 이전을 통한 경쟁력 강화 • 신입사원의 회사 및 업무에 대한 신속한 적응유도 • 개인과 조직 목표의 통합 • 이직감소, 생산성 향상 • 조직의 의사소통 향상

5. 감정 노동의 이해 및 동기부여

1) 감정 노동

(1) 감정 노동의 정의

- Hochschild(1983)의 ' the managed Heart'라는 책에서 감정 노동(Emotional labor)은 ' 직업적 특성에 따라 자신의 본래 감정을 숨기고 상대방이 원하는 표정과 몸직을 해야하는 노동'이라는 개념을 처음 사용하였다.
- 협의 의미로 감정노동자를 서비스 업에 종사하면 고객을 직접 상대해야 하는 사람을 의미하며, 광의 의미로는 사무실에서 직장 상사나 동료 등과 갈등을 겪으며 일하는 사람들까지 포함한다.

(2) 감정 노동의 구성 요인

감정 표현의 빈도	• 직무차원에서 고객이 요구하는 적절한 감정표현을 규정하여 서비스 접점 자와 고객 간의 상호 작용 빈도에 초점을 둔다.
요구되는 감정 표현 규범의 강도	• 요구되는 감정 표현 규범의 강도가 높을수록 조직원은 이를 준수하기 위해 정신적, 신체적 노력이 요구되면 감정 표현에 있어서 더 많은 노동이 필요하다.
요구되는 감정 표현 규범의 다양성	• 요구되는 감정 표현 규범의 다양성이 증가할 경우 종사자는 감정 노동을 높게 지각하였다. • 특정 상황이나 규범이 많아질 경우에는 더 많은 노력과 에너지를 필요로 하였다.
감정적 부조화	• 감정 표현 규범과 종사자 자신의 실제 감정 간의 차이로 인하여 나타나는 심리적인 상태를 의미한다. • 종사자의 실제 감정과 표현 규범에서 요구하는 감정 사이의 차이가 클수록 더 많은 노력과 에너지가 필요하였다.

(3) 감정 노동의 관리

- 직원들과 커뮤니케이션을 통해 조직 내 유대감 형성 및 긴장감 해소
- 정확한 기준과 표현 규칙의 명확성
- 감정의 요구, 직무 자율성 등과 관련한 유연한 조직 문화와 분위기
- 개인의 자아 통제력 향상과 잠정의 적절한 관리
- 정확한 기준과 자율성을 가진 조직의 문화와 분위기

2) 직무 스트레스

(1) 직무 스트레스의 개념

① 직무 스트레스의 의의
- 업무상 요구 사항이 근로자의 능력이나 자원, 바람과 일치하지 않을 때 발생한다.
- 직무 내용, 직무 조직 및 작업 환경의 해롭거나 불건전한 측면에 대한 정서적, 인지적, 행동적 및 생리적 반응 패턴이다.

② 직무 스트레스의 양면성
- 유스트레스(eustress)
  ✔ 긍정적이고 건설적인 측면
  ✔ 개인과 조직의 복리와 관련된 성장성, 적응성, 높은 성과 수준과 관련
  ✔ 직원들의 효과적인 성과 달성과 조직의 정상적 기능에 영향
- 디스트레스(distress)
  ✔ 부정적이고 파괴적인 측면
  ✔ 다양한 질병, 높은 접근율과 같은 개인적, 조직적 역기능적 결과를 포함한다.

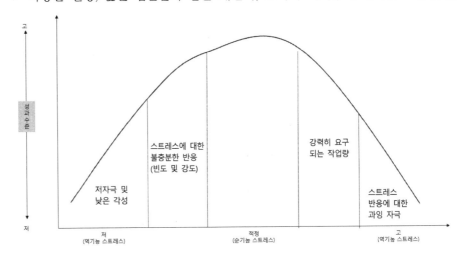

Yerkes & Dodson 곡선

(2) 스트레스의 모델

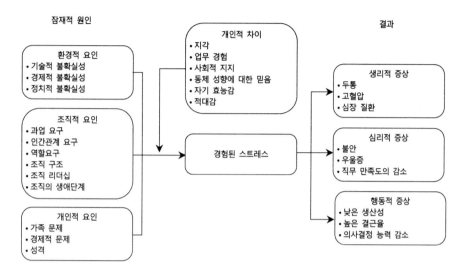

(3) 직무 스트레스의 관리*

개인적인 접근	조직적 접근
• 시간관리 기법 수행 • 신체적 운동 • 긴장 완화 트레이닝 • 사회적 지원 네트워크	• 직원 선발과 배치 및 업무 재설계 • 훈련 • 구체적이면서 도전적인 목표 설정 • 직원의 참여 늘리기 • 조직적 의사소통 향상시키기 • 회가 복리 후생 프로그램 확립하기

3) 동기부여

(1) 동기부여의 개념

- '움직인다'(to move)는 의미를 지닌 라틴어 'movere'에서 유래했다. 따라서 무엇인가를 움직이는 과정을 포함하는 개념인 것이다.
- 목표를 달성하기 위한 개인의 진념, 방향 그리고 목표 달성을 위해 노력하는 지속성을 설명하는 과정이다.
- 개인 및 조직의 목적을 달성하기 위해 자신과 타인을 움직이는 과정이며, 사람들의 행동을 일으키고 유지하는 영향력이다.

(2) 동기부여의 중요성

인적자원의 효과적인 관리	• 창조적이고 자발적으로 직무를 수행할 수 있도록 격려해 줄 수 있는 효과적 방안이다.
업무성과 향상	• 일반적으로 동기가 부여된 직원은 그렇지 않은 직원보다 훌륭한 업무성과를 위해 더운 노력하게 된다.

(3) 동기부여 시 유의 사항

- 개인차를 인정해 줄 것
- 목표와 피드백을 이용할 것
- 종업원을 자신에게 영향을 미치는 의사결정에 참여시킬 것
- 보상과 실적을 연계할 것
- 공정성을 위해 시스템을 점검할 것

4) 동기부여 이론

(1) X 이론과 Y 이론

X 이론	• X 이론은 근본적으로 인간의 부정적인 측면을 바라보는 이론 • 인간이란 일을 싫어하고 게으르며, 책임을 회피하려고 하기 때문에 항상 실천을 강요해야 한다는 이론 • X 이론의 핵심은 '통제' • X 이론은 전통적인 경영이론에서 주장하는 것처럼 직원들은 감시하고 통제해야 할 대상으로 취급
Y 이론	• Y 이론은 근본적으로 인간의 긍정적인 측면을 바라보는 이론 • 일을 좋아하며 창의적이고, 책임을 질 줄 알고 자기에게 주어진 목표를 달성할 줄 안다고 보는 이론 • Y 이론에서는 '직원들은 존중하고 개발해야 하는 자산'으로간주

(2) 목표 설정 이론

- 목표는 개인에게 의도된 행동의 동기의 기초가 되고, 구체적이고 어려운 목표가 높은 성과를 유발한다는 이론이다.

(3) 강화 이론

- 목표 설정이론과 대조를 이루는 것으로, 개인의 행동은 그 결과를 통하여 결정되고 유발된다는 이론이다.

- 목표 설정이론은 개인의 목표가 자신의 행동에 지배한다고 제안하지만, 강화 이론은 자신의 행동에 따르는 결과들에 의해 주어진 일에 노력과 행동을 한다고 주장한다.

(4) 공정성 이론

- 개인들은 자신의 작업 투입량과 생산량을 다른 동료와 비교하여 불공정한 요소들을 제거하려고 한다는 관점의 이론이다.

$O/I_A < O/I_B$	보상을 제대로 받지 못하므로 불공정성 지각
$O/I_A = O/I_B$	공정성 지각
$O/I_A > O/I_B$	보상을 과하게 받으므로 불공정성 지각

O/I_A 해당 종원업, O/I_B 는 관련된 종업원

- 직원들이 불공정하다고 인식할 때 행동
  - ✔ 필요 이상의 노력을 기울이지 않는다.
  - ✔ 낮은 품질의 성과를 더 많이 생산하게 된다.
  - ✔ 다른 사람들보다 더 많이 일을 했다고 자신에 대한 왜곡을 하게 된다.
  - ✔ 다른 사람들의 성과를 폄하하는 왜곡을 하게 된다.
  - ✔ 다른 준거 대상을 선택한다.
  - ✔ 현 직장을 이탈한다.
- 공정성 분류

내부 공정성	회사 내 자신의 업무와 유사한 업무를 수행하는 다른 사람과의 공정성 비교
외부 공정성	동종 타 기업에서 자신과 비슷한 업무를 하는 사람과의 공정성 비교
절차 공정성	자신의 처우가 결정되는 과정(절차)이 적절한지에 대한 공정성 비교

(5) 기대 이론

- 기대 이론은 노력이 높은 성과 평가를 이끈다고 믿을 때 좋은 성과 평가가 보상을 이끌어 내고, 이러한 보상이 개인의 목표를 만족시켜 준다는 이론이다.

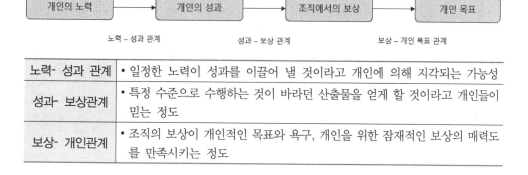

노력- 성과 관계	일정한 노력이 성과를 이끌어 낼 것이라고 개인에 의해 지각되는 가능성
성과 보상관계	특정 수준으로 수행하는 것이 바라던 산출물을 얻게 할 것이라고 개인들이 믿는 정도
보상- 개인관계	조직의 보상이 개인적인 목표와 욕구, 개인을 위한 잠재적인 보상의 매력도를 만족시키는 정도

5) 동기부여의 실행

(1) 목표관리(Manegement by objectives : MBO)

- 목표관리의 개념 : 개인의 능력 발휘와 책임 소개를 명확히 하고, 미래의 전망과 노력에 대한 지침을 제공하여 관리 원칙에 따라 관리하고 자기 통제하는 행위의 과정을 말한다.
- 목표 관리의 핵심 요소

목표 특수성	• 예상 성과에 대한 명확한 진술
참여의사결정	• 관리자와 부하 직원이 함께 목표를 선정, 측정에 관해 합의
명시적 기간	• 완수되어야 할 구체적인 기간
성과 피드백	• 진행 과정에 대한 지속적인 피드백

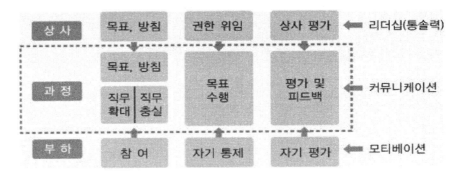

〈그림〉 MBO 사이클

(2) 임파워먼트(Empowerment)

① 개념
- 조직구성원의 활력을 조성하기 위한 권한의 부여, 조직 내의 일정한 배분, 파워의 배분 과정과 종사원으로 하여금 권력이 있다고 느끼도록 하는 것이다.
- 무력감을 조성하는 상황을 파악하여 조직 구성원들에게 자기 효능감(self-efficancy)을 함양시켜 주는 과정이다.

② 구성

의미성	• 주어진 과업 활동과 개인의 신념, 태도, 가치 및 행위 간의 적합성 • 개인적으로 의미 있는 과업 활동을 목적의식이나 열정 에너지를 창출
역량	• 역량이란 직업을 수행하는데 필요한 능력에 대한 믿음 • 과업 성과를 향상시키기 위해 내적으로 보유할 수 있는 잠재력 • 개인의 잠재성을 업무 능력을 향상 시킬 수 있다는 자기 효과성을 갖게 한다.

자기 결정성	• 개인의 자신의 행위를 스스로 결정하는 의미 • 실제적인 행동이 자기 자신의 선택에 의해 결정되어지는 것을 자각함을 의미 • 가치 있는 보상에 대한 욕구를 불러일으켜 노력을 하고자 하는 마음의 자세 • 자기 결정성은 행동의 시작과 통제에 대한 선택의 자유를 의미 • 임무 행위의 과정에서 시작과 지속, 임무 방법과 추진도, 노력에 대한 결정권
영향력	• 자신의 능력과 업무에 관한 지식 등을 바탕으로 조직의 성과나 타인의 업무에 영향 • 개인의 조직의 전략적, 관리적 또는 운영적 결과에 영향을 미칠 수 있는 정도 • 의도한 업무의 목적을 달성하는데 있어서 자신의 행위가 어느 정도 영향을 주고 있는가에 대한 인식 • 목표 달성에 있어서 얼마나 진전을 이루고 있는가에 대한 인식

③ 임파워먼트의 수준

개인 임파워먼트	• 무력감에 빠진 조직구성원들이 자기효능감을 가질 수 있도록 함으로써 무력감을 해소시키는 괏어 • 임파워먼트 개인은 자신의 삶과 공간에 적극적으로 참여 • 개인의 직무수행에 필요한 제반 역량의 증진을 의미
집단 임파워먼트	• 두 사람 이상의 상호관계가 있을 때 존재하는 개념 • 집단 임파워먼트에서의 핵심은 구성원간의 상호작용 • 조직 내 무력감을 제거하는 파워의 생성, 발전, 증대에 초점 • 집단 수준의 임파워먼트는 상대방의 저항을 극복하는 능력과 관련된 개념
조직 임파워먼트	• 조직의 변화를 통하여 경쟁력을 구축하고 강화하려는 경영 흐름 • 조직 차원에서 지속적인 교육훈련 필요 • 조직의 환경 적합성을 증대시키기 위하여 새로운 지식, 신념, 가치 능력을 탐색 및 창출하고 이용하는 과정 • 조직의 각종 규정, 제도, 구조 등에서의 변화 필요

④ 실천 방법

1단계	정보 공유
2단계	구조화를 통한 자율성 증진
3단계	팀제 도입

일반형

01. 다음 제품과 구별되는 서비스의 특징이 아닌 것은?

① 동시성 ② 소유권의 이전
③ 무형성 ④ 소멸성
⑤ 이질성

02. 서비스 세일즈의 특징으로 옳은 것은?

① 서비스 세일즈의 활동은 판매 전부터 판매 후까지 전 과정이 포함된다.
② 서비스 세일즈의 핵심은 고객이다 .
③ 직원에 투자하는 것보다 상품 개발이 더 중요하다.
④ 서비스 직원은 서비스라는 상품을 직접 생산하지 않는다.
⑤ 서비스 직원은 서비스 제공 이외의 마케팅 활동은 하지 않는다.

03. 질문 유형 중에서 고객이 의견이나 느낌을 자유롭게 말하게 하기에 적합하며 상담 초리게 많이 사용할 만한 질문 유형은?

① 개방형 질문 ② 패쇄형 질문
③ 양극단 테스트 ④ 정성적 질문
⑤ 정량적 질문

04. 다음 MOT에 관한 설명 중 옳지 않은 것은?

① MOT의 대표적인 법칙에는 곱셉의 법칙, '100-1=0' 법칙이 있다.
② MOT는 투우사가 소의 공격을 마주하는 찰나의 순간을 의미한다.
③ 고객과의 특정 시점을 집중적으로 고려해야 한다.

④ MOT는 고객의 입장에서 편리하게 설계되어야 한다.

⑤ 사칸디나비아 항공사의 얀 칼슨 시장에 의해 기업에 처음으로 MOT 개념이 도입되었다.

05. 다음 중 상황별 고객 응대 방법으로 옳지 않은 것은?

① 고객이 말이 없을 때는 편안한 분위기를 조성한다.

② 상품에 대한 지식이 있는 동행인이 있을 때는 동행인을 칭찬하거나 상품에 대해 차분히 설명한다.

③ 가격이 비싸다고 할 때는 먼저 고객의 말을 인정하고 할인 가격을 제시한다.

④ 고객이 망설이고 있을 때는 고객의 기호를 정확하게 파악하고 자신감 있게 권한다.

⑤ 어린이를 동반했을 때는 아이의 특징을 파악하여 칭찬을 하고, 아이가 편안함을 느끼게 한다.

06. 고객 설득을 위한 FABE 화법에서 Advantage에 대한 설명으로 적절한 것은?

① 고객님, 이 상품은 대표적인 자산운용사에서 운용하는 실적배당형 상품입니다.

② 고객님, 이 상품은 좋은 실력 있는 자산운용사의 상품이라 안심이 되실 겁니다.

③ 고객님, 이제까지 수익률을 보시는 바와 같이(수익률 표 제시) 높은 상품입니다.

④ 고객님, 이 상품은 우량 주식 위주로 운용되어 수익성이 높고, 소득공제 혜택이 있습니다.

⑤ 고객님, 매월 장기 투자하시면 투자 위험을 줄이면서 높은 수익을 기대할 수 있습니다.

07. 다음 중 장기적이고 지속적인 거래관계가 '고객'에게 주는 이점으로 적절하지 않은 것은?

① 교차 판매나 상향 판매를 통한 거래 관계 확대

② 사회적 편익

③ 서비스 요청단계의 간소화

④ 탐색 비용의 감소

⑤ 고객화 서비스의 수혜

08. 파워 유형에 대한 설명 중 틀린 것은?

① 준거적 파워 : 서비스 제공자가 매력적인 집단이라 인식되어 고객이 관계를 지속적으로 유지하거나 일체감을 갖고 싶어 함으로써 발생되는 능력

② 보상적 파워 : 서비스 제공자가 경제적으로나 정신적으로 보상을 제공해 줄 능력

③ 전문적 파워 : 전문적인 기술이나 지식에 기반해 발생하는 힘

④ 강제적 파워 : 서비스 제공자가 사람이 가치가 있다고 인정하는 많은 정보를 가지고 있거나 접근이 용이한 역량

⑤ 합법적 파워 : 회사 내부의 규정, 법규, 제도와 같은 권한을 사용하는 힘

09. CRM과 매스 마케팅의 차이점에 대한 설명으로 옳지 않은 것은?

① 매스 마케팅은 규모의 경제성 즉 효율성을 추구한다.

② CRM의 차별화 대상은 상품의 차별화이다.

③ 매스 마케팅의 기본 방향은 판로 확장이다.

④ CRM의 목표 고객은 고객 개개인이다.

⑤ 매스 마케팅은 단지적 관점에서 마케팅을 실행한다.

10. 다음 중 VOC 관리시스템의 주요 속성에 대한 설명이 아닌 것은?

① 수집 채널의 다양성   ② 고객 및 내부 프로세스 피드백

③ 서비스의 이질성   ④ 정보 시스템의 통합성

⑤ 서비스의 즉시성

11. 미국 최대의 할인점이었던 'K마트'의 몰락은 성의 없는 고객서비스, 불성실한 최저가격 보장정책, 이름뿐인 고객중심 정책 등의 이유가 주요 원인이라고 한다. 이런 현상을 적절히 표현한 것은?

① MOT관리   ② 고객 불만관리 시스템

③ 고객 서비스에 대한 오만   ④ 고객의 기대 수준 뛰어넘기

⑤ 고객만족도에 직원 보상 연계

12. 다음 중 불만고객 응대 후 자기관리 방법이라고 볼 수 없는 것은?

① 자기만족하기
② 자신에게 보상하기
③ 부정적 기억 지우기
④ 고객에게 반론 제기하기
⑤ 객관적으로 자신 들여다보기

13. 다음 중 고객의 불평과 불만을 피드백 받기 위한 VOC의 성공조건으로 가장 적절하지 않은 것은?

① 고객 만족 관리 임원들만 VOC 이용
② 고객으로부터의 피드백 발생 시 반드시 기록
③ 고객 불평의 추세판단을 위한 통계보고서 작성
④ 고객으로부터의 피드백을 분류하여 신뢰성 제고
⑤ 제품과 서비스의 수명주기를 통해 적극적으로 추구

14. 다음 중 MTP기법에 대한 설명으로 옳은 것은?

① 고객에게 이성적으로 생각할 수 있는 시간을 준다.
② 고객에게 컴플레인 발생에 대한 자세한 설명을 계속한다.
③ 고객의 불만은 담당직원이 해결할 때까지 개입하지 않는다.
④ 담당직원이 상황에 대해 잘 알기 때문에 책임자는 개입하지 않는다.
⑤ 불만은 발생한 장소에서 끝까지 해결하는 것이 일관성 있는 행동

15. 다음 중 컴플레인 발생 원인이 아닌 것은?

① 전문가 해설 판매
② 약속에 따른 불이행
③ 상품 관리의 부주의
④ 성의가 없는 접객 서비스
⑤ 해피콜을 통한 예약 확인 서비스

16. 다음은 불만 고객 처리 단계이다. 괄호 안에 들어갈 적절한 말은?

> 경청 → 공감 → 사과 → 해결 방안 모색 → 해결 약속 → (   ) → 재사과
> → 개선방안 수립

① 부서 내의 회의   ② 해결 기회에 대한 감사표현
③ 신속한 처리   ④ 조치방안 설명
⑤ 중요한 사항 메모

17. 브로커와 에이전트에 관한 설명 중 옳은 것은?

① 브로커는 구매자와 판매자를 지속적으로 대리한다.
② 판매 에이전트는 일반적으로 하나의 서비스 공급자만을 대행한다.
③ 브로커는 자금 조달과 같은 거래에 따른 위험부담을 지지 않는다.
④ 브로커는 기업이나 고객 중 한쪽을 대신해 기업과 고객 간의 거래를 활성화 시키는 역할을 한다.
⑤ 에이전트는 구매자와 판매자간의 협상을 돕고 이들 간의 거래 관계를 맺어주는 역할을 수행하는 중간상이다

18. 유통채널 간에 마찰이 발생했을 때 이를 해결하기 위해 지켜야할 원칙으로 적절하지 않은 것은?

① 중복 투자를 막기 위해서 하나의 채널에 집중해야 한다.
② 채널별 수익/비용을 분석한 객관적 자료를 기반으로 결정한다.
③ 비용이 수익을 초과한다면 신중하게 디 마케팅 전략을 고려한다.
④ 채널 간 갈등 발생 시에는 수익성을 기준으로 의사결정을 해야 한다.
⑤ 일반적으로 비용 측면에서는 전자 채널이 유리하나, 수익 측면에서는 오히려 기존 채널이 우수한 경우가 많다

19. 상권에 대한 설명으로 적합하지 않은 것은?

① 상권은 계층적 구조로 형성되어 있다.
② 상권이란 '한 지역이 고객을 흡인할 수 있는 지역 범위'를 말한다.
③ 점포에 대한 서비스 전략을 수립하기 위해서는 상권범위를 먼저 결정해야 한다.

④ 중소 점포일지라도 유명 전문점은 경쟁 점포에 비해 상대적으로 점포 상권의 규모가 크다.

⑤ 일반적으로 대형 점포일수록 점포 상권이 넓다.

20. 서비스 환경 중 물리적 환경의 역할이 아닌 것은?

① 패키지 역할　　　　　　　　② 편의 제공

③ 이질화 역할　　　　　　　　④ 사회화 역할

⑤ 차별화 역할

21. 목표관리(MBO)에서 바람직한 목표의 조건인 SMART에 해당하지 않는 것은?

① 전략적(targeted) 목표　　　　② 구체적인(specific) 목표

③ 달성가능한(achievable) 목표　　④ 측정가능한(measurable) 목표

⑤ 결과지향적(result-oriented) 목표

22. 다음 중 성인학습자의 심리적 특징을 고려한 내용으로 가장 옳지 않은 것은?

① 성인학습자들에게는 충분한 학습시간이 고려되어야 한다.

② 성인학습자는 자신감을 높여주는 촉진적인 자세가 필요하다.

③ 교육 중에 성인학습자에게 익숙한 상황과 도구를 활용해야 한다.

④ 성인학습자는 자기중심적, 내향성 등의 경향이 있음을 고려해야 한다.

⑤ 성인학습자는 사회적 책임을 이행해야 할 의무가 있음을 고려해야 한다.

23. 다음 중 직장 내 교육훈련의 장점에 대한 설명으로 가장 거리가 먼 것은?

① 비용이 감소한다.

② 교육훈련과 업무가 직결되어 있다.

③ 상사나 동료 간의 이해와 협동 정신이 강화된다.

④ 직무수행과 동시에 실시하므로 내용이 현실적이다.

⑤ 참가자간 선의의 경쟁을 통해 교육효과가 증대된다.

24. 피코치의 행동의 변화를 지원할 수 있는 코치의 코칭스킬로 적절하지 않은 것은?

   ① 점검해야 할 사항을 명확하게 한다.
   ② 피코치가 가장 필요로 하는 지원이 무엇인지를 확인한다.
   ③ 코치는 항상 피코치에게 도움을 줄 수 있는 곳에 있어야 한다.
   ④ 코치의 분야가 아닌 문제에 대한 지원은 코칭의 범위에서 제외한다.
   ⑤ 직접 피코치를 지도할 수도 있고, 구체적인 역할모델이 되어 줄 수도 있다

O / X형

[25~29] 다음 문항을 읽고 옳고(O), 그름(X)을 선택하시오.

25. 서비스 실패로 인한 불만족한 경험을 한 고객이라도 특별한 이해관계가 없어도 주변의
    잠재고객에게 영향을 미치게 된다.   (① O ② X)

26. 성공적인 고객 관리 전략(CRM)을 위한 방안으로 교차판매, 쿠폰/이벤트, 고객에 대한 차
    별적 고객 서비스 방안 등이 있다.   (① O ② X)

27. 서비스 회복이란 서비스 실패로 잃어버린 고객의 신뢰를 최소한 서비스 실패가 일어나
    기 이전의 상태 또는 그 이상으로 복원하고자 하는 노력이다.   (① O ② X)

28. 인터넷을 통한 유통경로가 구성됨에따라 기업과고객은 모두 중간상을 배제하고 싶은 욕
    구를 갖는 탈중간상화의 현상을 나타나고 있다.   (① O ② X)

29. 4~10명의 피교육자가 집단 회의를 열고 자유로운 분위기에서 아이디어를 창출함으로써
    질보다 양에 치중한 아이디어를 개발하게 하는 방법은 브레인스토밍이다. (① O ② X)

[30~34] 다음 설명에 적절한 보기를 찾아 각각 선택하시오.

① 고객생애가치(CLV) ② 세일즈 에이드 ③ 서비스 보증 ④ 임파워먼트 ⑤ 상권

30. 세일즈맨이 효과적인 판매 활동을 위해 사용하는 자료와 도구의 총칭이다. (   )

31. 고객 한 명이 평생 산출할 수 있는 기대 수익으로 고객의 이탈없이 기업과 장기적인 관계를 유지하는 개별 고객으로 인해 증가하는 가치이다. (   )

32. 서비스가 일정 수준에 이르지 못하는 경우 손쉬운 교환, 환불 등의 보상을 사전에 약속하는 것이다. (   )

33. 한 점포가 고객을 유인(흡입)할 수 있는 지역적 범위이다. (   )

34. 조직 주성원의 직무 만족, 조직 몰입, 조직의 성과 및 조직 구성원의 활력을 촉진하기 위한 권한 부여, 조직 내의 일정한 권한 배분 등의 활동으로 종사원의 권력이 있다고 느끼도록 하는 것을 의미한다. (   )

사례형

35. 다음은 서비스 직원 대상 '컴플레인 처리 스킬 향상 교육'에서 강사가 서비스 실패의 원인에 대하여 설명한 내용이다. 이 중에서 '고객 측 원인'에 해당되는 사항으로만 구성된 것은?

> 가. 서비스 직원이 고객 감정을 제대로 살펴서 배려를 잘해야 하는데, 그렇게 하지 않으면 서비스 실패가 되기 쉽습니다.
> 나. 매일 반복되는 일을 하다보면 자칫 고객응대를 무성의하게 해서 고객의 기분을 상하게 하는 경우가 있습니다.
> 다. 거래를 중단하거나 바꾸려는 심리로 의도적인 불만 제기를 하는 경우도 간혹 있습니다.
> 라. 매출목표 압박으로 인하여 무리하게 판매를 권유하게 되면 후유증이 나타날 수 있습니다.
> 마. 구매 전의 지나친 기대심리나 자신의 기억 착오로 직원과 마찰이 생겨서 서비스가 나쁘다고 하는 경우도 많습니다.

① 가 – 나
② 나 – 다
③ 다 – 마
④ 다 – 라
⑤ 라 – 마

36. 다음 사례에서 설명하는 서비스의 특징은 무엇인가?

> • 강의가 시작됨과 동시에 학생들은 교육 서비스를 받게 된다.
> • 미용실에서 헤어디자이너에게 헤어컷을 받는다.

① 소멸성
② 비분리성
③ 이질성
④ 무형성
⑤ 즉시성

37. 다음은 '저돌적인 고객'이 변호사 사무실에 전화하여 사무장과 통화하는 장면이다. 이 상황에서 사무장의 고객 응대 방법으로 적절하지 않은 것은?

> 고객 : 변호사님과 상담하고 싶습니다.
>
> 사무장 : 죄송합니다만 변호사님은 재판 준비 때문에 바빠서 전화 상담까지 일일이 하실 수가 없습니다.
>
> 고객 : (짜증나는 말투로) 그럼 누구와 상담해야 합니까?
>
> 사무장 : 사무장인 저와 상담하시면 됩니다. 고객님의 알고 싶으신 법률적인 정보를 저도 얼마든지 제공해 드릴 수 있습니다.
>
> 고객 : 그래도 저는 사무장님이 아니라 변호사님과 직접 상담하고 싶은데요. 사무장님을 못 믿어서가 아니라, 제가 전에 변호사가 아닌 다른 분하고 상담하고 소송 진행하다가 낭패를 본 경험이 있어서 그렇습니다.
>
> 사무장 : 그렇다면 한 번 저희 사무실을 방문해 주시겠습니까?
>
> 고객 : (약간 흥분한 어조로) 제 기분이 좀 나쁘네요. 변호사 사무실이 여기만 있는 것도 아닌데, 왜 그렇게 까다롭습니까?

① 고객이 충분히 말할 수 있도록 기회를 준다.

② 부드러운 분위기를 유지하며 정성스럽게 응대한다.

③ 침착함을 유지하고 자신감 있는 자세로 정중하게 응대한다.

④ 흥분한 고객이 감정 상태를 스스로 조절할 수 있도록 유도한다.

⑤ 자신의 법률적 지식이 부족하지 않음을 사례로 선보이며 고객이 신뢰할 수 있도록 유도한다

38. 다음은 맛집으로 소문난 식당에 가서 식사 후 나누는 친구 간의 대화 내용이다. 대화 마지막 부분에서 철수가 언급한 부분이 뜻하는 것은?

> 철수 : 이 집 햄버거 맛 어때요?
>
> 인영 : 괜찮은데. 네가 나를 여기까지 데리고 온 이유를 알겠어.
>
> 철수 : 일부러 시간 내서 오자고 했는데 네가 맛이 없다고 하면 어떻게 하나하고 내심 걱정했어.
>
> 인영 : 이 집은 직접 나서서 광고하지 않아도 왔던 손님들이 적극적으로 입소문을 많이 내줄 것 같은데…….
>
> 철수 : 사실 입소문의 효과가 광고보다도 훨씬 큰 경우가 많지. <u>이처럼 긍정적 입소문으로 제품이나 서비스를 구매하게 되어 마케팅 활동 전개 없이 확보된 신규 고객의 가치를 의미하는 것을 뭐라고 하지?</u>

① 공헌 마진   ② 고객 점유율
③ 고객 구매력   ④ 고객 추천가치
⑤ 고객들의 간접적 기여 가치

39. 다음은 국내 취업포털 기업의 서비스 마케팅 사례다. 고객관계관리 측면에서 이 회사의 성공 요인과 거리가 먼 것은?

> J사는 150만 기업회원과 1000만 여명의 개인회원, 60%의 시장 점유율을 확보하고 있는 국내 취업포털 1위 기업이다. 하루 평균 33만 여명의 방문과 1일 평균 채용공고 등록 건수가 1만 건 이상으로 경쟁사와는 비교되지 않을 정도로 가장 많은 채용정보를 제공하고 있다. 이처럼 막강한 경쟁력의 기반에는 높은 서비스 상품 품질과 차별화된 고객관계관리 등이 자리 잡고 있다. 고객 니즈를 파악하는데 상당한 투자를 하여 고객이 진정으로 원하는 새로운 서비스 상품을 경쟁사보다 한 발 앞서 선보임으로써 고객들의 좋은 반응을 얻고 있다. 고객이 가려운 곳을 찾아내 긁어주어 시원하게 해주니 반응은 항상 기대 이상이며 긍정적 구전 효과가 빠르게 나타난다. 그래서 이 회사가 새롭게 선보이는 서비스 상품마다 '업계 최초'라는 수식어가 붙는다. 경쟁사들은 J사의 구축된 서비스를 모방하는데 급급한 실정이다. J사의 경영진에서는 고객관계관리의 중요성을 실감하고 고객과 상호 만족하는 관계 형성을 하는데 자원을 집중하고 있다. 그 결과 J사의 충성 고객은 오늘도 계속 증가하고 있다.

① 불만 고객들의 컴플레인을 새로운 마케팅 기회로 삼은 점
② 고객 니즈 파악을 위하여 상당한 투자를 아끼지 않은 점
③ 경쟁사보다 우월한 서비스 상품을 한 발 앞서 출시한 점
④ 시장 선도자답게 업계 최초를 지향하는 마케팅 활동을 추진한 점
⑤ 고객의 기대 이상 반응으로 긍정적 구전효과가 빠르게 나타난 점

40. 여러 멀티마케팅 전략들 중 다음 사례들에 등장하는 전략은?

> A 정유는 주유소 내에 B 마트를 두어 간단한 자동차 용품에서 패스트푸드에 이르기까지 다양한 종류의 상품을 판매하고, 택배, 사진현상, 복사 등의 다양한 서비스를 제공하는 등 보조서비스를 추가하고, 자동차 정비소를 설치해 핵심서비스를 추가하였다. 미국의 C 신문사는 독자들이 신문을 읽고 난 후 관심 있는 연극이나 영화가 있으면 그 티켓을 구입할 수 있도록 하는 온라인 시스템을 운영하였고, 또 다른 신문사인 D 사는 신문 광고에 실린 비디오, 여행, 오락 등을 온라인상에서 구매할 수 있도록 시스템을 설계해 놓았다

① 복수 점포 전략   ② 복수 시장 전략

③ 복수 서비스 전략   ④ 복수 점포 / 복수 서비스 전략

⑤ 복수 서비스 / 복수 시장 전략

41. 다음 제시된 사례에서 활용되고 있는 유통전략에 적합한 서비스 종류는?

> 대부분의 시중은행들은 점포의 수를 늘려서 많은 고객들이 은행서비스에 대해 접근하기 쉽게 하고자 한다. 각 은행들은 소비자들이 찾기 쉬운 곳에서 여러 개의 지점을 설치하고, 출장소라는 형태의 소규모의 지점을 운영하고 있기도 하다. 현금자동지급기도 고객의 이용가능성과 접근가능성을 높여 자사의 유통망을 확대하기 위한 수단이다.

① 핵심서비스   ② 선매서비스

③ 편의서비스   ④ 부가서비스

⑤ 전문서비스

42. 다음 내용으로 미루어 볼 때 물리적 환경의 역할에 대하여 틀린 것은?

> ○○ 피부과는 기존 장소보다 더 넓은 공간으로 이사하여 다음과 같은 환경을 조성하였다.
> 고객 및 직원 동선에 맞는 효율적인 레이아웃
> 조명 및 음향 시설
> 직원 및 간호사 유니폼
> 밝은 출입구 및 간판 등의 디자인
> 피부과의 이미지에 맞는 건물 외벽
> 통일된 직원의 친절한 행동
> 고객 안내를 위한 표지판 및 소책자

① 피부과 내에서의 기호적 상징으로 고객 및 종업원에 전달하는 소통 기능을 의미하는 것은 표지판 및 소책자이다.

② 물리적 환경은 고객과 종업원의 접점에서 인식되는 비인적 요소로 인지적 · 정서적 · 심리적 반응에는 크게 영향을 미치지는 않는다.

③ 실내 온도, 습도 조명은 즉각 인지할 수 없는 배경적 조건으로 불쾌한 경우에만 주의를 끄는 주변 요소이다.

④ 물리적 환경의 인적 요소로 통일된 직원의 친절한 행동을 들 수 있는데 이는 사회적 요소로 구분한다.

⑤ 물리적 환경은 경쟁사로부터 차별화를 하면서 서비스 흐름에 맞춘 시장 세분화를 할 수 있도록 한다.

43. 다음은 신입사원의 코칭 사례이다. 피코치가 성과를 내지 못하는 숨은 이유에 해당하는 이슈는?

> 박성남은 ○○기업에 입사한지 1개월 된 신입사원이다. 매니저로부터 서비스 접점을 평가할 수 있는 MOT 사이클을 작성해 보라고 지시를 받았으나, 어디서부터 시작해야 할지 알 수 없어서 당황하고 있다.

① 태도 이수   ② 능력 이수
③ 역량 이수   ④ 자원 이수
⑤ 문제 구성 이슈

44. 다음은 00은행의 신입사원의 고객 상담 스킬 향상을 위한 교육 훈련 시간에 대한 안내문이다. 괄호 안에 들어갈 교육 훈련법은?

> 〈고객 상담 스킬 향상을 위한 ( )〉
> 목 적 : 지점에서 고객 상담 시 직접 수행해야 할 업무의 상황을 사전에 이해하고 연습함
> 주 제 : 신규 은행 통장 개설 고객에게 적금 상품을 권유, 안내함
> 누 가 : 교육생 전원 2인1조로 직원, 고객 역할을 수행함
> 준비물 : 단상 앞에 책상과 의자 두개. 메모지와 펜 준비
> 유의사항 : 연습시간 20분 이후 전원 직원과 고객의 역할을 한번 이상씩 수행함. 교육 중에 중단하지 않고 약 5분간 진행함. 연습시간에 기본적인 대본을 준비함

① 시청각 훈련   ② 사례 연구법
③ 멘토 시스템   ④ 브레인스토밍
⑤ 역할연기법 (롤플레잉)

[45~46] 결혼을 앞둔 예비 신랑인 김철수씨는 예식장 예약을 수소문하던 중 두 군데의 예식장을 소개 받았다. 두 군데 예식장의 홈페이지의 홍보 문구는 다음과 같았다.

〈A 웨딩홀〉	〈B 웨딩홀〉
- 15년 전통의 전문 웨딩홀 - 화려한 샹들리에와 우아한 좌석 - 넓은 로비라운지와 대기실 - 3호선과 2호선 환승역에 위치 - 일인당 최소 3만원부터 선택 가능한 경제적인 식사 메뉴 구성 - 두 시간의 넉넉한 예식 시간	- 올 봄 리모델링! 예식의 격조와 세련미가 넘칩니다. - 신부의 아름다움과 신랑의 패기를 돋보이게 하는 멋진 샹들리에와 화려한 조명이 예식의 품격을 높여줍니다. - 하객들의 마음을 넉넉하게 하는 넓은 로비라운지와 대기 공간 - 지하철에서 바로 연결! 하객 초대를 좀더 편안한 마음으로

45. A 웨딩홀의 밑줄 친 부분은 장점 위주의 홍보 문구이다. 이를 고객 이점을 강화한 문장으로 가장 적절하게 표현한 것은?

① 타 웨딩홀 보다 1.5배가 긴 예식시간
② 두 시간 동안 멋진 예식을 진행할 수 있습니다.
③ 타 웨딩홀에 비해 넉넉한 예식 시간을 드립니다.
④ 쫓기거나 서두르지 않고 예식을 진행할 수 있습니다.
⑤ 인생의 단 한번뿐인 축복의 자리! 신랑신부에게는 잊지 못할 추억을! 하객에게는 넉넉한 축하를 해 줄 수 있는 여유를 드립니다!

46. 상기 두 웨딩홀의 홈페이지상의 홍보 문구를 특성, 장점, 이점의 형태로 구분하여 설명한 것으로 옳지 않은 것은?

① A 웨딩홀의 '15년 전통의 전문 웨딩홀.'은 고객이 해당 특성으로 어떤 혜택과 이점을 얻을 수 있는가를 설득하기 어렵다.
② B 웨딩홀의 '지하철에서 바로 연결된다.'는 특성을 하객을 편안한 마음으로 초대할 수 있다는 이점으로 연결하여 표현하고 있다.
③ B 웨딩홀의 '올 봄 리모델링! 예식의 격조와 세련미가 넘칩니다.'는 리모델링 공사를 격조와 세련미의 근거(증거)로 제시하고 있다.

④ B 웨딩홀의 '하객들의 마음을 넉넉하게 하는 넓은 로비 라운지와 대기 공간.'은 넓은 로비 라운지와 대기 공간이라는 특성을 안내함과 동시에, 하객들의 마음을 넉넉하게 한다는 이점과 연결하는 표현이다.

⑤ A, B 웨딩홀의 두 번째 항목은 공통적으로 화려함, 우아함, 세련미 등으로 이점을 표현하고 있다.

[47~48] 다음은 어느 고객의 고객 불만 상담 내용 중 일부이다.

> 저는 지난 8월에 00지역으로 여행을 다녀온 사람입니다. 들뜬 마음으로 시간을 내고 경비를 들여서 다녀온 여행인데 아쉬움이 많이 남아 이렇게 글을 올립니다. 우선, 호텔 객실이 사진에서 보였던 것과는 너무 달랐습니다. 어느 정도 다를 수 있다는 것은 상식적으로 알고 있었지만 화가 나고 기분이 상할 만큼 다르다면 문제가 있는 것 아닌가요?
>
> 일단 여기까지는 어쩔 수 없어서 기분 좋게 여행을 계속하고 싶었지만 제 불만 사항을 들은 여행 가이드의 반응 때문에 기분이 더 나빠졌네요. 원래 다 그런 거라는 식으로 이야기하니 무시당하는 기분까지 들어서 당황스러웠습니다. 뭔가 해결해 달라고 이야기 한 것도 아닌데 그런 반응을 보이는 이유는 무엇인가요? 00여행사의 가이드는 여행객들이 얼마나 소중한 시간을 내서 설레는 마음으로 여행을 하는지 모르는 건가요? 이미 마음이 상한 저는 이후 여행 스케줄 내내 기분이 잘 풀리지 않았습니다. 여행을 다녀오자마자 여행사에서 계약을 진행해준 담당자에게 이야기를 하려고 했지만 흔히들 한다는 해피콜조차 한번 없네요. 굳이 기분 나쁜 여행을 떠올리며 전화하려니 업무 시간 중에는 망설여지고 저녁에는 여행사도 통화가 안 되니 이렇게 게시판에 남깁니다. 여행사에서는 어떻게 보상해 주실 건가요? 제가 다시 이 여행사를 이용하지 않으면 되는 거겠죠?

47. 고객 컴플레인에 대한 담당자의 응대에 대한 설명이다. 효과적이지 않은 응대는?

① 고객의 상황에서는 불만스러울 수 있었음을 인정하고 경청, 공감하는 것이 우선이다.

② 여행사 입장에서 사정상 불가피했던 부분을 설명하여 고객이 상황을 이해할 수 있도록 한다.

③ 불만족 고객의 부정적 구전을 사전에 예방할 수 있는 기회로, 고객의 불만족을 최소화할 수 있는 방안을 강구해야 한다.

④ 불만 사항을 알려준 데에 대해 감사의 뜻을 전하고 고객에게 여행사의 서비스 개선 노력에 대해 추후 조치 결과를 신속하고 자세하게 알려준다.

⑤ 고객이 제시한 불만 사항을 향후 고객 서비스 개선에 적용하여 해피콜 제도의 도입, 가이드 서비스 응대 지침 전달 등의 방법을 도입한다

48. 다음 중 위 사례의 고객 컴플레인에 대한 설명으로 적절하지 않은 것은?

① 고객이 기대했던 수준에 못 미치는 서비스 제공으로 인하여 서비스 실패가 발생하게 되었다.

② 고객 서비스 실패의 가장 큰 원인은 고객 불만족을 즉각 해결할 수 있는 현실적이고 구체적인 방법이 없었던 점에 있다.

③ 고객은 실제와 다른 사진이 게시된 것은 판매만을 목적으로 하고 있을 거라는 생각으로 이어져 여행사에 대한 불만이 커지게 된 것이다.

④ 고객 컴플레인이 1차적인 서비스 현장에서 해소 혹은 완화될 수 있는 기회가 있었으나, 가이드의 서비스 응대 실패로 인해 고객 컴플레인은 더욱 강화되고 말았다.

⑤ 이 고객에게 여행은 매우 귀중한 시간에 대한 투자였으므로 특별히 더 큰 의미가 있었으며, 이러한 고객의 상황이 더욱 강한 컴플레인을 유발하게 된 계기가 되었다

[49~50] 다음은 패밀리 레스토랑에서의 고객과 점원 간의 대화이다. 읽고 물음에 답하시오.

> 고객 : (메뉴판을 보며) 이것도 맘에 들고, 저것도 맘에 드네요. 도대체 어떤 것을 골라야 할 지 모르겠어요. 아, 요것도 괜찮겠네요.
>
> 점원 : 네, 고객님. 우리 레스토랑에서 가장 잘 나가는 메뉴는 A 와 B 세트 메뉴입니다. 다만, A 세트 메뉴는 지금 할인이 되어 가격이 저렴하고, B 세트 메뉴는 할인이 되지 않고 있습니다.
>
> 고객 : 할인이 되는 A 세트 메뉴는 어떤 장점이 있나요?
>
> 점원 : A 세트 메뉴는 할인이 되면서도 장점이 많습니다. B 세트 메뉴에는 음료수가 포함되어있지 않은데, A 세트 메뉴는 음료수가 한 잔 제공됩니다. 하지만 고객님이 원하시는 메뉴를 고르는 게 중요하죠.
>
> 고객 : A 세트 메뉴는 가격할인도 되고 여러모로 장점도 많네요. 사실 처음에는 B 세트 메뉴가 더 맘에 들었는데, 설명해주시는 것을 들으니 A 세트 메뉴가 낫겠네요. A 세트 메뉴로 하겠습니다.
>
> 점원 : 선택 잘 하셨습니다. B 세트 메뉴는 다음 달에 할인 예정이니 한 번 더 오세요.
>
> 고객 : 그래요? 한 번 더 와야겠습니다. 점원 : 어떠세요. 좋은 메뉴를 선택하셔서 기분이 좋으시죠?
>
> 고객 : 아, 네. 그렇습니다.
>
> 점원 : A 세트 메뉴에 나오는 음료수는 콜라로 하시겠습니까?
>
> 고객 : 글쎄요. 그건 잠시 생각해보고 정하겠습니다. 점원 : 감사합니다. 그 밖에 다른 하실 말씀이 있으십니까?
>
> 고객 : 물수건을 주시겠습니까?
>
> 점원 : 물론이죠. 바로 가져다 드리겠습니다.

49. 상기 점원의 대응을 서비스 세일즈 관점에서 해석할 때 가장 적절하지 않은 것은?

① 역동적 상호작용을 통한 고객 유치(메뉴의 선택)의 사례로 볼 수 있다.

② 점원은 이중질문을 통해 고객이 메뉴 선택을 함에 있어 혼란스럽지 않도록 도움을 주고 있다.

③ 점원은 고객의 말을 경청하면서 고객이 관심 가질만한 부분에 대해 지나치게 앞서가지 않으면서도 반 발짝 정도 앞서가며 질문하며 고객과의 대화를 진행하고 있다.

④ 고객은 점원이 자신의 마음을 잘 파악하고 있다고 여겨 안심한 고객은 자신도 궁금한 점을 질문하게 되는데, 이때 가장 핵심적인 부분인 메뉴의 장점을 질문하고 있다.

⑤ 점원은 고객과의 상담 작업 자체를 하나의 설득작업으로 보고 대화를 진행 중이다. 원하는 정보를 얻고 싶어 하는 고객에게 점원이 다양한 정보를 제공하면서 욕구를 만족시키고 있으며, 이를 통해 고객에게는 신뢰가 생기면서 고객 스스로 레스토랑의 메뉴를 선택하게 되었다

50. 상기 점원의 대응을 서비스 세일즈 관점에서 해석할 때 가장 적절하지 않은 것은?

① "감사합니다. 그 밖에 다른 하실 말씀이 있으십니까?"는 직접 질문의 반대인 간접 질문이다.

② 점원은 적극적 질문을 통해 고객의 관심사를 파악하고 있는데, 이를 질문의 자기탐색 기능이라고 한다.

③ "어떠세요. 좋은 메뉴를 선택하셔서 기분이 좋으시죠?"는 개방적인 질문의 반대인 폐쇄적인 질문(closed question)이다.

④ "A 세트 메뉴에 나오는 음료수는 콜라로 하시겠습니까?"는 폐쇄형 질문의 예로서 고객에게 특정한 답변을 요구하거나 그런 답변을 유도하는 데 종종 사용한다.

⑤ 모든 고객이 자신의 관심사를 말하는 것은 아니며 또한 어떤 고객은 관심사를 정확히 설명하지 못하는 경우도 있는데 이때는 질문보다는 경청이 고객 욕구를 파악하기에 유리하다.

01. ②

소유권이 이전되지 않는 비분리성을 특징으로 한다.

02. ①

② 서비스 세일즈의 핵심은 직원이다 .

③ 직원에 투자하는 것은 상품 개발만큼이나 중요하다.

④ 서비스 직원은 서비스라는 상품을 직접 생산한다.

⑤ 서비스 직원은 서비스 제공 이외의 마케팅 활동도 한다.

03. ①

개방형 질문은 '네/아니오'로 대답할 수 없는 질문으로 상대로 하여금 자유롭게 생각이나 느낌을 표현할 때 사용한다.

04. ③

MOT는 특정 시점이 아닌 고객에게 제공하는 서비스 전체의 영역을 고려해야 한다.

05. ③

가격이 비싼것에 공감하고 상품의 강점이 돋보이도록 설명한다.

06. ④

① Feature

② Benefit

③ Evidence

⑤ Benefit

07. ①

기업이 얻는 이점이다.

08. ④

정보적 파워이다.

09. ②

CRM의 차별화 대상은 고객의 차별화이다.

10. ③

서비스 즉시성, VOC 수집채널의 다양성, VOC 정

보 시스템의 통합성, 고객 및 내부 프로세스 피드백이다.

11. ③

고객 불만관리의 최대 걸림돌은 고객 서비스에 대한 오만이라고 해도 지나친 말이 아니다.

12. ④

불만고객 응대는 감정통제와 인내심이 상당히 요구되는 어려운 일이다. 따라서 불만고객 응대 후 자기관리가 잘 되어야만 스트레스를 덜 받게 된다. 위의 지문 중에서 ④은 거리가 멀다.

13. ①

모든 임원들의 VOC 이용

14. ①

MTP 기법이란 사람(Man), 시간(Time), 장소(Place)를 바꾸어 컴플레인을 처리하는 방법이다.

15. ⑤

해피콜로 미리 예약 확인을 하는 서비스는 좋은 서비스에 해당한다.

16. ③

경청 → 공감 → 사과 → 해결 방안 모색 → 해결 약속 → 신속한 처리 → 재사과 → 개선방안 수립

17. ③

①, ④ 에이전트에 대한 설명

② 판매에이전트는 일반적으로 하나의 서비스공급자만을 대행하는 것이 아니라 다양한 서비스공급자의 상품을 취급하여 선택의 폭이 넓어짐. 구매에이전트의 경우도 유사.

⑤ 브로커에 대한 설명

18. ①

하나의 채널만으로 고객에게 접근하기는 점점 어려워지고 있다.

19. ②

상권이란 한 점포가 고객을 흡입할 수 있는 지역 범위를 말한다.

20. ③

서비스 이질화는 물리적 환경의 역할이 아니라 서비스의 기본 4대 특성에 해당된다.

21. ①

목표관리에서 목표를 설정할 때 기준인 SMART 조건 중 T는 시간제약적(time-bound) 목표를 의미한다.

22. ⑤

성인학습자가 사회적 책임을 이행해야 할 의무는 있으나 이는 사회적 특성에 속한다.

23. ⑤

직장 외 교육훈련의 장점이다.

24. ④

코치의 분야가 아닌 문제를 해결하거나 자원을 얻기 위해서는 피코치와 파트너가 되어 함께 해결방안을 모색해야 한다.

25. ①

서비스 실패를 경험한 고객은 본인 뿐만 아니라 잠재고객들에게도 부정적인 영향을 미친다.

26. ①

CRM 전략을 위해서는 고객에 대한 차별적 고객 서비스 방안이 마련되어야 한다.

27. ①

서비스 회복이란 서비스 실패로 잃어버린 고객의 신뢰를 최소한 서비스 실패가 일어나기 이전의 상태 또는 그 이상으로 복원하고자 하는 노력이다.

28. ①

29. ①

30. ②

세일즈 에이드

31. ①

고객 생애가치(CLV)

32. ③

서비스 보증

33. ⑤

상권

34. ④

임파워먼트

35. ③

서비스 실패는 고객 측 원인보다 기업 측 원인이 훨씬 많지만 고객 측 원인도 무시할 수 없다. 고객 측 원인 중에서 거래 중단과 바꾸려는 심리로 의도적인 불만 제기를 하게 되면 담당 직원은 매우 난감해진다. 또한 구매전의 지나친 기대나 자신의 기억 착오로 직원과 마찰이 생겨서 서비스가 나쁘다고 하는 경우도 의외로 많다.

36. ②

비분리성

37. ⑤

자신의 전문적인 지식으로 상대방을 가르치려는 식의 상담을 하면 흥분을 더욱 고조시켜 일을 그르치기 쉽다.

38. ⑤

고객들의 간접적 기여 가치

39. ①

불만 고객들의 컴플레인 내용을 잘 경청하면 회사가 미처 파악하지 못한 사항을 발견할 수 있기도 하지만, 이 사례에서는 언급되지 않았다.

40. ③

사례에 제시된 멀티마케팅 전략은 복수 서비스 전략으로서 기업이 기존의 서비스에 새로운 서비스를 추가하는 것이다.

41. ③

편의서비스에는 개방적 유통전략이 적합하다.

42. ②

물리적 환경은 고객과 종업원의 접점에서 인식되는 비인적 요소로 인지적·정서적·심리적 반응에는 크게 영향을 미친다.

43. ②

박성남은 신입사원으로서 필요한 지식과 스킬을 보유하지 못한 상황이다.

44. ⑤

45. ⑤

46. ⑤

화려함, 우아함, 세련미는 장점. 이점은 B웨딩홀의 신부의 아름다움과 신랑의 패기를 돋보이게 하는 등으로 발전되어야 함

47. ②

고객 서비스의 실패를 해결하는 구체적 방법의 문제보다는 고객 감정에 대한 배려의 부족이 더욱 중요한 포인트였다고 할 수 있다.

48. ②

정당화하는 듯한 응대법으로 고객의 초기 컴플레인 처리시 고객의 불만이 더 증대되는 대표적인 응대이다.

49. ②

이중질문이란 한 번에 두 가지 이상의 내용을 질문하는 것으로 이는 고객응대 과정에서 바람직하지 못한 대화기법이다. 대화에서는 점원이 고객에게 이중질문을 사용하고 있지 않다.

50. ⑤

모든 고객이 자신의 관심사를 말하는 것은 아니며 또한 어떤 고객은 관심사를 정확히 설명하지 못하는 경우도 있는데 이때는 경청보다는 질문이 고객 욕구를 파악하는 것에 유리하다.

SMAT Module C
서비스 운영전략

I. 서비스 산업 개론

1. 서비스 산업의 이해

1) 서비스의 이해

(1) 서비스의 정의

- 소비자의 요청에 의해 생산활동이 시작된다.
- 고객 만족을 목적으로 사람, 설비, 시설에 의해 제공되는 일체의 행위 및 성과 노력을 의미한다.
- 서비스의 생산 활동은 사람, 제품, 정보를 투입하여 가공하고, 가공된 산출물로 사람, 제품, 정보가 있다.

투입	가공	산출	예
사람	사람 가공	사람	의료, 미용, 교육 등
제품	제품 가공	제품	자동차 수리, 튜닝 등
정보	정보 가공	정보	회계, 정보처리등

(2) 서비스의 기본적인 특징과 대응전략*

	특징	대응 전략
무형성	• 서비스는 물체처럼 만지거나 볼 수 없는 무형적인 것 • 서비스 상품의 전시와 설명에 제약 • 특허로 보호받기 어려움 • 가격의 설정 기준이 불명확 • 서비스 결과의 예측이 어려움	• 서비스를 경험할 수 있는 기회 제공 • 실제적 단서 제공 • 기업 이미지 관리하고 구전 활동을 적극 활용
비분리성 (동시성)	• 생산과 소비가 동시에 일어남 • 서비스 제공자가 반드시 현장에 있어야 함 • 집중화된 대량 생산이 어려움	• 다양한 서비스망 구축 • 표준화 또는 개별과 전략 시행 • 고객 욕구 분석 및 관리
소멸성	• 서비스가 제공과 동시에 소비가 이루어지므로 재판매가 어려우며, 재고로 보관할 수 없음 • 수요와 공급을 맞추기가 어려움 • 서비스는 교환, 반품, 환불의 어려움이 있음	• 수요와 공급의 예측 • 수요 변동에 대비

이질성	• 서비스 제공자마다 서비스의 질이 달라질 수 있음 • 통제가 불가능한 다양한 요인으로 인해 성과를 예측하기 어려움	• 표준화된 서비스 제공을 위한 직원 서비스 교육 • 서비스직에 적합한 직원 선발 • 표준화 또는 개별과 전략 시행

(3) 서비스의 기본 속성[*]

구분	내용
신뢰 속성	• 신뢰를 바탕으로 서비스를 이해하고 서비스를 경험 후 일정 기간이 지나 평가되는 품질 속성 　예 병원 진료, 법률 서비스, 금융 투자 등
경험 속성	• 구매 전까지 평가할 수 없으며, 서비스를 직접 경험하고 평가할 수 있는 품질 속성 　예 미용, 놀이동산, 여행 등
탐색 속성	• 구매 이전 단계에서 평가되는 품질 속성 　예 의료, 액세서리, 가구, 자동차 등

2) 서비스 패키지[*]

(1) 서비스 패키지의 개념

- 특정한 환경에서 서비스가 재화 및 정보와 함께 제공되는 상품의 묶음을 의미한다.
- 크게 핵심 서비스와 부가서비스로 나뉘는데, 핵심 서비스는 고객들이 기본적으로 기대하는 서비스이며, 부가서비스는 핵심 서비스를 지원하는 성격의 서비스이다.

(2) 서비스 패키지 구성 요소

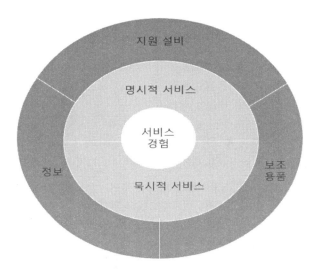

구성 요소	내용	평가 기준
서비스 경험	• 서비스 패키지를 통해 고객이 얻게 되는 경험이다.	
명시적 서비스	• 서비스의 본질적 구성 요소로 고객이 오감을 통해 인지할 수 있는 부분이다. • 예) 치과 치료 후 통증 감소, 헤어 시술 후 단정한 헤어 등	• 일관성 • 포괄성 • 이용 가능성
묵시적 서비스	• 서비스의 외관적 특색에 대해 고객이 심리적으로 느끼는 부분이다. • 예) 직원의 친절, 대상자의 학위 등	• 서비스 대응, 분위기 • 안전감 • 편리성
정보	• 효율적이고 개인화된 서비스 제공을 위한 고객 정보 및 데이터이다. • 예) 비행기의 좌석 정보 등	• 정확성 • 직시성 • 유용성
지원 설비	• 서비스 제공에 반드시 필요한 물리적 시설 및 설비이다. • 예) 항공기, 미용실 등	• 입지, 건축적 적합성 • 시설 배치, 실내장식
보조용품	• 서비스 제공 과정에서 고객이 추가적으로 구매하거나 제공받는 물품이다. • 예) 상품 구매 시 사은품, 상담 결과표 등	• 일관성 • 양 • 선택

(3) 필립 코틀러의 서비스 마케팅 삼각형(Service Marketing Triangle)★★

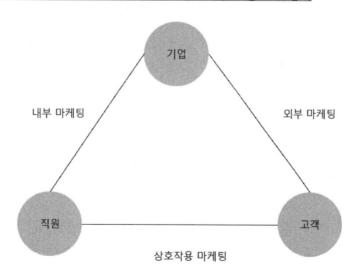

내부 마케팅	• 기업과 직원 간에 이루어지는 마케팅이다. • 외부 마케팅보다 우선적으로 수행되어야 한다. • 서비스 품질관리를 위해 내부 직원을 대상으로 교육·훈련을 하고 이들에게 동기부여를 하는 마케팅 활동이다.
외부 마케팅	• 기업과 고객 간에 이루어지는 마케팅이다. • 서비스 산업에서도 CEO는 고객을 조사하고, 고객에게 제공할 서비스를 설계·디자인하여 제공하는 서비스 품질을 약속한다.
상호작용 마케팅	• 직원과 고객 간에 이루어지는 마케팅이다. • 서비스 기업의 직원들이 직접 고객과 접촉하면서 실제 서비스를 제공한다. • 직원과 고객의 상호 작용 마케팅을 통해 고객 만족과 서비스 품질 향상에 도움이 될 수 있다.

2) 서비스 산업의 이해

(1) 서비스 산업의 의미

- 금융, 관광, 의료, 교육, 지식 기반 서비스 등 여러 분야에서의 다양한 서비스 상품을 제공하는 산업이다.
- '사람, 정보,제품'을 투입하여 일련의 변화과정을 통해 다시 '사람, 정보, 제품'을 산출하는 과정이다. 이러한 생산 프로세스를 지닌 기업군을 서비스 산업이다.

(2) 서비스 산업의 환경 변화

인구통계학적 환경	• 출생률과 인구 성장률 둔화 • 남녀의 비율 변화와 자녀의 수 감소 • 생활 주기의 변화와 교육 수준 향상
경제적 환경	• 가계 소득의 증대로 교육, 의료, 여가 활동, 오락, 교통지 등의 지출 증가 • 경제의 선진화, 맞벌이 부부 및 독신 가족의 증가, 정부 정책 등으로 서비스에 대한 지출 증가 • 소득와 생활 수준 향상과 산업 고조의 고도화
사회적 환경	• 출생부터 사망까지 생활 주기에 따른 다양한 서비스 필요 • 복잡 다양한 현대 사회의 문제에 대처할 수 있는 각종 전문적 자문회사 등장 • 개인 욕구의 다양한 변화와 활동 지향적인 사회로의 변화로 다양한 서비스 출현 • 개인 서비스는 점자 개성화, 전문화, 편의화, 다각화, 고급화 되는 경향 • 사회의 핵심적 활동 영역 • 도시화가 진행됨에 따라 서비스 산업 성장
기술적 환경	• 첨단 장비의 발전으로 규칙적인 서비스 제공 가능 • 규칙적인 서비스는 서비스 산출을 높여 생산성 향상 • 정보 통신 기술로 인해 다양한 신종 서비스 등장

법률적 환경	• 최근 법률적 환경은 규제가 완화 또는 해제되는 경향 • 규제의 화경 변화로 마케팅 활동이 적극적으로 변화하여 적자생존의 치열한 경쟁 발생
자연적 환경	• 서비스 시설이 위치한 곳의 유형적인 자원과 자연 조건은 서비스와 밀접한 관련을 맺고 있는 경우에 매우 중요

(3) 제조업의 한계점

구매력	• 제품이 아무리 우수하여도 무한으로 구매 불가 • 내구성이 좋아진 제품들로 인해 구매 주기 증가
경쟁의 심화	• 제조에 대한 원천 기술이 노출되어 진입이 가능 • 경쟁자의 증가로 경쟁이 심화 • 제조업의 산업적인 면에서 성숙시 후반에 접어들어 본원적인 경쟁 우위를 갖추기 어려움
마진의 감소	• 제품의 기능성이나 품질이 상향 평준화되어 소비자들의 제품 선택에 있어 중요한 결정 요소가 가격으로 귀결 • 가격 경쟁의 심화는 기업 마진의 감소로 귀결 • 저마진 고효율의 제조업은 투자 수익률에서 서비스업에 뒤쳐짐
소비자의 변화	• 소비자들은 소요보다는 사용이나 소비, 혹은 경험을 중요하게 인식 • 과거의 소비자는 구매와 소유를 통해 만족감 추구 • 현대의 소비자는 사용이나 소비를 통한 경험 충족으로 만족감 촉구

(4) 서비스 산업 발전에 대한 전망

국가 차원	• 제조업의 한계성으로 서비스 산업에 중심을 준 정책 집중 • 많은 OECD 선진국들의 GDP에서 서비스 산업의 비중은 80%를 상회 • 선진국으로 발전하려는 국가들은 서비스 산업의 성장과 발전을 위한 다양한 정책과 지원을 제공
기업 차원	• 제조업보다 서비스업의 평균 마진이 월등히 높음 • 지업들은 서비스 부문에서 부가가치 창출을 위한 경영 활동에 집중 • 제품의 차별화를 위해 서비스 활용
개인 차원	• 제조 자동화로 인해 제조업에서의 고용 창출 능력은 점점 감소 • 현대에 발생되는 새로운 직업이나 고용 창출은 대개의 경우 서비스 산업에서 발생 • 개인의 직무나 직업에서 서비스업은 중요한 직업으로 인식

4) 서비스업의 거대화

(1) 서비스업의 거대화 개념

• 서비스 기업은 지역의 범위를 넘어서 세계 시장을 단일 시장으로 다양한 종류와 범위의 서비스를 제공하게 되었다

- 거대 서비스 기업들은 과거에 비해 상당한 하드웨어를 보유하게 되었다.
- 거대화된 서비스 기업은 서비스 표준화를 통해 대량 서비스 제공에 필요한 생산 시스템을 보유하게 됨으로써 노동집약적인 서비스를 자동화 서비스로 전환하는 시도가 높아지게 되었다.

(2) 서비스 기업의 거대화를 촉진시킨 요인

- 세계화 글로벌 경영의 등장
- 인적·물적 요소의 국가간 이동 증가
- 인터넷의 증가로 정보 흐름의 촉진
- 세계 시장의 확장
- 규제 완화

2. 서비스 경제와 서비스 패러독스

1) 서비스 경제(service economy)

(1) 서비스 경제의 의미

- 서비스 부분에 의해 경제 활동이 지배되는 경제로 전체 노동력의 50% 이상이 서비스 부분에 종사하면 서비스 경제라고 일컫는다.
- OECD 선진 국가들에서 서비스 부문이 국내 총생상에 차지하는 비중은 80%를 넘고 있다.
- 국가 경제가 발전하면 할수록 서비스 경제화가 가속화되는 현상은 현재 뿐 아니라 미래 사회에서도 지속될 것이다.

(2) 서비스경제의 학자들 이론

① 리들(Riddle)의 이론
- 서비스 주도의 경제성장(service-led growth)이라는 저서를 통해 서비스는 경제 전반에 걸쳐 유기적으로 연결되어 사회 시스템을 유지하는 기반을 제공한다고 하였다.

사업 서비스(busuness service)	금융. 보험, 컨설팅, 법률
유통 서비스(trade service)	도·소매업, 창고, 물류
사회기간서비스(infrastructure service)	교통, 통신, 철도, 인터넷망
사회 서비스(social service)	의료, 교육, 보건, 복지
개인 서비스(personal service)	외식, 숙박, 육아, 가사 지원
공공행정 서비스(publi adminstration service)	정부, 국방, 주민행정

② 다니엘 벨(Bell.D)의 이론

- 인류의 사회발전 단계를 전기 산업사회, 산업사회, 후기 산업사회로 구분하였으며, 후기 산업사회는 서비스 경제의 프레임을 갖춘 사회라고 주장하였다.

구분	전기 산업사회	산업 사회	후기 산업사회
경제	1차 산업 (농업, 어업, 광업)	2차 산업 (제조업)	3차 산업 (서비스업)
직업	농부, 어부, 광부, 미숙련 노동자	반숙련노동자와 엔지니어	전문가, 과학자, 기술 연구자
기술	원료 채집	생산력	지식과 정보
원칙	토지와 자원의 한계	생산성과 효율성	가치 창조

(3) 서비스 혁명(Service Innovation)

- 서비스 경제에서 새로운 서비스가 탄생되어 파급되는 속도와 범위가 산업혁명보다 더 빠르게 진행되어 사회와 경제가 급진적으로 변혁하는 현상이 발생하는데 이를 서비스혁명이라 한다.
- 산업 혁명으로 물질적 풍요의 시대를 열었다면, 서비스 혁명으로 효용과 만족의 풍요가 급격히 높아지게 되었다

2. 서비스 패러독스(Service paradox)*

(1) 서비스 패러독스(Service paradox)의 정의

- 서비스 경제의 발달, 경제적 풍요, 기술의 발달로 양적으로나 질적으로 더 높은 수준의 서비스 대량으로 공급받음에도 불구하고 소비자들이 체감하는 서비스 품질은 하락하는 현상을 의미한다.
- 서비스의 양이 증가하면 서비스에 대한 만족도가 향상되어야 할 것처럼 보이지만 오히려 서비스에 대한 만족감이 낮아졌다.

(2) 서비스 패러독스의 발생 원인*

기대 측면 발생 원인	• 고객 기대 수준 상승으로 고객 입장에서 당연한 절차로 여기는 현상 증가 • 높은 수준의 기능적 서비스 제공하는 기업이 증가하면서 차별화된 서비스로 인식되기 어려움 • 상향 평준화된 서비스 제공으로 인해 차별화된 서비스 제공하는데 한계가 생김
성과 측면 발생 원인	• 서비스 기계화 (SSTS : Self Service Technologies System) • 서비스 획일화

- 일선 직원 확보의 악순환
- 서비스 인간성 상실
- 효율성 및 규모의 경제 지향성

3) 서비스 패러독스의 극복 방안

(1) 발생 원인에 대한 극복 방안

기대 수준 관리	고객 기대 수준을 조사하고 파악하여 기대에 맞는 제공을 위해 노력
과대 포장 주의	서비스에 대한 지나친 과대 포장은 잘못된 기대를 형성하므로 가능한 가치만큼만 고객에게 약속
SSTs 도입	비용 절감을 위한 SSTs의 도입이 아닌 고객 편의를 중심으로 SSTs 도입을 검토
고객 학습	자동화와 기계화의 도입 시 고객에게 적절한 학습 제공·자동화된 서비스를 사용할 때 필요한 지식과 역량을 위한 지원 제공
사회적 기능	서비스 제공 과정의 기능적인 측면과 함께 사회적 편익에 대해 고려

(2) <u>서비스 패러독스 해결을 위한 서비스에 대한 재인식</u>[*]

S	Sincerity, Speed, Smile	성의, 신속, 미소가 있어야 한다.
E	Energy	활기찬 에너지가 넘쳐야 한다.
R	Revolutionary	혁신적이고, 신선해야 한다.
V	Value	거래하는 양자에 모두 가치가 있어야 한다.
I	Impressive	고객에게 기쁨과 감동을 제공할 수 있어야 서비스라 할 수 있다.
C	Communication	상호 커뮤니케이션이다
E	Entertainment	진심 어린 환대가 필요하다

3. 유형별 서비스 관리

1) 서비스유형의 분류

(1) 서비스 유형 분류의 필요성

- 기업의 효율적인 서비스 운영을 위해 유형별 서비스 경영 방법 차이가 필요하다.
- 서비스 업종에 따라 다르지만 속성상 상호 공통된 요소가 많기 때문에, 다른 업종간의 벤치마킹으로 서비스 개선과 발전에 도움이 될 수 있다.
- 서비스 개선과 서비스 개발에 활용할 수 있다.

(2) 서비스의 유형별 분류법

① 서비스의 차원별 분류

일차원적 서비스 분류체계 (투입 요소에 따른 분류)	• 고객 처리 서비스 • 소유물 처리 서비스 • 정보 처리 서비스
이차원적 서비스 분류 체계 (속성에 따른 분류)	• 서비스 제공의 주체와 서비스 행위의 성격에 따른 분류

② 서비스의 유형별에 대한 이차원적 분류

구분		서비스 대상	
		사람	사물
서비스 행위	유형	• 사람에 대한 유형적 서비스 • 고객의 서비스 참여도가 높음 • 고객을 직접 대하는 현장 직원의 업무 능력이 중요함 • 예) 여객운송, 병원, 건강관리, 미장원, 이발소, 식당, 술집, 장례업	• 유형물에 대한 유형적 서비스 • 사람이 아닌 일반 재화나 고객의 소유몰에 대한 서비스. • 고객이 반드시 현장에 있을 필요가 없음. • 예) 화물운송, 수리, 보관, 세탁택배, 조경
	무형	• 사람을 대상으로 한 무형적 서비스 • 정신적영역인 감성, 지성, 마인드 등에 영향을 줌 • 전문적임. • 예) 광고, PR, 엔터테이먼트, 방송, 교육, 예술 공연	• 무형자산에 대한 무형적 서비스 • 직원의 전문성, 신뢰성에 기초한 이미지 관리, 고객의 실질적 혜택이 중요 • 예) 인터넷 서비스, 회계, 은행, 증권, 보험, 법률서비스, 데이터 처리

③ 러브락(Lovelock)의 다차원적 서비스 분류*

1. 서비스 행위의 성격에 따른 분류		서비스의 직접적인 대상	
		사람	사물
서비스 행위의 성격	유형적	의료, 호텔, 여객 운송	화물 운송, 장비 수리
	무형적	광고, 경영자문, 교육	은행, 법률 서비스
2. 고객과의 관계 유형에 따른 분류		서비스 조직과 고객과의 관계 유형	
		회원 관계	공식적 관계 없음
서비스 제공의 성격	계속적 제공	은행, 전화 가입, 보험	라디오 방송, 경찰,
	단속적 제공	국제 전화, 연극 회원	렌터카우편 서비스
3. 고객별 서비스의 변화와 재량의 정도에 따른 분류		고객에 따라 서비스를 변화시킬 수 있는 정도	
		높음	낮음
직원의 권한 위임 행사 정도	높음	법률, 의료	교육
	낮음	전화, 호텔, 은행	대중 운송, 영화관,

4. 수요와 공급의 관계에 따른 분류		시간에 따른 수요의 변동성 정도	
		많음	적음
공급이 제한된 정도	피크 수요를 충족 가능	전기, 전화	보험, 법률 서비스, 은행
	피크 수요에 비해 공급 능력이 작음	회계, 호텔	위와 비슷하나 불충분한 설비능력을 지님
5. 서비스 제공 방식에 따른 분류		서비스 지점	
		단일 입지	복수 입지
고객과 서비스 기업과의 관계	고객이 서비스 기업으로 감	극장, 이발소	버스, 패스트푸드
	서비스 기업이 고객으로 감	택시	우편 배달
	떨어져서 거래함	신용카드	전화회사

④ <u>호로비츠(Horovitz.J)의 서비스 분류</u>*

접점의 빈도와 지속 시간

		낮음	높음
상호 작용의 밀도	낮음	일반화된 서비스 (유쾌함과 즐거움) • 패스트푸드 • 택배서비스	안정적인 서비스 (거래에서 조언) • 호텔 • 레스토랑
	높음	개인화된 서비스 (즉각적인 대응과 순발력) • 유지보수 • 문제에 대한 상담	사려깊은 서비스 (관계능력과 전문성) • 법률 서비스 • 컨설팅 서비스 • 전문교육 서비스

구분	내용
일반화된 서비스	• 상호 작용이 피상적이며, 기능적이다. • 직원은 고객에 대한 사전 지식이 불필요하며, 서비스 제공을 위해서 비숙련 직원도 가능하다. • 고객의 요구 사항이 이질적이니 않고, 고객 행동이 예측 가능하다. • 서비스 생산의 행위가 표준화된 매뉴얼로 되어 있다.
안정적인 서비스	• 장소와 시간에 관계없이 직원의 행동에 일관성을 유지하는 것이다. • 접점에 근무하는 모든 직원이 고객의 질문과 요구 사항에 대해 응답할 수 있는 능력을 갖추고 있어야 한다. • 거래에 대한 조언으로 제공 정보가 동일하다.

개인화된 서비스	• 직원과의 접점이 짧거나, 거리 빈도가 낮은 고객들에게 개인화된 서비스를 제공하는 것이다. • 고객은 자신의 문제가 개별적인 차원으로 다뤄지기를 원하므로 접점의 빈도가 높지 않더라도 더 높은 집중력과 전문성이 요구된다. • 서비스 제공자의 경청 능력과 반응이 중요하다.
사려 깊은 서비스	• 직원들은 고객과의 인간관계를 유지하는 능력, 문제를 해결할 수 있는 전문적 능력, 고객 관계를 발전시킬 수 있는 대화 능력이 필요하다. • 고객의 상황에 대한 배려를 통해 비즈니스 관계를 확대할 수 있는 숙련자들이 필요하다.

2) 서비스 유형별 관리 전략

(1) 호로비츠(Horovitz.J)의 서비스 분류 기준 서비스 유형별 자원관리 전략

구분	일반화된 서비스	안정적인 서비스	개인화된 서비스	사려 깊은 서비스
접점 분위기	즐겁고 유쾌	정중한 도움	즉각적 대응	사려깊은 전문성
선발 기준	밝음, 정직, 젊음 계층, 첫 직장, 저임금	밝음. 정직, 전문지식과 기술, 젊음 계층, 첫 직장,	유경험자, 숙련된 기술, 순발력과 대응성	전문성, 대화 능력, 인간관계 능력, 비즈니스 마인드
훈련	제품, 서비스, 회사에 대한 일선에서 접점 관리자가 역량 훈련을 시킴 엄격한 상하 관계관리 필요	회사 문화와 서비스 품질, 전문지식에 대해서 일선에서 훈련을 시킴 접점 관리자는 코치의 역할을 제공	목표에 대한 훈련 멘토 제도 새로운 지식이나 기술에 대한 빠른 업데이트	멘토 제도 우수한 수행자에 대한 특별보상 회사 문화에 대한 훈련 개인적 전문성을 향상 시키는 역량 개발
경력개발 계획(CDP)	직원이 한 가지 직무에 머물러 있지 않도록 자주 회전시킴	내부 승진을 통한 경로 제공	고객 정보 분석을 통해 전문적 경험을 쌓게 함	내무 승진과 파트너십, 성과 공유
동기 부여	승리하는 분위기 유지, 자유로움과 열정적 분위기	내부 고객만족과 경력 기회에 대한 제공	개인의 실적에 따른 개인 보상, 인정과 우호성, 전문성 인정	주도적 업무 수행, 독립적 의사결정, 도전과 지속적인 교육
조직 지원	업무 매뉴얼과 밀접 지원	처리하기 어려운 문제에 대한 도움과 지원	개인적 면담, 완벽한 지원 시스템	고객과 관련되지 않은 문제까지 적극적인 도움
권한 위임 (Empowerment)	제한된 범위의 계층에 따른 임파워먼트 리스트	정해진 행동 리스트 범위에서 계층에따라 차등	직무 관련 완벽한 임파워먼트와 자율권	완전한 임파워먼트

(2) 서비스 유형별 메트릭스 작성 및 활용

① 고객의 참여 정도에 따른 관리

- 사람을 대상으로 하는 경우 고객의 참여 정도에 따라 구분하여 대응해야 한다.
- 고객 참여도가 높을수록 고객의 개별적 요구는 증가하게 된다.

구분	고객 참여 수준		
	낮음	중간	높음
특징	서비스 전달 과정에 고객이 존재	서비스 생산 및 전달 과정에 고객의 개입이 필요	서비스 공동 생산
표준화 정도	표준화된 서비스	표준화 ~ 고객화	개인화된 서비스
서비스 제공 조건	특정 고객의 구매와 무관	고객의 선택 구매	고객의 구매 및 적극적인 참여
예시	버스 운행 모텔 숙박 영화 상영	이발 건강 검진 고급 레스토랑	결혼 상담 개인 교습 다이어트 프로그램

(2) 수요 변동성에 따른 관리

- 서비스는 계절성을 지니고 있어 수요가 일정하지 않고, 성수와 비수가 급격한 변동성을 주는 특징이 있다.
- 서비스의 특성 중 소멸성이 있기 때문에 사용되지 않으면 영원히 사용될 기회가 잃어버린다.

(3) 정보 기술의 활용 정도따른 관리

- 정보 커뮤니케이션 기술(ICT : Information Communication Technology)의 활용 정도는 서비스 유형에 따라 달라진다.
- 일반적으로 고객이 분리될 수 있는 서비스 유형에 활용 정도가 높아지는 경향이 있다.

(4) 부가서비스 영역의 증가

- 고객의 요구는 점점 증가하고 경쟁은 심화되므로, 기업은 부가서비스 영역을 확장하여 고객에게 폭넓은 서비스를 제공한다.
- 제품 사용상에 발생되는 다양한 분야로의 서비스 확장과 실시간 기술 지원 서비스, 위치 기반 서비스 제공 등과 같이 제공되는 서비스의 영역은 확대되고 있다.

(5) 고객 접촉도에 따른 접점 관리

- 서비스 접점에서 발생하는 접촉이 많고 적음에 따라 고접촉 서비스, 중간 접촉 서비스, 저접촉 서비스로 구분할 수 있다.

구분	내용
고접촉 서비스	• 주변 환경, 서비스 요소가 중요하다. • 일관된 서비스 제공이 어렵기 때문에 서비스 품질관리가 힘들다. • 고객이 직접 방문하는 형태이다. 　예 미용, 의료 등
중간 접촉 서비스	• 서비스 전 과정에 고객이 참여하지 않은 경우이다. 　예 경영 컨설팅, 택배 등
저접촉 서비스	• 물리적 접촉이 거의 일어나지 않는 일시적 관계이다. • 안정된 서비스 생산이 가능하지만 상대적으로 고객과의 상호작용이 적다. 　예 TV 홈쇼핑, 온라인 주식 거래 등

- 일반적으로 장기적 관계로 발전될수록 고객 중심으로 전문적 직원이 집중적으로 관리할 수 있도록 서비스가 진행된다.

기준	일시적 관계	장기적 관계
반복 접촉의 정도	낮음	높은
접촉 생산자의 수	많음	적음

4. 서비스 비즈니스 모델

1) 서비스에서 비즈니스 환경의 이해

(1) 서비스 생태계의 패러다임 변화*

- 전통적 관점의 경영 시스템은 폐쇄된 채널에 고립되어 있었다면, 서비스 중심의 생태계는 사용자와 고객 중심으로 지식과 정보과 통합되는 개방된 생태계의 특징을 보이고 있다.
- 산업 생태계의 패러다임 변화

패러다임의 변화	전통적인 관점	서비스 중심 관점
가치 패러다임 (value paradigm)	제품(products)	서비스(service)
고객 패러다임 (customer paradigm)	밀다(push)	끌다(pull)

기술 패러다임 (technology paradigm)	과정(process)	플랫폼(platforms)
역량 패러다임 (competence paradigm)	전략(strategies)	역량(capabilities)
수익 패러다임 (revenue paradigm)	정률(scale)	범위(scope)
운영 패러다임 (operation paradigm)	능률(efficiency)	유연성(flexibility)

(2) 서비스비즈니스 모델에서 집중할 분야

고객의 문제를 해결해 주는 제공물	• 제공물은 고객의 문제를 해결할 수 있는 솔루션이다.
서비스 생산과 전달 과정에서 사용되는 자원들	• 자원은 기업, 고객, 이해관계자의 범위에 관련된 모든 자원이 포함한다. • 자원 결집은 기업, 고객, 이해관계자가 모두 할 수 있다. • 자원의 종류는 역량, 자산, 프로세스, 지식, 기술, 조직 등이 있다.
내/외부 고객 관계	• 서비스 비즈니스 모델에서 관계는 수평적이고 자발적이어야 한다. • 기업- 고객, 고객- 고객, 고객 –사회집단, 기업- 사회집단 등과 같이 광범위 한 관계를 포괄한다.
가치 산출의 요소 수익 모델	• 서비스 가치를 위하여 '고객이 돈을 지불하는가?'에 대한 답이다. • 가격관리, 수익 관리, 서비스 묶음 등의 수익 모델이 확장되어야 한다.
서비스 혁신의 일으키는 사고 방식	• 서비스 혁신의 동인으로 학습, 가치, 정서, 배려, 인식에 대한 이해가 중요 하다. • 합리적이면서 정서를 이해하는 사고방식과 계획 방법의 활용수 있어야 한다.

(3) 바람직한 서비스 비즈니스 모델

- 개발된 서비스 생태 환경에 적합해야 한다.
- 고객과 사회에 존재 가치가 있는 서비스를 제공한다.
- 존재 가치가 있는 서비스로 고객의 경험을 확장 시킨다.
- 서비스 비즈니스를 통해서 사회의 가치를 향상시켜야 한다.
- 상기의 목표와 방향성을 추구하는 비즈니스 모델이 수립되어야 한다.

(4) 서비스 비즈니스 모델의 성과 평가

고객이 원하는 성과를 기반으로 한 가치	• 기업은 고객이 원하는 성과를 중심으로 성과 평가를 해야 한다. • 서비스는 고객 문제의 해결안을 제공해야 한다. • 서비스는 다양한 고객의 문제의 해결을 위해 더 정교하게 제공되어야 한다.
책임과 의무의 전개	• 약속한 서비스 성과를 제공하는 것은 당연한 책무이다. • 서비스 약속을 지키기 위한 서비스 수행과 관련된 다양한 위험에 대해서도 책임과 의무를 다해야 한다. • 서비스에 관련된 위험을 측정하고 관리하는 것은 서비스 제공자의 매우 중요한 책무이다.
효과적인 가치 전달	• 보다 높은 가치를 제공하기 위해서는 다양하고 폭넓은 비즈니스 파트너와 협력을 해야 한다. • 가치 향상을 위해 더 높은 수분의 전문 기술이 요구된다. • 기업은 협업과 전문성을 활용해서 효과적인 가치 전달을 해야 한다.

2) 서비스 기업의 생존 전략*

(1) 제조업에서 서비스업으로 전환

- 경제 패러다임이 바뀜에 따라 산업화 시대에 제조업으로 성장을 해 온 기업들이 성장의 한계를 인식하고 서비스업으로 전환하고 있다.
- 제조업과 서비스업의 비교

항목	제조 사회의 인식	서비스 사회의 인식
가치의 흐름	생산 → 판매	판매 → 생산
사업 목표	우수한 제품의 생산	우수한 고객가치의 창조
수익 원천	자본과 노동 생산성	서비스 품질
고객	소모적, 대체 가능	장기적, 육성 대상
종업원	지시나 명령의 대상	서비스 품질 관리자, 권한 부여의 대상
업무	주어진 작업의 달성	높은 품질의 결과 산출
평가	작업의 완성	고객 만족
보상	객관적, 물리적, 규정 본위	심리적, 개인적 요소의 추가
관리자	업무 감독	격려자, 지원자
원가의 구성	구체적, 사전적 원가	추상적, 사전- 사후적 원가
품질평가	내부적 요인	외부적 요인
조직 구조와 시스템	업무 통제형	서비스 접점 지원형

(2) 경영 패러다임의 서비스 경영 방식으로 전환

① 가치 흐름(value stream)의 차이 전환
- 제조업과 서비스의 가치 흐름의 차이는 근본적으로 다르다.

제조업의 가치 흐름	서비스업의 가치 흐름
• 생산 후 판매 방식으로. product out(PO) 방식이다. • 생산된 제품에 대해 재고 전략을 사용하여 안정적인 공급을 한다. • 공급자 중심의 운영방식이다.	• 요청 후 생산 방식으로, 가치 흐름은 product in(PI) 방식이다. • 시장에서 요구하는 것을, 요구하는 만큼, 적시에 공급하는 방식으로 재고의 최소화와 생산 자원의 유휴화를 최소화하는 최적 생산 시스템을 추구한다. • 수요중심의 운영방식이다.

② PI(Process Innovation) 방식의 활용

JIT(JUst in time) 적시 공급 시스템	• 시장이 원하는 것을 원하는 양, 원하는 시기에 공급하는 방식 • 적시 공급 시스템을 통해서 안전 재고량을 최소화시키고 비용의 절감 달성
유연 생산 시스템	• 생산 라인의 유연성을 높이는 것 • 하나의 제품에 하나의 라인을 사용하는 것에서, 하나의 라인에서 다양한 제품을 동시에 생산할 수 있도록 생산 시스템의 유연성을 높이는 것

(3) 융합 상품의 제공(PSS : Product – Service system, 제품– 서비스 통합 시스템)

① 융합 상품의 발생 원인

수익을 위한 노력	• 제품만 제공하는 것으로 기업이 원하는 수익을 달성하기에 제약이 있으므로 융합 상품을 통해 제약을 극복하기 위함이다.
새로운 상품의 개발	• 기존의 제품을 융합해서 신상품을 개발한다.
새로운 가치의 창조	• 몇 개의 제품을 융합함으로써 기존 제품이 지닌 것과 다른 차원의 새로운 가치를 창조한다.
혁신 추구	• 융합 상품의 개발은 혁신으로 연결한다.
새로운 가치사슬의 창조	• 제조 기업은 기존의 가치 사슬의 제약을 융합상품을 통해 새로운 가치 사슬로 전환하기 위해서 노력한다.

② 융합 상품의 개발 방식★★★

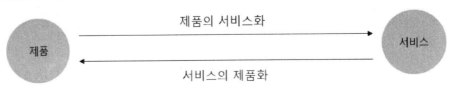

제품의 서비스화	• 제품 또는 제품의 기능을 서비스화 하여 제품과 서비스가 결합된 형태
서비스의 제품화	• 서비스를 강화하기 위해 제품을 부가하거나 서비스를 자동화 하여 서비스를 대량 생산한 제조업화를 추구하는 형태
제품 + 제품의 융합	• 복합기 = 프린터 + 복사기 + 팩스 + 스캐너
서비스 + 서비스의 융합	• 의료관광 = 의료 서비스 + 관광서비스
제품 + 서비스의 융합	• 제품 중심의 융합 : 아이팟 + 아이튠스, 비행기 엔진 + 정비 서비스 • 서비스 중심의 융합 : 공연 + CD

Plus tip

서비타이제이션(servitization)★
• 서비타이제이션은 제품과 서비스의 결합, 서비스의 상품화 그리고 기존 서비스와 신규 서비스의 결합 현상을 포괄하는 개념이다.
• 단순히 제품의 서비스화를 추구하는 것만을 의미하는 것이 아니라 비즈니스 수행방식, 복합적인 제공방식을 통한 토탈 솔루션을 지향하기 위함이다.
• 제조 기업들이 고객 지향성, 서비스 지향성, 시장 지향성을 높이기 위한 수단으로 전략적으로 전환을 추구하기 위한 노력으로 발생되었다.

---

③ 융합 상품의 성공 조건★
 • 사용가치에 집중 개발한다.
 • 고객 혜택을 증가시키는 융합한다.
 • 고객 문제 해결을 위한 토털 솔루션의 제공 목적을 둔 결합한다.
 • 기업의 내부 자원에 한정하지 않고 고객 문제 해결에 대한 토털 솔루션을 개발하기 위해 다양한 업종과 결합을 모색하는 창의적 접근한다.

II. 서비스 프로세스 설계 및 품질관리

1. 서비스 프로세스의 이해

1) 서비스 프로세스

(1) 서비스 프로세스의 개념★★

- 서비스 목적을 달성하기 위해 수행해야 하는 순차적 서비스 단계를 의미한다.
- 서비스 제공자가 보유한 물적 · 인적 자원을 투입하여 제품과 서비스라는 결과물을 만들어 내는 일련의 과정의 집합이다.
- 서비스 프로세스의 목적은 달성할 수 있는 적합한 업무 흐름이나 절차를 설계하고, 환경적 변화나 프로세스의 목표 및 수단들의 변경을 반영하여 재설계한다.
- 서비스 프로세스는 고객 문제 해결, 고객 경험, 새로운 가치 창조 함으로써 고객 만족으로 이어지틀 가치 흐름을 의미한다.

(2) 서비스 프로세스의 중요성★

- 서비스는 고객과 상호 작용이 필요하므로 서비스 프로세스는 결과 품질뿐만 아니라 과정 품질 및 고객 경험에 영향을 준다.
- 잘못 설계된 서비스 프로세스는 고객 불만을 유발할 가능성이 높다.
- 서비스 프로세스는 직원의 업무 수행과 생산성에 영향을 준다.
- 서비스 프로세스는 설계는 직원과 고객의 역할을 동시에 고려해야 한다.
- 서비스 프로세스의 각 단계에 고객 요소와 고객 가치가 잘 반영되어야 한다.
- 서비스 프로세스의 순서와 절차의 배열은 고객 경험과 결과에 중요한 영향을 준다.

(3) 서비스 프로세스 구성요소

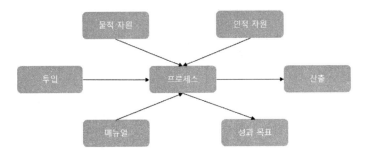

(4) 가치 흐름에 따른 서비스 프로세스 설계 프로세스

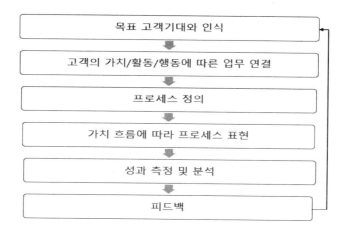

```
목표 고객기대와 인식
        ▼
고객의 가치/활동/행동에 따른 업무 연결
        ▼
프로세스 정의
        ▼
가치 흐름에 따라 프로세스 표현
        ▼
성과 측정 및 분석
        ▼
피드백
```

2) 서비스 프로세스 모델의 이해

(1) 서비스 프로세스 설계를 위한 관점의 변화

- 기능적 사고에서 프로세스적 사고로 전환

기능적 사고	프로세스적 사고
'나' 중심의 관점	'고객'중심의 관점
개인적, 기능적 작업에 집중	전체적 성과와 업무의 연결에 집중
분리	연결
부분적 절차	서비스 프로세스에서 업무 흐름
순차적 발생	동시적 발생
누구의 잘못인가?	무엇이 잘못인가? 어떻게 개건할 것인가?
나의 작업, 원가, 시간 등의 최소화	전체 작업, 원가, 시간 등의 최소화
내부적 갈등 대응	경쟁사와의 경쟁 대응
부분 최적화	전체 최적화

(2) 슈매너(Schmenner)의 서비스 프로세스 매트릭스★★★

상호작용과 고객화의 정도

		낮음	높음
노동집약도의정도	낮음	서비스 공장 • 항공사 • 호텔	서비스 숍 • 병원 • 자동차 정비소
	높음	대량 서비스 • 소매업 • 학교	전문 서비스 • 의사 • 회계사

• 4개 영역별 특징과 고려해야 할 점★★★

구분	경영 문제	고려해야 할 점
서비스 공장	• 성수기에는 공급 부족으로 기회 상실 • 비수기에는 수요 부족으로 공급자원의 유휴화 문제가 발생	• 서비스 공급 능력이 비탄력적 • 대규모 시설 투자가 수반되는 업종이므로 서비스 제공 능력을 일정 수준으로 유지
대량 서비스	• 적합한 인력 공급이 중요 • 매뉴얼이나 표준적 운영 절차의 수립이 성공에 중요한 요소	• 높은 노동 집약도와 의존도로 종업원의 역량 중요 • 적합한 종업원을 선발하고, 육성하여 양질의 서비스가 전달 될 수 있도록 노력
서비스 숍	• 고객화 서비스는 표준화되기 어려운 특징 • 일선 직원에 대한 임파워먼트의 수준, 매뉴얼의 표준화, 통제 등의 어려움 발생	• 상호 작용과 고객화의 정도가 높기 때문에 비용 증가와 품질 유지에 노력
전문 서비스	• 전문 서비스 영역에서 고객 문제의 해결과정은 다양한 접근법이 사용될 수 있으므로 표준화된 서비스 프로세스 수립이 어려움 • 통제 가능성이 낮은 전문가들의 충성도를 높이는 것이 어려움	• 표준화된 프로세스와 전문가들이 충성도 향상 방안 모색

- 서비스 프로세스 매트릭스의 경영 이슈들

해결 과제(낮은 노동집약도)
- 자본의사 결정
- 기술적 발전
- 수요 관리

해결 과제(낮은 상호작용/고객화)
- 마케팅
- 인간적 서비스 제공
- 물리적 환경에 대한 관심

서비스 공장	서비스 숍
대량 서비스	전문 서비스

해결 과제(높은 상호작용/고객화)
- 비용 상승 억제
- 품질 유지
- 프로세스 내 고객 개입에 대한 반응

해결 과제(높은 노동집약도)
- 고용
- 교육훈련
- 종업원의 복지

3) 서비스 디자인

(1) 서비스 디자인 개념

- 고객이 무형의 서비스를 구체적으로 경험하고 평가할 수 있도록 고객과 서비스가 접촉하는 모든 경로의 유·무형 요소를 창조하는 것이다.
- 서비스 프로세스를 디자인하기 위해서는 특정 요소, 연결 고리, 업무 흐름표 등과 같은 도구를 이용해 시각화 와 모형화를 한다.

(2) 서비스 디자인에 대한 접근법

기계적 접근법	• 서비스를 하나의 제품으로 인식하며, 제품의 환상을 위해 디자인하듯이 접근한다. • 서비스가 전체에서 차지하는 의미나 서비스 간의 연결성에 대한 고려는 하지않는다.
전체적 접근법	• 서비스를 하나의 큰 서비스에 포함된 개념으로 인식하여 설계한다. • 인적 요소, 물적 요소, 연결 관계 등을 보관하여 개발하는 접근법이다.
통합적 접근법	• 실무적으로 기계적 접근법과 전체적 접근법을 통합적으로 사용하는 것이 더 효과적이다.

(3) 서비스 디자인 요소

가치 중심성	• 서비스 디자인은 가치를 중심으로 구성 • 서비스 내에서 발생하는 가치 흐름의 결합을 중심으로 구성되고 표현
관계 지향성	• 참여자 및 관련 자원의 관계로서 서비스 네트워크를 따라 형성되는 단계에서 가치가 전달 • 독립적인 서비스로 서로 결합하여 더 복잡한 서비스로 확장
지속성	• 서비스 디자인의 가치는 단발적으로 발생하고 소멸하는 것이 아니라 서비스의 전체 단계에서 지속적으로 순환되고 발전

(4) 서비스 디자인 과정

1단계 정보 수집	• 각 분야의 현장을 직접 관찰 또는 참여 관찰법을 활용하여 정보 수집
2단계 아이디어 창출	• 수집된 정보를 바탕으로 아이디어 창출 • 필요한 서비스와 실행할 주제, 전달 방법 등에 대한 전반적인 아이디어 창출
3단계 아이디어 공유	• 맵과 여정을 통해 아이디어를 공유하여 이해관계자들의 반응을 확인
4단계 프로토타입	• 제품이 확정되어 출시되기 전까지 제안된 제품을 시험하고 제품 콘셉트를 개선하는데 사용
5단계 아이디어 통합	• 프로토타입을 통해 나타난 최종적인 수정을 반영하여 서비스 프로세스 개발 프로젝트 완성 • 출시 후 성공적 수행 관찰

(5) 서비스 디자인 활용 도구

구분	내용
이해관계자 지도	• 특정 서비스와 관련된 다양한 이해관계자 그룹을 시각적 또는 물리적으로 표현한다. • 직원, 고객, 파트너, 이외의 이해관계자들을 표시하고 관계를 도식화해 분석한다.
서비스 사파리	• 조사자가 고객 입장이 되어 현장을 체험한다. • 현장의 서비스를 고객 입장에서 체험하면서 좋은 경험과 나쁜 경험을 그대로 기록하는 방법이다.
쉐도잉	• 조사자가 관찰자 입장에서 고객이나 직원이 인지하지 못했던 문제점을 파악하는 방법이다. • 관찰의 대상은 고객, 직원, 후방 직원이 모두 포함되고 서비스 프로세스의 전반적인 것을 파악해야 한다.
고객 여정 지도	• 사용자가 서비스와 상호 작용하는 터치 포인트를 발전하여 이들을 연결해 전체적인 서비스 경험을 시각적으로 설명하는 방법이다.
맥락 인터뷰	• 서비스 과정 중에 특정 상황이나 맥락에서 인터뷰를 진행하며, 조사는 질문과 관찰을 동시에 사용해야 한다.
5WHY?	• 문제에 대한 근본적인 원인과 동기를 밝히기 위해 사용자 경험을 이용해 질문을 제기하는 방법이다.
문화적 조사	• 사용자들이 포함된 참여자들에게 정해진 기간 동안 일상을 잘 기록해서 정보를 탐색하여 수집하는 방법이다.
일상의 하루	• 특정 고객의 일상을 폭 넓게 기록하여 '일상의 하루'에 대한 가능한 많은 통찰을 얻기 위해 실시하는 방법이다.

기대 지도	• 고객이 서비스에 대해 갖는 기대를 조사하여 도식화하는 방법이다.
페르소나	• 고객 집단을 관심사에 따라 분류한 뒤 이를 하나의 '캐릭터'로 발전시키는 방법이다.
아이디어 발상	• 브레인스토밍을 체계적으로 운영하여 통찰을 얻는 방법이다.
만약에 ~이라면	• '만약에 ~라면' 는 시나리오 탐구하기 위해 문제를 제기하는 방법이다.
디자인 시나리오	• 서비스가 지닌 현재 문제를 해결하기 위한 시나리오 작성한다. • 프로토타입 시나리오로 새로운 서비스에 대한 시나리오 작성한다.
스토리보드	• 어떤 사건의 특정 상황을 시각화한 것이다.
서비스 모형	• 서비스 상황을 실제처럼 모형화한 것으로 서비스 스케이프를 축소한 입체 모형이다.
서비스 프로토타입	• 완성된 서비스를 실제 사용자들이 참여하여 시뮬레이션으로 경험하게 하는 것이다.
서비스 시연	• 서비스 디자인팀, 서비스 직원, 고객들을 참여시켜 시나리오와 프로토타입을 실제로 경험해 보는 것이다.
Agile 개발	• 고객 요구의 변화와 사용자 조사를 서비스 디자인에 적용함으로써 프로젝트가 지속적으로 발전할 수 있도록 하는 반복적 방법론이다.
서스토리텔링	• 고객의 일상, 직원의 경험, 서비스의 경험 요소 등의 모든 측면을 설득력 있게 이야기로 구성하는 방법이다.
서비스 청사진	• 서비스 전달 과정을 상세하게 묘사하는 방법이다.
서비스 역할극	• 직원들이 서비스를 이해하고, 개선할 수 있도록 지원하기 위해서 롤플레잉을 활용한다.
고객 라이프 사이클맵	• 고객이 서비스를 처음 접하는 순간에서 최종적으로 이용을 종료하는 시점까지의 여정이다.
비즈니스 모델 캔버스	• 사업 전략과 서비스 디자인을 일치시키는 도구이다.

4) 서비스 청사진*

(1) 서비스 청사진의 개념

- 서비스의 전 과정에서 서비스 제공자와 이용자의 경험 사이에서 발생한 일련의 행위들을 시각적으로 표현한 것이다.
- 서비스 청사진은 서비스를 생산하고 제공하는 데 필요한 모든 활동과 절차를 구상해 놓은 계획이다.
- 이 기법은 서비스 과정을 시각화한 것이며 해당 서비스의 모든 단계와 대안들을 제시한다.

(2) 서비스 청사진 구성

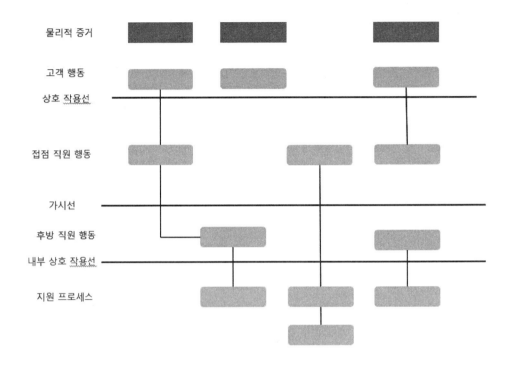

① 행동

구분	내용
물리적 증거	• 서비스를 받는 동안 고객이 경험하게 되는 다양한 물적 요소
고객 행동	• 서비스 프로세스에서 발생되는 다양한 고객 행위 요소
접점 직원 행동	• 고객과 접점에서 상호 작용을 하면서 발생되는 일전 직원의 행위
후방 직원 행동	• 가시선 밖에서 접점 직원의 수행을 지원하는 직원 또는 지원 부서의 활동
지원 프로세스	• 서비스가 효율적으로 수행되기 위해 사용회는 기업의 자원과 시스템, 유관 부서의 지원

② 선

상호 작용선	• 고객과 접점 직원이 만나는 접점을 구분하는 선
가시선	• 고객의 시야 범위를 기준으로 가시와 비가시 구분
내부 상호 작용선	• 서비스 현장에서 고객에게 보이지 않지만 서비스 전달을 위해서 지원 시스템과 후방 직원을 구분하는 선
커뮤니케이션 흐름	• 서비스 프로세스에서 정부와 커뮤니케이션 흐름을 화살표 방향으로 나타내는 선

(3) 서비스 청사진의 작성 프로세스

1단계	서비스 청사진을 작성할 프로세스를 선정한다.
2단계	프로세스에 참여하는 고객 혹은 고객군을 선택한다.
3단계	고객의 관점에서 고객 행동을 작성한다.
4단계	접점 직원, 후방 직원, 지원 프로세스를 작성한다.
5단계	상호 작용선, 가시선, 내부 상호 작용선을 작성한다.
6단계	정보와 커뮤니케이션의 흐름을 작성한다.
7단계	물적 증거를 작성한다.

2. 서비스 프로세스 개선

1) 서비스 프로세스의 재설계

(1) 서비스 프로세스 재설계의 필요성

- 기존 서비스 프로세스의 효율성 및 적합성이 떨어질 경우
- 트렌드의 변화에 따른 고객의 기대와 욕구의 변화를 반영해야 할 경우
- 기술적 환경의 변화로 진화된 프로세스가 필요한 경우
- 새로운 서비스 기능을 추가해야 할 경우
- 새로운 서비스 콘셉트가 필요한 경우

(2) 서비스 프로세스 재설계의 정의

- 기존의 서비스 프로세스를 개선하기 위해 서비스 요소를 고객의 니즈와 욕구 변화에 맞게 수정 보완하거나 전체 프로세스를 처음부터 다시 설계하는 것이다.

(3) 서비스 프로세스 목적

- 서비스 실패 원인을 제거하여 고객 만족도 향상
- 서비스 실패의 발생 빈도 감소하여 기업의 서비스 생산성 향상
- 서비스 프로세스상의 전체적인 시간 감소

(4) 서비스 프로세스 재설계의 혜택과 문제점★

가치 창출에 기여하지 않은 단계의 제거	기업 혜택	• 효율성 향상 • 생산성 향상 • 고객별 서비스 제공 능력 향상 • 차별화
	고객 혜택	• 효용성과 서비스 속도의 증가 • 고객에 맞춘 서비스 제공
	문제점	• 고객과 직원의 교육이 필요
셀프 서비스로의 전환	기업 혜택	• 비용감소 • 품질 유지 • 생산성 증가 • 기술에 대한 평판의 증대
	고객 혜택	• 서비스 속도의 증가 • 접근성 향상 • 비용 절약 • 통제력 증대
	문제점	• 고객이 역할을 잘 수행할 수 있도록 충분한 준비가 필요 • 관계 형성을 위한 대면 기회의 감소,
서비스를 고객에게 직접 전달	기업 혜택	• 위치적 제약성을 극복 • 고객 기반의 확장
	고객 혜택	• 편의성 향상 • 접근성 증가
	문제점	• 물류 활동에 대한 부담의 증가 • 서비스 전달에 대한 신뢰도 구축 요구
묶음 서비스의 제공	기업 혜택	• 차별화, • 고객 유지 • 고객당 서비스 이용의 증대
	고객 혜택	• 편의성 향상 • 서비스의 종류 및 다양성 확보
	문제점	• 고객에게 비용 부담으로 인식될 수 있음 • 표적 고객에 대한 광범위한 지식 필요
서비스 프로세스의 물리적 측면에 대한 재설계	기업 혜택	• 직원 만족도 증가 • 생산성 향상 • 차별화
	고객 혜택	• 편의성 증가, • 서비스 전달 기능의 향상 • 흥미 유발
	문제점	• 모방하기 쉬움 • 비용이 많이 필요 • 고객의 기대 수준 증가

2) 서비스 프로세스 개선 과정

(1) 서비스 프로세스 개선시 유의 사항

• 서비스 프로세스를 개선하기 위해서는 고객관점, 기업 관점, 제도적 관점, 프로세스 관점에 대한 통합적 시각을 갖고 분석을 시작해야 한다.

• 개선의 올바른 방향은 프로세스에 관련된 모든 구성원의 관점을 균형있게 고려하는 것과 단기적 성과뿐만 아니라 장기적인 성과에도 관심을 두어야 한다.

(2) 서비스 프로세스의 분석 대상

고객	• 고객의 존재, 고객의 참여, 고객의 요구와 기대 등을 분석
기업	• 조직 구조, 교육과 훈련, 제도와 운영, 정부와 정도, 표준화 정도
프로세스	• 프로세스 지닌 존재 목적 • 프로세스 비전, 성과 표준, 측정과 평가 적합성

(3) 서비스 프로세스 개선 프로세스

[1단계] 해결 문제 선정	• 개선해야 할 프로세스 상의 문제점을 선정한다.
[2단계] Flow Chart 작성	• Flow chart 를 활용하여 프로세스 흐름도를 작성하여 해야해야 할 문제점을 도출한다. . • 흐름도를 작성을 통해 개선 과제의 전후 단계의 연관성을 분석한다.
[3단계] 프로세스 분석	• 프로세스 흐름도 분석을 통해 발견된 문제와 과제를 분석한다.
[4단계] 평가 및 원인 분석	• 문제에 대한 근본 원인을 분석한다.
[5단계] 새로운 프로세스	• 개선 과제를 해결할 수 있는 새로운 서비스 프로세스를 작성한다.
[6단계] 개선 결과 분석	• 새로운 서비스 프로세스를 실행하고 실행 결과에대한 평가를 한다.

3) 서비스 프로세스 개선 도구

서비스 흐름도 (FloW Chart)	• 서비스 프로세스에서 필요한 작업이나 업무 처리의 순서를 통일된 기호와 도형을 사용해서 도시적으로 표시한 것이다. • 흐름도를 통해 서비스 프로세스를 도식화함으로써 문제의 범위를 정하여 분석하고, 해법을 명확하게 가시적으로 파악할 수 있다.
Fishbone 다이어그램	• 개선을 위해 선정된 개선 과제에 대해 근본적인 원인을 발견할 때에 주로 활용된다. • 개선 과제에 대한 근본 원인은 8Ps 로 찾는것이 바람직하다. • (8Ps : service, price, place, promotion, people, process, physical evidence, productivity & quality)
Pareto Chart	• 파레토 차트는 문제 해결에 대한 잠재적 파급 효과나 영향력을 분석하기 위해 사용된다. • 서비스 프로세스 개선 과제를 발생 빈도, 비용 등의 중요한 속성으로 파악하고, 어떤 것을 우선적으로 해결하는 것이 좋을 지를 결정하기 위해 사용할 수 있다.

3. 서비스 연구 개발(R & D)

1) 서비스 연구 개발(R&D)

(1) 서비스 연구 개발(R&D)의 정의

• 혁신적인 서비스의 개발 또는 서비스 전달 체계의 개선을 목적으로 창의적 지식을 활용하여 수행되는 기술, 문화, 인간, 사회 등의 연구 개발 활동을 의미한다.

• 일반적인 제품의 연구개발 활동이 기술 개발을 통한 제품 및 생산 유통의 혁신을 지향한다면, 서비스 연구개발은 기술 외에 인문·사회 과학 연구 등을 통해' 새로운 서비스 개말을 추구한다.

제품 연구 개발	기술 개발을 통해 제품 혁신, 생산 및 유통의 혁신 추구 공정 혁신 추구
서비스 연구개	기술 혁신 외에 인문·사회 과학 연구 등을 통해 신서비스 개발, 서비스 전달 체계 혁신을 추구

(2) 서비스 혁신

① 서비스 혁신 의미

• 서비스의 실용성을 증진시키기 위하여 새로운 컨셉으로 개발되거나 의미있는 서비스로 발전해 나가는 것을 의미한다.

- 서비스 혁신은 서비스 생산자와 고객 모두에게 이익을 주며, 개발자의 경쟁력을 향상시킨다.

② 서비스 혁신 유형

급진적 혁신	주요 혁신	• 시장에서 수요가 형성되지 않은 상태에서 새로운 서비스를 출시하는 경우
	새로운 사업	• 기존 고객이나 시장을 대상으로 새로운 서비스를 비즈니스로 시작하는 것
	새로운 서비스	• 기존 시장을 대상으로 새로운 서비스를 제공하는 것 • 기존 시장에 없었던 새로운 혜택을 제공
점진적 혁신	서비스 라인 확장	• 새로운 선택 옵션의 추가 • 새로운 코스를 추가하는 것과 같이 기존 서비스 라인에 새로운 기능을 확장하는 것
	서비스 개선	• 기존 제공되는 서비스의 특성을 변경하거나 개선하는 것
	스타일 변경	• 기존 서비스에 대한 고객의 인식, 감정, 태도에 영향을 주는 변화를 시도하는 것

(3) 서비스 연구 개발의 활동

교육/훈련 활동	• 인적 자원의 향상을 위한 연구 활동
서비스 혁신 활동	• 서비스 개선이나 신서비스 개발을 위한 활동
산업적 활동	• 기술 확보, 도구의 향상, 디자인, 자본획득, 마케팅 개선
제품과 기술에 관련된 활동	• 서비스 유통, 연관 기술의 연구, 융합 서비스의 개발, 제품과 서비스의 융합연구

2) 신서비스 개발

(1) 신서비스 개발 과정

- 신서비스 개발 과정은 신제품 개발 과정과 유사하나, 서비스만의 차별적 특성으로 인해 부분적인 차이점이 있다.

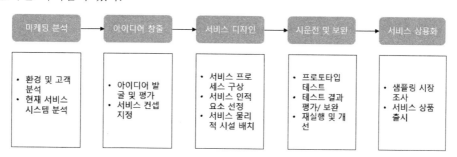

3) 서비스 가치 공동 창조 (value co -creation)

(1) 서비스 가치 공동 창조의 정의

- 고객을 경영에 적극적으로 참여시켜 서비스 상품의 포괄적인 영역에 의견을 반영하는 것이다.
- 고객이 소비 경험 과정에서 발굴한 새로운 가치를 기업이 상품에 제안하고, 고객이 개선된 상품을 재 선택함으로써 기업과 고객이 새로운 가치를 실현하는 협력 과정이다.
- 기업(제공자)만이 가치 창조의 역할자가 아니라, 기업, 협력자, 고객 등 모든 이해관계자가 가치 창조의 역할을 수행한다.
- 가치 흐름은 '생산자에서 소비자'만 존재하는 것이 아니라, '소비자에서 소비자' '생산자에서 생산자' '소비자에서 생산자' 등과 같이 필요에 따라 서비스 생태의 필요에 맞게 전환될 수 있다.

(2) 서비스 가치 흐름의 전환

To Market	• 1950년대 이전까지의 가치 흐름 • 시장을 대상으로 다양한 제품이나 서비스가 제공된 후 시장의 반응을 살피고, 시장 반응에 대한 행동을 취하는 경향이 지배적 • 어느 정도의 양을 공급하는 것이 적당한지를 파악하는 것에 관심
Market to	• 1960년 이후부터 2010년 이전까지의 가치 흐름 • 시장과 소비자를 조사·분석하여 시장이 원하는 제품과 서비스를 제공하는 교환 가치의 개념이 지배적 • 시장과 소비자가 원하는 것을 생산자가 창조하여 제공한다는 가치 인식
With Market	• 2010년 이후에 발생된 현상 • 소비자는 생산자와 분리되지 않고, 공동생산자의 역할을 하며 공동 노력을 하는 파트너로 인식되기 시작 • 가치 창조는 지속적 창조 개념으로 교환 이후에도 사용 가치의 증가를 위해 모든 이해관계자들이 협업

(3) 가치 공동 창조((co-creation)와 공동 생산(co-product) 차이점

	공동 창조((co-creation)	공동 생산(co-product)
공통점	고객 참여	
차이점	• 기업과 고객 간의 상호 작용과 고객 지식의 활용 • 고객이 기업과의 거래를 시작하고, 최종 소비하는 경험까지를 포함	• 신제품/ 신 서비스의 개발에 고객의 지식을 활용 • 소비단계가 아니라 생산 단계에서 주로 발생

가지 공동 창조의 유사 개념들

	주제	참여 범위	가치 수혜	참여 형태
프로슈머	기업	고객	고객 일부	고객이 생산적 의견 제안
개방형 혁신	기업	전문가	기업, 고객	전문가의 지식이나 아이디어를 문제해결에 활용
고객 참여	기업, 고객	고객	기업, 고객 일부	제품에 대한 의견 제안
가치 공동 창조	기업, 고객, 모든 이해관계자	기업, 고객, 모든 이해관계자	기업, 고객, 모든 이해관계자	목적에 따라 다양하게 참여

(4) 가치 공동 창조의 구성 요소

Ramaswamy & Gouillart (2010) "가치 공동 창조는 기업과 고객 간의 상호 작용에 포커스를 둔 경험 지향적 개념이다."라고 했다.

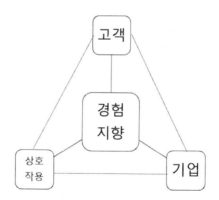

① 고객
- 고객 서비스의 생산과 전달 과정에서 다양한 역할을 수행하게 된다.
- ICT의 발달은 고객과 기업, 고객과 고객 간의 연결 확장으로 가치 공동 창조의 가능성을 높였다.
- 가치공동 창조에서 고객이 지닌 의미는 고객의 지식, 기술적 능력과 임무의 복잡성, 참여 비용 등이 영향을 주는 것으로 나타났다.

• 고객 참여의 5단계

1단계	고객 존재
2단계	참여의 동기 부여 판단
3단계	고객 참여에 대한 비용 대비 혜택 평가
4단계	물리적 행동의 참여
5단계	고객 참여의 결과 평가

② 기업

- 기업은 고객과 직원이 상호 작용할 수 있는 플랫폼을 제공할 필요가 있다.
- 사람들 간의 상호 작용이 발생하는 곳이 바로 가치 창조의 장소이다.

③ 상호 작용★★

지속적인 대화 (Dialog)	기업과 고객은 생산과 제조 과정, 문제 해결을 위한 구매와 사용 과정에서 지속적으로 기업과 타 고객들과 대화하고, 관심을 파악한다.
정보 용이한 접근 (Access)	기업은 고객에게 정보에 대한 접근성과 자유로운 이용을 지원하는 물리적 지원과 조직적 지원을 제공해야 한다.
투명한 정보교환 (Transparency)	편향되거나 조작되니 않은 정보의 투명성과 신뢰성을 보장해야 한다.
이익과 위험의 균형 (Risk/ Benefit)	기업과 고객의 모두에게 가치 공동창조에 대한 위험과 혜택의 균형이 이루어져야 한다.

(5) 가치 공동 창조의 영향

- 충성도 : 공동 창조가 발생되는 장소에서 상호 작용은 정서적 애착감과 신뢰, 지속적인 관심 및 구매에 영향
- 서비스 회복 : 공동 창조에 투입이 높은 고객은 서비스 회복 과정에서 더 높은 관용도와 더 적극적인 참여를 하는 경향
- 지불 의도 : 관광 산업에서 공동 창조는 고객 만족, 고객 충성 행동, 고객 지출에 영향

(6) 가치 공동 창조의 혜택

기업	고객
• 고객의 통찰력 • 매출 증대 • 시장 위험 감소 • 고객 충성도 증가 • 고객 서비스 비용의 감소	• 더 높은 만족 • 시간 절약, 더 높은 생산성 • 재무적 인센티브 • 자부심과 안정감 • 커뮤니티의 일원이라는 느낌

4) 가치 공동 창조와 서비스 맥락(service context)

(1) 가치 공동 창조와 서비스 맥락(service context)

- 서비스 맥락에 따라 고객과 기업은 가치 공동 창조 과정에 참여와 투입을 다르게 선택하게 된다.
- 서비스 맥락에 따라 양자의 투입 선택이 구분되고, 이에 따라 4가지 유형으로 서비스 맥락이 구분된다.

고객 투입

		낮음	높음
서비스 제공자 투입	높음	제공자 주도 서비스 맥락	관계 유형 서비스 맥락
	낮음	분산 유형 서비스 맥락	고객 주도 서비스 맥락

제공자 주도 서비스 맥락	• 고객은 투입이 높지 않은 반면, 서비스 제공자는 높은 투입을 하는 유형 • 서비스에서 고객의 정보 제공, 의도, 태도, 행동적 참여 등이 중요 • 주도권이 서비스 제공자에게 있으며, 고객은 즐거움이나 목적을 달성하기 위해 적극적인 참여 의지와 행동을 보여 줌 • 예) 콘서트, 스파, 대면서비스를 통한 항공권 구입 등
고객 주도 서비스 맥락	• 서비스 제공자의 투입이 낮고 고객은 투입이 높은 유형 • 고객은 주도권을 쥐고 서비스 맥락을 유지하고, 서비스 제공자는 가치 공동 창조 과정에 적극적 • 예) 온라인 구매, 자가 수리
분산 유형 서비스 맥락	• 주로 기능적 단순하고 짧은 시간의 서비스 접점을 형성 • 가치 공동 창조의 영향을 덜 받은 유형 • 단순한 거래의 교환이나 정형화된 서비스의 교환 과정이라 주도권 형성이 필요치 않으며 빠르고 단순하게 처리되는 서비스 • 예) 패스트푸드에서 구매, 신문 구매
관계유형 서비스 맥락	• 서비스는 비교적 장기적인 서비스 접점 • 모두 적극적인 참여와 투입을 해야 서비스 성공 가능 • 예) 성형 수술, 교육 등

4. 서비스 품질

1) 서비스 품질에 대한 이해

(1) 서비스 품질의 정의

- 고객의 지각과 관련된 고객 지향적인 개념이다.
- 서비스 상품의 거래 및 이용 전 고객의 기대와 사후 성과의 비교 측정 결과이다.

(2) 서비스 품질의 특성

- 서비스 품질은 탐색적 품질 평가가 어렵고, 제품 구매나 소비 과정에서 평가를 하게 된다.
- 서비스 제공 시점에서 서비스 직원과의 상호 작용 과정 또는 서비스 구매한 후 평가할 수 있는 인지적 품질이다.
- 서비스 품질은 제공된 서비스 수준이 고객의 기대와 일치하는지를 측정하는 것이다.
- 서비스 품질은 서비스 결과뿐만 아니라 과정에 대한 평가이다.
- 서비스 품질은 고객의 선택 태도와 유사한 개념이다.
- 서비스 품질은 탐색적 품질보다 경험적 품질이 더욱 강하다
- 서비스 품질은 다양한 요소의 상호 작용에 의해 형성된다.

(3) 서비스 품질의 개선 방법*

기대 관리	• 서비스 품질은 기대와 인식의 불일치로 평가 • 과잉 약속은 고객 기대에 영향 • 약속을 지키지 못하는 기업에 대해 부정적 이미지
정보 제공	• 고객에게 정확한 정보를 제공 • 제공받는 서비스에 대한 구체적이고 명확한 정보 제공
고객 기대 변화에 대응	• 고객 기대는 지속적으로 변화하거나 진화함 • 기업은 변화하는 고객 기대에 맞추어 서비스 수준이나 방법을 변화
서비스의 관리	• 서비스 품질을 개선하기 위해서 기업은 제공하는 서비스에 대한 분석 • 고객에게 효과적인 서비스와 그렇지 못한 서비스를 조사
전사적 관점 접근	• 서비스 품질은 전사적 관점에서 접근 • 기업 문화에서 서비스 품질의 중요성이 체화되어야 함 • 적절한 교육과 보상으로 서비스 품질에 대한 개선

(4) 서비스 품질 속성

탐색 속성	구매 이전 단계에서 평가되는 품질 속성
경험 속성	소비·사용함으로써 즉시 평가할 수 있는 품질 속성
신뢰 속성	소비·사용 후 어느 정도 시간이 지나서 평가할 수 있는 품질 속성

2) 서비스 품질 측정 모형의 이해

(1) 서비스 품질의 측정

① 서비스 품질 측정의 필요성
- 서비스 품질 측정을 통해 현재 상황과 문제점을 파악할 수 있다.
- 경쟁 우위 확보를 위해 서비스 품질 측정은 통한 경쟁력을 파악한다.
- 정확하고 분명한 기준의 서비스 품질 측정은 개선 및 보안점을 명확히 파악할 수 있다.

(2) 서비스 품질 측정의 어려움

- 서비스 품질은 고객의 주관적인 평가이다.
- 서비스 품질은 고객이 인식하기 이전에 검증하기 어렵다.
- 고객으로부터 데이터를 수집하는 데에 시간과 비용이 많이 소모된다.
- 서비스 전달 과정에서 존재하는 고객은 서비스 품질 측정의 객관성을 저해한다.
- 고객은 서비스 프로세스의 일부이며, 생산의 요소로 인식할 수 있다.

3) 서비스 품질 측정 모형

(1) 그뢴루스(Gronroos)의 서비스 품질 모형

① 서비스 품질의 구성
- 전체적인 서비스 품질은 기대 서비스와 지각 서비스의 비교를 통해 소비자에게 지각된다.
- 기대 서비스 : 경험적 요인, 전통적 마케팅, 광고, 인적판매, 가격, 외부 구전 영향
- 지각 서비스 질(상호 작용 과정 영향)

기술적 품질	기능적 품질
• 결과 품질	• 과정 품질
• 서비스 생산 과정의 산출물에 대한 품질	• 서비스 제공 과정의 전달 과정에 대함 품질

② 서비스 품질의 평가 방법
- 기술적 품질과 기능적 품질에 대한 고객의 인식으로 이미지가 형성된다.
- 이미지는 기업에 대한 고객의 포괄적인 인식의 결과이다.
- 고객은 무엇을, 어떻게 제공 받는지와 기업에 대해 어떤 이미지를 형성하고 있는지를 통해 서비스 품질을 평가한다.

(2) 카노(Kano)의 서비스 품질 모형★

① 카노(Kano)의 서비스 품질 모형 요인
- 카노 모형은 동기- 위생 이론을 바탕으로 서비스 품질 요소를 주요 요소와 잠재 요소로 구분하였다.
- 만족과 불만족의 상태를 파악하는 이상으로 만족 요소와 불만족 요소를 파악할 수 있다.

주요 요인	잠재 요인
당연적 품질, 일원적 품직, 매력적 품질	무관심 품질, 역품질

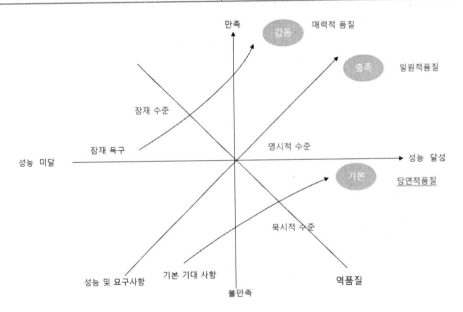

② 고객 요구의 분류

기대 심리	내가 전달받기 원하는 서비스의 상태
의사 표현	내가 알고 있는 것에 대해 '좋다' '나쁘다'로 표시
잠재 의사	불만이지만 밖으로 표출하지 않은 상태
열광 심리	어떤 브랜드에 대해 집착하는 상태

③ 서비스 품질의 구성

당연적 품질	기본적인 품질 요소로 충족이 당연하다고 여겨지기 때문에 만족을 주지 못하지만 불충족 시에는 불만족을 일으킨다.
일원적 품질	고객이 직접 요구한 사항으로 고객 만족과 직접적 관련이 있다.
매력적 품질	고객의 기대를 초과하여 충족시에는 큰 만족을 주며 불충족되어도 불만족을 일으키지는 않는다.
무관심 품질	충족 여부와 관계없이 고객 만족과 관련이 없는 요소이다.
역 품질	충족이 오히려 불만족을 초래하는 요소로, 불충족 시 만족을 주는 요소이다.

3) 서비스 품질 측정 기법

(1) 서브퀄(SERVQUAL) 모형*

① 중요성

- 서비스에 대한 고객의 인식과 행동을 분석한다.
- 고객에 의해 지각된 서비스 실행 성좌를 측정한다.
- 서비스 수행과정과 품질 표준을 평가할 수 있는 기준을 마련하였다.

② 서비스 품질의 10가지 변수

요인	정의
유형성	서비스의 외형적 증거
신뢰성	성과와 믿음의 일관성
반응성	직원의 서비스 제공에 대한 태도와 준비성
능력	서비스 수행을 위해 필요한 기능과 지식의 보유
신용성	서비스 제공자의 진실성, 정직, 고객에 대한 최대의 이익 제공
안정성	위험으로부터 자유
의사소통	고객이 알수 있는 방법으로 정보를 제공하며, 경청
예의	고객 담당 직원의 정중, 존경, 사려, 친근감
고객 이해	고객을 이해하려는 노력
접근성	서비스에 접근 가능성과 접촉 용이성

② 측정 차원의 서비스 품질 구성

요인	측정 차원	내용
유형성	유형성	• 물리적 시설 및 장치, 종업원의 외모
신뢰성	신뢰성	• 약속된 서비스를 일관되게 신뢰할 수 있느 정도
반응성	반응성	• 고객 우선의 의지와 신속한 서비스 제공
능력	확신성	• 고객의 문제를 해결할 수 있는 정도의 인지 • 종업원의 전문성, 문제 해결 능력, 인간관계 능력
신용성		
안정성		
의사소통		
예의		
고객 이해	공감성	• 고객에게 제공되는 개별적 주의와 배려 • 고객의 문제와 어려움에 대한 공감 정도
접근성		

③ 한계점
- 범용성의 한계가 보인다.
- 기대 수준에 대한 측정 타당도에 한계점이 있다.
- '기대- 지각'의 개념으로 서비스 품질을 측정 가능한지에 대한 이론적 타당성이 부족하다.
- 서브퀄 모형은 '과정 품질'과 '물리적 환경 품질'에 중점을 두고 있다.
- 서비스 품질 척도로 가격이나 비용에 관련된 부분이 빠져 있다.

(2) e- SERVQUAL 모형

- 인터넷 서비스의 증가로 e- SERVQUAL 모형이 제시되었다.
- e- SERVQUAL 모형은 시스템의 안정성이나 개인 정보 보호 중시 등의 요소가 추가되었다.
- e- SERVQUAL의 모형 척도

평가 척도	해당 항목	세부 내용
정보	상품 및 정보	• 상품과 서비스의 구색 • 상품 정보의 최신성, 정확성
거래	거래 과정 배송 사후 서비스	• 주문 단계의 적절성 • 주문 용이성 • 상품과 서비스의 가격 • 배송의 적절성 • 문제 해결의 용이성

디자인	사이트의 상호 작용 사이트 디자인	• 사이트 구조의 이해 용이성 • 정황 정보 제공 여부 • 메뉴 구조의 편리성 • 전체 화면의 조화 • 그림과 글의 미적 아름다움 • 정보 제공 형식의일관성
의사소통	이용자 간의 의사소통	• 기업- 이용자, 이용자- 이용자 소통 • 개인화 서비스
안전성	시스템 안전성 소비자 보호 신뢰 및 보안	• 시스템 안정성, 이용 속도, 화면 전송 시간 • 개인 정보 보호 • 거래 안전 장치의 유무 • 거래 신뢰감

(3) 서비스 품질의 갭(GAP) 모형

① 개념

- 기대된 서비스와 실제 지각된 서비스의 차이에 따른 서비스 품질의 결정 요인 모형이다.
- 서비스 경험과 기대 사이에 발생 가능한 5가지 격차를 밝히는 것으로, 격차가 적을수록 서비스 품질이 우수하다.

② 서비스 품질의 갭(GAP) 모형 유형

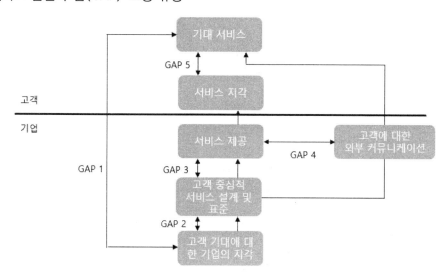

Gap 1 시장 조사 갭	• 기업이 고객 기대를 올바로 파악하지 못해서 발생하는 갭 • 고객 기대 파악에 대한 시장 조사를 실시하지 않거나 올바르게 하지 못해서 발생되는 갭 • 고객 기대에 대한 경영자 인식 차이로 인한 경영자 인지 격차
Gap 2 품질디자인 갭	• 고객 기대를 올바르게 파악하였지만 고객 기대를 충족할 수 있도록 서비스 품질 디자인를 하지 못해서 발생되는 차이 • 경영자 인식의 품질 명제서와 고객 기대에 대한 인식 차이로 인한 경영자 품질 명세 격차
Gap 3 서비스 전달 격차 갭	• 서비스 설계를 올바르게 작성하더라고, 일선 직원이 제대로 수행하지 못하여 발생되는 차이 • 서비스 전달과 경영진 인지의 품질 명세화의 차이로 인산 서비스 전달 격차
Gap 4 커뮤니케이션 갭	• 실제 서비스 전달과 서비스에 대한 통합된 의사소통((구전, 광고, 설명서 등) 간 차이
Gap 5 서비스 품질 갭	• Gap5 = Gap 1 + Gap 2 + Gap 3 + Gap 4 • Gap1 ~ 4의 복합적인 요인으로 인해 고객 기대를 충족시키지 못해서 발생되는 전체적인 갭 • 기대한 서비스와 경험(인지)한 서비스의 차이로 인한 경험한 서비스 격차

③ 갭의 유형별 발생 원인과 해결 방안

구분	발생 원인	해결 방안
Gap 1 시장 조사 갭	• 시장 조사를 하지 않음 • 잘못된 시장 조사 • 조사 결과에 대한 잘못된 해석 • 조사 결과가 경영층까지 도달하지 못하거나 왜곡됨 • VOC에 대한 피드백과 이해 부족	• 시장 조사를 실시 • 시장 조사의 방법을 개선 • 경영층과의 소통 채널 개선 • 경영층과 고객 간의 접촉 기회 • 고객 관계의 증진 • VOC에 대한 올바른 대응과 피드백 • 서비스 회목 메커니즘의 개발
Gap 2 품질디자인 갭	• 전사적 고객 만족 비전의 부족 • 경영층의 서비스에 대한 몰입 부족 • 서비스 수행 기준 설정의 실패 • 서비스 수행 목표 설정의 실패 • 체계적이지 못한 서비스 개발 • 서비스 자원의 내부 지향성	• 전자적 고객 만족 비전 • 경영층의 서비스에 대한 몰입 • 고객 정의 서비스 수행 기준 설정 • 고객 정의 서비스 수행 목표 수립 • 서비스 개발 가정의 체계화 • 서비스 자원의 고객 지향성
Gap 3 서비스 전달 격차 갭	• 서비스 수행 기준에 대해 과도하다고 인식하는 직원의 마인드 • 서비스에 적합하지 못한 직원 배치 • 일전 직원의 권한 인식에 대한 부족 • 직무에 대한 부적응	• 서비스 목표/ 기준 수립에 직원 참여 • 일정 직원에 대한 입파워먼트 • 서비스에 적합한 교육/ 훈련 제공 • 서비스 역할 명로성 경화 • 서비스 수행의 우선순위

	역할 모호성 역할 갈등 보상의 불공정성 협력자와 파트너의 서비스 인식 차이 고객의 부적절한 행동	보상의 합리성과 공정성 협력자/ 파트너 서비스 비전 공유 및 지원, 교육 고객에게 적절한 지원, 학습
Gap 4 커뮤니케이션 갭	과잉 약속 과도한 판매 지향의 목표 광고, 커뮤니케이션에 대한 부서 간 의 부조화 수평적 커뮤니케이션 부족 일정 부서와 지원부서의 인식 차이	통합 마케팅 커뮤니케이션 수평적 커뮤니케이션 활성화 서비스 약속에 대한 관리 이행 가능한 약속과 서비스 보증 약속 변경에 대한 공지 철저한 사후 관리 고객에게 전달된 물리적 단서 관리

5. 전사적 서비스 품질 경영(TSQM : Total Service Quality Management)

1) 전사적 서비스 품질 경영(TSQM)

(1) 전사적 서비스 품질 경영 정의

- 기업이 생산하는 제품 및 서비스의 품질을 지속적으로 향상·개선하여 품질 경쟁 우위
  를 확보하고, 고객만족을 목표로 기업의 모든 조직과 조직원이 경영에 전사적으로 관여
  하는 것을 의미한다.

(2) 전사적 서비스 품질 경영(TSQM)과 전사전 품질 경영(TQM)의 차이

	전사적 서비스 품질 경영 TSQM (Total Service Quality Management)	전사적 품질 경영 TQM (Total Quality Management)
개념	서비스 경제 환경과 서비스의 속성을 고려한 모형	제조업을 중심으로 설계된 모형
TQM의 구성 요소	최고 경영자의 의지와 비전, 리더십	최고 경영자의 리더십
	인적 자원관리 종원업 만족	종업원 개발 및 교육 종업원 참여
	기술적 시스템	상품/ 서비스 설계관리 프로세스 관리
	고객 중시	고객 중심적 사고
	정보 및 분석 시스템	품질 자료의 수집과 활용

	지속적 개선 벤치마킹	지속적인 개선
서비스- 제조에 중요한 새로운 TQM 구성 요소	노조 개입 사회적 책임	
서비스 고유의 구성 요소	서비스 스케이프 서비스 문화	

2) 서비스 품질 트릴로지 (Service Quality Trilogy)*

- 주란(Juran)의 품질 트릴로지에 서비스의 개념을 추가한 것으로, 훌륭한 품질의 서비스를 고객에게 제공하기 위해 서비스 품질 계획과 서비스 품질 통계, 서비스 품질 개선의 과정을 거진다.

서비스 품질 계획 (SQP:Service Quality Planning)	서비스 품질 통제 (SQC : Service Quality Control)	서비스 품질 개선 (SQI : Service Quality Improvement)
• 내 · 외부 고객 정의 • 고객 욕구 결정 • 상품/ 서비스의 콘셉트 개발 • 서비스 품질 목표 설정 • 서비스 프로세스 개발 • 서비스 프로세스 자원/역량 • 서비스 프로세스 역량 입증	• 통제 대상 선정 • 측정 단위 선정 • 측정 방법 설정 • 성과 표준 설정 • 실제 성과 측정 활동 • 차이 분석 • 차이에 대한 대응책 개발 • 대응책의 실행	• 개선 필요성 입증 • 개선을 위한 특정 프로젝트 규명 • 프로젝트 진행 절차 구성 • 원인 규명과 진단 절차 마련 • 원인 규명을 위한 진단 실시 • 해결 방안 제시 • 해결 방안의 유효성 입증 • 개선 성과 유지 • 통제 방안 개발

3) 서비스 품질의 측정 비용

(1) 품질 비용(COQ : Cost of Quality) 정의*

- 일정 수준 이상의 품질을 갖춘 제품이나 서비스 상품을 개발 · 유지하기 위해 '품질관리 시스템'을 개발하고 상품을 검수하기 위한 투입 비용과 상품의 불량으로 발생하는 비용의 총합니다.

(2) 서비스 품질 비용의 종류

예방 비용	평가 및 실패 비용을 최소화하기 위한 사전적인 품질 정책 수립, 교육 등 활동과 관련된 비용
평가 비용	서비스 품질이 기준을 충족하는지 확인하는데 관련된 비용
내부 실패 비용	서비스 품질의 문제가 고객에게 전달되기 전에 발견되어 수정하는 비용
외부 실패 비용	고객에게 전달 된 후 서비스 품질 문제가 발견되어 고객 불만을 관리하는 데에 관련된 비용
유형 비용	실패 비용과 비슷하지만 제품에 뚜렷하게 결함(스크래치나 페이트 벗겨짐)이 있을 때 추가적으로 발생하는 비용
무형 비용	무형 비용은 부품 재고가 도둑맞는 것 혹은 내부 생산 단계가 효율적이지 못해 추가적으로 사용되어야 할 비용

(3) 서비스 품질 비용 모델*

품질 비용(COQ : Cost of Quality)	불량 품질 비용 (PQC : Poor - Quality Cost)
• 서비스 품질을 유지하기 위한 가시적, 직접적 측정이 가능한 비용에 초점 • 품질 관리를 위한 비용	• 품질 불량으로 발생하는 다양한 가시적, 비가시적 비용에 초점 • 서비스 품질 관리 실패에 따른 비용

Ⅲ. 서비스 수요 및 공급 관리

1. 서비스 수요 관리

1) 서비스 수요 관리(Demand Management)의 이해

(1) 서비스 수요 관리의 개념

- 고객이 만족하는 제품과 서비스가 있더라도 고객이 집중해서 몰리게 되어 원하는 제품과 서비스를 원하는 시점에 제공받지 못하게 되면 충성고객을 잃게 만든다.
- 성수기와 비수기 수요의 차이, 명절에 택배 물량의 증가와 같은 서비스 수요를 관리하고 통제하는 것을 의미한다.

(2) 서비스 수요 관리의 특징[*]

변동성	• 서비스 수요는 높은 변동성을 보인다. • 서비스 수요가 일정 시점에 집중되거나 시간별로 급격한 변동을 보일수록 수요 예측은 더욱 어려워진다.
재고 관리의 어려움	• 서비스 수요는 재고의 저장이 불가능하다. • 눈에 보이지도 않고 또 만들어지면서 바로 소비된다. • 발생 순간에 즉시 제공되지 못하면 수요 자체가 사라져 버리는 경우가 많다.
다양성과 이질성	• 종류가 다양하고 이질적인 특성을 지니고 있다. • 이러한 이유로 서비스 공급 능력을 수요와 일치시키기가 어렵다.
시간과 공간의 제약	• 서비스 수요는 공간 사이의 이동이 불가능하다. • 특정 시간에 제공되어야 하는 제약이 따르는 경우가 많다. • 원하는 장소와 시간이 제대로 서비스를 제공하지 못하고, 서비스를 제공해도 비용이 늘어나는 문제로 이어질 수 있다.

2) 서비스 수요 예측 기법

(1) 수요 예측이 개념

- 언제, 얼마만큼의 서비스가 판매될 것인가를 전망하는 활동이다. 즉 수요의 양과 시기를 전망하는 활동이다

- 수요 예측이 필요한 직접적인 이유는 수요에 대한 정확한 예측을 바탕으로 공급 계획을 수립해야만 공급의 과잉이나 부족 문제를 방지할 수 있기 때문이다.
- 서비스는 시간 단위에 따른 변화가 크기 때문에 시간 경과의 세분화된 단위에 따라 예측하는 것이 좋다.

(2) 정성적 예측 기법

- 적은 인원을 대상으로 하여 고객의 의견을 심층적으로 파악할 수 있는 방법이다.

① 정성적 예측 기법을 선택하는 경우

- 예측에 필수적인 과거의 데이터가 없거나 수집에 지나치게 많은 비용과 시간이 드는 경우
- 외부 환경 요인이 크게 변화하여 과거 데이터의 의미가 없어지거나 변질된 경우
- 시간의 수요가 어느 한 가지 요인의 특성보다 여러 요인들 사이의 복합적인 상호 관계에 의해 결정되는 경우

② 정성적 예측 기법 유형

지명집단기법		• 8~12명 정도의 전문가가 모여서 자유로운 토론을 하거나 투표를 통해 수요를 예측하는 방법 • 기업 내의 경영 기획, 마케팅, 생산 부분의 담당자와 기업 외부의 관련 분야 전문가나 주요 고객들이 포함
델파이기법		• 지명 집단기법을 바탕으로 규모를 키우고, 과정은 더 조직화 하는 방법 • 반복적인 조사를 통해 신뢰성 있는 합의점을 도출하는 과정 • 델파이 기업 진행프로세스
	1차	• 여러 전문가들로부터 시장 수요에 관한 의견을 수집 • 응답 결과를 통계적으로 분석하는 단계 • 평균, 분산, 범위 등의 통계량 사용
	2차	• 1차 분석 결과를 예측에 참여했던 전문가들에게 전달 • 1차 결과물 토대로 예측치를 수정할 기회 • 수정 자료를 다시 통계 분석
	3차 이상	• 2차 분석 절차 반복 • 분석이 반복되면서 만족할 만한 범위 안으로 의견 수립
시장조사법		• 사용자와 인터뷰, 시장 동향의 분석, 대규모의 설문 조사 등 다양한 방법 사용 • 주로 신서비스를 시장에 출시하기 전에 미래의 수요를 예측하기 위해 사용 • 시장 정보를 수요 예측에 직접 반영하기 때문에 단기적으로 높으 정확도 • 장기적으로 기술과 환경의 변화로 인해 정확도 감소 기능 • 시장에서 직접 자료를 수집하고 분석하기 때문에 많은 비용 소요

(3) 정량적 예측 기법*

- 정량적 예측 방법은 시간의 경과에 따라 과거 정보를 이용하기 때문에 시계열 분석이라 한다.
- 시계열 자료란 동일한 시간을 간격을 두고 얻어진 관찰 자료의 집합으로, 일변 구매량, 월별 구매량, 분기별 구매량 등이 대표적인 시계열 자료이다.

① 단순 변동만 있는 경우
- 별다른 특징이나 추세없이 단순 변동만 있는 경우이다.
- 산술 평균법
    - 여러 동종 기업의 수치를 평균하여 표준 비율을 구하는 방법. 비율 평균법과 기초 숫자 평균법이 있다.
- 이동 평균법
    - 가장 오래된 자료를 제거하고 가장 최근의 자료를 추가하여 평균값을 갱신함으로써 미래의 수요를 예측하는 방법이다.
    - 시계열 자료에 추세, 순환 변동, 계절적 변동이나 급격한 변화가 없을 때 유용하다.
    - 시간이 흐름에 따라 계속 변동하면서 가장 최근의 자료만을 가지고 계산한 평균법이다.
    - 민감도와 안정성을 고려하여 m을 설정하는데, m값이 작을수로 최근의 정보를 반영한 민감도가 올라가는 장점이 있으며, m값이 커질수톨 안정성이 올라가는 장점
    - 특정 시전(t)를 기준으로 최근 기간 (m) 동안의 수요량을 이용해 이동평균값을 구하는 식은 다음과 같다.

$$F_{t+1} = MA_t = \sum_{i=t+m-1}^{t} \frac{A_i}{m}$$

(F_{t+1} : 시점 $t+1$에 대한 예측치, MA_t : 시점 t에서늬 이동 평균, A_i : 시점 i의 실제 수요량)

- 예시 : 다음은 P 사의 음식점 매출을 조사한 것이다.

구분	1월	2월	3월	4월	5월
판매량	50	30	40	60	

이동 평균법 주기를 3개월로 하여 단순 이동 평균법으로 5월 매출을 예측하면 (60+40+30)÷3 = 43.33 이다.

- 지수평활법
  - 지수 평균을 이용하여 예측하는 기법이다.
  - 가장 최근 데이터에 가장 큰 가중치가 부여되고 시간이 지남에 따라 가중치가 기하학적으로 감소되는 가중치 이동평균 예측 방법이다.
  - 데이터들이 시간의 지수 함수에 따라 가중치를 가지므로 지수 평활이라고 한다.
  - α (지수 평활상수)는 최근 정보를 얼마나 반영할 것인가에 대한 가중치이다. 수요 추세가 안정적이면 α 값을 작게 하여 과거의 예측치를 많이 고려하고, 수요 추세가 변동성이 크고 동태적이면 α 값을 크게 하여 과거의 실제 수요를 많이 고려하는 것이 좋다.

> 차기 예측치 = 당기 예측치 + α (당기 실적치- 당기 예측치)
> = 당기 예측치 + α × 당기 실적치 - α × 당기 예측치
> = α × 당기 실적치 + (1 - α)× 당기 예측치
> = α × A_{t-1} + (1 - α) × F_{t-1}

예 다음은 A카페의 매출액을 조사한 것이다.

구분	1월	2월	3월	4월
실제수요량	50	30	35	
예측치	28	27.5	31.4	

- α =0.6으로 가정하고 지수평활에 의한 4월 수요 예측을 하면 '31.4 +0.6×(35-31.4)=33.56

② 단순 변동에 추세가 있는 경우 : 추세 조정 지수평활법
- 수요가 단순히 오르내리는 것만 아니라 시간의 흐름에 따라 일정한 방향성을 가지고 변할 때 꾸준히 활용할 수 있다.
- 추세는 꾸준히 늘어나는 추계가 있을 수도 있고 반대로 계속 줄어드는 추세가 있을 수도 있다.
- 증가 추세가 있는 경우에는 과거의 평균값에 추세의 차이만큼을 더해 주고, 감소 추세가 있는 경우에는 빼 주는 것이다. 이때 평균값은 앞서 설명한 이동 평균이나 지수 평균을 통해 계산할 수 있다.
- 추세 조정 지수평활법은 지수 평활법으로 구한 평균값에 추세 조정 요인(추세값)을 더하여 구할 수 있다.

추세 조정 지수 평활법은 지수 평활법으로 구한 평균값에 추세 조정 요인(추세값)을 더하여 다음과 같은 식으로 구한다.

$$FIT_t = F_t + T_t$$
$$F_t = FIT_{t-1} + \alpha(A_{t-1} - F_{t-1})$$
$$T_t = T_{t-1} + \alpha \times \delta \times (A_{t-1} - FIT_{t-1})$$

- FIT_t : 추세를 포함한 기간의 예측값
- FIT_{t-1} : 직전 기간의 추세를 포함한 기간의 예측값
- F_t : 기간의 지수 평활 예측값
- T_t : 기간의 지수 평활 추세값
- A_{t-1} : 직전 기간(t-1)의 실제 수요

예를 들어 과거 판매량의 평균이 100이고 한 달에 10개씩 늘어나는 추세가 있다고 하자, 그러면 다음달 예측은 평균값100에다가 추세값 10을 더한 110이 된다.

• 예) 수요 예측치 500, 실제 수요량 700, α =0.3 δ =0.2 이고 매기수 50씩 증가한다. 이 경우 차기의 예측치를 계산하면 다음과 같다.

$FIT_t = F_t + T_t = 500 + 50 = 550$

$F_t = FIT_{t-1} + \alpha(A_{t-1} - F_{t-1}) = 550 + 0.3 \times (700 - 550) = 595$

$T_t = T_{t-1} + \alpha \times \delta \times (A_{t-1} - FIT_{t-1}) = 50 + 0.3 \times 0.2(700 - 550) = 59$

③ 단순 변동에 계절성이 있는 경우 : 계절 조정 지수 평활법
- 계절성은 몇 개의 기간으로 나누었을 때 기간 사이에 수요의 차이가 존재하는 일반적인 경우를 의미한다.
- 계절 변동이 있는 경우 수요 예측은 과거의 평균값에다 해당되는 계절 변동의 수준을 곱하는 것을 기본으로 한다.
- 올라가는 계절은 높은 수준만큼의 비율을 평균값에 곱해주고, 내려가는 계절을 낮은 수준만큼의 비율을 곱해 주는 방식을 쓴다.
- 수준은 일종의 지수를 말하는 것이다. 모든 계절의 평균 수요를 1로 하였을 때 평균보다 수요가 많은 계절의 수준, 즉 계절 지수는 1보다 큰 값으로 하고 적은 계절의 수준은 1보다 작은 값으로 한다.

계절 조정 지수 평활법 사용

계절 조정 지수 평활법은 지수 평활법으로 계산한 평균값에 계절 지수를 곱하여 예측치를 구하는 방법으로 공식은 다음과 같다.

$$F_{t+s} = EA_t \times SL_{t,s}$$

$$단 \quad EA_t = \alpha \left(\frac{A_t}{OSL_{t,s}} \right) + (1-\alpha)EA_{t-1}$$

$$SL_{t,s} = \gamma \left(\frac{A_t}{EA_t} \right) + (1-\gamma)OSL_{t,s}$$

OSL = old seasonal index (오래된 계절 지수)

• 예) 연평균 300건의 서비스를 계절별로 나누면 봄 100건 여름 60건 가을 90건 겨울 50건이다. '계절 지수(SI)= 실제 계절별 매출 ÷ 연간수요가 일정할 때 계절별 매출을 정의하고 계절별 계절 지수를 구하면 다음과 같다.

봄의 계절지수 : 100÷75=1.33

여름의 계절지수 : 60÷75=0.8

가을의 계절지수 : 90 ÷75=1.2

겨울의 계절지수 : 50÷75=0.6

Plus tip		
구분	정성적 예측방법	정량적 예측 방법
특징	• 적은 인원의 사람을 대상으로 고객의 의견을 심층적으로 파악 • 경영자의 판단, 전문가의 의견, 마케팅 부문의 정보와 경험, 시장 조사 결과 등을 참고하여 주관적으로 미래의 수요 예측을 하는 방법을 통칭하는 개념	• 과거의 구매 데이터를 이용하여 수요를 예측하는 방법 • 모집단을 대표할 수 있는 표본을 대상으로 구조화된 질문지로 양적 자료 수집
장점	• 고객을 잘 파악하는 사람과 조직이 가장 현실적이고, 직접적인 정보를 바탕으로 예측 가능 • 명확성, 유연성, 현장성, 신속성 • 심층적 수요 예측 가능 • 저비용으로 예측	• 자료와 객관성과 대표성 • 신뢰도 측정 가능 • 다양한 결과 도출로 다목적 달성 가능
단점	• 전체 시장을 대표하지 못함 • 주관적인 판단을 주로 사용하여 논리적 근거가 부족 • 고객 이외의 환경적 요인 변화를 파악하는 데에 한계 • 장기적 관점의 수요 예측의 한계	• 조사에 시간과 비용 많이 소요 • 인과관계 불분명한 표본 조사의 한계

2. 서비스 공급 관리

(1) 서비스 공급 관리의 개념

- 기업이 전략적인 사업을 수행하는데 필요한 자원의 종류와 양을 결정하는 프로세스이다.
- 서비스 공급 관리의 목적은 예측된 수요에 대응할 수 있도록 시설과, 설비, 노동력의 적절한 믹스를 구체적으로 설정하는 것이다.
- 장기적으로 서비스 공급 능력이 수요를 능가하는 것이 바람직하다.

(2) 서비스 공급이 수요에 대응할 수 없을 때 발생되는 현상

- 서비스를 제공하는 데 시간이 부족하면 필수적인 최소한의 서비스를 제공하고 시간 소모적인 부분을 제거한다. 임시적인 대응은 가능하나 장기적인 고객 불만이 발생한다.
- 고객의 대기 시간이 길어지면 일부 고객은 거래를 그만두게 되고, 수요가 감소하게 된다.
- 수요가 늘어나면 서비스 제공자는 서비스를 빠르게 제공하려고 노력하고 곧 서비스 공급 능력은 늘어난다. 하지만 서비스 제공 능력은 단기적으로 고정되어있는 경우가 일반적이다. 따라서 고객은 일정 기간 대기나 혼잡 및 불편을 감수하게 된다.
- 대기 시간이 길어지면 고객은 자신의 구매 이사에 대해 한번 더 고민하게 되고 이는 구매 취소로 이어진다.

(3) 서비스 공급 계획 모형

모형	내용	전략
자체공급모형	• 수요에 맞추어 자체적으로 공급능력을 확보하는 방식	• 수요추구형전략 • 공급평준화전략 • 혼합전략
주문 공급 모형	• 주문을 통해 서비스 공급량을 조달하는 방식	• 고정주문량 모형 • 고정주문간격 모형
일회주문 모형	• 유통기한이 있는 서비스를 대상으로 외부에서 조달하는 방식 • 주로 명절이나 일회성 수요가 몰리는 서비스의 경우	• 총비용 최소화 전략

2) 자체 공급 모형

(1) 수요 추구형 전략*

정의	수요 예측치의 크기에 따라 공급의 크기를 조정하는 전략이다.
장점	재고가 남거나 부족한 문제가 없다.
단점	서비스 인력을 채용하거나 해고하는데 비용이 발생한다.

(2) 공급 평준화 전략*

정의	• 일정 기간의 평균수요를 파악하고 평균적 크기의 공급 능력을 확보하는 전략이다.
장점	• 인력이나 장비를 안정적으로 유지할 수 있어 유지 관리 비용이 안정적이다.
단점	• 재고 관리가 부담, 공급이 과잉되거나 부족한 현상이 발생할 수 있다.

(3) 혼합 전략*

- 위 두 전략을 적절히 혼합하여 사용하는 전략이다.
- 각 전략의 장단점을 반영하여 기업의 입장에서 총비용이 최소가 되는 지점을 선택해야 한다.
- 공급 능력 중에서 유지비용이 낮은 것은 수요 추구형을 사용하고, 유지 비용이 높은 것은 공급 평준화 전략을 선택하는 방법

3) 주문 공급 모형

(1) 기본 개념

- 자체적인 공급 능력을 보유하지 않은 기업들이 주로 사용한다.
- 주문량과 주문 시기에 대한 결정을 해야 한다.
- 주문량을 결정할 것인지 아니면 주문 시기를 결정할 것인지에 고정 주문량 모형과 고정 주문간격 모형으로 구분한다.

(2) 고전 주문량 모형*

① 개념
- 고정 주문량 모형은 주문량은 고정되어 있고 주문 시점, 주문 간격을 신축적으로 바꾸는 방식이다.
- 고정 주문량 모형을 사용하기 위해서는 수요 변화와 공급량의 재고를 항상 모니터하면서 적절한 주문 시점을 결정하는 항시 통제 시스템을 갖추고 있어야 한다. 이 모형에서는 주문량(Q : Quantity)과 재주문 시점(R : Reorder Quantity)에 대한 결정을 내려야 한다.

② 주문량의 결정 기준
- 가장 오래전부터 사용하는 기준으로 경제적 주문량 모형(EOQ : economic order quantity)이다.

- EOQ 모형은 구매 비용, 주문 비용, 재고 유지 비용 등을 합친 총비용을 최소로 할 수 있는 주문량을 찾는 모형이다.

> 총비용 = 구매비용 + 재고 유지비 + 주문비용

③ 경제적 주문량 모형(EOQ : economic order quantity)의 기본 가정
- 수요가 일정하다
- 리드타임이 일정하다
- 단위 가격이 일정하다
- 재고 부족은 없다.

④ 재고 수준(ROP : reorder poit)의 결정
- 재주문 시점은 언제 주문을 발주할 것인가를 결정하는 것이다.
- 재주문 시업을 정하는 기준은 주문에서 도착까지 걸리는 리드타임 동안 얼마나 수요가 있을 것인가에 따라 정하면 된다.

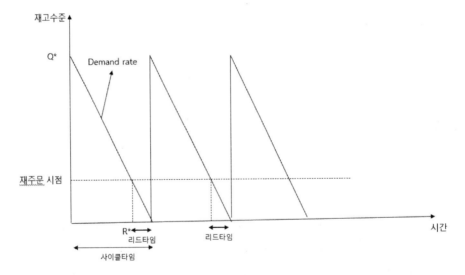

- 재고 수준을 일정한 수요(D)에 따라 일정한 비율로 감소한다. 미리 정해 놓은 수준 이하로 재고가 줄어들면 재주문(R*)하는 주기적 형태를 띠고 있다.
- 한번 주문량이 도착하고, 그 다음번 주문량이 도착할 때까지의 시간을 의미하는 것이 주기(Cycle time)이다.

⑤ ECQ의 계산

$$ECQ = Q^* = \sqrt{\dfrac{2DS}{h}}$$

(Q : 최고 재고 수준, Q* : 경제적 주문량, D : 연간 총수요량 S : 1회주문량, h : 재고 유지비)

- 예) A 기업은 12개월 동안 10,000단위의 서비스를 단위 비용 8,000원에 업체에서 공급받았다. 주문 비용은 20,000원이고, 단위당 월별 유지비용은 500원일 때, 경제적 주문량은 다음과 같다.

$$ECQ = \sqrt{\dfrac{2 \times 10000 \times 20000}{500 \times 12}} = 258.20$$

(3) 고정 주문 간격 모형*

① 개념
- 매번 주문 간격은 고정되어 있고 대신에 주문량을 신축적으로 바꾸는 방식이다.
- 고정 주문 간격 모형을 사용하기 위해서는 주기적으로 재고량에 대한 검사를 통해 필요한 만큼 주문하는 주기적 통제 시스템을 갖추어야 한다.
- 주문 시점의 간격은 기업의 내부 방침이나 시장 환경에 따라 정해진다. 이 모형에서의 주문량을 주기적 주문량(POQ : periodic order quantity)이라고 하며, POQ는 매번 달라진다.
- POQ를 정하기 위해서는 수요는 변동하고, 리드 타임은 상수인 것을 가정한다.

고정 주문 가격 모형에 따른 주문 시점 결정 방법
- POQ를 정하는 방법은 주문 간격(OI)과 리드타임(LT)을 더한 기간만큼 동안의 평균수요량에다가 안전 재고량을 더한다.
- 만일 보유 재고량(IOH : Inventory on hand)이 있다면 그만큼 빼준다.
- $POQ = Q^*(OI + LT평균수요) + Z(OI + LT수요의편차) - 보유재고량$
- $POQ = \bar{d}(OI + LT) + \sqrt{OI + LT}_{\sigma_d} - IOH$

② 고정 주문 간격 모형의 장단점

장점	• 주기적으로 재고 수준을 점검하기 때문에 통제 비용이 적게 소요된다. • 같은 공급자에게 반복 주문을 하므로 주문 비용이 절감된다.
단점	• 안전 재고의 수준이 높다 • 관리에 대한 기간이 LT에서 OI + LT로 늘어났기 때문에 안전 재고도 증가하게 된다. • 주문 기간과 시점이 정해져 있으므로 관리의 유연성은 상대적으로 낮다

(4) 일회 주문 모형

① 개념
- 일회 주문 모형은 유통 기한이 있는 서비스를 대상으로 한다. 이때 결정해야 할 것은 주문량에 대한 것이며 일회 주문이기 때문에 주문 시기를 결정할 필요가 없다.
- 명절이나 휴가 시즌 동안에만 일회성 수요가 몰리는 서비스의 경우, 그 기간이 지나면 더 이상 수요가 발생하지 않는다.
- 공급량이 수요량보다 적을 경우 수요를 포기할 수밖에 없고, 공급량이 수요량보다 많을 경우에는 남은 공급양을 폐기할 수 밖에 없다.

② 일회 주문 모형에 따른 주문량 결정 방법
- 일회 주문 모형은 한계 분석의 개념을 사용한다. 한계 분석은 하나의 단위가 추가적으로 증가할 때의 영향력을 분석하는 것이다.
- 한계분석의 기본 개념은 서비스 제공에서 얻는 이익은 기대 한계 이익과 기대한계 속성이 같을 때이다.
- $c_e p(Q) = C_s[1 - P(Q)]$
- $P^*(Q) = \dfrac{C_s}{C_s + C_e}$

$$C_e P(Q) = C_s[1 - P(Q)]$$
$$P^*(Q) = \dfrac{C_s}{C_s + C_e}$$

- 한계 부족 비용(C_s) : 한 단위만큼의 공급 부족으로 인해 실현되지 못하는 이익
- 한계 초과 비용(C_e) : 한 단위만큼의 공급 초과로 인해 발생한 손실이며, 비용에서 잔존 가치를 제한 값

4) 서비스 수요 - 공급의 보완적 관리 기법

(1) 서비스 수요 - 공급의 불일치로 인해 발생되는 상황

• 서비스 수요 - 공급

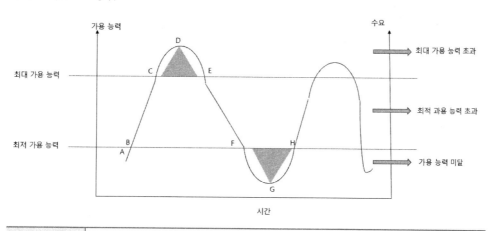

과잉 수요	• 수요가 최대 공급 능력을 초과하는 경우이다. • 고객들이 서비스를 받기 위해 찾아와도 서비스 공급 능력이 이를 수용하지 못하게 된다. • 그림의 △CDE에 해당하는 만큼의 수요는 기업이 제공할 수 없는 영역에 해당 • 기업의 입장에서는 수익을 잃어버린 것이므로 기회비용이 됨
수요가 적정 공급량 초과	• 수요가 적정 공급량을 초과하였지만 아직까지 최대 공급 능력을 넘어서지 않은 상태이다. • 기업의 입장에서 기회비용이 발생하지 않는다. • 서비스 품질의 하락을 발생시킬 가능성이 높아지며 고객의 입장에서는 과밀 현상을 경험하게 되어 낮은 서비스 품질에 대한 지각된다.
수요 - 공급 균형	• 수요와 공급이 적절한 수준에서 균형이 맞게 되는 것이 가장 이상적이다. • 양질의 서비스를 제공할 수 있고, 고객은 쾌적한 상태에서 좋은 서비스를 받을 수 있으므로 높은 서비스 품질 지각하게 된다.
과잉 공급 △FGH	• 수요가 공급에 미치지 못하는 경우이다. • 기업은 보유하고 있는 서비스 인력과 시설의 활용 미흡상태이다. • 투자하여 갖추어 놓은 공급 능력을 충분히 활용하지 못하므로 매몰 비용 발생한다.

(2) 수요- 공급 관리 기법

① 수요 측면의 조정 기법

성수기 수요의 감소전략	비수기 수요의 진작 전략
• 고객들과의 의사소통 • 영업시간/장소의 조정 • 고객 우선순위 관리 • 성수기 가격전략 • 예약을 통한 수요평활화	• 현재시장의 수요 진작 • 비수기 가격전략 • 비수기 인센티브 제공 • 서비스 시설의 용도 변화로 다른 수요 촉직 • 서비스 상품의 다변화

② 공급 측면의 조정 기법

성수기 공급의 증대전략	비수기 공급의 조정 전략
• 노동시간 증가 • 임시시설 보충공급 • 파트타임 종업원 활용 • 아웃소싱 활용 • 종업원 교차훈련	• 서비스 시설/장비의 보수 • 서비스 시설/장비의 용도변경 • 종업원 교육 및 훈련·종업원 휴가

3. 서비스 대기 관리

1) 대기 관리 기본

(1) 데이비드 마이스터(David H. Maister)의 대기 심리 기본 원칙

- 하지 않고 있는 시간이 뭔가를 하고 있을 때보다 더 길게 느껴진다.
- 구매 전 대기가 구매 중 대기보다 더 길게 느껴진다.
- 근심과 불확실함은 대기시간을 더 길게 느껴지게 한다.
- 불명확한 대기 시간은 더 길게 느껴진다.
- 원인이 설명되지 않은 대기가 더 길게 느껴진다.
- 불공정한 대기가 더 길게 느껴진다.
- 서비스가 더 가치 있을수록 오랫동안 기다릴 것이다.
- 혼자 기다리는 것이 더 길게 느껴진다.

(2) 혼잡성(crowding)★

① 개념

- 공간적 제한에 대해 사람들이 인식하는 밀도에 대한 주관적 혹은 심리적 상태이다.
- 혼잡성의 종류

사회적 혼잡성	• 점포 환경 내 사람들 간의 사회적 상호 작용이나 사람들의 수에 의해 유발
공간적 혼잡성	• 점포 내 상품이나 진열 상태 등 물리적 자극에 관련된 혼잡성

② 혼잡성에 영향을 미치는 요소들

주변 환경	• 점포 내에 있는 고객의 수, 음악이나 소음, 무질서한 시설 등의 영향으로 혼잡성을 느끼게 된다.
구매 동기	• 구매 목적이 뚜렷한 고객은 단순히 상품을 구경하기 위한 고객들보다 더 높은 혼잡성을 지각하는 경향이 있다.
고객의 제약 조건	• 고객이 서비스를 이용하고 싶은 시간이나 조건에 대해 특별한 제약이 있다면 더 높은 혼잡을 느끼게 된다.
혼잡에 대한 기대	• 혼잡할 것이라고 예상한 고객은 상대적으로 혼잡성에 대해 불만을 덜 지각한다.

③ 혼잡성이 미치는 영향

정보의 양을 제한	• 혼잡성을 인식한 고객은 서비스 관련된 정보에 대한 몰입과 집중이 어렵기 때문에 처리할 수 있는 정보의 양을 제한한다.
커뮤니케이션 감소	• 혼잡한 상황에서 고객은 직원에게 질문하고 요구하는 행위를 꺼리게 되어 커뮤니케이션 감소된다.
구매 가능성 감소	• 혼잡성을 지각하는 고객은 가능한 빨리 혼잡 장소를 회피하고 싶어 하며 구매 외 추가적인 구매나 충동 구매 행동 감소한다.
점포 이미지에 부정적	• 혼잡성을 경험한 고객은 점포에 대해 부정적 이미지를 갖게될 가능성이 높다.
만족의 감소	• 혼잡한 점포에서 구매한 상품에 대한 만족도는 낮아질 수 있다.

④ 혼잡성 감소 전략

구분	내용	전략
서비스 운영관리	• 서비스 시설의 변화, 서비스 프로세스의 변화를 통해 혼잡성을 감소시키는 방법	• 예약제 도입 • 공정한 대기시간 구축 • 대기채널 개발 및 차선책 제시
고객 인식 관리	• 혼잡성에 대한 고객 인식 변화시키는 노력	• 서비스가 곧 시작할 것이라는 느낌 • 구체적인 예상 대기시간 안내 및 고객 선택의 기회 제공 • 불필요한 자원의 처리

2) 대기 행렬

(1) 대기 행렬의 개념

- 하나 혹은 그 이상의 서비스 제공자에게 서비스를 요구하며 기다리는 고객의 줄을 의미한다.
- 대기 모형을 이용하여, 기다리는 고객의 평균 수, 고객이 기다리는 평균 시간, 서비스 시스템의 가동률, 대기로 인해 발생하는 비용 등을 수리적으로 분석하는 것이다.
- 대기 행렬의 구성 요소가 어떻게 정해지는가에 따라 다양한 형태의 대기 행렬이 만들어지고, 그 형태를 대기 모형이라고 한다.

(2) 대기행렬 분석 목적*

- 서비스 용량을 늘리는데 들어가는 비용과 고객 대기 시 발행하는 비용을 합진 총 비용을 최소화시키는데 목적이 있다.
- 서비스 제공능력(직원 수, 작업 기계 수 등)을 증량하는데 사용되는 직접 비용과 고객 대기로 발생(고객 이탈, 서비스 유효화에 따른 비용, 대기 장소 관리 등)등 간접 비용이 포함된다.

(3) 대기 행렬 시스템의 구성 요소

① 서비스를 받기 원하는 고객 모집단
- 서비스를 요구하는 잠재 고객의 수를 의미한다.
- 서비스의 종류 및 특성에 따라 몇 개의 하위 집단으로 구분된다. 고객 군에 따라 기대치와 만족도가 상이한 결과가 나올 수 있다.

무한 집단	고객 모집단을 한정하지 않는 경우
유한 집단	고객 모집단을 한정한 경우

② 서비스 채널
- 서비스를 처리하는 인력이나 시설을 의미하고, 채널 수가 많을수록 시스템의 처리 용량은 늘어나게 된다.

- 채널의 수가 많을수록 고객의 요구를 처리하는 서비스 시스템의 처리 용량이 늘어난다.

단일 채널 시스템	선택권이 없이 채널이 하나인 경우
다중 채널 시스템	채널이 두 개 이상인 경우

③ 서비스 단계
- 서비스를 처리하기 위해 거쳐야 하는 작업 순서의 길이를 의미한다.
- 서비스 채널과 서비스 단계의 수에 따라 여러 가지 서비스 시스템 모형이 나타날 수 있다.

단일 단계	하나의 단계만을 거쳐 서비스 완성
다중 단계	여러 단계를 거쳐 서비스를 완성

(3) 대기 행렬 관련 규칙

① 우선 순위 규칙*
- 대기라인에 여러 고객이 있을 경우 어떤 순서로 서비스할 것인가에 대한 규칙을 의미한다.
- 정직 규칙 : 이미 정해진 기준대로 처리하는 규칙

선착순 규칙 (FCFS : first come, first service)	• 먼저 온 순서대로 서비스를 제공하는 것 • 선착순의 장점은 단순 성과 공정성 • 서비스 상황이나 고객 상황을 고려하지 않는 것은 한계
최대 작업 시간 규칙 (SPT : shortage processing time)	• 서비스에 최우선순위를 부여하는 것 • 장점은 서비스 처리의 평균 시간 최소화 가능 • 처리 시간이 긴 작업은 우선 순위가 뒤로 밀린다는 점에서 선착순 규칙에 비해 효율성은 올라가지만 공정성 감소 가능

- 동적 규칙 : 기다리는 서비스들의 마감 시간을 확인한 후에, 마감 시간이 가장 임박한 서비스부터 먼저 처리하는 규칙이다.

긴급률 규칙	• 서비스의 긴급 성과 남은 처리 시간을 나타내는 긴급률 값을 정한 후, 값이 최소인 작업에 우선순위를 부여하는 기준이다. 긴급률 = 정적 유휴 시간 + 잔여 처리 시간 　　　　= { 만기 시간 -(현재 시점 /잔여 처리 시간)}
선점 규칙	• 높은 우선순위를 가진 고객을 다른 모든 서비스에 우선하여 처리하는 규칙

② 대기행렬의 이론 분포*
- 대기는 '고객이 도착하는 간격'과 '서비스에 걸리는 시간'이 불확실한 것에 의해서도 발생된다. 언제 수요가 발생하는지와 그 수요를 만족시키는 데 걸리는 시간을 알면

대비할 수 있다.
- 대기 행렬 이론에서 고객이 서비스 시스템에 들어오는 빈도, 즉 도착률은 포아송 분포를 따르고, 서비스 시스템이 한 고객을 처리하는 데 걸리는 시간은 지수 분포를 따른다고 가정한다.

포아송 분포 (possion distribution)	• 단위 시간 동안 일어나는 사건이나 이벤트의 수. 즉 서비스 제공 횟수, 고객 도착 수 등을 표현한다. • 포아송 분포와 지수 분포는 서로 역의 관계를 지닌다.
지수 분포 (exponential distribution	• 특정한 이벤트가 일어나는 시간의 간격, 서비스 시스템이 한 고객을 처리하는데 걸리는 시간, 고객이 도착하는 시간 간격 등을 표현한다.

(5) 대기 행렬의 종류

① 단일 행렬 + 단일 서비스 + 단일 단계 : 차례대로 한 줄 서기를 하는 형태이다.

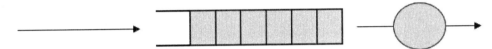

② 단일 행렬 + 단일 서비스 + 연속단계 : 고객은 한 줄로 서서 차례대로 여러 가지 서비스 과정을 거치는 형태이다.

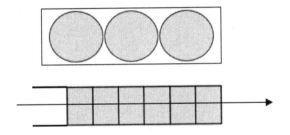

③ 다수 서비스 제공자에 대한 평행선 대기 : 고객은 몇 개의 대기선 중 하나를 선택하도록 하는 것으로, 서비스 제공자가 동일한 속도로 처리되지 않는 경우 늦어지는 대기선에서 불만 발생한다.

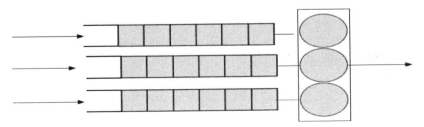

④ 지정 서비스 제공자에 대한 지정 대기선 : 특정 범주의 고객에 대해 별도의 대기선을 할당한다.

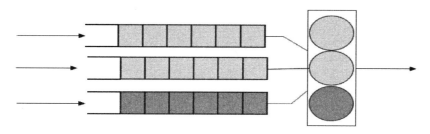

⑤ 다수 서비스 제공자에 대한 단일 행렬 : 단일 대기선에 선 고객은 다수의 서비스 제공자 중 서비스가 가능한 창구로 이동할 수 있도록 한다.

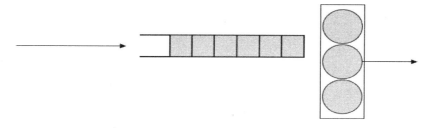

⑥ 번호표 순번 대기 : 고객은 번호표를 받고 편한 장소에서 대기하다가 본인의 순서가 되면 서비스를 받는 것으로 대기 상황을 확인할 수 있기 때문에 시간을 추측할 수 있다.

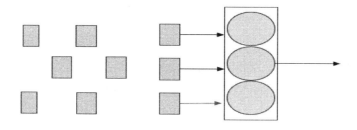

⑦ 대기 목록 : 고객은 도착 순서대로 이름을 대기표에 기입

4) 대기 행렬 모형

(1) 대기행렬 모형 분석

• 대기행렬 모형 분석을 통해 경제적인 서비스 시스템을 설계하고, 채널의 수를 늘려 고객의 대기 행렬을 줄임으로서 고객 만족도를 높임과 동시에 더 많은 서비스를 공급할 수 있다.

- 대기행렬 모형 분석의 목적은 서비스 시스템 내에서 필요한 최적의 서비스 용량, 즉 서비스 채널의 수를 찾아내는 것이다.
- 기본 용어[*]

기호	의미	역할
λ	(평균) 고객 도착률	결정 변수
μ	(평균) 서비스율	결정 변수
M	채널의 수	결정 변수
L_q	대기열에서 기다리는 고객의 평균 수	성능 특성
L_s	시스템에서 있는 전체 고객의 평균 수 $=\lambda/\mu$	성능 특성
ρ	시스템 가동률(이용률)	성능 특성
W_q	대기열에서의 평균 대기 시간	성능 특성
W_s	시스템에서 소요되는 평균 총 시간	성능 특성
P_0	시스템 내에 고객이 없을 확률	성능 특성
P_n	시스템 내에 고객이 n명 있을 확률	성능 특성
결정 변수	서비스 시스템의 구조와 형태를 결정하는 역할을 하는 변수들	
성능 변수	결정 변수가 어떤 값을 갖느냐에 따라 실제로 시스템 성능이 어떻게 나타나는가를 보여주는 변수들	

(2) 안정 상태와 정상해

- 서비스가 시작된 초기에는 불안정한 상태가 시간이 흐르면서 서비스 시스템이 안정화된다. 이렇게 된 상태를 안정 상태라고 한다.
- 안정 상태에 접근하면서 서비스 시스템의 성능 특성은 일정한 값으로 수렴되는데 이러한 값을 정상해(Steady Solution)이라고 한다.
- 대기 이론에서는 서비스 시스템이 오랫동안 운영되어 안정 상태에 도달하면서 수렴되는 값인 정상해를 사용하게 되고 P_n으로 표기한다. 즉 정상해 P_n은 $P_n(T)$의 극한값이 된다.

$$P_n = \lim_{T \to 0} P_n(T)$$

- 문제를 이 확률 $P_n(T)$ 가 시간에 따라 변동하기 때문에 하나의 값으로 정할 수 없다. 따라서 정상해를 구하기 위해서는 안정 상태가 되어야 하고, 안정된 값이 되려면 변화율이 0이 되어야 한다. 왜냐하면 시간이 변한다고 해서 확률값이 변하는 일이 없어야 하기 때문이다. 따라서 시간 T에 대한 미분값은 0이 되어야 한다.

$$\frac{dP_n(T)}{dT} = 0$$

- 앞에서 정의한 것처럼 $\rho = \lambda \div \mu$라고 할 때, 위의 식으로부터 아래의 관계를 도출할 수 있다.

$$시스템가동률 = \frac{평균고객도착률}{평균서비스율}$$

(3) 시스템 내 고객의 수 : L_s

- 서비스 시스템이 안정 상태에 도달할 때 시스템 내에 존재하는 고객의 수를 L이라고 한다.
- 어느 시점에서 서비스 시스템 내에 있는 모든 고객의 수, 즉 서비스를 받고 있는 고객과 서비스를 받기 위해 대기하고 있는 고객을 합한 수를 L_s라 한다.
- L_s 하나의 기댓값이다. 고객의 수가 0에서 시작하여 1,2,3,………… 으로 변할 때, 각 경우가 일어날 확률에 고객의 수를 곱한 값을 더한 것을 의미한다. 따라서 L_s는 아래와 같이 표현할 수 있다.

$$L_s = \sum_{n=1}^{\infty} \times P_n \cdot (단, P_n = (1-\rho)\rho^n)$$

- 위의 식으로부터 L_s 값은 다음의 식으로 계산할 수 있다.

$$L_s = \frac{\rho}{1-\rho} = \frac{\lambda}{\mu - \lambda}$$

(4) 대기 중 고객의 수 : L_q

- 서비스 시스템 내에 있는 모든 고객의 수를 n이라고 한다면 대기하고 있는 고객의 수는 현재 서비스를 받고 있는 고객을 제외한(n-1)이 된다.
- 그러므로 대기하고 있는 고객의 수 L_q는 다음과 같이 구할 수 있다.

$$L_q = 0 \times P_0 + \sum_{n=1}^{\infty} (n-1)P_n = \sum_{n=1}^{\infty} n \times P_n - \sum_{n=1}^{\infty} P_n$$

- 위의 식을 활용하여 L_q 값은 아래 식으로 계산할 수 있다.

$$L_q = \frac{\rho^2}{1-\rho} = \frac{\lambda^2}{\mu(\mu - \lambda)}$$

- 또한 앞의 두 식은 아래의 관계가 성립한다.

$$L_q = L_s - \rho$$

(5) Little 의 법칙

- Little의 법칙은 서비스 시스템에 존재하는 고객의 수와 고객이 시스템 내에 머무는 시간과의 관계를 나타낸다.
- Little의 법칙은 서비스 시스템이 안정 상태에서 서비스 시스템에 존재하는 고객의 평균값은 도착하는 고객의 평균값에 고객이 머무르는 평균 기산을 곱한 값이 된다.

$$L = \lambda \times W$$

L = 시스템 내에 존재하는 고객의 수
W = 고객이 시스템에 머무르는 시간
λ = 일정 시간 내에 서비스 시스템에 도착하는 고객의 평균값

- 이 법칙을 이용하여 W_s와 W_q의 값도 구할 수 있다.
- 서비스 시스템에서 고객이 보내는 시간을 W_s라 하고 대기 행렬에서 기다리는 시간을 W_q라고 할 때 아래의 식으로 표현된다.

$$W_s = \frac{L_s}{\lambda} = \frac{1}{\mu - \lambda}$$

$$W_q = \frac{L_q}{\lambda} = \frac{\mu}{\mu(\mu - \lambda)} = W_s - \frac{1}{\mu}$$

(6) 대기 모형

① 대기 모형 : 무한 집단
- 단일 채널- 지수 분포를 따르는 서비스 시간
  - 대기 모형 중 가장 일반적이고 간단한 모형으로 하나의 채널을 가지며, 서비스 시간은 지수 분포를 따르는 경우이다.
  - 고객 도착률은 포아송 분포 따르고, 대기 규칙은 선착순이다.

성능 특성	공식
대기열의 고객 평균 수	$L_q = \dfrac{\lambda^2}{\mu(\mu - \lambda)}$
시스템 내에 고객이 없을 확률	$P_0 = 1 - (\dfrac{\lambda}{\mu})$
시스템 내에 n명의 고객이 있을 확률	$P_n = P_0 (\dfrac{\lambda}{\mu})^n$

- 단일 채널 - 일정 서비스 시간
  - 모든 서비스에 대한 서비스 시간이 일정하다고 가정한다.
  - 서비스 시간이 일정하므로 그만큼 불확실성과 변동성이 줄어든다.
  - 대기 행렬의 발생 원인은 고객 도착률과 서비스 시간에 있는데, 그중 서비스 시간의 변동성을 줄임으로써 대기 관리는 더 효율적이 된다.
  - 일반적으로 서비스 시간을 일정하게 하는 것의 효과는 지수 분포와 비교하여 대기 행렬에서 기다리는 고객의 평균 수와 시간을 절반으로 줄여 주는 것으로 알려져 있다.
- 다중 채널
  - 다중 채널 시스템은 둘 이상의 채널이 독립적으로 서비스를 제공하는 형태이다.
  - 많은 서비스 시스템에서 여러개의 서비스 채널이나 서비스 인력을 제공하고 있는 경우이다.
  - 다중 채널 대기 모형의 성능 특성 요소 및 공식

평가 요소	공식
대기열에서 기다리는 고객의 평균 수	$L_q = \dfrac{\lambda\mu(\frac{\lambda}{\mu})^M}{(M-1)!(M_\mu - \lambda)^2}P_0$
시스템 내에 고객이 없을 확률	$P_0 = \left[\displaystyle\sum_{n=0}^{M-1}\dfrac{(\frac{\lambda}{\mu})^n}{n!} + \dfrac{(\frac{\lambda}{\mu})^M}{M!(1-\frac{\lambda}{M}\mu)}\right]^{-1}$
고객의 평균 대기 시간	$W_q = \dfrac{1}{M\mu - \lambda}$
서비스를 받기 위해 대기할 확률	$P_w = \left(\dfrac{\lambda}{\mu}\right)^M \times \dfrac{P_0}{M!(1-\frac{\lambda}{M}\mu)}$

② 유한 집단
- 유한 집단은 서비스를 받을 대상이 한정되어 있는 경우이다.
- 유한 집단에서는 고객 도착률이 포아송 분포를 따르는 것이 아니라 대기열의 길이에 따라 변한다.
- 유한 집단의 경우 대기열의 길이와 고객 도착률이 종속적인 관계이다.
- 이미 도착한 고객의 수가 많다는 것은 서비스를 받을 고객의 수가 줄어든다는 것을 의미한다.

• 단일 채널- 유한 집단의 성능 특성 및 공식

평가 요소	공식
대기 행렬에 기다리는 고객의 평균 수	$L_q = N - (\frac{\lambda + \mu}{\lambda})(1 - P_0)$ (단, N은 한정된 수)
대기 시스템에 있는 총 고객 평균 수	$L_s = L_q + (1 - P_0)$
시스템 내에 고객이 없을 확률	$P_0 = \left[\sum_{n=0}^{N} \frac{N!(\frac{\lambda}{\mu})^n}{(N-n)!} \right]^{-1}$
고객의 평균 대기 시간	$W_q = \frac{L_q}{(N-L)\lambda}$
서비스에 걸리는 총평균 시간	$W_s = W_q + \frac{1}{\mu}$

4. 서비스 가격 관리와 수율 관리

1) 서비스 가격 관리

(1) 서비스 가격의 의의

시장에서 구매자들이 특정 서비스를 구매함으로써 얻게되는 효용에 부여되는 가치이다.

(2) 서비스 가격 관리 목표

• 기업의 이윤 극대화라는 목표와 특정 수준의 목표 이익에 도달하는 데에 기여할 수 있도록 가격 관리 목표를 설정해야 한다.
• 서비스의 생산 원가를 보전할 수 있는 수준 이상으로 가격이 유지되어야 한다.
• 적정 수준의 수입이 발생하기 위한 수요 창출을 목적으로 산정된 가격이 제시되어야 한다.
• 고객의 선택을 촉진시킬 수 있는 요소를 고려하여 서비스 가격 관리 목표를 설정한다.

(3) 서비스 가격 결정이 복잡한 이유

• 서비스는 생산 능력의 활용 정도에 따라 가격의 변동 폭이 크다
• 서비스는 전달 과정의 시간 요소에 의해 변동성이 발생한다.
• 서비스의 원가 기준을 고객이 이해할 수 있도록 정하기가 어렵다
• 서비스의 원가는 물적 환경에 의해 영향을 받는다.
• 서비스 가격은 수요에 의해서 영향을 받는다.

2) 가격 결정 방법

(1) 원가 중심의 가격 결정

- 원가에 기초한 가장 전통적인 가격결정 방법으로 직접비와 간접비를 더해서 원가를 산정하고 목표하는 이익을 합산해서 가격을 산정한다.

> **가격 결정 방법**
>
> 가격=직접비 +간접비 + 이익 마진
>
> - 직접비 : 서비스 전달과 관련된 재료비와 인건비 포함
> - 간접비 : 고정비 일부분 포함
> - 이익 마진 : 총비용(직접+간접)의 일정 퍼센트

① 원가의 구성 요소

고정 원가	서비스를 제공하지 않더라도 항상 일정하게 발생하는 원가
준변동 원가	일정하게 발생하는 원가와 서비스 양에 따라 변하는 원가로 구성된 원가
변동 원가	제공하는 서비스의 양과 직접적으로 비례하여 증가하는 원가

② 원가 중심 가격 결정의 어려움

- 서비스를 구매 단위로 규정하여 단위당 가격을 설정하는 것은 어려움이 있다. 때문에 많은 서비스가 산출 단위보다 투입 단위로 가격을 결정하게 된다.
- 원가에 기초하여 서비스 가격을 결정할 때, 특정 서비스의 원가를 산출하기 어렵다. 특히 기업이 다양한 서비스를 제공할 때 계산이 더 복잡해진다.
- 원가의 구성 요소가 원자재가 아닌 직원의 시간이므로, 계산하기 복잡하다.

(2) 경쟁 중심의 가격 결정

- 경쟁기업의 가격을 기준으로 상대적으로 비슷하거나 차이를 갖도록 결정하는 방법이다.
- 자율적인 가격 책정이 아닌 경쟁사의 가격 정책에 따라 변동하기에 판매량도 경쟁사의 가격 정책에 의해 달라질 수 있다.

① 가격 경쟁이 심해지는 경우*

- 경쟁자 수의 증가
- 대체제 수의 증가
- 경쟁자 혹은 대체재의 분포가 넓어질 때
- 산업 내의 생산 능력이 과도하게 증가할 때

- 서비스 표준화가 명확하고 가격이 유일한 비교 대상이 되는 업종일 때

② 가격 경쟁을 감속 방안

비가격 비용	• 시간이나 노력의 절감이 가격보다 더 중요한 고객에게는 가격 경쟁의 강도가 감소한다.
고객 관계	• 개인화 혹은 고객화 수준이 높은 서비스는 고객에게 서비스 제공자가 중요한 의미가 있으므로 경쟁을 감소시킬 수 있다.
전환 비용	• 전환 비용이 높은 경우 고객은 경쟁사로 전환하지 않을 것이다.
시간과 장소의 차별화	• 고객이 서비스를 특정 장소나 특정 시간에 사용하길 원한다면, 고객이 선택할 수 있는 대안은 줄어들 것이다.

(3) 수요 중심의 가격 결정

- 고객의 가치 인식과 부합하는 가격을 책정하는 것이다.
- 가치는 소비자가 서비스를 통해 받게 되는 혜택과 지불한 비용의 차이로 파악한다. 가치를 파악하는 데에는 금전적 요소와 비금전적 요소를 전반적으로 포함해야 한다.

① 비금점적 비용

- 정보 탐색, 구매 및 사용에 관련된 시간과 노력, 새로운 것을 사용함에 따른 불편 등을 반영한 비용이다.
- 비금전적 비용의 유형

비금전적 비용의 유형	• 시간 비용 • 물리적 비용 • 심리적 비용 • 감각 비용

- 경쟁 우위 확보 방법
  - 고객의 서비스 구매, 전달, 소비에 필요한 시간을 절감시킨다.
  - 단계별 불필요한 심리적 비용을 제거한다.
  - 원하지 않는 물리적 노력을 제거한다.
  - 매력적인 물적 환경을 조성한다.
  - 다른 기업과 제휴를 통한 할인이나 서비스를 통해 고객의 전체적인 비용을 줄여준다.

② 수요의 가격 탄력성[*]

- 가격 변화에 따라 수요량이 얼마나 민감하게 반응하는지를 나타낸 것이다.

- 가격 결정에서 중요한 요소 중의 하나가 수요의 가격 탄력성이다.
- 수요의 가격 탄력성은 가격 변화에 따른 수요량의 변화 정도로 측정한다.

탄력적	가격 변화량 보다 수요량 감소율이 더 큰 경우
비탄력적	가격이 변화해도 수요량이 변화가 낮은 경우

- 수요의 가격 탄력성을 결정하는 요소

- 서비스 품질의 속성
- 경쟁사 가격과의 관계
- 소비자의 개인적 성향
- 대체 서비스
- 서비스의 사치성과 필수성 여부
- 시간의 흐름

3) 고객가치 차원에 따른 가격 차별화 전략

가치란 가격적으로 접근하기 쉬워야 한다.	• 할인 : 사전에 정한 가격보다 기본 가격을 조정하는 것 • 단수 가격 : 심리적으로 낮은 가격을 설정하고 경재적 이미지 제공하는 것 • 일치 가격 : 소비자의 가격 체감을 기준으로 삼는 가격과 일치 여부 • 침투 가격 : 초기에 저가로 시장에 진입하여 인지도가 생기면 가격을 올리는 경우
가치란 제품이나 서비스에서 내가 원하는 모든 것이다.	• 품위가격 : 프리미엄 개념으로 고가 가격 전략이다. • 초기 고가격 : 신제품 출시 때 고가격을 설정하여 시장의 상위 계층을 목표로 하는 가격 정책
가치란 지불한 가격에 대해 내가 얻는 품질이다.	• 가치가격 : 고객의 가치 기준에 따라 책정된 가격 • 세분 시장 가격 : 주어진 마케팅 자극에 유사한 반응을 보이는 고객을 대상으로 계산한 시장 가격
가치란 보편성을 기반하여 주고받는 대가적 가격이다.	• 기준 가격 : 물가, 부동산 임대료 등 법률에 의하여 정부에서 정하는 가액 • 묶음 가격 : 단품보다는 묶었을 때 더 저렴한 것 • 보완 가격 : 고객이 얻는 보편성,가치 외에 발생하는 제반 사항을 반영한 가격 • 결과 중심 가격 : 서비스 먼저시행하고 그 결과에 따라 달리 받는 가격

4) 서비스 수율 관리

(1) 개념

- 수율(Yield mangement)은 가용능력이 제한된 서비스에서 수요 공급의 관리를 통해 수익을 극대화하는 것을 말한다.
- 초과 예약, 예약 시스템, 수요 분할 등을 활용하여 공급 능력이 제한되어 있는 서비스의 수익을 최대화하기 위한 종합적인 시스템이다.

(2) 수율 관리의 필요성

- 서비스 업의 상대적으로 고정된 서비스 능력, 생산과 소비의 동시성, 심한 수요 변동과 같은 특징 때문에 수율 관리가 필요하다.

(3) 수율의 공식*

수율 = 실제 수익 ÷ 잠재 수익
실제 수익 = 실제 사용량 × 실제 가격
잠재 수익 = 전체 가능 용량 × 최대 가격

(4) 수율 관리 활용 상황*

세분화 가능한 시장	• 고객의 욕구, 지불 의도 등으로 세분 시장이 구분될 경우 수를 관리가 더 효과적으로 활용된다.
변동하는 수요	• 수요 변동성이 높아서 성수기와 비수기의 구분이 명확하고 계절적인 수요가 발생하는 상황에서 수율 관리의 효과가 높아진다.
사전 판매	• 사전 판매가 가능한 상황에서 수율 관리가 효과적이다
소멸하는 재고	• 판매되지 못한 서비스 가용 능력이 소멸되는 경우에 수율 관리가 더 적합하다.
가용능력 변경비용은 높고 한계판매비용은 낮은 상황	• 가용 능력을 변경하는 비용이 높아서 수요 변동에 따라 공급 능력을 쉽게 조절할 수 없는 경우 수율 관리의 적합성은 더 높아진다.

(5) 수율 관리 시스템의 종류

① 초과 예약

- 수익 손실을 최소화하기 위한 방법으로 예약하고 나타나지 않는 노쇼를 고려하여 수용 능력보다 더 많은 예약을 하는 것이다.

- 초과 예약 수준의 결정 방법

구분	내용
평균법	• 노쇼에 관한 과거 데이터를 근거로 평균값을 구해 평균값을 구한다. • 직관적이고 편리하다는 장점이 있다. • 평균을 사용하게 되면 관련 비용을 가늠하지 못한다는 단점이 있다.
전자 계산지법	• 발생 가능한 모든 시나리오에 대한 기대비용을 계산한 것이다. • 초과 예약을 하지 않은 상태에서 노쇼가 발생했을 때 기대되는 비용을 사전에 계산하여 사용하는 방법이다. • 관련 비용이 구체화되고 계산이 쉽다는 장점이 있다. • 정확한 데이터가 필요하고 문제에 대한 경영자의 직관을 증가시키지 못한다는 단점이 있다.
한계비용 접근법	• 초과 예약수가 노쇼보다 같거나 클 때까지 초과 예약을 받는다. E(다음의 예약의 수입) ≦ E(다음의 예약의 비용)

② 서비스 능력 배분
- 고객 그룹들 간에 서비스 능력을 배분하는 것이다.
- 고객군별로 얼마나 능력을 배분할 것인지, 후일 고수입 비즈니스 예약을 기대하여 어느 시점에 낮은 수입 비즈니스를 차단할 것인지에 대한 의사결정이다.
- 서비스 능력 배분 결정 방법

구분	내용
정적 방법	• 고정시간규칙 : 특정일까지 할인 예약을 받지만 할인 숫자는 정하지 않는다. • 고정숫자규칙 : 특정 숫자까지 할인 예약을 받고 그 숫자가 넘어서면 더 이상 할인 예약을 받지 않는다는 규칙이다. • 보호수준 : 일부 좌석은 프리미엄으로 판매하고 일부 좌석은 할인가에 판매하는 전략이다.
동적 방법	• 고객 형태에 대한 다양한 정보를 보유하요 상황을 분석하면서 수율을 관리하는 방법이다.

③ 차별적 가격 결정
- 서로 다른 여러 개의 세분 시간에 대해 각기 다른 가격을 부과하는 방법이다.
- 가격에 덜 민감한 고객에게는 높은 가격을, 가격에 민감한 고객에게는 보다 낮은 가격을 부과한다.

5. 서비스 기대관리

1) 고객 기대

(1) 고객 기대 개념

- 서비스 성과에 대한 고객의 신념으로, 서비스 성과를 측정하는 표준 또는 준거점의 역할을 하는 중요한 요소이다.

(2) 고객의 기대하는 서비스 유형[*]

구분	내용
이상적인 서비스	• 고객이 희망하는 서비스의 최고점이다. • 고객은 이상적인 상태인 '바람직한 서비스'를 희망하기는 하나 항상 가능한 것은 아니며, 더 높은 가격이 요구될 것을 인지하고 있다.
수용할 만한 서비스	• 바람직한 상태는 아니지만 수용할 만한 수준의 서비스를 의미한다. • 고객의 이질성이 어느 정도 인지하고 기꺼이 받아들일 수 있는 범위이다. • 동일한 상황이라도 고객에 따라 허용구간이 달라지며, 동일한 고객이라도 상황에 따라 허용 구간이 달라진다.
최저 기대 수준의 서비스	• 수용할 만한 서비스의 하한치에 해당하는 기대 수준이다. • 이는 고객이 받아들일 수 있는 최저 수준의 서비스이다.

(3) 허용 구간

- 서비스는 이질성으로 인해 품질이 변동한다.
- 고객의 이질성이 어느 정도 인지하고 기꺼이 받아들일 수 있는 범위이다.
- 허용 구간은 '수용할 만한 서비스의 하한치'와 '이상적 서비스 수준'의 중간에 존재한다.
- 동일한 상황이라도 고객에 따라 허용구간이 달라지며, 동일한 고객이라도 상황에 따라 허용 구간이 달라진다.

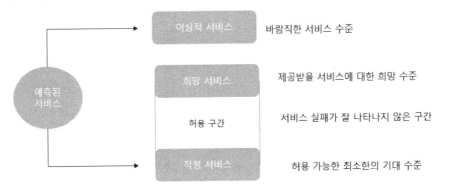

2) 서비스 기대 요인

(1) 희망 서비스에 대한 기대요인

- 개인적 욕구
- 개인적 서비스 철학
- 파생된 서비스 기대

(2) 적정 서비스의 기대요인

- 고객이 서비스를 받을 수 있는 경쟁적 대안 가능성
- 서비스 제공자의 통제 불가능한 요인과 개인적 상황요인이다.
- 고객이 개별적인 거래에서 예상하는 서비스 수준이다.

(3) 통가 유뮤에 따른 관리 방법

통제가 가능한 요인	명시적 서비스 약속	• 이상적인 서비스보다는 실제로 제공 가능한 현실적 약속을 한다. • 약속의 정확성 여부를 접점 서비스 직원에게 피드백한다. • 경쟁에 몰입되어 고객에 대한 초점을 잃거나 과잉 약속을 하지 않는다. • 서비스 보증 제도를 통해 서비스 약속을 공식화한다.
	묵시적 서비스 약속	• 서비스 유형적인 단서가 서비스 수준을 정확히 반영함을 확신시킨다. • 프리미엄 가격만큼 중요 속성에서 서비스 수준도 높음을 확신시킨다.
통제가 쉽지 않은 요인들	지속적 서비스 증강 인자	• 고객의 요구 조건과 서비스 기대를 형성하는 원천을 파악하기 위해 마케팅 조사를 활용한다. • 핵심 고객의 요구 조건이 서비스를 통해 만족되었음을 광고 및 마케팅 전략을 통해 강조한다. • 고객의 개인적 서비스 철학을 이해하기 위한 조사를 하여 서비스 설계 및 제공에 활용한다.
	개인적 욕구	• 서비스로 욕구를 충족시키는 방식에 대해 고객을 교육을 실시한다.
	지각된 서비스 대안	• 경쟁자의 제공 수준을 완전히 이해하고, 잘 수행할 수 있도록 지원한다.
	지각된 고객의 서비스 역할	• 고객이 자신의 역할을 이해하고, 잘 수행할 수 있도록 지원한다.
	구전 커뮤니케이션	• 의견 선도자가 감사장을 활용하여 구전을 자극한다. • 기존 고객으로 하여금 서비스를 구전할 수 있도록 촉진한다.
	과거 사용 경험	• 마케팅 조사를 통해 유사 서비스에 대한 과거 경험 정보를 수집한다.
	상황 요인	• 발생한 상황 요인에 상관없이 서비스 회복을 위한 노력이 수행될 것임을 서비스 증강 인자를 통해 확신시킨다.
	예상 서비스	• 제공된 서비스가 정상적인 기대보다 높을 경우 미래 서비스에 대한 예상이 올라가지 않도록 고객에게 설명한다.
	일시적 서비스 증강 인자	• 피크타임 긴급 상황 시의 서비스 제공 능력을 높인다.

Ⅳ. 서비스 인적자원 관리

1. 인적 자원 관리의 이해

1) 인적 자원관리의 개념

(1) 인적자원 관리의 의의

- 경영 목적의 달성을 위하여 필요한 인력 확보, 개발, 유지하여 이를 활용하고 일에 몰두할 수 있도록 동기 부여하는 일련의 관리 전략이다.
- 성공적인 인적자원관리를 위해서는 선발에서부터 평가와 보상에 이르는 전 과정을 통합적으로 계획하고 관리해야 한다.

(2) 인적 자원관리의 중요성★

- 기업 경쟁력의 원천은 사람이며, 인적 자원은 기업의 가장 소중한 전략적 자산이다.
- 인적 자원을 통해 창출되는 조직 역량은 비교적 장기간에 걸쳐 형성되며 경쟁 기업과도 차별화된다.
- 조직 역량은 모두 인적자원을 통해서 확보되고, 발현될 수 있는 것이다.
- 조직의 목표를 달성하게 하는 것은 조직의 구성원들이며 이들을 어떻게 관리하는가에 따라 조직의 성패가 좌우된다.

(3) 인적자원 관리의 6원칙

직무 중심주의 원칙	• 직무 기술서, 직무 명세서 등의 직무 정보 자료에 적합한 유능한 인재를 확보하고 교육 훈련, 배치, 이동, 승진 등의 인적자원관리 활동을 이루어 가는 인적 자원 관리의 원칙
전인주의 원칙	• 직원의 인간적 측면의 중시 및 인간성 실현에 중점을 두고 있는 인적 자원 관리의 원칙
능력주의 원칙	• 직원의 학력, 연력, 근속 연수, 성별 등의 연공 요소가 아닌 직원이 실력과 업적에 근거하여 공정한 인사 처우를 실현해 가는 원칙
공정성의 원칙	• 인적 자원 관리의 실시 과정 및 실시 결과에 대한 공정한 평가와 함께 공정한 근로 조건의 개선 향상을 위해 요구되는 공정성 유지의 원칙
정보공개주의 원칙	• 직무 분석 및 평가 결과의 직무 자료나 인사 고과 등의 인사 정보 자료의 공개화를 통하여 직원의 배치 및 이동,승진 등의 인사 처우를 공정하게 실현해 가는 원칙
참가주의 원칙	• 인적자원관리의 기본 방침 결정 및 인사 계획의 수립 과정을 비롯한 인적 자원관리 제도의 구체적 실시 과정에 직원의 적극적 참여와 의견 수렴을 통해 경영의 민주화를 이루어 가는 원칙

2) 인적 자원관리의 성격*

(1) 경제적 합리성과 인간성의 동시 추구

- 인적 자원 관리는 직원이 창출하는 노동 상품이 하나의 인격체라는 인식에서 출발한다.
- 인적 자원 활동에 따라 경제성 합리성이 변화되기 때문에 조직 구성원의 존엄성을 무시할 수 없다.
- 경제적 합리성의 기반 없이는 기업 조직의 존재나 인적 자원의 개발은 불가능하기 때문에 경제적 합리성을 우선적으로 고려해야 한다.

(2) 인적 자원의 개발과 자율성

- 인적 자원은 능동적이고, 자율적인 성격을 띠고 있다.
- 인적 자원의 성과는 구성원의 욕구, 동기, 태도, 행동, 만족감 등에 따라 달라진다.
- 조직의 경영자가 인적 자원의 능동적이고, 자율적인 특징을 어떻게 효율적으로 관리하느냐에 따라 경영 성과의 차이가 크게 발생한다.

(3) 인적 자원의 형성과 책임성

- 각 개인의 노동력은 동질적인 것이 아니라 각 개인에게 체화된 인적 자원에 따라 다른 특성을 가지는 이질성을 지닌다.
- 각 인적 자원은 그들이 담당할 수 있는 직무와 직무 수행능력이 각기 다르다
- 기업 내 각 개인의 생산성 및 기업 전체의 지속적 성장은 각 개인 능력 및 인적 자원 활용에 의해 크게 좌우된다.

3) 인적 자원 관리의 내용

선발	• 직무 분석이 제공한 합리적인 직원의 채용 기준에 의거하여 가장 적합한 직원을 채용하는 과정이다.
교육 및 개발 프로그램	• 직원의 가치 향상, 직무 만족도 증가, 성장 욕구 충족 등 직원의 만족도를 높이는 사회적 효율성을 증가시킨다. • 보다 높은 성과 효율을 달성하도록 한다.
보상	• 금전적, 비금전적 보상 프로그램의 운영을 통해 직원을 인정해주고, 동기 부여를 시켜 능률을 향상시킨다.
경력개발관리	• 개인적인 경력 목표를 설정하고, 이를 달성하기 위한 경력 계획을 수립하여 조직의 욕구와 개인의 욕구가 합치될 수 있도록 경력을 개발하는 활동을 말한다.
이직 관리	• 직원의 안정감, 생산성의 향상, 기업에 대한 긍정적인 감정 보유 등의 효과가 있다.

복리 후생	• 기업이 직원에게 부가적으로 급여하는 부가 급여이다. • 직원들의 경제적 안정과 생활의 질을 개선시켜 높은 수준의 동기 부여와 만족을 준다.
평가	• 직원의 업무 수행 능력과 업적 그리고 근무 태도를 객관적으로 평가한다. • 자료 근거로 직원의 직무 수행능력을 유지, 개선, 발전시킨다.

2. 서비스 인력 선발

1) 모집 관리

(1) 모집 관리의 의의

• 모집은 고용 관리의 출발점이자 인사 관리에서 가장 선행되는 단계이다.

• 모집은 조직의 유능한 인재를 선발하는 것으로 선발을 전제로 실질적인 인력을 조직으로 유인하는 과정이다.

• 모집은 선발 비용을 높게 할 목적으로 수행된다는 의미에서 적극적 고용 활동으로 불린다.

(2) 모집 방법

① 인력 수급 방법에 따른 분류

구분	내부 모집	외부 모집
개념	• 조직 내부에서 적격자를 찾는 방법이다. • 고과 기록 등을 활용하여 적합한 인물을 고를 수 있다. • 추가적인 홍보 활동이 필요 없고, 직원들의 동기 부여에 좋은 영향을 미칠 수 있다. • 전직이나 직무 순환, 추천, 사내 공개 모집 제도, 관리자 목록 등을 참고하여 모집한다.	• 외부 인력 시장을 통해 선발 대상자를 모집한다. • 모집 방법 : 광고, 추천, 직업 소개소, 인턴 사원제, 실습 제도, 채용 박람회 및 취업 설명회, 추천, 자발적인 응모를 통해 모집한다.
장점	• 능력이 충분히 검증된 사람을 채용할 수 있다. • 재직자의 개발 동기 부여와 장기 근속 유인을 제공한다. • 훈련과 조직화 시간이 단축된다. • 신속한 충원과 충원비용을 절감할 수 있다. • 성장의 정체기에 내부 충원은 재직자의 직장 안전을 제공한다.	• 새로운 아이디어와 견해가 유입된다. • 연쇄 효과로 인한 혼란이 없다 • 급성장기의 수요를 충족시킨다. • 경력자의 채용 시 직무 훈련 비용이 절감된다. • 기업의 급격한 전화기에는 외부 충원이 효과적일 수 있다.
단점	• 성장기 기업은 유자격자를 충분히 공급하지 못한다. • 내부 충원은 조직 내부 이동의 연쇄 효과로 인해 혼란이 야기될 수 있다. • 조직 내부 정치와 관료제로 인해서 비효율적이 될 수 있다. • 고용 평등법을 충족시키지 못할 위험이 있다.	• 시간 비용 및 충원 비용이 소요된다. • 선발 점수와 입사 후 성과 간의 불일치 가능성이 있다. • 재직자의 사기 저하 위험이 있다.

② 고용 형태에 따른 분류

정규 직원		• 고용 관계에 사용 관계가 동일하고, 사용자와 기간을 정하지 않은 고용 계약 • 전일제 근무를 하며, 기업 내에서 경력 개발과 승진, 교육 훈련, 복리 후생 제도 등을 적용받는 근로자
비정규 직원		• 단기간의 고용 계약을 맺고, 고용 계약의 종료에 따라 다수의 사용자와 고용 계약 • 경력 개발이나 인적 자원 투자를 개인적으로 해결하고, 비교적 단시간 근무를 적용받는 근로자
기타 직원	용역 직원	• 특정 업무에 대해 용역 계약을 맺고 전문적으로 그 업무를위해 근로자
	파견 직원	• 파견 사업주가 고용하여 특정 업무를 위해 다른 사용자가 업무에 파견, 다른 사용자의 지시, 명령을 받는 근로자

2) 선발 관리

(1) 선발 관리의 의의

- 조직의 직무를 수행할 수 있는 최적의 요건을 지닌 사람에게 조직 구성원의 자격을 부여하는 과정이다.
- 모집 및 선발은 인적 자원이 조직으로 유입되는 과정을 관리하고 통제하는 기능이다.

(2) 선발 절차

- 지원
- 예비 면접(선발 과정의 초기에서 부적격자를 탈락시키는 단계)
- 입사 원서 검토
- 선발 시험(필기 시험 및 적성 검사)
- 직무 관련 부서 1차 면접
- 신원 조회나 이력 사항 사실 조사
- 신체 검사
- 최종 면접(취업 부문 및 감독자에 의한 최종 선발)
- 합격 발표
- 직무 연구 교육 및 부서 배치

(3) 선발 시험

- 필기 시험
- 적성 검사
- 인성 검사

- 지능 검사
- 흥미 검사

(4) 선발 기준

- 교육 수준
- 경력 및 경험
- 신체적 특성
- 기타 개인적 특성(연령, 성별, 적성, 결혼 여부 등

3) 면접

(1) 면접의 목적

- 서류 및 선발 시험과 각종 검사에서 판단하기 어려운 지원자의 특성과 역량을 입체적이고 종합적으로 평가하는 것이다.
- 지원자가 지족 및 지원 업무에 대하여 어떻게 생각하고, 행동할 것인가에 대해 체계적, 종합적으로 평가하는 것이다.

(2) 면접의 유형★

계획적 면접	• 심층 면접 또는 행동 면접 • 성공이나 실패의 잠재 가능성을 찾고자 하는 유형
정형적 면접	• 구조적 면접 또는 지시적 면접 • 직무 명세서를 기초로 사전에 질문내용을 준비
비지시적 면접	• 지원자에게 최대한 의사 표시의 자유를 주고, 그 가운데서 지원자에 관한 정보를 얻는 방법 • 고도의 질문 기법과 훈련이 필요
스트레스 면접	• 공격적이고, 피면접자를 무시하여 좌절하게 만들어 감정의 안정성과 좌절에 대한 인내성을 관찰 평가하는 방법
패널 면접	• 다수의 면접자가 1명의 피면접자를 면접하는 방법 • 면접 후 피면접자에 대한 의견 교환 • 광범위한 평가 기능

3. 서비스 직무 평가 및 보상

1) 직무 평가

(1) 직무 평가의 정의*

- 조직 내에서 직무가 지니는 상대적 가치를 평가하는 것이다.
- 직무분석의 결과로 작성된 직무 기술서와 직무 명세서를 기초로 이루어진다.
- 기업 내의 각종 직무의 중요성, 직무 수행상의 복잡성, 위험도, 난이도 책임성 등을 비교, 평가함으로써 직무 간의 상대적 가치를 체계적으로 결정하는 과정이다.
- 직무 평가는 조직 내에서의 상대적인 중요도를 평가하므로 동종의 직무라 해도 어느 조직에 속하였는가에 따라 직무 평가 결과가 다를 수 있다.

(2) 직무 평가의 목적

- 공정한 임금 관리의 기초 자료 제공
- 동일 노동 시장 내의 타 경영 조직과 비교 가능한 임금 체계 설정 및 자료 제공
- 직무의 상대적 유용성을 결정하기 위해 사실에 입각한 자료 제공
- 노사간 임금 협상에 기초 자료
- 노무비의 정확한 평가와 통제
- 임금의 결정 주기 검토에 대한 일정한 표준 제공

(3) 직무 평가의 요소*

평가 요소	세부 내용
숙련 (skill)	지능적 숙련- 교육, 지식, 판단력
	육체적 숙련 -경력/경험
노력 (effort)	육체적 노력
	창의성, 정신적 긴장
책임 (responsibility)	대인적 책임- 감독 책임
	대물적 책임- 설비 책임, 원자재 책임
작업 조건 (working conditions)	위험도
	작업 환경

(4) 직무 평가의 방법★

① 서열법

- 평가자가 포괄적인 지식을 사용하여 직무 전체를 서로 비교하며, 순위를 매기는 방법

장점	간단하고 신속함
단점	일정한 기준이 없고, 직무를 단순하게 비교하여 유사 직무 간 혼란을 야기하는 단점

② 분류법

- 어떠한 기준에 따라서 사전에 만들어 높은 등급에 그 직무를 판정하여 맞추어 넣는 방법

장점	• 비용이 적게 들며 간단하게 이해하기 쉽다.
단점	• 서열법보다는 발전된 것이지만, 다양한 직무를 평가하는 데에는 한계있다. • 포괄적 접근으로 분류의 정확성이 보장될 수 없다. • 분류 기준이 애매하며, 직무 수가 많고 복잡한 경우 사용할 수 없다.

③ 점수법

- 각 직무 요소마다 점수화하고, 이 점수를 통계화 하여 각 직무의 가치를 평가하는 방법
- 기업들이 가장 많이 이용하는 직무 평가 방법

장점	• 평가 척도의 신뢰성을 높일 수 있다. • 합리적으로 직무이 차이를 구분할 수 있다. • 노사 쌍방이 쉽게 이해하기 용이하다.
단점	• 고도의 전문성 요구된다. • 많은 시간과 비용이 소모된다.

④ 요서 비교법

- 핵심이 되는 몇 개의 기준을 설정하고, 각 직무의 평가 요소를 기준 직무의 평가 요소와 결부시켜 비교함으로써 모든 직무의 상대적 가치를 결정하는 방법
- 점수법과 함께 많이 사용되는 직무 평가 방법

장점	• 직무 간의 상대적 가치 평가가 용이하다. • 측정 기준이 설정되어 객관성을 유지할 수 있다.
단점	• 기준 직무가 잘못 측정되면 평가 전반이 잘못될 수 있고, 기준 직무의 내용이 변한 경우 전체 직무를 다시 평가해야 한다. • 측정 척도 구성이 복잡하기 때문에 직원에게 충분히 이해시키는 일이 쉽지 않다.

2) 인사 고가

(1) 인사 고과의 개념

- 조직 내 개인의 업무 수행상 능력과 업적, 근무 태도를 객관적으로 평가함으로써, 현재, 잠재적 능력과 유용성을 체계적으로 평가하는 관리 기법이다.
- 인사 고과는 기업 내 직원의 상대적 가치를 평가하여 직원에 대한 공정한 평가와 보상, 체계적인 직원 능력 개발을 위한 인적 자원관리의 주요 부문이다.
- 인사 고과는 직무와 사람의 관계에서 관찰하는 것이고, 직무 평가는 직무와 조직 전체의 관점에서 보는 것이다.

(2) 인사 고과의 성격

- 인사 고과는 조직 구성원을 대상으로 그 가치를 상대적, 부분적인 비교 평가이다.
- 직원과 직무와의 관계를 비교한다. 직무를 수행함에 따라 나타나는 업적을 중점적으로 파악하는 것이다.
- 객관성을 높이기 위하여 특정 목적에 적합하도록 조정된다. 임금을 위해서는 업적을 중심으로 평가하고, 승진 및 교육 훈련을 위해서는 능력을 중심으로 평가해야 한다.

(3) 인사 고과의 목적

구분	목적
인사 배치 및 이동	• 인력의 배치 및 이동에 중요한 정보를 제공한다. • 각자의 능력에 적합하게 적재적소에 배치하는 데 활용한다.
인력 개발	• 구성원의 정확한 능력을 파악하여 인재 개발에 활용한다. • 인사 고과를 통해 구성원의 현재 및 잠재먹 유용성을 평가하여 기업의 요구 및 구성원 각자에게 성장의 기회를 충족시킨다.
인력 계획 및 인사 기능의 타당성 측정	• 구성원의 연령, 성별, 직종, 지능도, 근무 연수 등에 따라 장·단기 인력 개발 수립에 요청되는 양적·질적 자료를 제공한다. • 조직구성원의 근무 능력을 평가하여 해당 조직 구성원의 채용 시점, 승진 등이 타당성 측정 도구로서 활용한다.
성과 측정 및 보상	• 구성원의 성과를 측정하여, 승급, 상여금 임금 결정 및 승진에 활용한다.
조직 개발 및 근무 의욕 증진	• 인사 고과를 통하여 직무 담당자의 조직 관계나 직무 조건의 결함을 발견하고, 개선의 계리를 모색한다. • 구성원의 성취 의욕의 자극제로도 활용한다.

(5) 인사 고과의 요소★

구분	평가 요소	평가 항목
업무 성과	성과 평가 요소	• 업적 달성도 : 양·질적 성과 • 업무 처리 내용 : 정확성, 신속성 • 섭외 활동 실적 : 유대 관계 유지 및 목적 달성 정도 • 부하 육성 : 계획적 업무 부여, 개발 의욕 고취
업무 수행 능력	능력 평가 요소	• 업무 추진력 : 의욕, 적극성 • 판단 처리력 • 지도 통솔력 • 기획 및 창의력
업무 수행 태도	태도 평가 요소	• 업무 수행 태도 : 책임감, 자부심, 헌신감, 노력 정도 • 품성 : 모범성, 공정성

(6) 인사 고과의 유형★

① 상사에 의한 고과(하향식 평가)

• 상사가 부하를 평가하는 방법으로 고과자가 피고과자를 잘 알고 있으며 근무 평정에서 일반적으로 많이 활용되고 있는 방법이다.

장점	• 평가의 실시가 용이하다. • 직계상사가 부하를 잘 알게 된다. • 보상 통제가 가능하다.
단점	• 수직적 상하 관계에서 상사의 주관에 의해 객관성이 결여될 수 있다.

② 부하에 의한 평가(상향식 평가)

• 상향식 평가로 상사의 업무 수행의 태도, 능력, 부하와의 관계 등을 평가하는 것이다.

• 참여 의식과 주인 의식을 증대시킬 수 있고, 자기 개발을 위한 자료의 기회를 제공하며, 상사에게 부하의 마음을 알게하는 공식적인 기회를 제공한다는 장점이 있다.

• 부하가 직속 상사를 평가한다는 것은 상사의 입장에서 호의적이지 않으며, 부하도 상사의 보복을 두려워하기 때문에 평가가 극대화 경향으로 흐르기 쉽다.

장점	• 조직내 의사소통을 원활하게 하는 기회를 제공한다.
단점	• 평가자(부하)의 평가능력 부족으로 평가의 오류가 발생할 수 있다. • 상사의 보복에 대한 두려움으로 평가가 극대화 경향으로 갈 수 있다.

③ 동료에 의한 평가

- 동료가 동료를 평가하는 방법이다.

장점	• 피고과자의 직무 성과를 알 수 있고 예측 타당성이 높다. • 동료가 잠재력을 정확히 평정할 수 있다.
단점	• 동료간 경쟁이 유발되어서 정확한 평가가 어려울 수 있다. • 편파적인 평가가 될 수 있다.

④ 자기 평가

- 피고과자가 자신에 대한 자기 고과의 방법으로서, 상사 평가와 혼용 방식으로 운용되고 있다.

장점	• 자신의 직무 수행 상태를 어느 정도 파악하고 있는지 생각할 기회를 부여한다. • 직무 수행 및 직무 성과와 관련된 정보의 양이 풍부하다. • 관찰 빈도가 높다.
단점	• 자신의 성과를 과대 포장할 수 있다. • 문제의 원인을 환경이나 타인에게 전가시킬 가능성이 있다.

⑤ 다면 평가

- 다양한 인사 평가자가 참여하는 방법이다.
- 인사 고과의 정확성과 객관성 확보를 위해 피고과자의 상사뿐만 아니라, 본인, 동료, 부하 등 인사 고과자의 범위를 확대 시행하고 있다.

Plus tip

구분	상사에 의한	동료에 의한	부하	자기
장점	• 합법적 권한 부요 • 보상의 통제 • 실시 용이	• 직무성과 파악 용이 • 예측 타당성 높음 • 의사소통 원활	• 참여의식 고취 • 의사소통 원활 • 능력 개발	• 지식 풍부 • 관찰빈도 높음 • 능력개발 촉진
단점	• 신뢰성 곤란 • 평가 주저 • 편견	• 정확한 평가 곤란	• 고과자의 능력부족 • 보복 가능성 • 권한 역화 • 인기투표 가능성	• 과대평가 • 원인 전가

(7) 인사 고과의 방법

① 서열법
- 조직원의 능력과 업적에 대하여 종합하여 순위를 매기는 방법이다.
- 평가 방법은 편리하나 평가자의 주관적 기준이 반영될 수 있다.

② 강제 할당법
- 미리 정해 놓은 비율에 따라 피평가자를 할당하는 방법이다.
- 피평가자를 관대하게 평가하는 등 규칙적 오류를 방지할 수 있다.
- 정규 분포를 가정하고 있어, 실제 분포 비율이 강제 할당 비율과 다르면 평가 결과를 정확하게 반영하지 못할 수 있다.

③ 대조표법
- 상급자가 평가 항목별로 정해진 체크리스트에 결과를 적어 평가하는 방법이다.
- 평가 결과의 신뢰성과 타당성이 증가하고, 평가자의 평가에 대한 부담감이 완화된다.

④ 자유 서술법
- 평가 받는 사람이 스스로 자신을 평가하는 방법이다.
- 동기 부여 및 자기 개발의 효과가 강점이다.

⑤ 목표에 의한 관리법(MBO)
- 서비스 종사자의 참여를 통해 상사와 함께 협의 후 단기적이고, 구체적인 목표를 설정하여 그 성과를 평가하는 방법이다.

⑥ 평가 센터법
- 평가 센터에서 특별히 평가를 위해 훈련된 관리자들이 평가하는 방법이다.

⑦ 다면 평가법
- 기존의 상급자가 하급자를 평가하는 평가 방법에서 벗어나 피평가자가 자신, 동료, 상사, 하급자 등 다양한 계층을 서로 평가하는 방법이다.

3) 보상 관리

(1) 보상의 의의
- 조직 공헌 정도에 따라 금전적·비금전적인 대가를 조직이 개인에게 제공하는 유형, 무형의 가치 일체를 의미한다.

- 보상은 매우 넓은 의미를 가지며, 금전적, 물질적 재화뿐만 아니라 칭찬이나 인간관계에서 오는 소속감 등이 포함된다.

(2) 보상의 중요성

- 개인의 노력의 대가일 뿐 아니라 개인 능력의 확대 및 재생산비로서 장기적으로는 인적 자원개발을 위한 투자이다.
- 보상은 조직 구성원의 만족감 성과에 크게 영향을 미친다.

(3) 보상관리의 원칙

적절성	사회 경제, 노사 관계, 인적 자원 관계의 법규의 관점에서 적절하게 결정되어야 한다.
타당성	조직은 전반적으로 납득할 수 있는 적절한 임금 수준을 유지해야 한다.
공정성	보상 체계는 조직 전체의 전반적인 수준뿐만 아니라 조직 구성원 각자의 노력, 능력, 기술 등 여러 기준에 대해 공정해야 한다.
안정성	구성원의 경제적 안정과 그들의 안정 욕구 충족에 기여해야 한다.

(4) 보상 관리의 체계

보상 구분		내용
금전적 보상	직접 보상	임금, 월급, 상여금, 일당, 주급
	간접 보상	보험(의료, 고용, 재해, 연금 등) 주택 지원, 교육비 지원, 금융지원, 건강 및 문화 시설 등 복리 후생 시설 이용 지원
비금전적 보상	직무 자체	직무 충실감, 도전감, 책임감, 안정감, 성취감, 승진 기회
	직무 환경	경영 정책, 유능한 감동, 동료, 작업환경, 근무 시간

4. 노사 관계관리

1) 노사 관계의 이해

(1) 노사 관계의 정의

- 근본적으로 노동자와 사용자와의 관계를 말한다.
- 노동관계의 직접 당사자인 근로자와 경영자 그리고 이들 관계에서 노사정책, 단체 교섭, 노사분쟁에 관한 규정을 설정하고, 다루는 정보를 포함한 노, 사, 정의 상호관계이다.

(2) 노사 관계의 유형 및 발전 단계

구분	개별 노사관계	대립적 노사관계	협력적 노사관계	신협력적 노사관계
내용	자유주의 사상 기반 기업가가 제시하는 근로 조건에 응하는 근로자 고용하며, 기업과 근로자 일대일 계약	노동자들의 단결을 통해 사용자와 대등한 입장에서 노동 조건 교섭 시도하며, 분배 문제를 핵심으로 다룸	국제 경쟁하에서 생존을 위해 협력과 화합을 강조하는 노사 협의 제도	국가적 차원에서 노사문제 해결하며, 국민 경제적 입장에서 노사관계인식
주체	사용자	사용자와 노조	사용자와 노조	사용자와 노조, 정부
쟁점	제조 원가 절감	분배 임금	생산	국가 주요 정책
노조 태도	노조 없음	적대적 또는 경쟁적	협력적	협력적, 거시적
조정 메커니즘	사용자의 전제 또는 온정	노사 투쟁, 단체 교섭	노사 협조, 경영 참가	노·사·정 협조, 사회적 합의
산업 형태	가내 수공업 생산	대량 생산 제도	일본식 생산 제도로의 전환	사회적 합의관점

(3) 노사 상생을 위한 과제

- 노사 안정을 최우선적으로 실현한다.
- 실용적 관점에서 양보하고 타협한다.
- 국가 차원의 타협한다.
- 고용 가능성 제고한다.
- 사회적 대화의 실행한다.
- 선진형 노사관계로 전환한다.

2) 노동 조합

(1) 노동 조합의 개념

- 노동자가 주체가 되어 근로 조건의 유지 또는 개선을 목적을 위해 노동자가 자주적으로 단결하여 도모하는 연합단체를 의미한다.
- 오늘날 노동 조합은 자본주의 경제의 내재적인 구성 요소이자 정치, 경제, 사회 전반에 커다란 영향력 보유하고 있다.

(2) 노동 조합의 기능

조직 기능	근로자 기능	• 비조합원인 근로자를 조직하는 기능
	노동 조합 기능	• 노동조합이 조직된 후 유지, 확장하는 기능
집행 기능	단체 교섭 기능	• 임금 및 근로 조건을 유지, 개선 등 경제적 이익과 권리를 위한 노동력의 판매자로서의 교섭 기능
	경제 활동 기능	• 경제적 보조 역할과 생산 현장 밖에서의 경제적 보호를 위한 활동 • 노동 능력의 변화에 대비한 기금 설치 및 상호 공제의 활동
	정치 활동 기능	• 근로 조건의 개선, 경제적·사회적 지위의 향상을 위해 정부나 사회단체를 대상으로 협상하는 기능 • 최저 임금제의 실시, 노동 시간의 단축, 손해 등의 문제 포함
부가 기능	교육 홍보 활동	• 근로자들의 지적 능력과 의식 수준의 향상을 위한 행동
	조사 연구 활동	• 근로 환경 개선, 노동력 향상 등의 방안에 대한 연구활동
	사회봉사 활동	• 사회 공헌과 이미지 제고를 위한 사회봉사 활동

3) 단체 교섭

(1) 단체 교섭의 개념

• 노사의 대표자가 근로자의 임금, 근로 조건 등에 관하여 협정의 체결을 위해 평화적으로 타협을 모색하는 절차이다.
• 조직력을 바탕으로 사용자와 단체 교섭을 전개함으로써 노동 조합의 본래 목적을 달성할 수 있다.

(2) 단체 교섭의 기능

• 작업 현장의 규율을 설정, 개정 및 운용한다.
• 근로자들의 경제적 보상을 결정한다.
• 협약 유효 기간 중 발생하는 노사 분쟁을 해결한다.
• 노사 일체감의 조성과 근로자의 욕구에 대한 표출 수단이 된다.

(3) 노사 협의 제도의 의의

• 경영자와 근로자가 대등한 입장에서 단체 교섭에서 취급하지 않은 사항으로서, 노사 쌍방이 이해관계를 공통으로 하는 사항에 대하여 협의함으로써 상호의 이해를 넓히고, 협력하는 기능
• 근로자와 사용자가 경영상의 모든 문제에 관한 협의와 공동 결정, 근로자의 복지 증진과 고충 처리 등에 관한 공동 협의 기구

4) 노사 협의 제도

(1) 노사 협의제도 개념

- 경영자와 노동자가 대등한 입장에서 단체 교섭에서 취급되지 않은 사항으로 노사 쌍방의 이해관계를 같이하는 사항에 대한 협의함으로써 서로를 이해하고 상호 협력하는 기능을 갖는다.

(2) 노사 협의제도의 목적

- 노사가 자주적이고 대등한 입장에서 조직적으로 협력하기 위한 대화의 광장
- 기업의 민주화와 생산성 향상을 목적으로 한 근로자와 경영자의 대화의 광장
- 단체 교섭 사항에 포함되지 않는 경제적 사항 및 기타 노사의 이해가 공통되는 문제
- 협력에 필요한 상호 이해를 촉진하는 협의, 협력하는 제도

(3) 노사 협의제와 단테 교섭의 비교

구분	노사협의회	단체교섭
목적	노사 공동의 이익 증진과 평화도모	임금 및 근로조건의 유지, 개선
배경	노동조합의 성립여부와 관계없이 쟁의 행위라는 압력 수단없이 진행	노동조합 및 기타 노동 단체의 존립을 전제로 하고 자구 행위로서의 쟁의를 배경
당사자	근로자 대표 및 사용자	노동조합 대표와 사용자
대상 사항	기업 경영이나 생산성 향상 등과 같이 노사 간의 이해가 공통	임금 근로시간 및 기타 근로조건에 관한 사항처럼 이해가 대립
결과	법적 구속력 있는 계약 체결이 이루어지지 않음	단체교섭이 원만이 이루어진 경우 단체협약체결

5. 서비스 인력의 노동 생산성 관리

1) 직원의 만족도

(1) 직원 만족도 개념

- 직원 만족도 지수(Employee Satisfaction Index)는 기업이 어떤 방향과 방법으로 경영을 해야할 지에 대한 통찰력을 제공하는 좋은 자료가 된다.
- 직원 만족은 보상과 같은 경제적 요인과 내부 경영환경, 제도와 같은 내부 서비스 품질 요인에 의해 영향을 받는다.

(2) 직원 만족도 조사의 효과

- 이직률이 저하되어 우수 인력이 유지한다.
- 조사 결과에 대한 적극적 조치가 이루어 질 경우 직원의 만족도가 향상된다.
- 고객 지향적 기업이 되어 기업의 이익 증대, 직원의 복지 증진으로 선순환의 효과가 날 수 있다.

(3) 직원 만족도 지수 조사 항목

- 인식 공유 정도
- 참여 정신
- 직무 만족도
- 제도 만족도
- 조직 문화 만족도
- 종합 만족도

2) 직무 재설계 및 일정 조정 프로그램

(1) 직무 재설계의 개념

- 몇 개의 과업(Task)을 묶어서 1인의 직무를 구성하는 방법을 가리키는 말이고, 직무 재설계는 직무를 변경(변화) 시키는 것과 관련 있는 것이다.
- 직무를 수행하는 사람에게 의미와 만족을 부여하기 위해 필요한 직무내용, 방법, 관계를 구체적으로 설계하는 활동이다.

(2) 직무 설계의 종류

① 직무 순환
  - 직원이 한 과업에서 다른 과업으로 주기적으로 이동하는 것이다.

장점	• 직원의 활동을 다양화함으로써 업무의 지루함은 감소, 동기는 증대한다. • 경영에 많은 신축성을 부여하여 조직에 간접적 이익을 부여한다.
단점	• 새로운 직무로의 이동은 훈련 비용이 증대되고 생산성의 감소를 야기한다.

② 직무 확대

- 직무 이외 유사한 다른 보조적 직무를 함께 할당함으로써 직무의 다양성을 제고하는 것이다.

장점	• 직무의 다양성
단점	• 작업량 증대와 인원감축의 한 수단이 될수 있다. • 적극적인 동기 부여가 부족하다.

③ 직무 충실화

- 보다 높은 자주성과 책임감을 부여하기 위해 직무를 재정의하거나 재구성하는 방법이다.
- 직무 충실화는 개인이 자신의 성과를 평가, 수정할 수 있도록 피드백을 제공하기 위해 과업을 체계화한다.
- 충실화된 직무는 직원이 완전한 업무를 계획하게 하여 자유와 독립성, 책임을 증대시킨다.

장점	• 개인의 성장과 작업 경험에 대한 기회를 제공한다. • 직무 충실화는 결근과 이직 비용은 감소, 만족도는 증가시킨다.
단점	• 기술 및 비용상의 문제로 낮은 숙련도를 필요로 하는 작업에는 적용하기 어렵다.

(3) 근무 유형

① 근무 시간 자유 선택제

- 근무 시간을 자율적으로 정할 수 있는 근무제도이다.
- 결근 감소, 생산성 증가, 시간 외 수당 비용 감소, 경영자에 대한 적대감 완화, 근무지 주변의 교통 혼잡 감소, 지각 근절, 직무 만족 등이 이점이다.

② 원격 근무

- 직원이 집에서 사무실과 연결된 컴퓨터로 일하는 근무 방식을 지칭한다.
- 보다 넓은 노동 시장의 확보, 높은 생산성, 낮은 이직률, 사기 진작, 사무 공간 비용 감소 등이 장점이다.
- 고용주 입장에서는 직접 감독, 팀워크 조정, 정성적 평가를 하기 어려운 점 등이 있다.

3) 갈등관리

(1) 갈등의 개념

- 라틴어의 '콘플리게레(confligere)'에서 나온 말로 ' 상대가 서로 맞선다'는 뜻을 의미한다.

- 칡을 뜻하는 '갈(葛)'과 등나무의 '등(藤)'의 합성어로 칡덩굴과 등덩굴의 얽힌 것처럼 뒤엉혀 풀기 어렵게 된 상태를 의미한다.
- 조직 및 집단 차원에서 서로 간의 다른 입장, 견해, 이해관계 등으로 발생하는 불화나 충돌을 의미한다.

(2) 갈등 주체에 따른 유형

① 개인적 갈등

목표 갈등	• 여러 목표들 사이에서 의사결정을 내리지 못하는 경우에 느끼는 갈등 • 서로 상충되는 복수 목표로 인한 갈등으로 긍정적·부정적 양면성을 가지고 있다.
욕구 좌절 갈등	• 공격, 개인 철회, 고착 및 타협 등의 반응을 통하여 좌절된 욕구를 해소한다. • 개인의 목표를 달성할 수 없게 될 때 발생한다.
역할 갈등	• 한 개인이 동시에 서로 다른 지위에 따른 역할 기대가 다양한 경우, 역할 기대들 간에 발생하는 긴장 또는 갈등

② 조직 내의 갈등

- 구성원들의 목표와 가치관의 차이에서 발생하는 조직 구성 간의 갈등
- 조직 내 그룹이나 팀, 부서 간에 발생하는 갈등

③ 조직 간의 갈등

- 기업과 경쟁 기업 간의 갈등, 정부 부처와 기업간의 갈등, 노동 조합과 그 기업간의 갈등

(3) 갈등 프로세스*

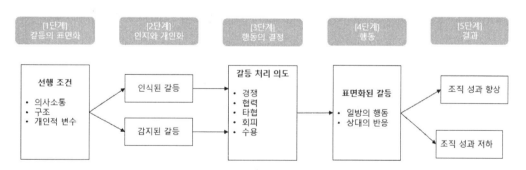

① [1단계] 갈등의 표면화 : 갈등의 잠재적 선행 조건

의사소통	불충분한 정보 교환, 오해, 부적절한 정보 등
구조	조직 내 집단의 다른 목표, 직원들에게 부과된 업무의 전문화 정도
개인적 변수	성격이나 행동 유형, 가치관 등의 차이

② [2단계] 인지와 개인화

인지는 갈등의 선행 조건들을 인식하는 것이고, 개인화는 그 조건들로 인해 느낌이 있고 감정을 적용시키는 상황을 의미한다.

인식된 갈등	갈등이 일어날 수 있는 기회를 만드는 상황을 인식하는 것
감지된 갈등	감정이 적용되며 걱정, 긴장, 좌절 그리고 적대감을 경험하는 것

③ [3단계] 행동의 결정 : 협력성과 자기 주장성의 두 가지 차원을 이용해 구분한다.
- 협력성 : 한 당사자가 다른 쪽의 관심사를 만족시켜 주려는 정도로 전체(상호)의 목표에 대한 관심의 정도이다.
- 자기 주장성 : 한 당사자가 자신의 관심사를 만족시키려는 정도로 자신의 목표에 대한 관심의 정도

④ [4단계] 행동
- 갈등의 가시화 단계이다.
- 갈등 당사자들의 실행과 그에 대한 반응이 문서상, 행동상으로 구체적으로 나타난다.

⑤ 결과
- 갈등의 순기능 : 의사결정의 질 향상, 창의력의 자극 등의 조직 성과 향상

갈등의 순기능	• 갈등 해결 과정에서 비판과 토론을 통하여 혁신과 변화를 위한 창의력 고취한다. • 외부와의 갈등은 내부의 결속력을 다질수 있는 기회가 되어 사회 통합에 기여할 수 있다. • 갈등의 합리적인 해결은 조직이나 개인의 발전과 재통합의 계기가 될 수 있다. • 개인이나 집단이 갈등으로 겪으면서 자신의 능력에 관해 비교적 객관적인 평가를 할 수 있게 되므로, 이는 조직의 목표 달성과 성과 개선에 도움이 된다.

- 갈등의 역기능 : 의사소통의 마비, 조직 목표 상실 등의 조직 성과 저하

갈등의 역기능	• 갈등이 심화되면 조직의 안정성, 조화성, 통일성을 깨뜨려 불안정성이 증대된다. • 갈등 당사자들은 흔히 각기 다른 목표를 갖는 것이 보통이며, 자기 목표만을 너무 고집하게 되며 당사자들은 서로 협력하여 달성해야 할 공동의 목표를 소홀히 하게 된다. • 사람의 심리 상태에 부정적인 영향을 미친다. • 갈등을 해결하는 데 있어 사회적 비용이 많이 들어 간다.

(4) 갈등 관리 기법

① 자원의 증대
- 제한된 자원에서 집단 갈등이 기인하는 경우 활용할 수 있는 방법이다.

- 자원(돈, 승진, 기회, 사무실 공간 등)의 희소성으로 인한 갈등 발생 시 효과적인 방법이다.

② 상위목표 설정
- 상대방의 협조 없이는 달성이 불가능한 공동의 목표 설정하여 집단 간의 상호 의존 및 상호 협력 관계를 형성한다.

③ 구조적 변수의 변화
- 직무 재설계, 이동, 조정 직위의 신설 등 환경의 변화 제공한다.
- 상호 의존성이 높은 집단 간에 갈등이 완화될 경우 집단들을 통합하여 갈등이 소지를 없앨 수 있다.

④ 규정과 절차에 의한 제도화
- 갈등을 사전에 예측하고 이를 해결하기 위해 규정이나 절차를 만들어 분쟁이나 갈등이 일어나지 않도록 제도화하는 방법이다.
- 업무 한계, 보상, 승진 등 갈등의 소지가 있는 모든 문제에 대해여 규정과 절차를 구체화함으로써 갈등을 예방하거나 최소화할 수 있다.

⑤ 의사소통 활성화
- 의사소통이 원활하면 오해의 소지가 없어지고 갈등이 발생해도 초기에 해결할 수 있다.

4) 복리 후생

(1) 복리 후생의 개념

- 기업 구성원의 경제적 안정과 생활의 질 향상시키기 위해 제공되는 임금이나 수당, 상여금 등 이외의 간접적인 급부를 말한다.
- 기업이 주체가 되어 제공하며, 각종 복지 시설이나 제도를 포함하는 물질적 · 정신적 서비스를 말한다.
- 복리 후생은 오늘날 임금 · 노동 시간 등의 기본적인 노동 조건을 보완하여 부차적인 노동 조건이라고 이해되고 있다.

(2) 복리 후생의 목적

경제적 목적	• 성과 향상 • 신체적, 정신적 성과 창출 능력 유지 • 결근율, 이직률 감소 • 노동시장에서의 경쟁력 제고
사회적 목적	• 기업 내 주변 인력 보호 • 인간관계 형성 지원 • 국가 사회복지 보완
정치적 목적	• 기업에 대한 정부의 영향력 감소 • 노조의 영향력 감소
윤리적 목적	• 직원의 생계지원

V. 고객 만족 경영(CSM) 전략

1. 경영 전략 분석

1) 경영 전략

(1) 경영 전략의 개념*

- 변동하는 기업 환경 아래서 기업의 존속과 성장을 도모하기 위해 환경의 변화에 대하여 기업 활동을 전체적이고 계획적으로 적응시켜 나가는 전략이다.
- 기업이 경영 자원을 배분하는 기본 원리이다.
- 경영 목적을 달성하기 위한 포괄적인 수단으로, 환경 적응의 기능을 가지며, 기업이 장차 당면할 전략적 문제나 전략적 기회를 발견하는 기능을 가진다.
- 작은 규모의 조직들은 단 하나의 경영 전략 수준을 가지지만 기업의 규모가 점차 커지게 됨에따라 조직 구조가 복잡화되고 전략 수준도 기업 수준, 사업 수준, 기능 수준으로 나누어지게 된다.

(2) 경영 전략의 수준*

① 기업 전략
  - 기업의 주력 사업이 경쟁자는 산업과 범위를 결정하며 신규 사업의 시장 진출에 대한 목표와 방향을 설정하는 전략이다.
  - 관련된 사업 단위들 간의 연계성을 발견하고 전략적 우선순위에 의한 자원 배분과 관련된 문제를 다루는 것이다.

② 사업 전략
  - 기업 전략에서 확장된 각 사업 · 제품 분야에서의 경쟁 방법에 대한 전략이다.
  - 기업 내 특정 사업에 대한 전략으로 표적 시장 내에서의 경쟁 방안, 목표 고객, 시장 활동수준, 자원 확보와 배분 방법 등에 대한 전략을 결정한다.
  - 원가 우위 전략, 차별화 전략, 집중화 전략 등 본원적 전략이 해당된다.

③ 기능 전략
  - 사업 전략의 전략 목표 달성을 위해 각 기능 조직 단위로 실행할 전략을 규정하고 구체화하는 것이다.

- 기업의 생산, 마케팅, 재무, 인적 자원관리 등 기능적 부문에서 수행하는 전략이다.

2) 거시적 환경 분석의 프레임

(1) 거시적 분석(일반 환경 분석)의 개념[★]

- 거시적 환경 분석(일반 환형 분석)은 기업의 전략 선택에 영향을 주는 광범위한 동향에 대한 분석이다.
- 환경 분석은 기업의 장기 사업의 방향과 기업의 경쟁 우위 전략, 핵심 성공 요인을 결정하기 위하여 진행한다.

분석 대상	내용
기술 환경 분석	• 새로운 기술로 인한 사회적 기회와 위협 요소 • 기술 환경의 새로운 개발 방향 및 필요성 고찰 • 정보 통신 기술의 개발과 활용
경제 환경 분석	• 구체적이고 공식적인 경제 환경 변화에 대한 연구 • 시계열 분석, 회귀 분석 등을 이용하여 일반 자료의 통계분석 • 세계화, 산업 구조에 대한 대비 방안 준비
사회문화 분석	• 사회계층 구조의 변화를 파악하여 변화 분석 • 사회 각 분야 이해관계자들의 니즈와 활동 분석 • 사회 문화적 가치관의 다양화, 트렌드 변화 • 각종 이익 단체(경제 단체, 소비자 단체, 노조 등)간 동향 파악
정치 환경 분석	• 기업 환경과 정부의 역할, 법규 변화 • 국가 주도 기업 환경에서 민간 주도 기업 환경으로 변화 상황 • 자유 시장 경제 제도를 중심으로 보완 및 발전 방안 연구
인구 통계학 분석	• 가족 구성 형태, 직업 및 수익 추이, 교육 수준 파악 • 인구의 증감 및 나이와 성비 구조 등의 구성 요소 분석

(2) 일반 환경 분석 모형

① S-C-P 모형

- 구조-행위-성과 모형(structure-Conduct-Performance)은 산업에서 경쟁을 저해하는 요인을 찾아내기 위해 개발되었다.

S (산업 구조)	산업 내 경쟁자의 수, 제품의 유사성, 진입과 퇴거 비용 드응로 구조를 설명
C(기업 행위)	산업 내에서 기업이 행하는 전략 혹은 전략적 선택
P(성과)	개별 기업의 성과와 사회 전반의 걸친 경제적 성화

② 마이클 포터(Porter)의 산업 구조 분석 모형(Five- Force Model)★
- 1979년 사업 조직론에서 발견된 산업구조 분석을 마이클 포터(Porter)는 기업에 적용하기 쉽도록 변형시킨 5가지 산업 구조 분석 모형을 제시하였다.
- 경쟁자 출현, 대체품의 등장과 같은 분석 내용에 대한 전략적 방향을 정하고 실천적 대안을 마련한다.
- Five- Force Model 모형의 분석 요소

산업내 경쟁자	동일 산업 내 경쟁관계에 있는 모든 기업
잠재진입	시장에 새롭게 진출할 가능성이 높은 후발 기업
공급자	서비스 제공에 관계된 원자재나 부품 등을 공급하는 기업
구매자	서비스 자체 혹은 서비스 관련 부품을 구매하는 소비자 혹은 기업
대체재	산업 내 생산 및 거래되는 대체 서비스의 수, 다양성의 정도

- Five- Force Mode의 핵심 요소와 분석 요소

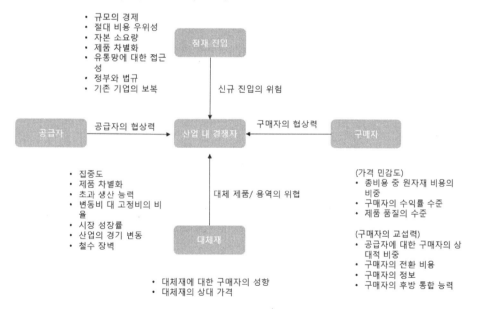

- 서비스 산업에서 경쟁이 높아지는 원인
  - ✔ 상대적으로 낮은 진입 장법
  - ✔ 규모의 경제에 대한 기회가 적음
  - ✔ 수요의 불규칙성
  - ✔ 소규모 기업
  - ✔ 잠재적 제품 혁신의 서비스 대체 가능
  - ✔ 고객 충성도 하락
  - ✔ 낮은 퇴출 장벽

3) 기업 차원의 미시적 분석

(1) 기본 분석 : SWOT 분석

- 내부적 환경은 강점(Strengths)과 약점(Weaknesses)으로 구분되고, 외부적 환경은 기회 요인(Opportunities)과 위협 요인(Threats)으로 구분된다. 이를 결합하여 전략적 시사점을 도출하는 분석 모형을 SWOT 분석이라 한다.
- 외부 환경 분석이 시장에서 성공하기 위한 핵심 요소를 찾아내는 것이 목적이라면, 내부 환경 분석은 위 핵심 성공 요인들에 대해 경쟁사 대비 얼마나 경쟁력이 있는가를 평가하는 것을 목적으로 하고 있다

① SWOT 매트릭스

		내부 요인	
		강점(S)	약점(W)
외부 요인	기회(O)	S-O Max-Max 전략	W-O Min-Max 전략
	위협(T)	S- T Max-Min 전략	W-T Min-Min 전략

② SWOT 분석 전략 방향

S-O 전략	기업의 내부적 강점을 극대화하여 외부 기회를 최대로 활용하는 전략
W-O 전략	기업 내부의 약점을 극복하여 외부 기회를 최대로 활용하는 전략
S- T 전략	기업 내부 강점을 극대화 하여 외부 위험을 극복하는 전략
W-T 전략	기업 내부 약점을 극복하여 외부 위협을 극복하는 전략

(2) 기업 경쟁력 위상(Position) 분석

- 기업은 경장사와 상대적 경쟁력을 파악하고 벤치마킹 등을 수반하여 개선 전략을 수립한다.

1단계	요인 선정	분석의 목적이나 대상에 따라 핵심 요인을 선정한다.
2단계	매트릭스	여러 핵심 요소 중에 2가지를 X, Y 선정하여 매트릭스 구성
3단계	맴핑	비교 대상이 되는 경쟁 기업의 수준을 측정하여 위치 표시한다.
4단계	방향 제시	매트릭스에 맵핑된 자사의 위상과 경쟁사의 위상을 분석한다. 어떤 위치로 어떻게 이동할 것인가를 결정한다.

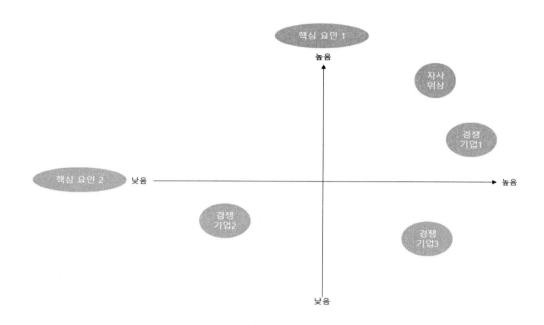

(3) 분포(Portfolio) 분석

- 기업의 상품이나 서비스가 어떻게 분포되어 있는지를 파악하기 위하여 분석한다.
- 현재의 분포를 개선 내지 조정할 수 있는 전략적 방향과 구성 비율을 결정하는데 목적이 있다.

1단계	전체적인 분포도를 매트릭스나 지도 형태로 만든다.
2단계	지도 위혜 비즈니스나 상품의 비중을 동그라미 형태로 그린다 .
3단계	동그라미의 크기나 매출액, 자원 투입, 투자 비용 등의 요인으로 차이를 시각화 할 수 있다.

(4) 동태(Dynamism) 분석

- 시간 흐름에 따라 분석 대상이 되는 요인의 상태가 어떻게 변화하는지를 분석한다.
- 시간을 X축, 분석 요인을 Y축으로 하여 과거 시간에 따른 분석 요인의 변화를 분석하고 미래 사업 성장을 예측할 수 있다.
- 동태 분석은 분석 대상의 방향과 상태의 변화율, 중장기적 성장성이나 경쟁력을 초점으로 분석한다.
- 제품 수명 주기상 언제 시장에 진입하고 퇴출할 것인가를 결정하는 데 활용한다.

① 분석 방법

1단계	시간축의 결정
2단계	분석 요인의 결정
3단계	시간 흐름과 분석 요인의 변화를 분석

② 제품 수명 주기상의 진입- 퇴출 전략의 3가지 방향

조기 진입- 후기 퇴출	• 수명 주기상 도입기에 시장 진입하여 쇠퇴기까지 남아 있는 전략 • 브랜드 이미지 선점, 시장 표준 선도 등의 장점 • 수명 주기에 따라 서비스 프로세스를 지속적으로 변경해야 하는 비용 발생
조기 진입- 조기 퇴출	• 도입기에 시장에 진입하여 성장기 후반 혹은 성숙기 초반 퇴출 • 초기 시작이 선점 이득을 누리면서 프로세스 변경 비용이 낮다 • 위험과 불확실성이 높고, 규모의 경제 효과를 누리지 못한다.
후기 진입- 후기 퇴출	• 성장기에 시장 후발 기업으로 진입하여 쇠퇴기까지 남아 있는 전략 • 시장의 위험이 거의 없는 시기에 진입할 수 있다는 장점 • 후발 기업으로 진입에 따른 자본 소요가 매우 크다는 단점

2. 경쟁 우위 전략과 서비스 마케팅 전략

1) 경쟁 우위 전략*

(1) 원가 우의 전략

① 개념
- 경쟁기업보다 낮은 원가로 재화와 서비스를 생산하여 제공함으로써 경쟁자에 대해 비교우위를 확보하려는 전략이다
- 낮은 원가를 무기로 원가 선도 기업으로 시장을 주도할 수 있다.
- 상품의 생애 주기에서 산업이 성숙기에 진입 시 원가 선도 기업은 유리한 위치를 차지하게 된다.

② 원가우의 전략의 한계점
- 목표 고객 발견에 어려움이 있다.
- 서비스 시설 투자 비용이 부담된다.
- 원가 관리의 비용 통제의 어려움이 있다.
- 저가 전략은 서비스 품질을 떨어뜨릴 수 있는 위험성이 있다.

• 원가 절감의 적용 범위가 제한적이다.

③ 전략
  • 서비스를 표준화 한다.
  • 오프라인 서비스 운영을 활용한다.
  • 고객을 서비스 생산에 참여시킨다.
  • 고객과의 접촉 채널을 축소 시킨다.
  • 훈련을 통해 서비스 직원의 숙련도를 향상 시킨다.

(2) 차별화 전략

① 개념
  • 기업이 경쟁사와 다른 기능의 재화나 서비스의 제공을 통해 시장에서 경쟁 우위를 달성하는 전략이다.
  • 일반적으로 독점 기술이 적용한 제품이나 고급화된 상품 부가가치 높여 원가우위전략에 비해 수익성이 높다.

② 전략
  • 무형적 요소를 유형화 한다.
  • 표준 제품을 고객화 한다.
  • 서비스 종원업의 숙련과 훈련에 관심을 기울인다.

(3) 집중화 전략

① 개념
  • 특정 시장, 특정 소비자집단, 특정 제품이나 서비스, 특정 지역 등과 같이 전체적인 시장을 목표로 하지 않고 특정한 시장만을 목적으로 한다.
  • 원가 우의 전략과 차별화 전략은 전체 시장을 대상으로 하지만, 집중화 전략은 특정 시장을 집중적으로 공략한다.

② 한계
  • 특정 시장의 작은 규모로 인해 초기 매출을 높이는데 어려움이 있다.
  • 유행이나 사회적 요구로 인한 반응에 민감하므로 사업의 지속성이 침해되기도 한다.
  • 사업성이 확인 되면 대기업이 사업 진입이 시도되기도 한다.

③ 전략
  • 목표하는 특정 시장에서 원가 우위에 의한 집중화 한다.

• 제품과 비스에 차별화를 특정 시장에 집중화 한다.

2) 서비스 마케팅 전략

(1) 시장 조사와 소비자 분석

① 시장 조사
  • 시장 특성과 현황을 설명하는 정보를 수집, 분석 및 보고하는 활동을 의미한다.
  • 시장가능성평가, 시장점유율분석, 시장특성분석, 지역별 특성 조사, 점포조사 등이 포함된다.

② 소비자 분석
  • 소비자의 개별적이고 내면적인 특성과 경향을 분석한다.
  • 소비자 분석은 마케팅 활동의 일부이기도 하지만 동시에 새로운 서비스 기획 및 개발 활동과도 밀접한 관련이 있다.

(2) S-T-P(Segmentation,Targeting, Positioning) 전략

• 시장 혹은 고객을 세분화하여 기업이 목표하는 시장과 고객을 설정하여 차별화된 서비스를 집중적으로 공략하는 마케팅 전략기법이다.

시장세분화 (Segmentation)	• 성향 및 특성이 유사한 고객군으로 시장을 구분하고 기업의 상품에 맞는 최적의 시장 규모를 찾는다. • 세분된 시장의 특징을 기술한다. • 효과적인 시장 세분화를 위해서는 세분 시장의 규모가 적정 규모 이상이 되며, 서로 다른 니즈를 지니고 있어야 한다.
목표 시장 선택 (Targeting)	• 세분화된 시장별로 매력도를 분석한다. • 매력도를 기준으로 목표 시장을 선정한다. • 타깃은 상품 구매 가능성이 지니고 있어야 한다.
포지셔닝 (Positioning)	• 목표 시장 내 고객들에게 각인될 기업의 이미지를 선정한다. • 시장 내에서 다른 경쟁기업과 대비한 상대적 위치를 결정한다. • 포지셔닝 전략에서는 고객은 누구이며(표적 시장), 그들에게 어떤 이미지(서비스 콘셉트), 어떤 방법(마케팅 전략)으로 인식시키고 노력할지를 정하게 된다.

3) 마케팅 믹스(4Ps 전략)

(1) 마케팅 믹스(4Ps 전략)

• 맥카시 교수는 마케팅 믹스(Marketing Mix)라는 용어와 함께 기업이 목표 고객층을 만족시키기 위한 마케팅 전략으로 제품(Product), 가격(Price), 유통(Place), 촉진(Promotion) 4가지로 제시하였다.

마케팅 믹스	전략	분석 요소
제품 (Product)	서비스 전략	서비스 종류, 서비스 특성, 서비스 상표 등
가격 (Price)	가격 전략	가격 설정, 가격 조정 및 변경 등
유통 (Place)	유통 전략	유통 형태, 유통 경로, 물류 관리 등
촉진 (Promotion)	촉진 전략	광고, 홍보, 인적 판매원 관리 등

(2) 마케팅 믹스 4P에서 4C로의 전환

• 제조업 중심의 4P는 서비스 기업으로 구성되어 있는 현대 사회에서 마케팅 믹스의 구성 요소를 설명하는 것으로 한계점이 있다.

• 1993년 로버트 로터본은 판매자 시점의 4P를 소비자 시점으로 다시 정의한 4C 분류 방법을 소개했다.

4P	4C	내용
제품(Product)	고객(Customer)	고객가치
가격(Price)	비용(Cost)	가치획득을 위한 구매비용
유통(Place)	편익(Convenience)	유통의 편리성
촉진(Promotion)	소통(Communication)	기업과의 의사소통

(3) 마케팅 믹스 추가(4P + 3P)

• 기존의 마케팅 믹스를 서비스 산업의 특성을 반영하여 3P 개념을 추가로 구성하여 사용하고 있다.

4P		3P	내용
제품(Product)	+	프로세스(Process)	서비스 프로세스, 고객 참여, 엄부 절차
가격(Price)			
유통(Place)		물적 증거(Physical evidence)	서비스 스케이프, 설비 및 장비, 유니폼
촉진(Promotion)		사람(People)	직원 역량 강화, 고객지원, 교육 훈련

4) IMC(integration marketing communication, 통합 마케팅 커뮤니케이션)

- 마케팅 믹스의 개념을 확장하여 통합적인 마케팅 계획을 수립하는 것을 말한다.
- IMC는 다양한 마케팅 믹스와 수단들이 통합적 개념으로 갖고 명확한 이미지를 형성하게 하는 목적을 지니고 있다.
- 단계

1단계	일관된 메시지 전달 구축
2단계	소비자의 시각과 관점에서 계획
3단계	다양한 정보 통신 채널과 통합
4단계	IMC 활동의 전략적 구현

5) 동태적 경영 전략

(1) 지속적 경쟁 우의 (SCA) 전략

- 경쟁 우위 전략은 비교 우위를 확보할 수 있지만 변화하는 환경에 유연하게 대응하기는 어렵다.
- 지속적 경쟁 우의 (SCA) 전략은 경쟁사들이 상품의 핵심 요소를 모방하고 가격으로 추격하더라도 경쟁 관계에서 지속적으로 우위를 선점할 수 있는 전략이다.
- 지속적 경쟁 우의를 위한 전략
  - ✔ 진입 장벽이 높은 서비스의 제공
  - ✔ 대체가 어려운 서비스 프로그램 확보
  - ✔ 고객화된 서비스 인프라의 구축
  - ✔ 새롭고 창의적인 서비스 가치의 창출

(2) 서비스 확산 분석*

① 개념
  - 신서비스가 시장에서 어떤 방향과 속도로 확산되는지 분석하고 예측하는 것이다.
  - 신서비스 확산의 정량적 모형은 '신서비스 확산은 커뮤니케이션 채널을 통해서 이뤄진다'는 가정을 기반으로 한다.
  - 새로운 것이 사람들에게 전해지고 받아들여지는 과정에서 커뮤니케이션이 발생될 수 있도록 매개체 역할을 하는 채널이 존재한다.

② 서비스 확산 분석의 기본 모형

외부 채널 확산	• 확산이 외부 채널만을 통해 일어난다고 가정 • 광고나 인터넷 등을 통해 얻은 정보만을 가지고 구매 결정
내부 채널 확산	• 확산이 내부 채널만을 통해 일어난다고 가정 • 서비스를 사용하고 있는 사람들의 입소문을 통해 구매 결정
내·외부 채널 확산	• 확산이 외부 채널과 내부 채널 모두의 영향을 받아 일어난다고 가정 • 가장 현실적이고 균형적인 접근법

③ Bass 모형

 • Bass모형은 새로운 서비스의 채택자가 두가지 커뮤니케이션 채널에 영향을 받고, 그 영향의 차이에 따라 크게 혁신자와 모방자, 두 그룹으로 나눌 수 있다고 가정한다.

혁신자	외부 채널의 영향을 받은 사람들 중에 남의 말에는 상관없이 본인이 얻는 객관적인 정보를 토대로 독자적인 구매 결정
모방자	내부 내절에 영향을 받은 그룹은 이미 구매한 다른 사람들을 모방하여 구매 결정

 • 채택자의 수는 혁신자와 모방자의 수를 합한 것과 같다. 이는 외부 채널의 그룹과 내부 채널의 그룹을 합한 값이다.
 • 채택자의 수는 벨 모양으로 나타나고, 시간 흐름에 따라 채택자의 누적 수는 S자 형태를 보인다.

(3) 제품- 서비스 시스템(PSS : product-service system) 통합 전략

 • 제품과 서비스라는 이분법적 상품 개념을 하나의 통합 상품 개념으로 소비자에게 제공하는 전략이다.
 • 제품의 효용과 기능은 품질이나 성능이 좋은 것에 의해 평가되는 것이 아니라 고객이 원하는 서비스를 제공할 수 있는가에 따라 결정된다.
 • 제품- 서비스 시스템(PSS : product-service system)의 모형

제품중심의 PSS	• 제품을 판매하거나 사용하는 것을 촉진시키기 위해 서비스가 부가적으로 추가되어 제공되는 형태이다.
사용중심의 PSS	• 제품을 판매하는 대신에 '사용 및 기능'을 판매하는 형태이다.
결과중심의 PSS	• 사용 중심의 PSS에서 '사용 및 기능'을 판매하는 관점을 발전시킨 형태이다. • 사용하지 않은 채 그 제품으로부터 나오는 결과물만을 이용하는 형태이다. • 고객에게 최종적으로 전달되는 것은 기능의 사용이 아닌 결과와 경험인 서비스 결과물이다.

3. 고객 만족 경영

1) 고객 만족 경영의 이해

(1) 고객 만족 경영의 개념*

- 고객이 제품에 대해 처음 기대했던 성능과 구매 후 제품을 소비하면서 얻은 실제 성능에 대한 비교로, 제품 또는 서비스에 대하여 구매 후 기대를 충족시키는 경험을 했을 때 느끼는 상태이다.
- 기업이 제공하는 상품이나 서비스에 대한 고객의 만족도를 높이기 위하여 계속적으로 고객들의 기대와 욕구, 만족 수준을 조사하고, 이를 통해 불만족 요인을 개선함으로써 고객 만족도를 높인다.

(2) P-S-P(peaple - Service - Profit) 철학에 근거한 고객 만족 경영

P (People)	내부고객인 직원에게 지극히 잘 대해 주면
S(Service)	내부 고객인 직원은 자신의 직무인 서비스를 열정적으로 수행할 것이며
P(Profit)	내부 고객인 직원의 열정적인 서비스를 이용하는 외부 고객은 이에 만족하여 지속적인 재구매를 하게 될 것이다.

(3) 고객 만족의 효과*

고객 충성도 향상	서비스에 만족한 고객들은 기업 및 서비스에 좋은 이미지를 가지게 되고, 재구매를 유도할 수 있다.
비용절감 효과	고객 만족은 기존 고객을 충성 고객으로 이끌 수 있으며, 신규 고객 창출보다 기존 고객 창출에 더 적은 비용이 들어 비용 절감이 가능한다.
불만족한 고객 활용	불만족한 고객을 만족시키기 위한 노력은 기업의 성장에 보탬이 되며, 성장의 기반이 된다.
광고 마케팅 효과 증대	만족한 충성 고객은 구전을 통하여 신규 고객을 창출하므로 기업의 마케팅 효과를 증진시킨다.

(4) 고객 만족 경영의 전략

- 고객 만족 경영에 대한 최고 경영자의 리더십
- 고객 만족 경영에 대한 전사적인 조직 문화를 구축
- 공정한 평가 시스템 구축을 통하여 직원들의 성과에 대한 충분한 보상과 지원
- 혁신적인 프로세스 기법을 활용
- 고객 접점 중심의 MOT를 설계

• 주기적이고 지속적인 고객 욕구 파악

2) 고객 만족 경영의 새로운 변화

① 고객 만족 경영으로 발생되는 문제
- 고객의 다양한 요구는 점점 구체화되어 대응 비용이 증가하게 되었다.
- 경쟁자는 서비스의 경쟁을 심화시켜 마진 구조가 악화되고 있다.
- 고객 만족의 평가 요소에는 다양한 주관성과 불합리성을 포함하고 있어 평가에 대한 수용도가 낮아지고 있다.
- 직원들의 피로는 점점 높아지고, 감정 노동 피해가 발생하고 있다.

② 고객 만족 경영의 변화 요소

기업 환경	• 인터넷의 발달로 경쟁이 심해졌다. • 시장에서 더 높은 서비스 품질을 요구한다. • 기업은 다양한 고객 만족 활동을 수행함에도 불구하고 고객의 만족은 비례적으로 늘어나지 않고 있다.
소비자	• 소비에 대한 가치관의 변화하였다. • 기존의 필수적 소비는 선택적 소비로 관점이 변화되었다. • 구매 후 소유라는 단순한 소비 형태에서 다양한 소비 행태로 변화되었다. • 기업과 대등한 관계에서 소비하기를 원한다. • 수동적인 소비자에서 능동적인 소비자로 변화되었다.
마케팅	• 마케팅의 성공의 기준이 우수한 제품의 생산에서 고객이 만족하는 경험의 제공으로 변화하였다. • 기업 내부 자원만이 마케팅의 범위였으나, 고객의 니즈를 충족시키기 위해 기업 외부 자원까지 마케팅의 범위에서 다루게 되었다. • 고객의 사용 가치를 높이는 것에 관심이 있다. • 고객 중심적 마케팅이 필요하다.

3) 고객 만족 모델

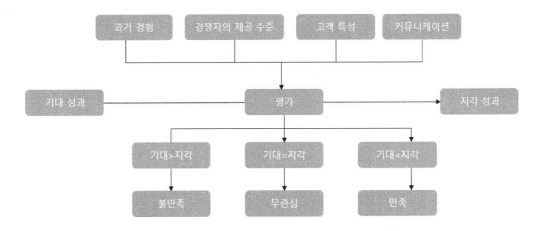

(1) 고객 만족 모델의 특징

- 기대 불일치 패러다임
- 전통적 경영 범위가 기대 관리까지 확대됨
- 기대가 형성되는 채널에 대한 이해와 관리가 필요

4) 순 추천 지수(NPS : net promotor score)

- 기업이 충성도 높은 고객을 얼마나 보유하고 있는지를 측정하는 지표이다.
- 고객이 제품이나 서비스, 기업 브랜드를 타인에게 추천하고자 하는 의지의 정도를 나타내는 지수이다.
- 순 추천 지수가 높은 기업은 충성 고객의 비율이 높고, 경쟁 기업에 비해 낮은 마케팅 비용을 사용하는 것을 의미한다

> 순 추천지수의 측정
> 순 추천 지수 = 추천 비율 - 비추천 비율

5) 고객가치의 개선

(1) 고객가치 개선의 개념

- 고객가치(CV : Customer Value)의 개선은 고객에게 더 높은 가치를 더 낮은 비용으로 창출하여 제공하는 활동이다.

- 고객가치 창출 전략으로 크게 가치 혁신과 비용 혁신으로 구분한다.

가치 혁신	기업이 고객에게 제공하는 가치의 현재 수준을 높이고자 하는 활동
비용 혁신	기존보다 더 낮은 비용으로 현재와 같거나 더 높은 가치를 고객에게 제공하기 위한 활동

Plus tip

가치

가치 = 혜택 - 비용

- 가치란 재화나 서비스를 사용함으로써 인식되는 혜택의 크기이다.
- 고객만족의 개념에서 고객은 지불한 비용을 초과하는 혜택을 느낄 때 가치를 인식한다.

---

(2) 고객가치 증진 전략

- 생산자의 관점에서 사용자의 관점으로 가치 인식을 변화해야 한다.
- 절대적인 가치보다 상대적인 가치 인식을 향상시키는데 집중한다.
- 고객의 미충족된 니즈를 분석하여 고객에게 실질적인 가치로 제공해야 한다.
- 고객 선순환 사이클을 통해 내부 고객의 가치부터 개선해야 한다.

(3) 고객가치 연장 접근법

① 개념

- 고객의 가치 인식 접점을 전 단계와 후 단계로 연장하는 것이다.
- 서비스 이용 전, 이용 중, 이용 후의 접점으로 연장한 상태에서 새롭게 추가될 수 있는 혜택이 무엇인가를 파악하고, 가치를 증가시킬 수 있는 새로운 혜택을 제공한다.

② 고객가치 연장시 고려할 점

- 새로운 혜택 추가
- 교차 판매 기회 제공
- 전환 비용 높이기
- 고객 기개의 진화 파악
- 공동 이익 추구
- 고객 사용 가치의 이해

6) 서비스 지향성

(1) 개념

- 우수한 서비스를 창출하고 고객에게 제공하기 위해 서비스 조직의 정책과 업무 처리 절차, 경영 철학 및 고객 중심의 기업 문화가 전사적으로 조성되어 있는 상태를 의미한다.
- 시장의 욕구와 기회를 확인하기 위해서 고객과 경쟁자에 관한 정보를 지속적으로 획득, 창출하고 수집된 정보를 기업 전체에서 공유하여 시장에 대응할 수 있는 해결책을 만들기 위해 역량을 집중하는 것을 의미한다.

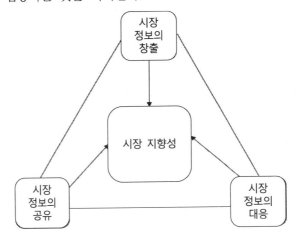

(2) 시장 지향성의 하위 차원

시장 정보 창출	시장 정보의 창출은 전사적인 관점에서 창출되어야 한다.
시장 정보 공유	창출된 시장 정보는 전사적으로 공유한다.
시장 정보 대응	공유된 시장 정보는 전사적 관점에서 대응한다.

(3) 서비스 지향성의 특징

- 탁월한 서비스가 최우선이라는 조직 전체의 믿음으로 기업이 고객 서비스에 적극성을 나타내는 척도이다.
- 서비스 지향성은 절대적 개념이 아니라 상대적 개념이다. 경쟁자와의 상대적 우위를 더 중요한 지표로 사용해야 한다.

> **Plus tip**
>
> 탁월성
> - 고객 만족 경영에서 탁월성은 내부 지향적인 업무의 비율을 낮추고, 외부 지향적인 업무의 비율을 높이는 것이다.

4. 고객 만족의 평가

1) 고객만족지수(Customer Satisfaction Index)의 이해

(1) 고객 만족 지수의 개념

- 고객만족지수(Customer Satisfaction Index)는 현재 생산, 판매되고 있는 제품 및 서비스 품질에 대하여 직접 경험한 고객이 직접 평가한 만족 수준의 정도를 모델링에 근거하여 측정하고 계량화한 지표이다.

(2) 고객 만족 지수의 필요성

- 자사 경쟁력과 관련된 품질 성과를 연구할 수 있다.
- 수익성과 밀접한 관계를 가진 고객 유지율을 제고한다.
- 서비스 품질향상을 위한 기업의 프로세스 개선한다.
- 고객 기대를 충족시키지 못하는 영역에 대한 평가를 할 수 있다.
- 잠재적 시장 진입 장벽을 분석할 수 있다.

(3) 고객 만족 지수의 측정원칙

- 계속성의 원칙 : 조사를 정기적으로 계속 실시한다.
- 정량성의 원칙 : 비교 가능하도록 정량적으로 수행한다.
- 정확성의 원칙 : 조사를 정확하게 실시한다.

2) NCSI(국가 고객 만족 지수 : National Customer Satisfaction Index)의 이해

(1) NCSI 개념

- 국내외 생산, 판매되고 있는 제품 및 서비스 품질에 대하여 직접 경험한 고객이 직접 평가한 만족 수준의 정도를 모델링에 근거하여 측정하고 계량화한 지표이다.
- 가장 널리 쓰이고 있는 고객 만족 평가 지표이다.
- 질적인 측면에서 경쟁력을 평가하는데 유용하게 활용된다.
- 단순히 만족도를 측정하는 평가 모델이 아니라 해당 기업의 품질 경쟁력을 가늠할 수 있는 성과 평과 지표이다.

(2) NCSI 의 기능

- 산업 전체 업종간 고객만족도 비교 가능

- 고객 만족 향상을 위한 전략 수립 가능
- 거시 경제 및 산업 동향 분석
- 마케팅 전략 수립에 유용한 정보 제공
- 기업의 미래 수익성 예측하는 데 활용
- 고객들이 제품 및 서비스 구매 결정에 방향 제시

(3) NCSI 의 모델

- 잠재 변수인 '고객 기대 수준' '고객 인지 품질' '고객 인지 가치' 세 지수를 NCSI에 연렬시킨다.
- 모델을 측정하는 목표는 현재와 미래 사업 성과를 분석하는 중요한 요소인 고객 충성도를 파악하기 위함이다.

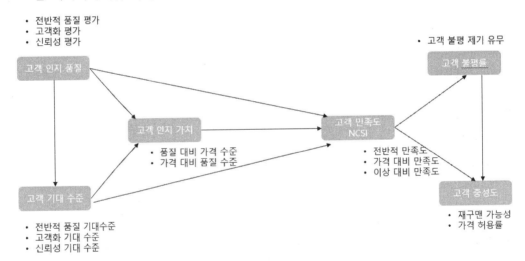

(4) NCSI 의 선행 변수와 후행 변수

NCSI의 선행 변수	NCSI 후행 변수
• 시장 품질 성과 지표로서의 기능 • 3개의 선행 잠재 변수는 고객 기대수준, 고객 인지 품질, 고객 인지 가치	• 수익성 예측 지표로서의 기능 • 고객 만족에 대한 기업의 궁극적인 목표는 고객에게 양질의 제품과 서비스를 제공하고 이를 통해 재구매를 유도함으로써 기업의 안정적인 수익을 확보하는데 있다.

(5) NCSI의 측정

① 조사 설문 문항

설문 번호	측정 변수		잠재 변수
1 2 3	구입전 평가	• 전반적 품질 기대 수준 • 고객의 개인적 요구 충족고 기대 수준 • 제품의 예상 고장 및 문제 발생 빈도 기대 수준	고객 기대 수준
4P* 5P* 6P*	구입 후 평가	• 전반적인 제품 품질 평가 • 고객의 개인적 제품 요구 충족도 평가 • 제품의 예상 고장 및 발생 빈도	고객 인지 제품 품질
4S* 5S* 6S*	구입 후 평가	• 전반적인 서비스 품질 평가 • 고객의 개인적 서비스 요구 충족도 형가 • 서비스 상의 문제 발생 빈도	고객 인지 서비스 품질
8 9	• 가격 대비 품질 수준 • 품질 대미 가격 수준		고객 인지 가치
10 11 12	• 종합 만족도 • 기대 수준 대비 만족 수준 • 이상적인 제품/ 서비스 대비 만족 수준		고객 만족(NCSI)
13	• 고객의 공식/비공식적 제품 및 서비스에 대한 불평		고객 불평률
15 16 10	• 재구매 가능성 평가 • 재구매시 가격 인상 허용률 • 재구매 유도를 위한 제품의 가격 인하 허용율		고객 충성도

(*P : 제품 *S : 서비스/* : 제조업·내구재의 경우 제품과 서비스 품질을 측정함)

(2) 조사 방법

- NCSI는 특정 제품과 브랜드에 대한 만족이라기보다 특정 기업이 생산, 판매하는 전 제품과 서비스에 대한 기업 차원의 만족도를 측정하는 것이다.
- NCSI 조사 대상은 재무 자료가 공시되어 있어 이의 이용이 가능한 기업들이 대부분이고, 특정 산업 내에서 시장 점유율이 놓은 기업들이 조사 대상에 포함된다.
- NCSI 설문 조사는 특정 제품 또는 서비스를 경험한 고객을 대상으로 일대일 개별 면접 방식을 활용한다.

SMAT 모듈 C 실전 모의고사

일반형

01. 다음 중 서비스 패러독스(service paradox)가 발생하게 된 원인으로 가장 적절한 것은?

① 셀프서비스 증가
② 고객의 기대 감소
③ 숙련된 서비스 제공자 일선 배치
④ 개인의 요구에 맞춘 서비스 개별화
⑤ 서비스 생산 및 제공 과정에서 인간 존중

02. 다음 중 러브락(Lovelock)의 서비스 분류 형태로 옳지 않은 것은?

① 서비스 기능에 의한 분류
② 서비스 제공 방식에 따른 분류
③ 고객과의 관계 유형에 따른 분류
④ 수요 공급의 관계에 따른 분류
⑤ 고객별 서비스 변화와 재량 정도에 따른 분류

03. 서비스 마케팅 삼각형(Service Marketing Triangle)에서 기업과 직원 사이에 형성되는 마케팅은?

① 내부 마케팅
② 관계 마케팅
③ 외부 마케팅
④ 상호작용 마케팅
⑤ 사회적 마케팅

04. 다양한 서비스 유형에 대한 다음의 설명 중 적절하지 않은 것은?

① 일반적인 택배서비스의 경우 일정 수준의 표준화 된 매뉴얼이 있으며, 고객과의 상호 작용밀도가 높지 않은 편이다.

② 백화점에서 회원카드를 발급하고 회원들에게 할인 쿠폰 서비스 등을 제공하는 것은 고객의 충성도를 높이기 위한 방안 중 하나이다.

③ 법률서비스의 경우, 서비스를 제공하는 직원은 고객과의 인간관계를 유지하는 능력, 문제를 해결할 수 있는 전문적 능력 등이 중요하다.

④ 서비스에서 여러 가지 옵션을 고객이 개별적으로 선택할 수 있는 고객 참여도가 높은 서비스의 경우, 일반적으로 표준화된 서비스를 제공하기 어렵다.

⑤ 인터넷몰(mall)을 통한 장보기는 기존 오프라인 마트 이용 시와 비교할 때, 직원의 고객 응대를 더 중요하게 만들고 있다

05. 다음 중 서비스품질 갭(gap)에 대한 설명으로 가장 적절한 것은?

① 기대한 서비스와 경험(인지)한 서비스의 차이는 경영자 인지 격차이다.

② 기대된 서비스와 고객기대에 대한 경영진의 인식 차이는 서비스 전달 격차이다.

③ 서비스 전달과 경영진 인지의 품질명세화의 차이는 경영자 품질 명세 격차이다.

④ 서비스 전달과 고객에 대한 외적 커뮤니케이션의 차이는 시장 커뮤니케이션 격차이다.

⑤ 경영자 인식의 품질명세화와 고객기대에 대한 경영진의 인식 차이는 경험한 서비스 격차이다.

06. 다음 중 서비스 품질 측정이 어려운 이유로 적절하지 않은 것은?

① 서비스 품질은 주관적임

② 전달 이전에 테스트가 어려워서

③ 고객으로부터 서비스품질에 대한 데이터 수집이 어려워서

④ 고객은 프로세스의 일부이며 변화 가능성이 있는 요인이므로

⑤ 자원이 고객과 분리되어 이동하므로 고객이 자원의 변화를 파악하기 어려워서

07. 갭모형에서 서비스품질 명세서와 실제 서비스전달 간의 차이가 발생 시 이에 대한 해결 방안으로 가장 적절하지 않은 것은?

　① 시장조사 방법의 개선
　② 보상의 적절성과 공평성
　③ 권한의 위임과 자원배치
　④ 적합한 역량을 지닌 직원 채용과 배치
　⑤ 종업원 기술의 적합성을 높이기 위한 교육

08. 다음 중 서브퀄(SERVQAUL)의 5가지 차원의 속성으로 옳지 않은 것은?

　① 신뢰성　　　　　　　　② 응답성
　③ 무형성　　　　　　　　④ 공감성
　⑤ 확신성

09. 다음 중 서비스 청사진(service blueprint)과 관련된 설명으로 적절하지 않은 것은?

　① 상호 작용 경계는 서비스 직원과 고객의 접촉이 이루어지는 지점
　② 내부 상호작용 경계는 고객과 후방부의 직원 간 상호작용이 이루어지는 지점
　③ 품질개선을 위한 도구로 기존 공정 흐름도에 가시성 경계라는 개념을 추가한 도구
　④ 고객의 행동, 전방부의 직원 활동, 후방부에서의 직원 활동, 지원 프로세스 등으로 구분
　⑤ 가시성 경계는 서비스 제공 과정을 고객이 상호작용하면서 서비스를 받는 과정과 고객이 볼 수 없는 준비과정으로 구분

10. 다음 중 서비스 품질 비용에 대한 설명으로 옳지 않은 것은?

　① 예방 비용이란 실패 혹은 평가 비용을 최소화하기 위한 작업 또는 활동과 관련된 비용이다.
　② 서비스 품질 비용의 절약을 위해서는 내부 실패 비용에 최선을 다해야 한다.
　③ 외부 실패 비용이란 고객에게 제공된 제품 또는 서비스의 오류나 문제를 회복 및 보상하는데 필요한 비용이다.
　④ 평가 비용이란 제품 또는 서비스에 투입된 요소의 규격 적합 평가에 드는 비용이다.
　⑤ 내부 실패 비용이란 서비스가 고객에게 전달되기 전에 발견된 문제의 해결 비용이다.

11. 서비스 수요의 특성으로 옳지 않은 것은?

① 서비스는 재고의 저장이 불가능하거나 어렵다.

② 서비스는 시간과 공간의 제약이 따르는 경우가 많다.

③ 서비스 수요량이 공급량을 넘어서면 넘치는 수요는 포기해야 한다.

④ 대부분의 서비스 수요는 눈에 보이지 않고 만들어지면 바로 소비된다.

⑤ 서비스 수요는 즉시 제공되지 못해도 수요 자체가 사라져 버리지는 않는다.

12. 수율관리의 적합성에 대한 설명으로 가장 적합하지 않은 것은?

① 가용능력 변경비용은 높고 한계판매비용은 낮은 상황에서 수율관리 적합성은 높아진다.

② 사전 판매 혹은 선불 판매를 할 수 있는 상황에서 수율관리의 적합성은 높아지게 된다.

③ 서비스 판매가 이루어지지 못하면 서비스 가용 능력이 소멸되는 경우에 수율관리가 더 적합하다.

④ 고객의 서비스 수요에 대한 변동성이 높아서 성수기와 비수기의 구분이 명확하고 계절적인 수요가 발생하는 상황에서 수율관리의 적합성은 높아진다.

⑤ 서비스 공급이 제한되어 일정 수준 이상의 서비스 수요가 발생하여, 공급량 이상의 수요에 대해서는 포기해야 하는 상황에서는 수율관리 적합성이 낮아진다.

13. 다음 중 수요를 예측하는 기법들 중 성격이 다른 하나는?

① 지명 집단기법　　　　　② 델파이 기법

③ 시장 조사법　　　　　　④ 판매원 의견 예측법

⑤ 시계열 분석법

14. 서비스 대기행렬 이론과 관련된 설명으로 가장 옳지 않은 것은?

① 서비스를 처리하는 우선순위 규칙 중 FCFS의 장점은 단순성과 공정성에 있다.

② 고객대기비용(간접비용)은 서비스를 받기 위해 대기하는 장소 등의 관리비도 포함된다.

③ 대기는 '고객이 도착하는 간격'과 '서비스에 걸리는 시간'이 불확실할 때에도 발생할 수 있다.

④ 대기 시스템에서 발생하는 총비용을 최소화하는 서비스 용량의 수준을 찾는 것이 대기행렬이론의 목적이다.

⑤ 대기행렬이론에서는 서비스 시스템이 한 고객을 처리하는데 걸리는 서비스시간은 포아송분포를 따른다고 가정한다.

15. 인적자원관리의 성격과 중요성에 관한 다음의 설명 중 가장 옳지 않은 것은?

① 인적자원은 능동적이고 자율적인 성격을 띠고 있다.

② 인적자원관리는 직원이 창출하는 노동상품이 하나의 인격체라는 인식에서 출발한다.

③ 각 개인의 노동력은 이질적인 것이 아니며, 각 인적자원은 그들이 담당할 수 있는 직무가 동일하다.

④ 조직의 구성원들은 목표를 달성하기 위하여 필수적이며, 구성원들을 어떻게 관리하는가에 따라 조직의 성패가 좌우된다.

⑤ 성공적인 인적자원관리를 위해서는 선발에서부터 평가와 보상에 이르는 전 과정을 통합적으로 계획하고 관리해야 한다

16. 다음 중 직무평가의 방법으로 적절한 것은?

① 요소 비교법은 간단하고 신속하다.

② 서열법은 기업들이 가장 많이 이용하는 직무평가 방법이다.

③ 분류법은 평가요소를 기준직무의 평가요소와 결부시켜 비교하는 것이다.

④ 분류법은 사전에 만들어 놓은 등급에 직무를 판정하여 맞추어 넣는 방법이다.

⑤ 요소 비교법은 직무요소마다 점수화, 통계화하여 직무가치를 평가하는 방법이다.

17. 다음 중 외부모집에 대한 설명으로 적절한 것은?

① 훈련과 조직화 시간이 단축된다.

② 기업의 급격한 전환기에 효과적이다.

③ 성장기 기업은 유자격자의 공급이 어렵다.

④ 신속한 충원과 충원비용을 절감이 가능하다.

⑤ 조직 내부정치와 관료제로 인해서 비효율적이 될 수 있다.

18. 서비스 인력의 선발 방법 중 '예측타당성이 높은 선발'에 대한 설명으로 가장 적절한 것은?

① 서비스 기업의 문화에 적절한 인재를 선발하였다.

② 입사 후 서비스 직무성과가 높을 사람을 선발하였다.

③ 서비스 기업의 인재상과 어울리는 사람을 선발하였다.

④ 입사 후 1년 이내 이직 가능성이 높은 사람을 선발하였다.

⑤ 입사 후 수행할 서비스 직무에 대한 지식이 많은 사람을 선발하였다.

19. 다음 중 고객만족경영의 효과로 가장 거리가 먼 것은?

① 재구매 고객 창출

② 마케팅 비용 절감

③ 임직원 이직률 감소

④ 고객 전환비용(Switching Cost) 최소화

⑤ 고객에 의한 구전(WOM : Word of Mouth)

20. 다음 중 경영 전략의 특징에 대한 설명으로 가장 적절한 것은?

① 전략 집행과 결과 검토를 위한 충분한 기간이 필요하다.

② 전략 수립 과정에서는 소수 인력을 집중 투입하는 편이 효율적이다.

③ 전략적으로 선택된 부분은 일부이기 때문에 전략의 영향력은 상당히 작다.

④ 조직 내·외부의 환경 요인을 파악하여 경쟁을 회피하기 위한 목표를 설정한다.

⑤ 전략적 의사결정은 간헐적으로 이루어지는 것이 일반적이기 때문에 일관된 패턴을 갖기 어렵다

21. 기업의 생존을 위한 지속적 경쟁우위의 전략적 선택으로서 가장 바람직하지 않은 것은?

① 서비스 인프라의 구축

② 새롭고 독특한 가치의 창출

③ 대체가 어려운 서비스의 확보

④ 진입장벽이 높은 서비스의 제공

⑤ 저가격 제품 또는 서비스의 지속적 출시

22. 원가우의 전략의 한계점으로 옳지 않은 것은?

① 시설 투자 비용이 부담된다.

② 저가 전략으로 인한 품질의 하향 평준화가 우려된다.

③ 목표 고객을 개발하는 것은 비용이 발생하지 않는다.

④ 원가 절감의 적용 범위가 한정적이다.

⑤ 원가 관리 및 비용 통제의 어려움이 있다.

23. 국가 고객 만족 지수(NCSI)의 기능으로 옳지 않은 것은?

    ① 고객 만족 전략 수립

    ② 미래 수익성 예측

    ③ 특정 업종에 한정하여 고객 만족도 비교

    ④ 거시 경제 및 산업 동향 분석

    ⑤ 고객 브랜드 또는 상품의 구매 결정에 방향을 제시

24. SWOT 분석 결과 외부 환경은 기회(O), 내부 환경은 강점(S)으로 분석되었다면 어떤 전략이 적절한가?

    ① 시장 침투 전략   ② 철수 전략

    ③ 시장 기회 선점 전략   ④ 제품 확장 전략

    ⑤ 전략적 제휴 전략

O / X형

[25~29] 다음 문항을 읽고 옳고(O), 그름(X)을 선택하시오.

25. 경제의 서비스화와 관련해서 후크스(1968)는 GNP의 절반 이상이 서비스 부문에서 창출되는 경제를 '서비스 경제'라고 정의하였다.   (① O ② X)

26. 피스본다이어그램(Fishbone Diagram)은 인간관계를 규명하는 분석 도구로 특정 문제에 대해 가능한 많은 원인들을 찾는데 효과적이다.   (① O ② X)

27. EOQ모형에서 Q값이 증가 할 때 유지비용은 늘어나고, 주문비용은 줄어든다. 즉, 유지비용과 주문비용은 반비례 관계에 있다.   (① O ② X)

28. 조직 및 집단 차원에서의 갈등은 무조건 비효율적이지는 않으며, 때로는 집단의 성과를 향상시키기도 한다. (① ○ ② X)

29. 고객의 입장에서 기존의 마케팅 믹스인 4Ps를 4Cs로 대체하자는 주장이 있으며, 4Cs는 제공자와 고객 간의 양방향 상호작용 중심이라는 경향을 가지고 있다. (① ○ ② X)

연결형

[30~34] 다음 설명에 적절한 보기를 찾아 각각 선택하시오.

① 서비스 혁명 ② 예방 비용 ③ 강제할당법 ④ 지수 평활법 ⑤ BASS 확산 모형

30. 서비스 경제에서 새로운 서비스가 탄생되어 파급되는 속도와 범위가 산업혁명보다 더 빠르게 진행되어 경제가 급진적으로 변화하는 현상을 말한다. ( )

31. 서비스 품질에 대한 비용 중 내, 외부 실패 비용 및 평가 비용 외에 실패, 평가 비용을 최소화하기 위한 사전적인 품질정책 수립, 교육 등 활동과 관련된 비용 ( )

32. 가장 최근 데이터에 가장 큰 가중치가 부여되고 시간이 지남에 따라 가중치가 기하학적으로 감소되는 가중치 이동 평균 예측 기법이다. ( )

33. 피평가자를 관대하게 평가하는 등 규칙적 오류를 방지할 수 있는 인사 고과 방법이다. ( )

34. 새로운 서비스 확산을 분석하는데 유용한 모형으로, 새로운 서비스를 채택한 사람이 두 가지 채널에 영향을 받고, 그 영향의 차이에 따라 혁신자와 모방자 두 그룹으로 나눌 수 있다고 가정하여 측정한다. (   )

사례형

35. 다음은 서비스의 기본적 특징 중 어떤 특성을 가장 많이 염두에 둔 대화인가?

> H호텔 관리자 : 예약이 전혀 없는 다음 한 주의 손실을 최소화 할 수 있는 좋은 방안이 있으면 제안해 주시기 바랍니다.
> H호텔 지배인 : 빈 방으로 한 주를 그냥 보낼 바에는 차라리 유지 보수에 필요한 비용이 상쇄되는 선에서 저렴하게 단체 투숙객을 받는 건 어떻겠습니까?

① 무형성   ② 소멸성
③ 일회성   ④ 이질성
⑤ 비분리성

36. 다음 사례를 통해 연상되는 사회 현상은?

> 가게에서 종업원이 마치 자동 응답기처럼 "원하시는 메뉴를 선택해 주세요, 커피는 1번, 쥬스는 2번입니다."라고 대답을 한다. 종업원은 이런 반응은 소비자들이 기업의 획일적인 서비스를 만났을 때 보이는 반응과 유사하다.

① 서비스 패러독스   ② 서비스 스케이프
③ 서비스 경제화   ④ 서비스 패키지
⑤ 서비스 디자인

37. 다음의 커피 전문점 S 사의 서비스 프로세스에 관한 내용 중 가장 옳지 않은 것은?

> 커피 전문점의 대표적인 S 사는 일정한 가격으로 한정된 종류의 커피 등을 판매한다. 구매를 원하는 고객은 카운터에서 정해진 메뉴 내에서 직접 주문, 계산한 후 주문한 음료가 나오면 이를 받아 자신이 원하는 자리에서 음료를 마시거나 테이크아웃 하여 나간다. 이러한 서비스 프로세스를 적용하기 위하여 종업원을 위한 매뉴얼 형태의 업무 수행 방법이 존재한다.

① 사례에서 S 사의 서비스 프로세스는 매우 표준화된 프로세스를 제공하고 있다.

② 사례와 같은 서비스 프로세스를 주로 적용하는 경우는 검증된 효율적인 방법이 존재할 가능성이 높다.

③ 사례의 S 사와 같은 경우 이질적인 태도와 능력을 지닌 종업원들의 업무수행을 균질화하기 위한 노력이 필요하다.

④ 고객의 요구가 다양하고 이질적인 경우에는 상당히 정형화된 사례와 같은 프로세스만을 제공할 경우 바람직하지 못한 성과로 나타날 수 있다.

⑤ S사와 같이 모든 고객에게 동일한 서비스 프로세스가 제공하는 경우, 서비스 제공자에게 많은 판단력이 요구되므로 종업원의 능력 수준이 높아야 한다.

38. 다음은 A 가구 회사의 서비스에 대한 품질 비용의 설명으로 가장 옳은 것은?

> 직원 1 : 저희 회사가 직원들에 대한 교육 프로그램 중 가구의 설치 및 운반 능력 향상 교육 등을 다양화하고 횟수도 종전보다 30% 가량 늘린 결과, 직원들이 가구를 설치, 운반하는 등에 있어 고객들의 만족도가 높아 진 것 같습니다.
>
> 직원 2 : 그뿐만이 아니라, 실제로 가구를 납품, 설치 후에 문제가 있어 고객의 클레임을 처리하거나 A/S를 하는 비용이 실제로 감소하였습니다.

① 직원 1의 발언은 서비스에 대한 품질 비용 중 평가 비용과 관련이 깊다.

② 직원 2의 발언은 서비스에 대한 품질 비용 중 예방 비용과 관련이 깊다.

③ 직원 1의 발언은 서비스에 대한 품질 비용 중 내부 실패 비용과 관련이 깊다.

④ 직원 2의 발언은 서비스에 대한 품질 비용 중 외부 실패 비용과 관련이 깊다.

⑤ 서비스 품질 관리가 우수한 기업의 품질 비용은 일반적으로 P가구 회사와 같이 서비스 실패 사전 방지를 위한 비용의 비중이 낮다.

39. 다음은 백화점에서 진행되는 백화점 매장별 직원들 사이의 대화이다. 다음 중 옳지 않은 것은?

> • 모피 매장 직원 : 요즘 7월은 여름 더위가 한창이지만, 저희 매장은 대대적인 모피 할인행사를 통하여 고객들을 끌고 있어요. 겨울에 모피를 구입하는 것에 비해 많은 할인 혜택이 있기 때문에 고객들이 여름에도 모피를 구입하러 많이들 옵니다.
> • 빙수 매장 직원 : 아, 그렇군요. 저희 빙수 매장은 여름철이 되니 빙수를 찾는 사람이 하루 기준 2배 정도 증가해서 일시적으로 파트타임 아르바이트생을 몇 명 더 채용했어요.
> • 명품 매장 직원 : 저희 매장의 이 가방은 일시 품절인데, 해외 본사로부터 재고 입고가 될 때까지 고객이 원할 경우 예약만 받고 있어요.
> • 곰탕 매장 직원 : 저희 매장은 여름에 상대적으로 손님이 적은 편이라 직원들이 여름 휴가를 많이 가는 편입니다.
> • 화장품 매장 직원 : 그나저나 저도 여름휴가를 가려하니, 모든 호텔이 손님이 많아서 인지 평소가격보다 더 비싼 가격을 받더라고요.

① 모피 매장의 경우는 비수기 수요진작전략에 해당한다.
② 빙수 매장의 경우는 성수기 수요증대전략에 해당한다.
③ 명품 매장의 경우는 성수기 수요감소전략에 해당한다.
④ 곰탕 매장의 경우 비수기 공급조정전략에 해당한다.
⑤ 호텔의 경우는 성수기 수요감소전략에 해당한다.

40. 다음은 의류를 제작하여 판매하는 인터넷 쇼핑몰의 직원들 사이의 대화이다. 서비스 공급능력 계획과 관련하여 대화의 내용에 대한 설명 중 가장 올바른 것은?

> • 직원 1 : 저희는 사전에 일정량 이상의 의류 제품 A를 미리 제작해 놓기보다, 매월 사전 구매 접수를 통하여 구매 의사자의 접수를 받은 후에, 그때그때 맞추어 제작에 들어가서 수요자들에게 공급하는 방식이 좋을 것 같아요.
> • 직원 2 : 그렇게 하면 좋을 수도 있지만 때론 주문이 갑자기 많이 몰리게 되면 주문을 다 받지 못할 수도 있어요. 차라리 그동안 평균적인 판매량이 있으니 그만큼은 항상 제작하여 공급하는 방식이 좋을 것 같아요.

① 직원 1의 방식으로 공급능력을 계획 시, 재고 관리가 부담이 된다.
② 직원 1의 방식은 제작 인력이나 제작 장비를 안정적으로 유지할 수 있다.
③ 직원 1의 방식으로 공급 시, 사후 제작 시간 소요로 제품을 받을 때 까지 시간이 길어지면 구매 취소로 이어질 수 있다.

④ 직원 2의 방식으로 공급능력을 계획 시, 재고가 남거나 부족한 문제가 발생하지 않는다.
⑤ 직원 2의 방식으로 공급능력을 계획 시, 서비스 인력을 그때그때 채용하여야 하는 비용이 많이 든다.

41. 다음은 S 회사에서 채용을 위하여 적용한 면접의 유형은 어느 것에 해당하는가?

> S 회사는 미국에서 젊은 나이에 실력을 인정받아 은행 지점장에 올랐던 P 씨가 국내에서 활동하기 위해 국내 증권사인 S 사에서 인터뷰를 보았다. 면접관은 P 씨에게 "미국에선 잘했을지 모르지만 한국시장이 호락호락할 것 같으냐?" / "왜 외국계 은행도 많은데 국내 증권사인 S사에 입사하려 하느냐?" / "한국에 쉬려고 온 것은 아니냐?" 등등 상기와 같은 매우 곤혹스럽고 자존심을 건드리는 질문만 한 후 나중에 연락하겠다며 면접을 끝냈다.

① 패널 면접   ② 심층 면접
③ 구조적 면접   ④ 스트레스 면접
⑤ 비지시적 면접

42. 다음 중 사례에 적용 된 인사 고과 평가 방법에 대한 설명으로 가장 옳지 않은 것은?

> 김 대리는 이번 성과 평가 기간에 회사로부터 새로운 메일을 한 통 받았다. 김 대리 팀의 팀장인 박 부장에 대한 평가를 김 대리에게 하도록 하는 내용의 메일이며, 조직 통솔력, 의견 수렴도, 업무 할당 및 지시 능력, 부하 육성 능력, 솔선수범, 고충 처리 능력 등이 평가 항목으로 있어 점수를 매기도록 되어 있었다.

① 부하 직원의 참여의식을 고취시킬 수 있다는 장점이 있다.
② 상사가 부하 직원에게 보복할 가능성이 있다는 단점이 있다.
③ 평가 실시가 용이하며, 직계상사가 부하 직원을 잘 알고 있다는 장점이 있다.
④ 부하 직원이 직속 상사를 평가하므로, 상사의 입장에서 호의적이지 않을 수 있다.
⑤ 부하 직원이 본인이 좋아하는 상사에게만 좋은 평가를 주는 인기투표의 가능성이 있다.

43. 다음은 유럽 00 항공사의 경쟁우위 확보를 위한 서비스 마케팅 전략들을 설명하는 사례이다. 가장 관련이 적은 전략은?

> 00 항공사는 항공시장에서 경쟁이 심화하면서 한때 큰 위기를 맞았었다. 그 이후 00 항공사는당일 출장이 가능하도록 이른 새벽과 늦은 항공편을 증편하고, 대형 항공사가 취항하지 않는 노선에 신규 취항하였고, 대형 항공사와의 경쟁노선에서는 낮은 가격의 상품을 출시하는가 하면, XXX사를 인수하여 렌터카, 크루즈 여행, 영화관 등을 항공상품과 연계하는 전략을 구사하면서 제2의 전성기를 구가하고 있다.

① 차별화 전략　　　　　　② 원가우위 전략
③ 틈새시장 전략　　　　　　④ 다각화 전략
⑤ 집중화 전략

44. 다음 사례를 읽고 고객만족 경영의 어떤 개념을 설명하는지 고르시오.

> 다른 지역으로의 해외출장을 자주하는 A는 매번 오랜 시간 비행을 한 모습으로 중요한 비즈니스 고객을 만나는 것은 바람직하지 못하다는 생각을 한다. A는 이를 해결하기 위해 짧은 시간이지만 화장을 고치고 의복을 다림질 할 수 있는 호텔을 이용하곤 한다. K항공사는 A와 같은 문제로 고민하는 고객들을 위해 샤워부스(shower booth)와 화장을 고칠 수 있는 공간을 제공하고, 다림질 서비스를 제공하면서 큰 호응을 얻고 있다.

① 고객가치 연장　　　　　　② 고객가치 증진
③ 고객만족 연장　　　　　　④ 충성고객 증대
⑤ 반복구매 유도

[45-46] 다음은 서비스 수요와 공급 관리의 여러 사례들이다.

> 사례 1 : A 패밀리 레스토랑은 고객이 매장에 입장해서 착석 시, 주문을 받음과 동시에 웨이
> 팅 푸드인 빵을 제공하고 있다. 또한, 점심시간 등 고객이 몰리는 시간대에 매장에
> 서 식사가 아닌 도시락으로 포장 시에는 같은 음식의 가격이 더 저렴하다.
> 사례 2 : B 샐러드 뷔페 식당의 가격 체계는 평일 점심, 평일 저녁, 주말(공휴일) 가격으로
> 구분하여, 평일 점심에는 17,000원, 평일 저녁은 23,000원, 주말, 공휴일에는
> 24,000원의 가격 체계를 유지하고 있다.
> 사례 3 : C 패밀리 레스토랑은 평일 점심에는 수프, 메인요리, 커피를 한 세트로 구성한 런치
> 세트 메뉴를 저렴하게 공급하고 있으며, 저녁 8시 30분 이후에 방문하는 고객에게
> 는 에피타이저를 무료로 제공하고 있다. 이 패밀리 레스토랑은 국내 친환경 농가와
> 직거래를 통하여 식자재의 공급을 받고 있다.
> 사례 4 : 과거에는 해외여행 시, 공항 면세점을 이용하기 위해 공항에 매우 빨리 가는 사람이
> 많았으나, 요즘은 사전에 인터넷 면세점을 이용하는 사람들이 많아지고 있다. 인터
> 넷 면세점은 대기 시간 없이 물건을 구매할 수 있고 공항 면세점 보다 추가적인 할
> 인을 받을 수 있는 경우도 있다.
> 사례 5 : D 택배 회사는 기존의 기본 배송 서비스 외에 안전한 물류 배송을 위한 고객 안심
> 서비스, 빠른 서비스를 위한 당일 배송 서비스를 제공한다.

45. 위의 사례들에 대한 서비스 대기 관리와 관련된 설명 중 가장 옳지 않은 것은?

① 사례 1에서 웨이팅 푸드를 제공함으로써 고객은 실제 주문한 음식이 나오기까지 대기
한 시간을 실제시간보다 짧게 느낄 수 있다.

② 사례 1에서 고객들은 손님들이 많아 기다려야 하는 경우, 도시락 포장을 이용한다면,
저렴한 가격으로 이용할 수 있으며 대기 시간을 피할 수 있다.

③ 사례 4의 인터넷 면세점을 대체 채널로 이용하면, 공항 면세점의 대기 문제를 감소시
킬 수 있다.

④ 사례 4의 인터넷 면세점 고객은 가격 할인의 인센티브도 받으며 대기 시간을 줄일
수 있고, 이로 인해 서비스 공급자는 서비스 용량 수준도 관리할 수 있을 것이다.

⑤ 사례 1, 4의 고객 대기는 고객 개인 선택의 문제이므로, 서비스 공급자가 고객이 대기
시간을 어떻게 지각하는가에 대한 관심은 불필요하다.

46. 사례의 서비스 기업의 전략에 관한 다음의 내용 중 가장 옳지 않은 것은?

    ① 사례 2와 같이 차별적 가격 결정이 가능한 이유는 수요가 많이 집중되는 시점과 수요가 적은 시점이 어느 정도 구분되기 때문이다.

    ② 사례 3의 식자재 직거래는 식자재의 안정성을 확보하고자 하는 공급 관리 방안이다.

    ③ 사례 3의 저녁 8시 30분 이후 고객에게 에피타이저 제공은 일반적인 저녁 식사 시간이 지난 이후의 추가적인 공급을 창출하기 위한 방안이다.

    ④ 사례 4에서 가격에 민감한 고객은 추가적인 할인을 받기 위해서 가격에 덜 민감한 고객에 비하여 인터넷 면세점을 이용할 가능성이 높다.

    ⑤ 사례 5의 택배 회사는 서비스 상품의 다양화를 통한 수요창출 전략을 사용하고 있다.

[47-48] 다음의 사례를 읽고 물음에 답하시오.

> F사는 그동안 서비스직을 채용할 때 외부 모집에 의존하였다. 하지만 외부 모집에 의해 입사한 사람들이 조직에 적응하지 못하는 경우가 많았다. 실제로 최근 3년간 외부 모집에 의한 신입사원의 1년 내 이직률이 18.2%에 달하였다. F사는 인사혁신 TF팀을 구성하여 외부 모집의 문제점을 파악하고 모집방식을 개선하는 방안을 마련하였다. 인사혁신 TF팀은 외부 모집의 문제점과 함께 내부 모집의 장점을 담은 보고서를 작성하여 경영진에게 제출하였다.

47. 인사혁신 TF팀의 보고서에 포함할 수 있는 외부 모집의 문제점으로 적절한 것은?

    ① 모집의 원천이 다양하지 않다.

    ② 고용평등법을 충족시키지 못할 위험이 있다.

    ③ 새로운 아이디어와 견해가 유입되지 않는다.

    ④ 조직 내부 정치로 인해서 비효율적이 될 수 있다.

    ⑤ 선발점수와 입사 후 성과간의 불일치 가능성이 높다.

48. 인사혁신TF팀이 대안으로 생각하고 있는 내부 모집의 장점으로 옳지 않은 것은?

    ① 장기근속 유인을 제공한다.

    ② 충원 비용을 절감할 수 있다.

    ③ 훈련과 조직화 시간이 단축된다.

    ④ 성장기 기업에게 적합한 대안이다.

    ⑤ 능력이 충분히 검증된 사람을 채용할 수 있다.

[49~50] 다음을 읽고 물음에 답하시오.

A호텔의 지배인은 최근 가나다 여행사로부터 사업제의를 받았다. 현재 가나다 여행사는 중남미 여행객들에게 상품을 판매하였는데, 뜻밖에 많은 고객이 몰려 계획했던 숙박업소를 포기하고 새로운 호텔을 모색하고 있는데 숙박서비스를 제공해줄 수 있는지 묻는 제의였다. A호텔은 여행기간동안 숙박을 제공할 수 있는 여실은 있는 상황이지만 가나다 여행사는 숙박비를 일반 판매요금보다 더 낮은 가격에 제공해 주기를 원하고 있다. A호텔에서는 정상가 고객에게는 18만원의 숙박료를 받을 수 있는데, 가나다 여행사는 12만원으로 숙박료를 낮추어 달라고 요청하였다. 현재 A호텔이 속한 지역은 성수기도 비수기도 아닌 상황이고, 주변에 다른 호텔들이 많은 경쟁지역이어서 고객이 투숙할 확률은 50%정도이다. 가나다 여행객들을 받으면 만실로 모든 객실을 활용할 수 있다.

49. 다음 제시되는 예를 보고, A호텔 지배인이 해야 하는 의사결정 중 가장 적합하지 않은 것은?

① A호텔 지배인은 객실로 인해 발생하는 기회비용과 부족비용을 감안하여 결정하는 것이 옳다.

② A호텔 지배인은 향후 가나다 여행사와의 협업가능성을 두고 객실의 판매여부를 결정해야 한다.

③ A호텔 지배인은 소멸성, 동시성, 변동성, 무형성 등의 서비스의 특성을 감안하여 판단해야 한다.

④ A호텔 지배인은 공실에 대한 기회비용은 항상 서비스 부족비용보다 크다는 것을 감안하여 판단하여야 한다.

⑤ A호텔 지배인은 성수기/비수기가 아닌 기간의 평균 이용 고객수를 감안하여 기대이익을 고려하여 판단해야 한다.

50. A호텔 지배인이 알아야 하는 정보 중 하나는 객실을 활용하여 얻을 수 있는 이익률에 대한 상황이다. 다음 설명 중 적합하지 않은 것은?

① 성수기에는 상대적으로 정상가 단기고객의 비율이 낮고, 비수기에는 장기고객의 비율이 낮아진다.

② 이러한 의사결정은 과거 능력 이용률과 시장정보를 활용하여 고객관계와 수익기회를 동시에 감안해야 한다.

③ 이익률을 관리하는 기본 방법은 가능한 높은 가격으로 판매하는 동시에 능력이용률을 높이고자 하는 것이다.

④ 비싸게 판매하더라도 탑승권을 급히 구하려는 고객을 위해 몇 장 남기는 항공사 상황과 유사하다고 볼 수 있다.

⑤ 예약시스템이 잘 되어 있는 산업에서는 가격에 민감한 고객들이 예약을 통해 가격절감효과와 안정성을 확보하려 한다.

01. ①

서비스 패러독스가 발생하게 된 원인으로는 서비스 표준화, 기술기반의 비인간적 서비스 증가, 숙련되지 않은 일선 근무자의 서비스 제공, 셀프서비스 증가, 일부 기업의 좋은 서비스로 인한 고객의 기대 증가, 약속한 양질의 서비스 미제공 등이 있다.

02. ①

서비스 행위 성격에 따른 분류, 고객과의 관계 유형에 따른 분류, 고객별 서비스 변화와 재량정도에 따른 분류, 수요와 공급의 관계에 따른 분류, 서비스 제공 방식에 따른 분류이다.

03. ①

기업과 직원간에 이루어지는 마케팅은 내부 마케팅이다.

04. ⑤

인터넷몰보다는 오프라인 마트가 직원의 고객 응대가 더 중요하다

05. ④

① 기대한 서비스와 경험(인지)한 서비스의 차이는 경험한 서비스 격차이다.
② 기대된 서비스와 고객기대에 대한 경영진의 인식 차이는 경영자 인지 격차이다.
③ 서비스 전달과 경영진 인지의 품질명세화의 차이는 서비스 전달 격차이다.
④ 경영자 인식의 품질명세화와 고객기대에 대한 경영진의 인식 차이는 경영자 품질명세 격차이다.

06. ⑤

자원이 고객과 함께 이동하므로 고객은 자원의 변화를 관찰할 수 있음

07. ①

시장조사 방법의 개선은 시장조사 갭의 해결방안에 해당함

08. ③

신뢰성, 응답성, 공감성, 확신성, 유형성이다.

09. ②

내부 상호작용 경계는 후방부의 직원활동과 지원시스템 간 경계를 의미한다.

10. ②

서비스 품질 비용을 최소화하기 위해서는 예방활동을 집중해야 한다.

11. ⑤

서비스 수요의 변동성. 서비스 수요는 높은 변동성을 보인다.

12. ⑤

서비스공급이 제한되어 일정수준이상의 서비스 수요가 발생되면 공급량 이상의 수요에 대해서는 포기해야 하는 상황에서 수율관리의 적합성은 높아진다.

13. ⑤

지명 집단기법, 델파이 기법, 시장 조사법, 판매원 의견 예측법은 정성적 예측 방법이고, 시계열 분석법은 정량적 예측 방법이다.

14. ⑤

대기행렬이론에서는 서비스시스템이 한 고객을 처리하는데 걸리는 서비스 시간은 지수분포를 따른다고 가정한다.

15. ③

각 개인의 노동력은 동질적인 것이 아니며, 각 인적자원은 그들이 담당할 수 있는 직무가 다르고 직무수행능력이 각기 다르다.

16. ④

① 서열법의 장점이다.
② 기업들이 가장 많이 이용하는 직무평가방법은 점수법이다.
③ 평가요소를 기준직무의 평가요소와 결부시켜 비교하는 방법은 요소비교법이다.

⑤ 직무요소마다 점수화, 통계화하여 직무가치를
평가하는 방법은 점수법이다

17. ②

①③④⑤내부모집에 대한 설명

18. ②

⑤ 선발방식에 대한 내용
①, ③은 인재선발 방침과 관련이 있다.
④ 잘못된 선발의 예이다.

19. ④

고객만족경영에서의 고객은 내부고객을 포괄하는
개념이며, 적극적인 관계마케팅을 통한 전환비용
(Switching Cost) 극대화를 통해 고객의 재구매를
활성화시킬 수 있다.

20. ①

⑤ 전략적 의사결정은 연속적으로 이루어지는 것
이 보통이며, 상호보완적이고 일관된 패턴을
가져야 한다.
④ 외부환경의 기회·위협과 조직의 강점·약점
을 적절히 대응하여 각 사업의 장기적 경쟁우
위를 달성하기 위한 목표를 설정한다.
② 자원배분 결정부터 일상업무 활동까지 그 내
용이 광범위하므로 전 조직이 전략수립에 적
극적으로 참여하는 것이 필요하다.
③ 선택된 분야에 노력과 자원의 집중이 이루어
지므로 전략의 영향력은 상당히 크다.

21. ⑤

①, ②, ③, ④는 지속적인 경쟁우위의 확보를 위
해 바람직한 전략적 선택으로 받아들여지나,
⑤ 경쟁적 우위를 위해 '저가격 제품 또는 서비스'
를 지속적으로 제공하는 데는 여러 가지 불이
익과 한계가 있다.

22. ③

목표 고객을 개발하는 것은 조사와 분석에 따른
비용을 발생시킨다.

23. ③

산업 전체 업종 간 고객 만족도의 비교가 가능
하다.

24. ③

SO 전략은 시장 기회 선점, 사업 영역 확장, 사업
구조 변경 등이 있다.

25. ①

26. ①

27. ①

28. ①

29. ①

30. ①

31. ②

32. ④

33. ③

34. ⑤

35. ②

서비스의 소멸성은 서비스 상품이 저장되거나,
재판매하거나, 돌려받을 수 없는 속성을 말한다.

36. ①

서비스의 공업화와 기술화에 대한 패러독스 현상
을 나타내고 있다.

37. ⑤

많은 판단력과 유연성이 요구되어 서비스 제공자
의 능력수준이 높아야 하는 것은 고객화된 서비
스 프로세스의 경우이다.

38. ④

①, ③ 직원1의 발언은 예방비용과 관련 있음
② 직원2의 발언은 외부 실패 비용과 관련 있음
⑤ 서비스품질관리가 우수한 기업은 서비스 실패
사전 방지를 위한 비용의 비중이 높음

39. ②

빙수 매장의 경우는 성수기 공급증대전략에 해당한다.

40. ③

직원 1의 방식은 수요추구형 전략에 가까우며, 직원2의 방식은 공급평균화 전략에 가깝다.
수요추구형 전략은 재고 관리의 부담이 낮으나, 서비스 인력을 그때그때 채용하거나 해고하는데 많은 비용이 든다. 공급평균화 전략은 인력이나 장비를 안정적으로 유지할 수 있는 장점이 있으나, 재고 관리가 부담이 된다.

41. ④

42. ③

사례의 평가 방법은 부하평가(상향식 평가)에 대한 것으로 3의 내용은 상사에 의한 고과에 대한 설명이다.

43. ⑤

'집중화 전략'을 설명하는 부분은 낮다.

44. ①

고객가치연장에 대한 전형적인 사례이다.

45. ⑤

고객의 지각된 대기시간이 고객의 불만을 가져올 수 있으므로 대기시간에 대한 지각에 관심을 두어야 한다.

46. ③

사례 3의 저녁 8시 30분 이후 고객에게 에피타이저 제공은 일반적인 저녁 식사 시간이 지난 이후의 추가적인 수요를 창출하기 위한 방안이다.

47. ⑤

내부 모집의 경우에는 기존 인력의 성과를 감안하여 선발하기 때문에 선발점수와 실제 직무성과 간 차이는 적겠지만, 외부 모집의 경우 선발점수와 실제 직무성과 간 차이가 발생할 수 있다.

48. ④

성장기 기업의 경우, 내부 직원을 활용할 수 있는 여력이 부족하다. 성장기 기업들은 외부 모집을 활용하는 것이 일반적이다.

49. ④

현재 서비스에 대한 기회비용과 부족비용을 계산하기에는 자료가 부족하여 이를 감안하여 판단하는 것이 올바른지에 대해서 결정할 수 없지만 일반적으로 주위에 경쟁 호텔이 많은 경우에는 서비스부족비용이 서비스 기회비용보다 크게 발생하는 경우가 많다고 볼 수 있다.

50. ①

성수기에는 상대적으로 정상가 단기고객의 비율이 장기고객의 비율보다 높아진다.

SMAT(서비스경영자격) 한권으로 끝내기

편 저 자	이아영 편저
제 작 유 통	메인에듀(주)
초 판 발 행	2024년 04월 01일
초 판 인 쇄	2024년 04월 01일
마 케 팅	메인에듀(주)
주 소	서울시 강동구 성안로 115, 3층
전 화	1544-8513
정 가	33,000원

I S B N   979-11-89357-61-0